U0142958

研究&方法

Statistical Analysis Using SPSS

SPSS 與 統計分析

第3版 ・陳正昌 著・

五南圖書出版公司 印行

三版序

　　《SPSS 與統計分析》是在《行為及社會科學統計學—統計軟體應用》(巨流圖書公司出版)及《量化研究與統計分析》(新學林出版股份有限公司出版,與張慶勳教授合著)兩本專書的基礎上,搭配最新版之 SPSS 統計軟體改寫而來。本書包羅了多數的單變量統計方法,以及常用的多變量分析技術,主要提供基礎統計學及進階統計學教學之用,也配合研究生及學者進行量化研究分析與撰寫論文之需。

　　全書共分為十大部分。第一部分(第 1 章)是 SPSS 28 版(含 Amos 28 版)的操作介面說明。第二部分(第 2 章及第 3 章)在說明使用 SPSS 登錄資料及進行資料處理。第三部分(第 4 章及第 5 章)是描述統計。第四部分(第 6 章及第 7 章)在說明平均數之區間估計及統計檢定的基本概念。第五部分(第 8 章至 16 章)為平均數差異檢定,分別針對 *t* 檢定及各種變異數分析加以說明。第六部分(第 17 章至 19 章)是變數間的相關分析,含簡單相關、偏相關,及典型相關。第七部分(第 20 章及第 21 章)為迴歸分析,含簡單及多元迴歸。第八部分(第 22 章及第 23 章)是卡方檢定,在進行質性變數的分析。第九部分(第 24 章及第 25 章)為比例 *Z* 檢定。第十部分(第 26 章至第 28 章)在分析量表的信度及效度,同時包含試探性及驗證性因素分析。

　　第 8 章至第 28 章都涵蓋八個重點。首先,每章開頭提醒該種統計方法適用的情境,敘述雖然簡短,卻相當重要。其次,簡要說明基本統計概念,建議讀者仔細閱讀這一節的內容。接著,使用各學科領域的範例資料,並提出研究問題及統計假設。第四,配合 SPSS 進行分析,此部分都有詳盡的畫面截圖及操作說明,有助於讀者自行完成統計分析。第五,分析所得的報表都逐一加以解讀,並針對重要的統計量數說明計算方法。第六,針對目前各學術期刊都強調的效果量(effect size)加以介紹。第七,將分析發現以 APA 格式寫成研究結果。最後,強調該種統計方法的基本假定,避免誤用工具。

　　本書能夠出版,首先要感謝五南圖書出版公司慨允出版,張毓芬副總編輯在第一

版細心規劃，侯家嵐主編負責三個版次編輯業務。其次，要感謝內子林素秋老師多次審閱稿件，並提出許多寶貴建議。讀者對於前述兩本書的支持，歷年教導過學生的回饋及提問，也是促使個人不斷學習的動力。在授課過程中，研究生針對前兩版指出一些錯誤，在此一併致謝。

　　本次改版，使用最新之 SPSS 28 版軟體。在 28 版本中，增加了單純主要效果分析、效果量、及比例檢定。只是，SPSS 自 22 版之後的中文翻譯，與國內學術用語較不一致，且前後各版間也經常更動，使用者可能難以適應。為忠於原軟體，本書報表及操作畫面，均不更動文字，僅另加註解。筆者建議，如果能力可及，最好改用英文介面及輸出。內容方面，在平均數 t 檢定、單因子及二因子獨立樣本變異數分析、單因子獨立樣本共變數分析各章增加無母數檢定，並增加單樣本及獨立樣本比例的檢定方法。

　　書中所有圖表均為筆者繪製，全書並自行排版處理。SPSS 報表中的統計圖，均使用繪圖軟體處理，提高解析度。雖然個人投入許多心力，但是難免會有疏漏之處，敬請讀者不吝來信指教（電子信箱：chencc@mail.nptu.edu.tw）。

　　讀者如需要書中所用的資料檔案，請到五南網頁 https://www.wunan.com.tw，輸入書號 1H84 即可下載。

　　針對每一種統計方法，我都親自錄製了操作過程，讀者可以在 YouTube 網站觀看，網址為：http://goo.gl/qp2Tkl 或 https://bit.ly/3m3pVYl。

陳正昌

於屏東大學

2022 年 2 月

目錄

1 SPSS 統計軟體簡介

　　本章概要說明 IBM 公司之 SPSS Statistics（以下簡稱 SPSS）及 Amos 統計軟體的歷史並簡要介紹 SPSS 及 Amos 的操作環境，至於詳細的設定及分析方法，請見後面各章。詳盡的安裝步驟，可以在影音平臺或網路上尋得，本書不再介紹。

　　IBM 公司在網站上提供 SPSS 26 版前及 Amos 28 版免費試用版（試用授權在 temp.txt 檔中），讀者可以自行到該公司網站註冊並下載。SPSS 27 之後，可以申請試用 IBM SPSS Statistics Subscription，透過雲端使用，功能與 SPSS Statistics 相同。

1.1 SPSS 統計軟體簡介

　　SPSS 統計軟體原先所屬的 SPSS 公司於 1968 年設立，並發行第 1 版，至今已有 40 多年歷史。它在 2009 年 7 月被 IBM 公司併購，SPSS 於是成為 IBM 旗下的一個軟體。

　　早期 SPSS 代表 Statistical Package for the Social Sciences（社會科學統計套裝軟體），後來改為 Statistical Product and Service Solutions（統計產品及服務解決方案）的縮寫，2009 年 4 月起，曾短暫更名為 PASW（Predictive Analytics Software，預測分析軟體），目前正式名稱為 IBM SPSS Statistics。

　　近年來，SPSS 幾乎 1－2 年都會發表新版本軟體，更新相當快速，目前已是第 28 版。自第 8 版開始，偶數版（除 16 版外）均有繁體中文版；17 版開始改為多國語言版，已可直接切換 12 種語言介面（包含繁體中文及簡體中文）。SPSS 的中文化，以 21 版較貼近臺灣的學術用語。SPSS 28 的繁體中文介面，除了用語偶有錯譯，同一名詞也常有不一致情形，建議讀者可以改用英文介面。

　　SPSS 含有眾多的統計分析功能，使用者可自行選購需要的組合（分為 Base、Standard、Professional、Premium 四種）。如果要進行常用的多變量分析方法，最少要有 Base Statistics、Advanced Statistics，及 Regression 三個元件；如果只是進行單變

量統計分析，則 Base 版就已足夠。目前 SPSS 多數採短期授權方式，價格相對便宜，也可以定期升級。

1.2　進入 SPSS 系統

1.　在 Windows 的【開始】按鈕，選擇【IBM SPSS Statistics】下的【IBM SPSS Statistics】，啟動 SPSS 28 版（圖 1-1）。

圖 1-1　在 Windows 10 下執行 SPSS 28 版

2.　在 SPSS 各版中接著會出現類似圖 1-2 的初始畫面，此時可以選擇【新建資料集】，再點擊【開啟】，開始輸入資料（或直接點擊【關閉】也可以），或是點擊右上角的✕按鈕，即可直接進入資料編輯視窗。如果已經有現成的資料，則可以在【最近檔案】中選擇【開啟另一個檔案】，直接進行統計分析。如果不想再出現此畫面，可以勾選左下角的【以後不顯示此對話框】（圖 1-2）。

圖 1-2　28 版初始畫面

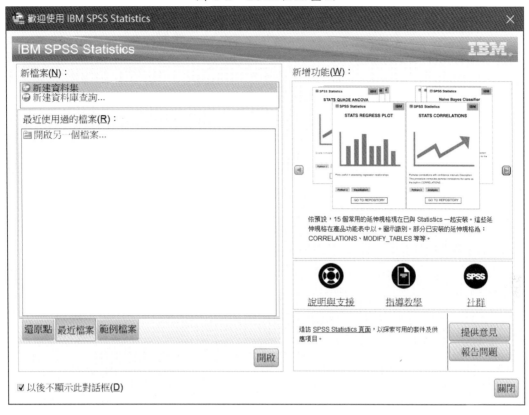

3.　SPSS 的資料視窗有兩個子視窗，圖 1-3 為【資料視圖】子視窗（21 版之前稱為【資料檢視】），用來輸入蒐集所得的資料。留意：右下角要顯示【IBM SPSS Statistics 處理器已備妥】（或【IBM SPSS Statistics 處理器已就緒】），才能正常運行 SPSS 的各項功能（圖 1-3）。

4.　在輸入資料前，應先定義好各變數的名稱及屬性，此時就要在【變數視圖】（21 版之前稱為【變數檢視】）視窗設定，詳細的說明請見第 2 章（圖 1-4）。

圖 1-3　資料視圖子視窗

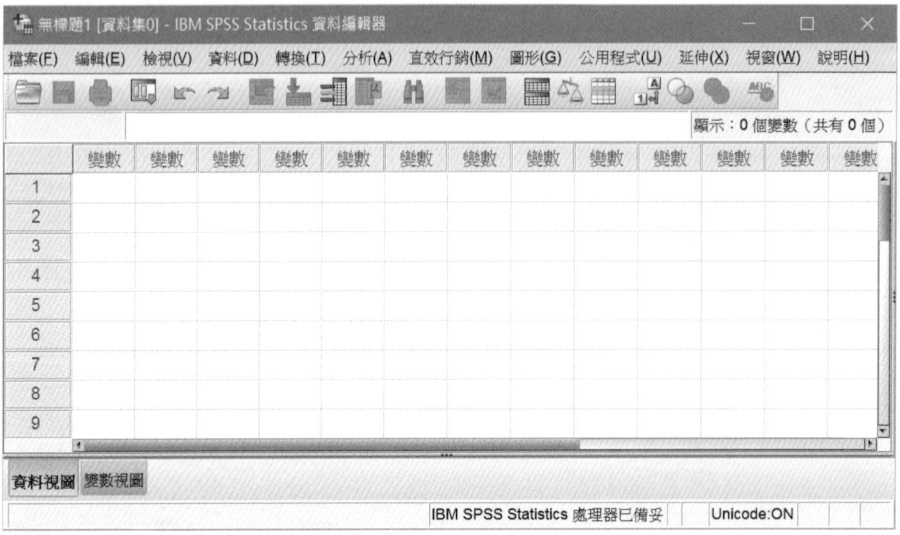

圖 1-4　變數視圖子視窗

5.　分析後所得結果，會在輸出視窗中，它們可以匯出為 Word、Excel，或是 PowerPoint 等 Office 軟體可以讀取的檔案。所得報表之前，會出現分析的語法，建議讀者可以多留意（圖 1-5）。

6.　目前多數使用者會使用選單（menu）進行各項分析，它的好處是簡單明瞭，很容易就可以得到分析結果。然而，缺點卻是無法複製，每次都要重新分析。筆者建議，在點選完選單後，可以點擊【貼上】按鈕（圖 1-6），產生語法。在語法視

窗，可以選取要執行的語法，再點擊　▶【執行選取範圍】，即可進行同樣的分析（圖 1-7）。語法也可以存檔（副檔名為 sps），以便日後可以快速進行同樣的分析。對研究生而言，語法檔也可以讓指導教授檢驗分析結果是否正確。

圖 1-5　輸出視窗

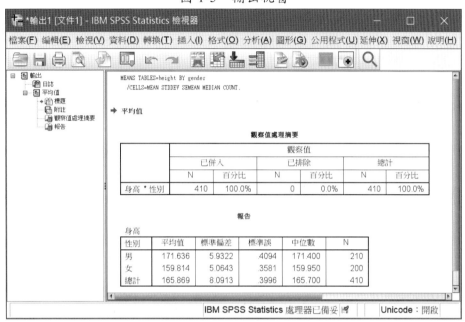

圖 1-6　產生語法

圖 1-7　執行選取範圍之語法

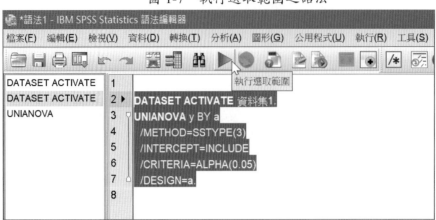

1.3　SPSS 操作環境設定

1.　在【編輯】選單當中的【選項】（圖 1-8），可以配合使用者個人的習慣，對 SPSS
　　的操作環境進行設定。以下針對使用者常用設定加以說明（圖 1-9），其他較少
　　用的項目，可以參考 SPSS 的使用手冊。

圖 1-8　選項之選單

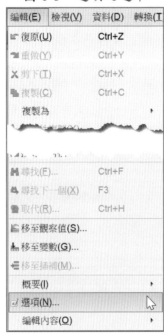

圖 1-9　28 版之一般選項

2. 在【一般】的選項中，【變數清單】中內定為【顯示標籤】（21 版之前稱為【顯示標記】）。例如，使用者將變數 X1 標記為「性別」（見第 2 章的說明），則在分析的選單中會顯示「性別[X1]」（如圖 1-10 左）。如果設定【顯示名稱】，則會如圖 1-10 右只顯示「X1」。

圖 1-10　變數標記之顯示

3. 從第 14 版之後，SPSS 就可以同時開啟多個資料集（圖 1-11），如果使用者習慣一次只分析一個資料集，可以在【選項】中設定【一次只開啟一個資料集】。

圖 1-11　同時開啟多個資料集

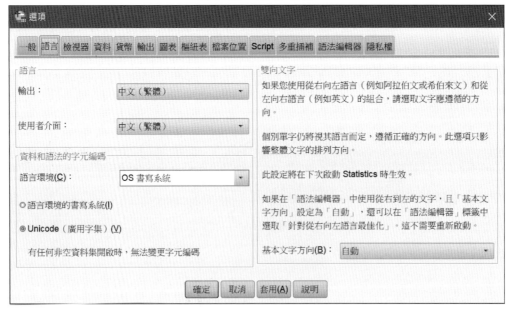

4. 在圖 1-12【語言】的選項中（21 版之前是在【一般】選項中），可以進行三項主要設定。使用者可以自己的習慣，選擇適合的語言。筆者建議，可以試著改用英文輸出及介面。

圖 1-12　語言選項

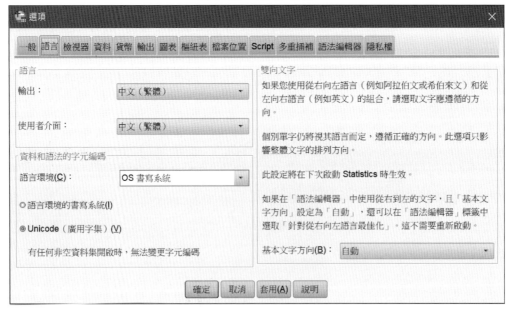

(1) 在【輸出】的【語言】中，可以設定 12 種文字，下圖左為繁體中文輸出，右為英文輸出（圖 1-13）。

圖 1-13　中英文輸出

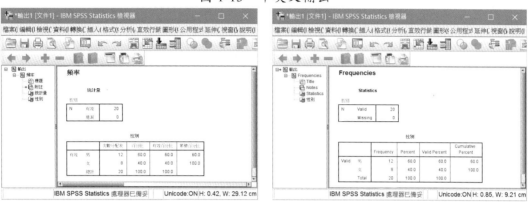

(2) 在【使用者介面】的【語言】中，同樣有 12 種文字可以選擇，下圖左為繁體中文介面，右為英文介面（圖 1-14）。

圖 1-14　中英文使用介面

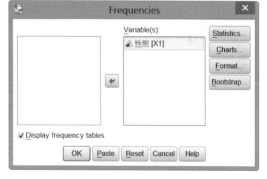

(3) 在【資料與語法的字元編碼】中，如果設定為【OS 書寫系統】，則在讀入非操作系統的文字時（例如，在繁體 Windows 系統中讀入簡體中文資料檔），會顯示圖 1-15 左的亂碼。如果設定為【Unicode（廣用字集）】，則在繁體中文操作系統中，也可以正常顯示簡體字（圖 1-15 右）。此處要留意，【有任何非空資料集開啟時，無法變更字元編碼】。

圖 1-15　讀入簡體字

5. 如果輸出的結果有亂碼，可以在【檢視器】（21 版之前稱為【瀏覽器】）的選項中，設定輸出視窗中的各個項目的字體（如，改為微軟正黑體或新細明體），以便正常顯示各項結果（圖 1-16）。

6. SPSS 內定的表格為橫線及直線同時顯示，如果要變更為符合學術規範，不含直線的表格，可以在圖 1-17【樞紐表】中（21 版之前稱為【樞軸表】），將【表格格式集】改為 Academic。圖 1-18 是不同形式的輸出表格。

圖 1-16　檢視器選項

圖 1-17　樞紐表選項

圖 1-18　不同形式之表格

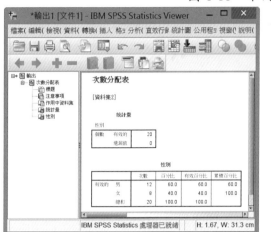 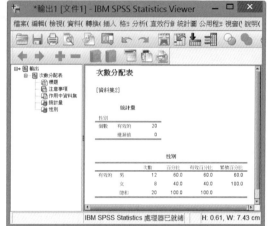

1.4　Amos 統計軟體簡介

Amos 是 Analysis of Moment Structures（動差結構分析）的簡稱，由 James L. Arbuckle 設計，IBM 公司發行，目前是 28 版（配合 IBM SPSS Statistics 版本代號），主要用來進行結構方程模型分析，它可以直接使用 SPSS 資料檔。由於操作介面簡單，並能完成幾乎所有與結構方程模型相關的統計方法，Amos 已逐漸受到使用者的喜愛。本書也以 Amos 28 版進行驗證性因素分析（第 27 章）。

軟體中的 Amos Graphics 提供使用者利用圖形的介面繪製理論模型，進行估計參數以及獲得相關的適配性指標；Program Editor 可以撰寫理論模型語法；Text Output 則顯示分析後的文字輸出。

1.5　進入 Amos 系統

1. 在 Windows 的【開始】按鈕，選擇【IBM Amos】下的【IBM SPSS Amos 28 Graphics】，啟動 Amos（圖 1-19），繪製理論模型，此部分將在後面詳述。除此之外，Amos 28 還包含了其他常用的功能。【View Data】可以檢視 Amos 使用的資料檔，其中最常支援的格式是 SPSS 的 sav 檔。【IBM SPSS Amos 28 Text Output】

可以檢視分析之後的文字輸出，也是除了 Graphics 之外，最常使用的功能。如果研究者習慣撰寫語法，也可以使用【IBM SPSS Amos 28 Program Editor】。

圖 1-19　在 Windows 10 下執行 Amos 28 Graphics

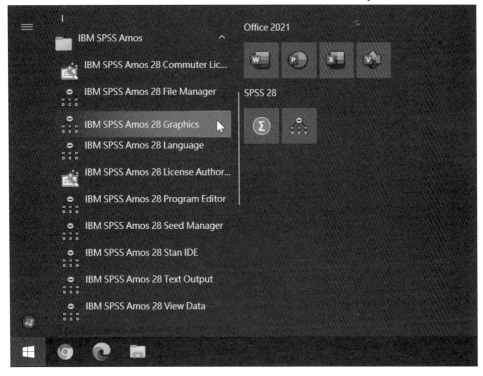

2.　圖 1-20 分為兩部分：一是【Path diagram】，可以用直觀的方式繪製理論模型；一是【Syntax】，可以產生語法。分析後，即可得到估計的參數。

圖 1-20　Amos 28 Graphics 介面

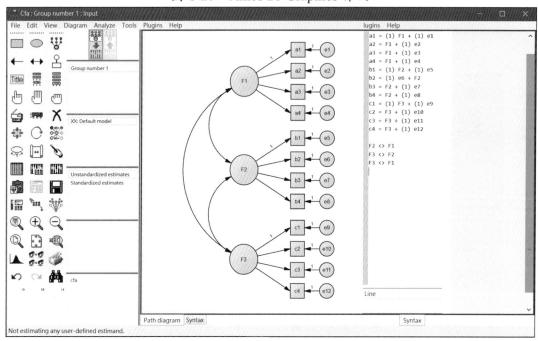

1.6　Amos 操作環境設定與模型繪製

以下只簡要說明 Amos Graphics 的繪圖及分析功能，詳細的報表解讀，請見本書第 27 章。

1.　進入 Amos 後，先在【View】選單中設定【Interface Properties】（圖 1-21）。

2.　在【Page Layout】中設定【Paper Size】為【Landscape A4】（A4 橫式版面），會比較適合模型圖大小（圖 1-22）。

圖 1-21　介面屬性選單

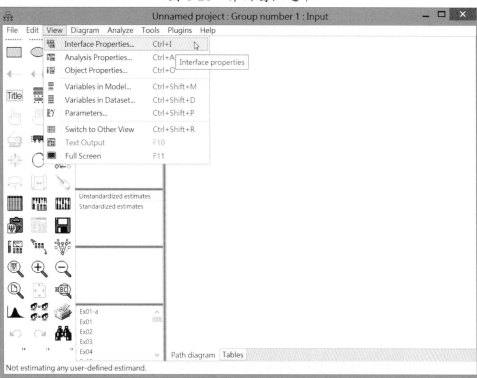

圖 1-22　設定頁面方向

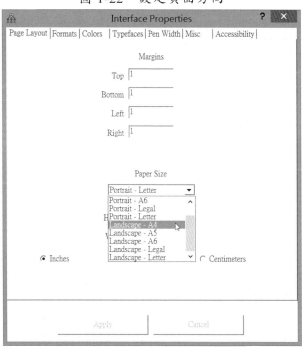

3. 在【Misc】中取消【Display variable label】，以免在模型圖中顯示太長的變數標籤。如果想要在模型圖中增加小數位，可以設定【Decimal places】為 3（此為 Amos 21 版之後新增的功能）（圖 1-23）。

圖 1-23　設定雜項

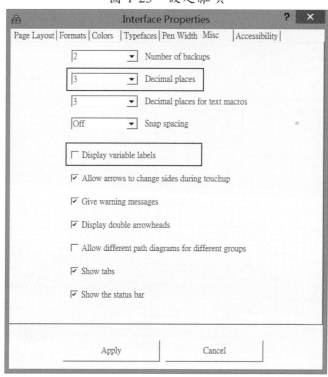

4. 如果在 20 版之前，則在【Formats】中新增【New Format】，依需要分別命名為「非標準化估計值」及「標準化估計值」，再仿照原來之「Unstandardized estimates」及「Standardized estimates」格式輸入，只是在小數點後增加 3 位數（例如，z.zzz）。以後，在輸入的模型圖中，只要點擊兩種新的格式，即可顯示 3 個小數位（圖 1-24）。

5. 接著，在【View】中選擇【Analysis Properties】，設定分析的選項（圖 1-25）。

圖 1-24　新增輸出格式

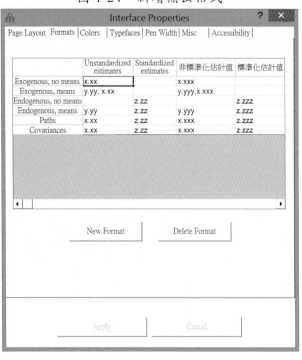

圖 1-25　分析屬性選單

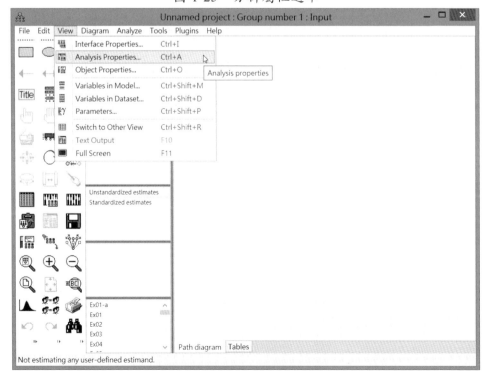

6. 由於 Amos 內定不顯示標準化估計值，因此要在【Output】中勾選【Standardized estimates】（圖 1-26）。

圖 1-26　輸出選項

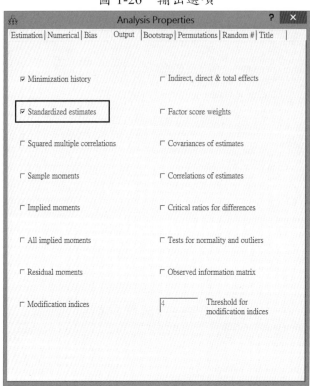

7. 設定完成後，接著讀入資料檔。在【File】中選擇【Data File】（圖 1-27）。（注：也可以先繪製理論模型，再讀入資料檔。）

圖 1-27　讀入資料檔

8. 點擊【File Name】，選擇要讀入的資料檔（圖 1-28）。

圖 1-28　選擇檔案名稱

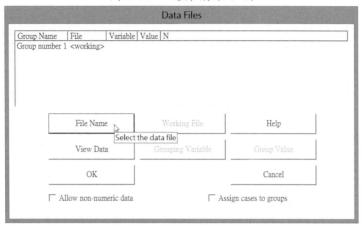

9. Amos 內定讀取【IBM SPSS Statistics】的系統檔（附屬檔名為 sav）。找到資料檔所在的資料夾後，直接點擊檔案即可（範例中為 CFA-308.sav）（圖 1-29）。

圖 1-29　開啟資料檔

10. 讀入之後，會在【Data Files】下方顯示組別數及樣本數（本範例只有 1 組，有 308 個樣本），接著點擊【OK】按鈕即可（圖 1-30）。

圖 1-30　資料檔訊息

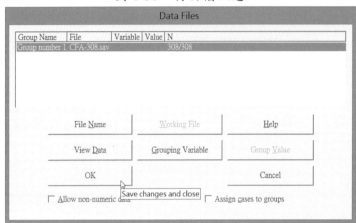

11. 點擊左側的【List variables in data set】按鈕，可以顯示資料集當中的變數名稱及標籤（圖 1-31）。

圖 1-31　變數名稱與標籤

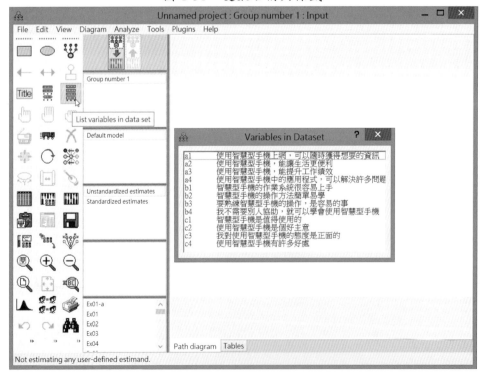

12. 讀入資料後，即可著手繪製模型圖。先點擊【Draw a latent variable or add an indicator to a latent variable】，以繪製潛在變數（因素），並新增指標（觀察變數）（圖 1-32）。

圖 1-32　選擇繪製潛在變數及指標

13. 在繪圖區按住滑鼠左鍵，繪出適當大小的圓形（潛在變數），並點擊 4 次，以產生 4 個觀察指標（圖 1-33）。

圖 1-33　繪製潛在變數並新增指標

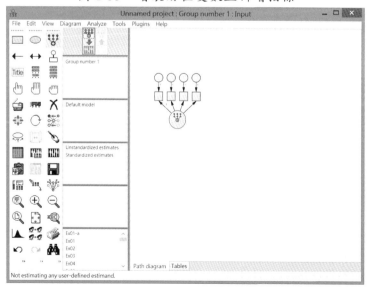

14. 由於 Amos 產生的潛在變數位在觀察變數的下方，如有需要，可以選擇【Rotate the indicators of a latent variable】按鈕（圖 1-34）。

圖 1-34　選擇旋轉潛在變數

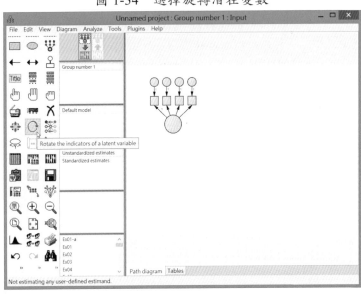

15. 在潛在變數上擊點 2 次，使圖形順時針旋轉 2 次，共 180 度。此時，以第 4 個觀察變數當參照指標（係數為 1）（圖 1-35）。

圖 1-35　旋轉潛在變數及指標

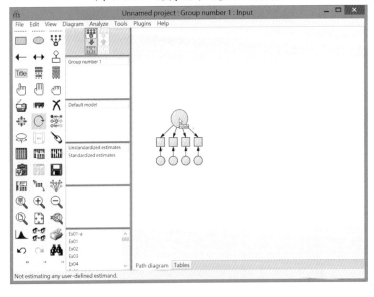

16. 如有需要更換參照指標，可以點擊【Reflect the indicators of a latent variable】（圖 1-36）。

圖 1-36　選擇更換參照指標

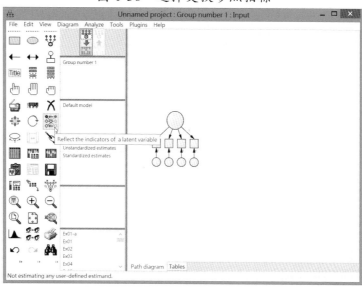

17. 在潛在變數上擊點 1 次，交換參照指標為第 1 個變數（圖 1-37）。

圖 1-37　更換參照指標

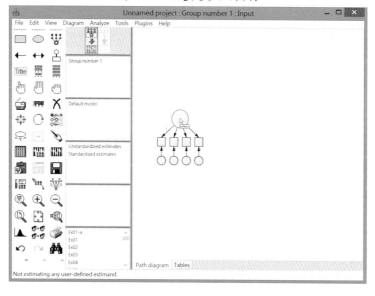

18. 由於潛在變數與觀察變數相距太近，因此點擊【Move objects】按鈕，移動物件（圖 1-38）。

圖 1-38 選擇移動物件

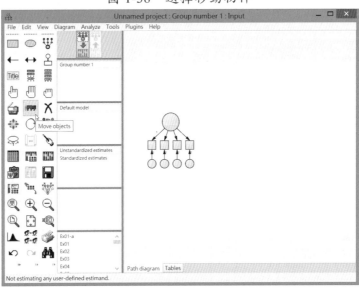

19. 選擇潛在變數後，先按住 Shift 鍵，再按滑鼠左鍵，以垂直向上移動物件（圖 1-39）。

圖 1-39 移動物件

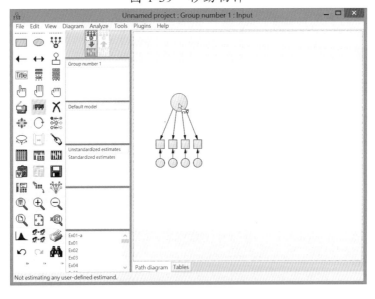

20. 由於本範例共有 3 個潛在變數，而每個潛在變數各有 4 個觀察指標，因此點擊【Select all objects】，以複製第 1 個潛在變數及其觀察指標。選擇後，所有物件會由黑色變為藍色（圖 1-40）。

圖 1-40　選擇所有物件

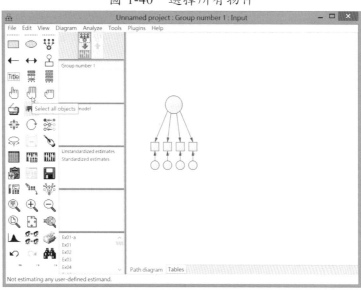

21. 再選擇【Duplicate objects】準備複製物件（圖 1-41）。

圖 1-41　選擇複製物件

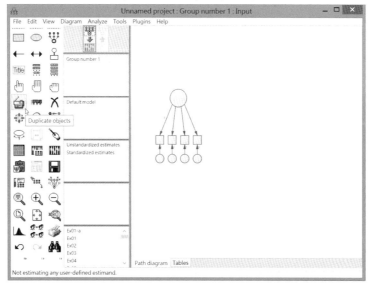

22. 複製前，先按住 Shift 鍵，再按滑鼠左鍵以水平複製物件（圖 1-42）。

圖 1-42　複製物件

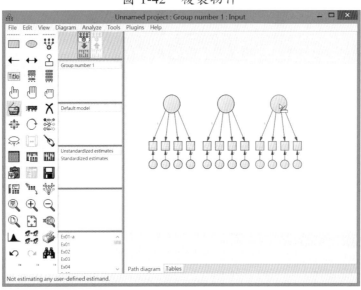

23. 由於 Amos 要求所有潛在外因變數間須有相關，因此點擊【Draw covariances (double headed arrows)】，以繪製潛在變數間的共變數（標準化後即為相關）（圖 1-43）。

圖 1-43　選擇繪製共變數

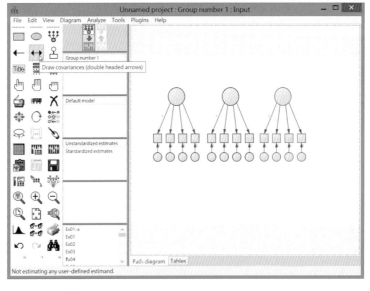

24. 由左向右繪製，以使弧面朝上（圖 1-44）。

圖 1-44　繪製共變數

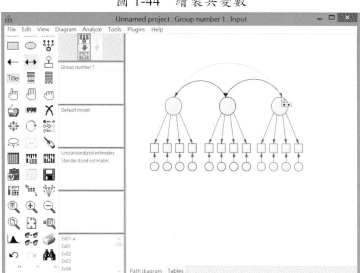

25. 如果物件未精準對齊，可以點擊【Touch a variable】進行調整（見圖 1-45）。

圖 1-45　選擇修飾變數

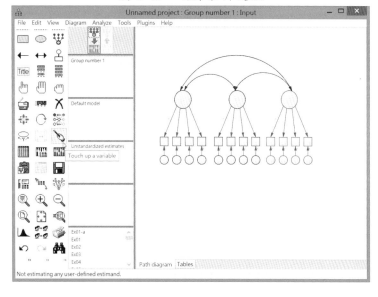

26. 點擊所有物件,進行細部微調(圖 1-46)。

圖 1-46　修飾變數

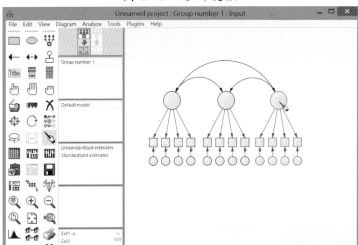

27. 由於模型並未配合版面,所以可以點擊【Resize the path diagram to fit on a page】, 自動加以調整(圖 1-47)。

圖 1-47　選擇重置模型圖尺寸

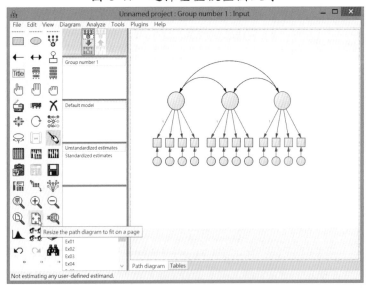

28. 調整後的模型圖已配合版面大小了（圖 1-48）。

圖 1-48　重置模型圖尺寸

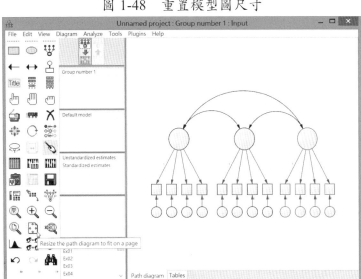

29. 點擊【Deselect all objects】，取消全部的物件（圖 1-49）。

圖 1-49　選擇取消全部的物件

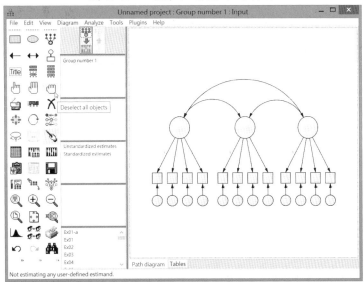

30. 將【Variables in Dataset】對話框中的觀察變數，抓取到適當的方框中（圖 1-50）。

圖 1-50　填入觀察變數

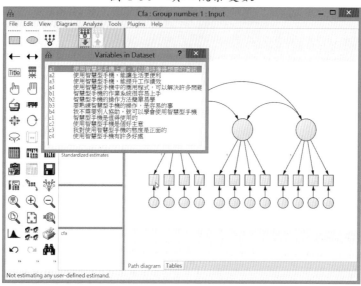

31. 完成觀察變數的選擇（圖 1-51）。

圖 1-51　完成觀察變數設定

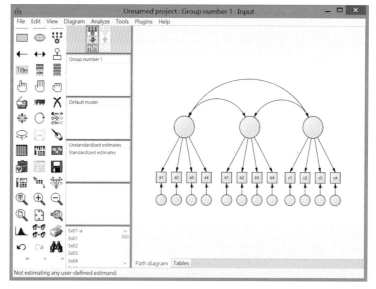

32. 潛在變數可以由 Amos 自動命名，此時在【Plugins】中選擇【Name Unobserved Variables】（圖 1-52）。

圖 1-52　選擇潛在變數自動命名

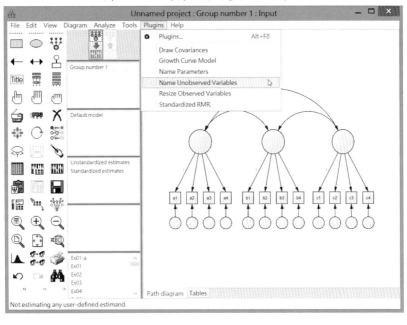

33. 三個潛在變數分別命名為 F1、F2、F3，12 個測量誤差分別命名為 e1 ~ e12（留意，如果資料檔中有相同的觀察變數名稱，則會出現錯誤，無法進行分析）。分析前，須先儲存模型，此時在【File】中選擇【Save】，以儲存檔案（圖 1-53）。

圖 1-53　完成潛在變數命名

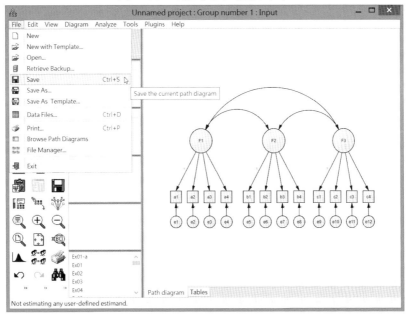

34. 將模型命名為 "cfa.amw"（資料夾請自行選擇適當的位置）（圖 1-54）。

圖 1-54　儲存模型圖檔

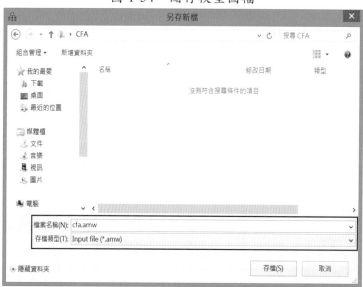

35. 如果需要顯示標準化的 RMR 指標，可以在【Plugins】中選擇【Standardized RMR】（圖 1-55）。

圖 1-55　選擇 SRMR

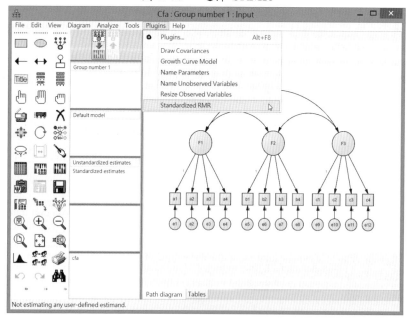

36. 此時會出現空白的 Standardized RMR 對話框（圖 1-56）。

圖 1-56　SRMR 對話框

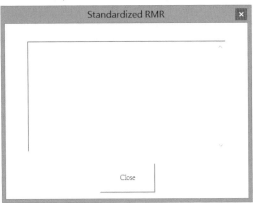

37. 完成所有設定後，點擊【Analyze】中的【Calculate Estimates】進行參數估計（圖 1-57）。

圖 1-57　進行參數估計

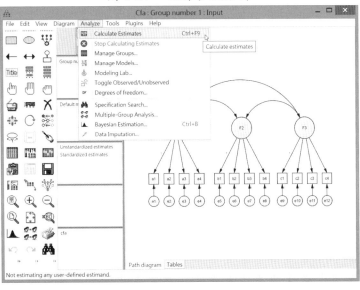

38. 估計後，會顯示 Standardized RMR 值（在此為 .0373），點擊【View the output path diagram】即可顯示估計的未標準化參數（圖 1-58）。

圖 1-58　SRMR 結果

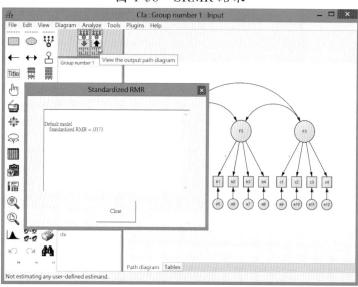

39. 點擊【Unstandardized estimates】可檢視未標準化估計值（圖 1-59）。

圖 1-59　未標準化估計值

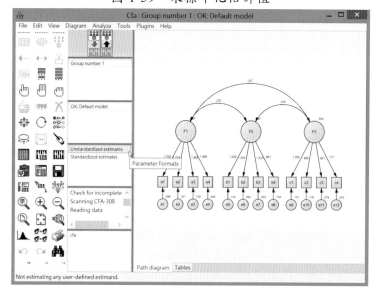

40. 點擊【Standardized estimates】可檢視標準化估計值（圖 1-60）。

圖 1-60　標準化估計值

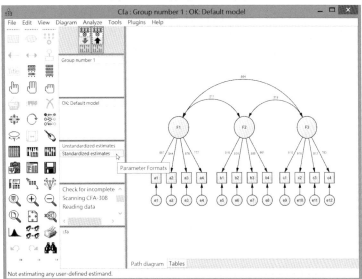

41. 要檢視完整的文字輸出，在【View】中選擇【Text Output】（圖 1-61）。

圖 1-61　開啟文字輸出

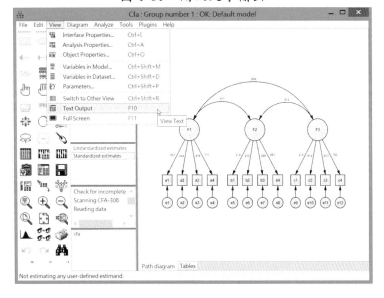

42. 在【Amos Output】的視窗中，點擊左側的標題即可檢視所需要的內容（圖 1-62）。

圖 1-62　文字輸出檔

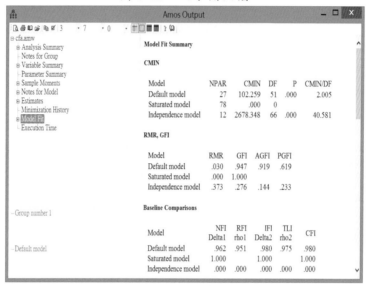

2 登錄資料

本章旨在說明資料的登錄及讀取。首先說明如何使用 SPSS 輸入資料；接著使用 Excel 輸入資料，並讀入 SPSS 軟體中，最後說明如何將文字資料檔讀入 SPSS 中。

2.1 使用 SPSS 登錄資料

要使用 SPSS 統計軟體執行分析工作，最重要的是一定要有資料檔。而資料檔有兩大來源，一是使用現成的資料庫，二是自行蒐集資料後完成登錄工作。現成資料庫的介紹請見陳正昌與張慶勳的著作（2007），本章僅說明如何自行登錄資料。

資料登錄軟體可大略分成兩類：一是不含控制符號的標準 ASCII（American Standard Code for Information Interchange，美國訊息轉換標準碼）檔，或是使用逗號或定位鍵（tab）分隔的文字檔（text file）；二是含有控制符號的系統檔（system file），多數統計軟體均可產生自定格式的系統檔。系統檔的優點之一是含有許多控制碼，可以將所有變數的訊息都包含在資料檔中，而不需要另外在程式中註明。如果系統檔中包含的訊息非常完整，則使用同一種統計軟體的其他研究者可以直接利用該資料檔進行分析，不需要再看登錄編碼卡。優點之二是讀取速度較快，1000 個以上的觀察體，每個觀察體有 100 個變數的系統檔，讀取時間不會超過 5 秒鐘。系統檔的缺點之一是系統檔所占空間較大，攜帶較不方便。缺點之二是因為含有獨特的控制碼，所以不同軟體間不一定可以互相流通。目前，SPSS 28 版可以將資料檔存成 Excel、SAS，及 Stata 等類型的檔案，有利於不同統計軟體間資料的流通，其中 Excel 是多數統計軟體都可以讀取的檔案類型。

標準 ASCII 檔的優點是檔案較小、流通性較廣，且不同的軟體都可讀取，缺點是只含數據，不知道變數欄位及性質，因此要與登錄編碼卡配合使用。此部分因為目前較少使用，所以請讀者參考陳正昌（2004）的另一本著作。SPSS 的資料，也可以另存成以逗號分隔的 csv 檔，供其他統計軟體使用。

要登錄 SPSS 系統檔的步驟敘述如後。

一、進入 SPSS 系統，選擇【輸入資料】，此時會出現**資料視圖**視窗（第 21 版前譯為「**資料檢視**」）（圖 2-1）。

圖 2-1　資料視圖子視窗

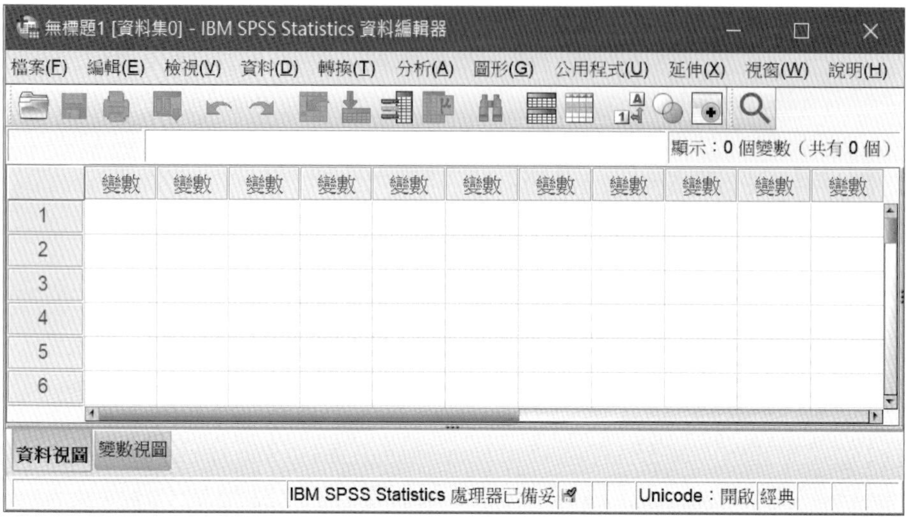

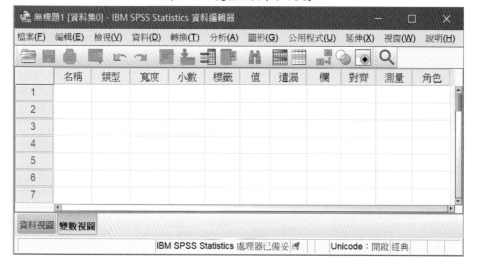

二、切換到**變數視圖**子視窗中，完成後續的設定（第 21 版前譯為「**變項檢視**」）（圖 2-2）。

圖 2-2　變數視圖子視窗

(一) 輸入變數名稱

變數的命名有幾點要加以留意：

1. 變數名稱一定要以文字（中英文皆可）為開頭，像 SES、ses、VAR1、var5_3、var20.1 等，都是有效的變數名稱。SPSS 可以輸入 var20.16 形式的變數名稱，不過，多數統計軟體都無法接受，因此最好命名為 var20_16（留意：是底線，不是減號）。如果有底線，最好不要是在變數名稱的最後面，如 var20_。

2. 不可以使用#、*、$這類的特殊符號當變數名稱，不過，可以使用@符號（但筆者仍不建議使用）。

3. 變數名稱不可以重複，由於英文大小寫不分，所以 SES、Ses 與 ses 都相同，也就不能同時出現。

4. 變數名稱最長為 64 個單位元的字（英文、法文、德文等）或 21 個雙位元字（中文、日文、韓文等），例如，「achievement」就是個有效的變數名稱。然而，部分統計軟體不能接受較長的變數名稱，因此，筆者仍建議儘量將變數名稱限制在 8 個字元之內。

5. 變數名稱可以使用中文。像「性別」或「學業成績」都是有效的變數名稱。不過，除非資料檔只準備使用 SPSS 進行分析，否則筆者並不建議讀者將變數命名為中文，因為多數統計軟體都不能處理中文變數。如果研究者想在結果檔中看到中文變數，可以使用第(三)部分所說的標記（label）功能（圖 2-3）。

圖 2-3　變數名稱及類型

名稱	類型
ses	數字的

(二) 變數類型

SPSS 28 版有九種變數類型（圖 2-4，19 版之前只有八種類型），除非有特殊需要，否則一般設定為【數值】即可。其次還要界定【寬度】及【小數位數】，前者是包含小數點的總寬度，後者是小數點後有幾位數。如：563.6275，則寬度為 8，小數位數為 4，一般記為 F8.4。要留意的是，寬度一定要大於小數位數。

圖 2-4　九種變數類型

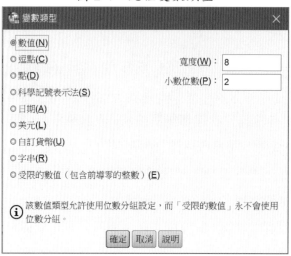

(三) 標籤（21 版前稱為「標記」）

　　標籤包含兩部分，一是**對變數名稱的標籤**（variable label）（圖 2-5），此時可以使用最多 256 個英文字元或 128 個中文字加以說明變數名稱，如將 SEX 標記為「性別」。如果不加以註明，多數人將不知道 A1 或 B3.2 之類的變數名稱代表什麼，因此變數的標記對於無意義的變數名稱相當重要。如果是有意義的變數名稱，如 SEX，就不一定要加以標記。

圖 2-5　變數標記

名稱	類型	寬度	小數	標籤
ses	數值	2	0	社會經濟地位

　　二是**對變數中的數值加以標籤**（value label）（圖 2-6），如 SEX 有 2 個類別，1 是「男性」、2 是「女性」，此時就要對數值加以標記（界定之後要點選【新增】才能加入，界定完成後點選【確定】即可）。數值標記的原則是，**數值本身沒有意義**（通常都是類別變數），**才需要進行標記**。例如，1 可以代表「男性」，也可以代表「女性」。而兩性可以使用 0 與 1，或 1 與 2，甚至 5 與 9 等方式來代表。此時就要對數值加以標記。如果像「數學成績」這樣的變數，因為數值本身有意義，就不必再對數值進行標記（當然，還要加上單位，不然，85 所代表的意義也不明確）。

　　詳細對變數及其數值加以標記雖然一開始較花時間，但是對於分析結果的閱讀會有許多助益。

圖 2-6　數值標記

	名稱	類型	寬度	小數	標籤	值
1	ses	數值	2	0	社會經濟地位	無 ...
2						
3						
4						
5						
6						
7						
8						
9						

值標籤　　　　　　　　　　　　　　　×

值標籤

值(U)：　3

標籤(L)：　低　　　　　　　　　　　拼字(S)...

新增(A)　　1 = "高"
變更(C)　　2 = "中"
　　　　　　3 = "低"
移除(M)

確定　取消　說明

資料視圖　**變數視圖**

IBM SPSS Statistics 處理器已備

　　當使用 Likert 式量表時，或許 10 個題目中，每個選項中的 1 都代表「非常滿意」、2 代表「滿意」、3 代表「無意見」、4 代表「不滿意」、5 代表「非常不滿意」，如果逐一對每個變數的數值都加以界定實在過於繁瑣，此時可以在 v1 使用「複製」，然後同時選擇 v2 至 v10，再使用「貼上」的方式加以完成（圖 2-7）。

圖 2-7　複製數值標記

 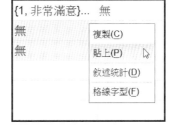

(四) 遺漏值

　　有許多時候受訪者會因為一時疏忽、不了解題意，或題目過於敏感不想作答而造成遺漏值。如果遇到遺漏值有三種處理方式，一是如果同一個受訪者有太多遺漏值，則不加以登錄；二是該變數不輸入資料，以**空白代表**，此時 SPSS 會視為**系統遺漏值**；三是輸入不可能出現的數值，然後再界定這些數值是遺漏值，此時 SPSS 會視為**使用者界定之遺漏值**。

SPSS 對遺漏值的界定有三種方式（圖 2-8）：

1. **無遺漏值**。此時雖然使用者不自訂遺漏值，但是空白未輸入的資料，仍會被視為遺漏值，稱為**系統遺漏值**。

2. **離散遺漏值**。此處**最多**可以界定三個數值，如-1、99、999。

3. **範圍加上一個選用性的離散遺漏值**。如將 90 到 99 之間的數值都當成遺漏值；假設有需要，可以再加上一個離散值。例如，研究者可以將 90－99 之間的數值及 −1 設為遺漏值。

圖 2-8　遺漏值設定

不過由於某個觀察體只要有一個遺漏值，常常就無法進行後續的處理及分析。因此，如果觀察體的遺漏值不是很多（研究者可以自定標準，如遺漏值不超過十分之一，則該觀察體仍列入分析），此時就需要用其他數值來代替。

常用的方法有四種：

1. 用選項數的中位數代替，如五點量表，則遺漏值就用 3 代替。

2. 用該觀察體其他沒有遺漏值題目的平均數（或中位數）代替。如某個受訪者在 15 題的量表中第 10 題未答，就用他/她在第 1 到第 9 及第 11 到第 15 這 14 個題目的平均數（或中位數）代替。或是使用其他 14 個變數對第 10 題進行迴歸分析，再以預測值代替。

3. 用所有觀察體在該題的平均數（或中位數）代替。如某個受訪者的第 8 題有遺漏值，就用其他所有受訪者在第 8 題的平均數（或中位數）代替。

4. 使用 SPSS 的遺漏值分析。

(五) 欄寬

此在設定螢幕上顯示的欄位寬度，內定值為 8，欄寬不影響分析結果，所以可以不用設定。如果要設定，建議從**數值寬度**及**變數長度**中取數字較大者。**對齊方式**除了字串類型外，一般內定都是靠右對齊（圖 2-9）。

圖 2-9　欄寬及對齊方式

(六) 測量

此在界定變數的測量尺度，其下有三個類型（圖 2-10），一是**尺度**（scale），二是**序數**（ordinal，次序），三是**名義**（nominal），其中尺度可包含**等距量尺**（interval scale）及**比率量尺**（ratio scale）。界定變數的測量水準只有在繪製互動式圖形（interactive graphics）時有所影響，對於進行其他統計分析則不會有所妨礙。

圖 2-10　測量水準

三、直接在細格上輸入資料

統計資料檔慣例都是將**橫列**（row）**當成觀察體**（case 或 object），而將**直行**（column）**當成變數**。且一般輸入習慣是先將同一個觀察體的所有變數輸完再換另一個觀察體（也就是要先輸完同一列），而不是將不同觀察體的同一變數輸完再換另一個變數。留意，輸入一個變數後，要按右邊箭頭的方向鍵（→），以便移到同一列的另一個欄位，而不要按輸入鍵（Enter），移到同一欄的下一列。

四、儲存資料檔

資料輸入完成後，在【檔案】的選單中選擇【儲存】或【另存新檔】（圖 2-11）。

此時內定之檔案類型即為 SPSS 之系統檔，附檔名為「.sav」（圖 2-12）。如果希望其他軟體也能讀取，則可以選擇存為 portable file（可攜帶檔，附檔名為「.por」）。其他統計軟體多數都能讀取此類型的檔案（部分軟體也可以直接讀取 SPSS 的系統檔）。在新版的 SPSS 中，還可以將資料存成 SAS 或 Stata 兩種統計軟體的系統檔（圖 2-13），使用上相當方便。

圖 2-11　儲存檔案選單

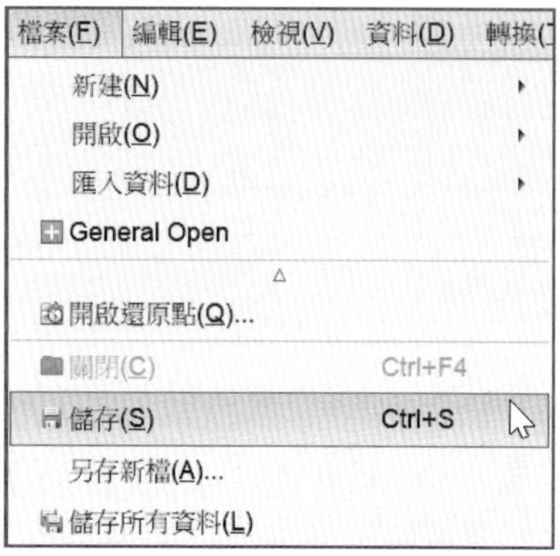

圖 2-12　SPSS 系統檔

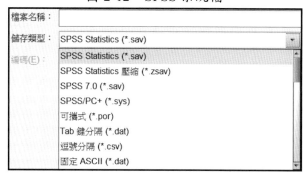

圖 2-13　SAS 及 Stata 系統檔

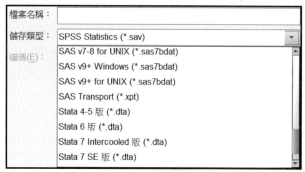

2.2 使用 Excel 登錄資料

現在較普及的試算軟體 Excel 也是不錯的登錄工具,且多數統計軟體都能讀取 Excel 檔。以下逐步說明其方法。

一、在第一橫列輸入變數名稱(最好不要超過 8 個英文字元),接著依序輸入資料(圖 2-14)。

圖 2-14 Excel 資料檔

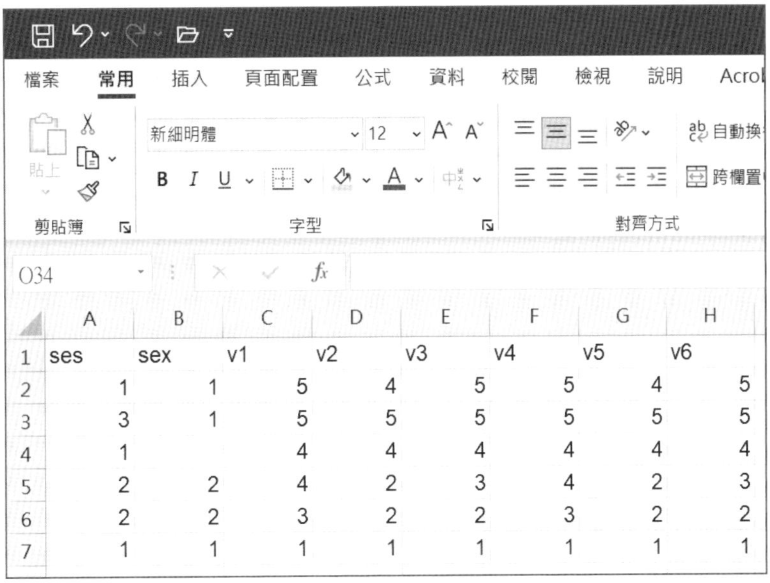

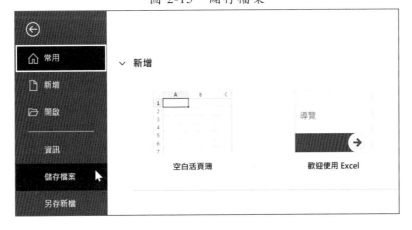

二、輸入完成後,在【檔案】的選單中選擇【儲存檔案】或【另存新檔】(圖 2-15)。

圖 2-15 儲存檔案

三、雖然 SPSS 可以正確讀取 Excel 2007 之後新版本的資料檔，然而，部分統計軟體可能無法讀取最新版的 Excel 檔，此時可以指定存檔類型為較早期的 Excel 版本（在此建議使用 Excel 97-2003 版）（圖 2-16）。筆者建議，為了相容於其他統計軟體，也可以將資料存成「CSV(逗號分隔)(*.csv)」類型的檔案。

圖 2-16　Excel 97-2003 活頁簿

```
Excel 活頁簿 (*.xlsx)
Excel 啟用巨集的活頁簿 (*.xlsm)
Excel 二進位活頁簿 (*.xlsb)
Excel 97-2003 活頁簿 (*.xls)
XML 資料 (*.xml)
單一檔案網頁 (*.mht;*.mhtml)
網頁 (*.htm;*.html)
Excel 範本 (*.xltx)
Excel 啟用巨集的範本 (*.xltm)
Excel 97-2003 範本 (*.xlt)
文字檔 (Tab 字元分隔) (*.txt)
Unicode 文字 (*.txt)
XML 試算表 2003 (*.xml)
Microsoft Excel 5.0/95 活頁簿 (*.xls)
CSV (逗號分隔) (*.csv)
格式化文字 (空白分隔) (*.prn)
DIF (資料交換格式) (*.dif)
SYLK (Symbolic Link) (*.slk)
Excel 增益集 (*.xlam)
Excel 97-2003 增益集 (*.xla)
PDF (*.pdf)
XPS 文件 (*.xps)
OpenDocument 試算表 (*.ods)
```

2.3　在 SPSS 中讀取 Excel 資料檔

在 Excel 中完成存檔之後，就可以使用 SPSS 讀取資料，步驟如下。

一、進入 SPSS 後，在【檔案】的選單下【開啟】中選擇【資料】，以便開啟資料檔（圖 2-17）。或者，也可以選擇【匯入資料】之【Excel】（圖 2-18）。

圖 2-17　開啟資料選單

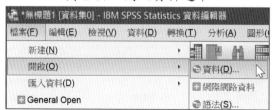

圖 2-18　匯入 Excel 資料選單

二、在【檔案類型】中直接指定 Excel（*.xls, *.xlsx, *.xlsm）類型的檔案，並點選要讀入的檔案（在此為「1.xlsx」）（圖 2-19）。

圖 2-19　在 SPSS 讀入 Excel 檔

三、開啟後會詢問是否【從資料第一列開始讀取變數名稱】（在此為「是」，所以要打勾），並選擇從 Excel 的第一個工作表的 A1:H7 選取數據。視窗下方會顯示資料內容。最後點擊【確定】按鈕，即可正確讀入資料（圖 2-20）。

圖 2-20　讀取 Excel 檔案對話框

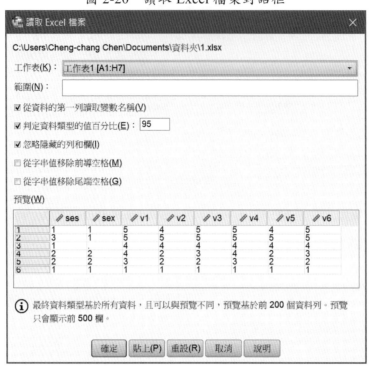

四、讀入後，資料集內容如下。此時欄寬為 12（圖 2-21），可以重新設定較窄的寬度。

圖 2-21　讀入 Excel 檔結果

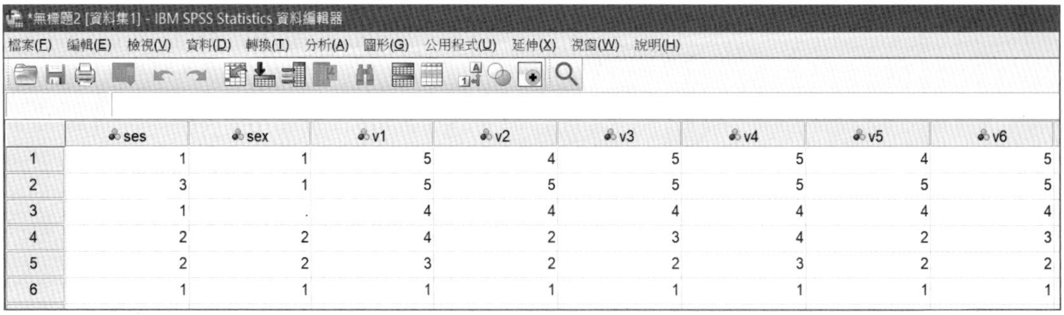

	ses	sex	v1	v2	v3	v4	v5	v6
1	1	1	5	4	5	5	4	5
2	3	1	5	5	5	5	5	5
3	1	.	4	4	4	4	4	4
4	2	2	4	2	3	4	2	3
5	2	2	3	2	2	3	2	2
6	1	1	1	1	1	1	1	1

五、在圖 2-18 中，也可以選擇匯入 CSV 資料，過程如圖 2-22 與圖 2-23。

圖 2-22　讀入 CSV 檔對話框

圖 2-23　讀取 CSV 檔案對話框

2.4　在 SPSS 中讀取文字資料檔

SPSS 也可以讀取純文字類型的檔案，步驟如下。

一、如果在 Excel 中是儲存為以 Tab 字元分隔的文字檔（圖 2-24），則在 SPSS 中應
選擇 Text(*.txt)類型的檔案（圖 2-25）。

圖 2-24　在 Excel 中儲存為以 Tab 字元分隔的文字檔

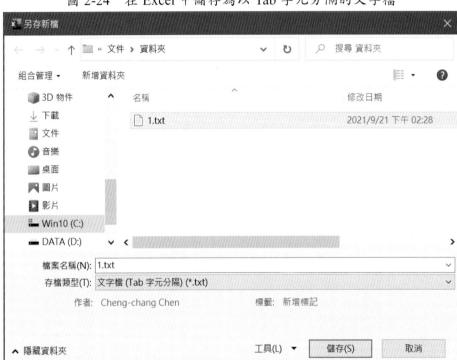

圖 2-25　在 SPSS 中開啟 txt 文字檔

二、開啟檔案後，接續會有 6 個操作步驟。步驟 6 之 1 顯示資料的內容（圖 2-26）。

圖 2-26　步驟 6 之 1

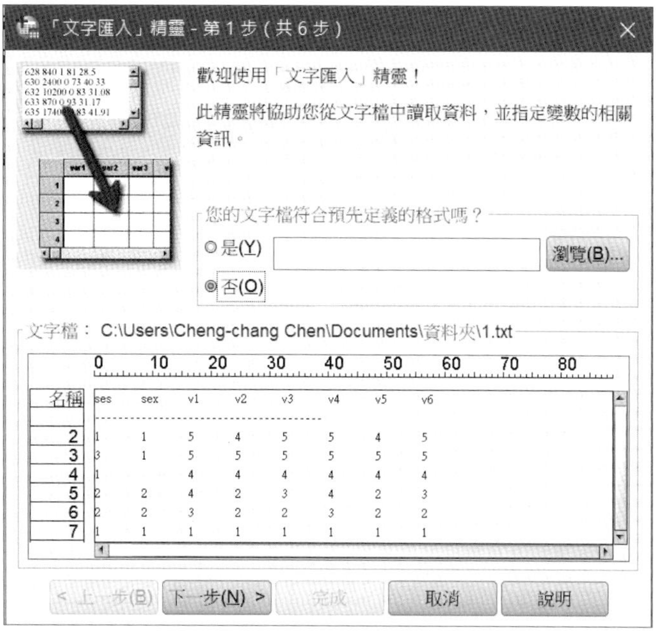

三、步驟 6 之 2 先指定變數是被特定的字元分隔（如逗號或 Tab 鍵），其次指定變數
　　名稱在檔案的最上層。因為資料中的第一列是變數名稱，所以在【變數名稱包含
　　在檔案的頂端嗎？】中，應選擇【是】（圖 2-27）。

圖 2-27　步驟 6 之 2

四、步驟 6 之 3 指定第一個觀察體是從資料的第二列開始，【每一行代表一個觀察值】（此處錯譯，應為「每一列代表一個觀察值」），且【讀入所有的觀察值】（圖 2-28）。

圖 2-28　步驟 6 之 3

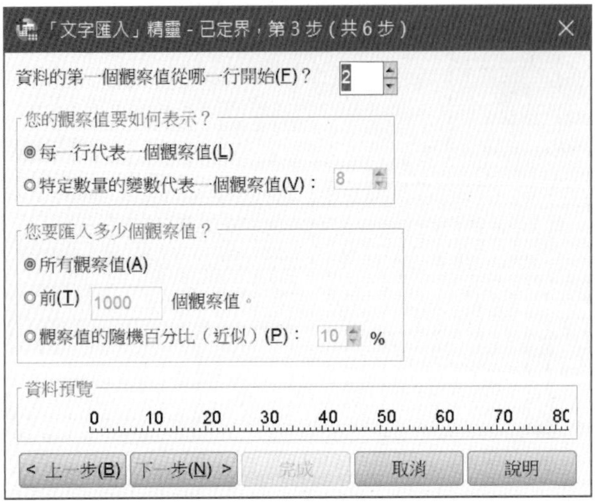

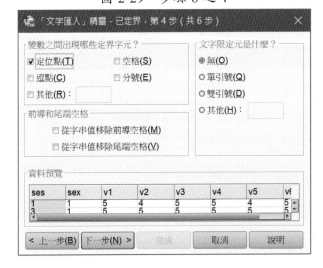

五、步驟 6 之 4 自動顯示以【Tab】當分隔字元（圖 2-29），如果不正確，可以自行指定格式。

圖 2-29　步驟 6 之 4

六、步驟 6 之 5 顯示【變數名稱】，並可指定【資料格式】（圖 2-30）。

圖 2-30　步驟 6 之 5

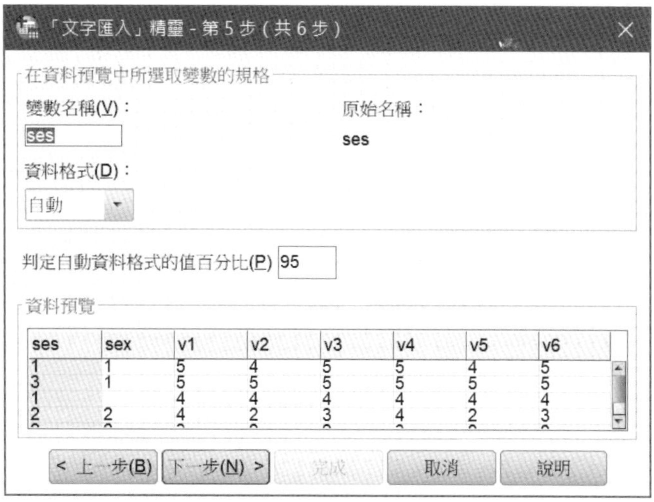

七、步驟 6 之 6 點擊【完成】按鈕，即可讀入資料（圖 2-31）。

圖 2-31　步驟 6 之 6

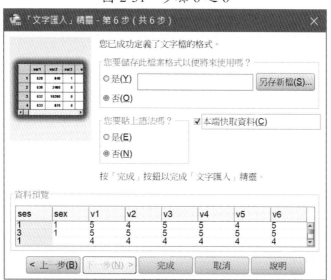

八、讀入後的資料如下圖所示，此時欄寬為 8（圖 2-32）。

圖 2-32 讀入文字檔結果

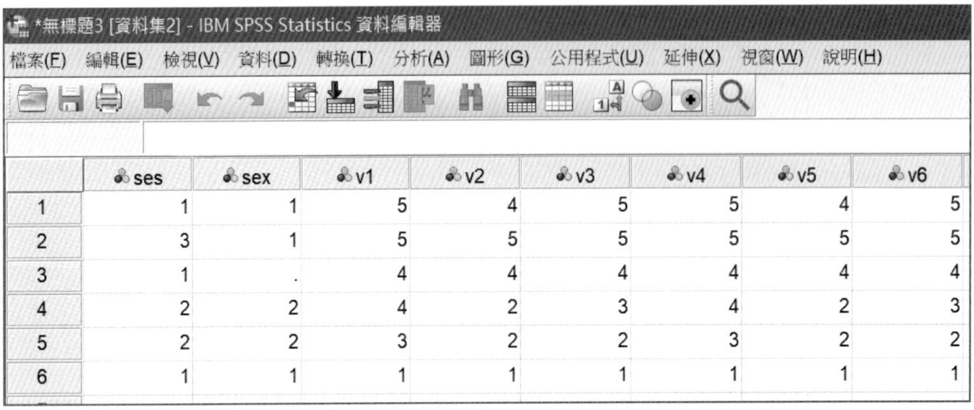

	ses	sex	v1	v2	v3	v4	v5	v6
1	1	1	5	4	5	5	4	5
2	3	1	5	5	5	5	5	5
3	1	.	4	4	4	4	4	4
4	2	2	4	2	3	4	2	3
5	2	2	3	2	2	3	2	2
6	1	1	1	1	1	1	1	1

3 資料處理

本章旨在說明資料的處理，包含除錯的方法、反向題的處理、變數的運算及重新分組，與直線轉換。

3.1 資料除錯

通常研究的數據都非常多，因此在登錄的過程難免會發生錯誤。資料登錄完，也能順利讀入，不代表就沒有問題。在資料處理中，我們常說「垃圾進，垃圾出」（garbage in, garbage out），如果數據不經過爬梳整理就直接分析，所得的結果常常不能盡信。因此，確保所用數據正確無誤，是資料分析過程中相當重要的步驟。

要解決這個問題，在登錄階段可以有兩種做法。一是由兩個人分別登錄資料，或由一個人登錄資料兩次，然後用程式比較兩個資料檔是否相同。如果有不同，表示資料登錄有問題；但是另一方面，兩個資料檔相同不代表沒有錯誤（有可能兩個檔錯誤的地方相同）。不過此種方法費時費力，一般較少採用。二是使用試算軟體（如 Excel）或專門登錄資料的軟體（如 SPSS 早期的 Data Entry 2），事前設定變數的數值範圍，如果超出此範圍，軟體就會提醒登錄者。不過這仍無法檢查出在數值範圍內登錄的錯誤，例如不小心將 2 登錄成 3。

目前許多網站（如 Google、SurveyCake、問卷星等）提供線上問卷調查的功能，由受訪者直接在網路上填答，除了不需再由研究者自行輸入資料外，能減少許多錯誤，可以善加利用。部分網站可以將數據存成 SPSS 系統檔，供 SPSS 分析使用。這些網站，還提供了統計分析功能，研究者可以善用。

在輸入完成後，比較簡單而可行的檢查方式有兩種。第一種方法是將所有變數列出次數分配表，然後檢視是否有超過合理範圍的數值。步驟如下：

1. 在【分析】當中的【敘述統計】選擇【次數分配表】（圖 3-1）。

SPSS 與統計分析

圖 3-1　次數選單

2. 　將所有變數都選擇到分析的【變數】中，再按【確定】即可（圖 3-2）。

圖 3-2　次數對話框

報表 3-1 以性別這個變數為例，在 308 個受訪者中，男性為 112 人，女性有 195 人，其中 1 人代碼為 3，表示登錄有誤。

報表 3-1

性別					
		次數分配表	百分比	有效百分比	累積百分比
有效	男	112	36.4	36.4	36.4
	女	195	63.3	63.3	99.7
	3	1	.3	.3	100.0
	總計	308	100.0	100.0	

接著，要在所有受訪者中找出性別被登錄為 3 者。此時，需在資料檢視的視窗中

點選 gender 變數，然後在【編輯】的選單中選擇【尋找】（或是直接按 Ctrl＋F 鍵）。在尋找內容中輸入 3 之後點擊【找下一筆】按鈕，即可找出性別被登錄為 3 的受訪者（圖 3-3 中為第 267 名受訪者）。

圖 3-3　尋找/取代－資料視圖對話框

然而，找到此受訪者的該筆資料後，仍要確認其原始填答情形為何，如果是書面填答的資料，就要找出原始的問卷加以核對。但是，在 308 份書面資料中，如何正確而快速找到這份資料，就需要靠 ID 這個變數了。因此，建議讀者在收到書面的資料後，立即在上面標註可辨識的代號（ID）。

ID 的編碼可以採用兩種方式，一是由 1 排到 308 之流水號編碼，二是加上有意義的代碼，例如 213005，用來表示第 2 個縣市第 13 個鄉鎮的第 5 號受訪者。

如果無法找到原始資料，或是受訪者本身就填 3，此時只能將 3 設定為遺漏值（圖 3-4）。

圖 3-4　遺漏值對話框

報表 3-2 是設定遺漏值後重新分析的結果，有效受訪者為 307 人，使用界定的遺漏值有 1 人，代碼為 3。

報表 3-2

性別		次數	百分比	有效百分比	累積百分比
有效的	男	112	36.4	36.5	36.5
	女	195	63.3	63.5	100.0
	總和	307	99.7	100.0	
遺漏值	3	1	.3		
總和		308	100.0		

　　二是邏輯的判斷，例如某個填答者是獨生子女，那麼他（她）就不會有兄弟姊妹。不過有時邏輯也不一定適用，例如沒有結過婚不代表就沒有子女。要進行邏輯的判斷最簡單的方式就是列出交叉表，步驟如下：

1. 在【分析】選單當中的【敘述統計】選擇【交叉資料表】（圖 3-5）。

圖 3-5　交叉表選單

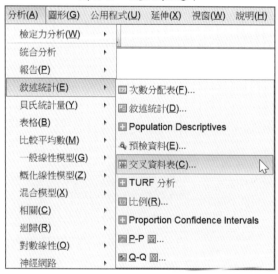

2. 將所要分析的變數分別點選至【列】（橫列）及【欄】（直行）中（次序並無影響），並點選【確定】即可（圖 3-6）。

圖 3-6　交叉表對話框

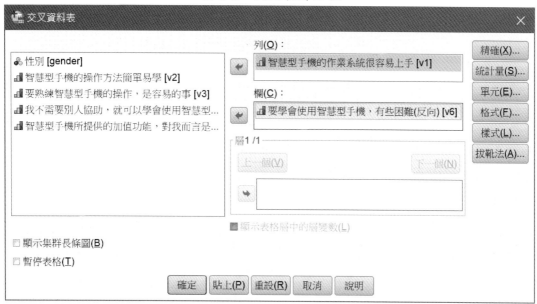

　　報表 3-3 是交叉分析結果，表中顯示有 5 位受訪者在「智慧型手機的作業系統很容易上手」（v1）及「要學會使用智慧型手機，有些困難（反向）」（v6）這兩題都選填「很同意」（編碼為 5），有 1 位則都選填「非常同意」（編碼為 6）。由於 v6 是反向題，理論上如果 v1 選擇「非常同意」，則 v6 應該選擇「非常不同意」才合理；如果 v1 選擇「很同意」，則 v6 應該選擇「很不同意」。

　　經由反向題的設計，可以檢查受訪者是否認真填答問卷，此部分請看下一節的說明。

報表 3-3 智慧型手機的作業系統很容易上手*要學會使用智慧型手機，有些困難 (反向)交叉表

個數								
		要學會使用智慧型手機，有些困難(反向)						
		非常不同意	很不同意	有些不同意	有些同意	很同意	非常同意	總和
智慧型手機的作業系統很容易上手	非常不同意	0	0	0	0	1	0	1
	很不同意	0	0	1	0	1	0	2
	有些不同意	0	2	6	14	3	2	27
	有些同意	5	12	31	29	3	0	80
	很同意	24	43	58	11	5	0	141
	非常同意	35	10	11	0	0	1	57
總和		64	67	107	54	13	3	308

如果要找出這 6 個受訪者，用撰寫語法的方式會比較方便，指令如下：

```
TEMPORARY.
SELECT IF (v1=5 AND v6=5) or (v1=6 AND v6=6).
LIST ID v1 v6.
EXECUTE.
```

指令中的第一列表示暫時選取所需要的觀察體，如果不寫此指令，則分析後其他觀察體會被排除。第二列則是「v1 與 v6 變數同時為 5」或「v1 與 v6 變數同時為 6」的觀察體。第三列是列出該觀察體的 ID、v1、v6 等三個變數的數值，以便找出該受訪者。第四列為執行上述各指令。

執行分析後，在報表中（省略），可以看出受訪者的 ID（54、199、207、218、234、255 等 6 名受訪者）及他們在 v1 及 v6 的填答情形。

第三種方法是使用 SPSS 的資料驗證功能。

1.　首先，在【資料】選單的【驗證】中選擇【定義規則】（圖 3-7）。

圖 3-7　定義規則選單

2.　在【規則定義】的【名稱】中輸入「性別範圍」，在【有效值】中【最小值】輸入 1，【最大值】值輸入 2，並取消【允許範圍內有非整數值】，再點擊【新建】，並按【確定】按鈕（圖 3-8）。

圖 3-8　定義變數規則對話框

3. 其次，在【資料】選單的【驗證】中選擇【驗證資料】（圖 3-9）。

圖 3-9 驗證資料選單

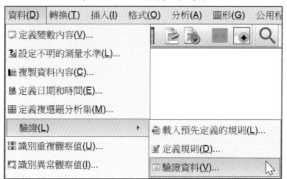

4. 將性別點選到右邊的【分析變數】，【觀察值 ID 變數】設定為 ID 變數（圖 3-10）。

圖 3-10 驗證資料對話框

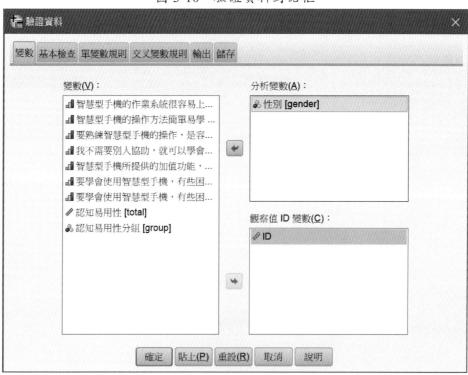

5.　在【單變數規則】中，勾選【套用】「性別範圍」，並點擊【確定】按鈕，進行驗證（圖 3-11）。

圖 3-11　驗證資料對話框（續）

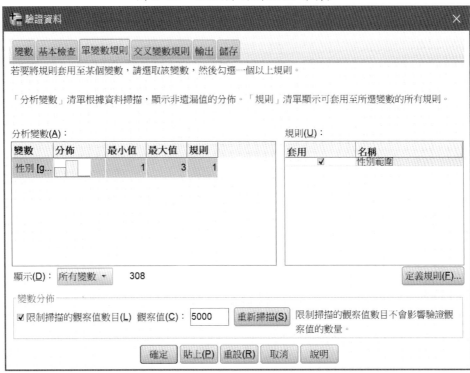

驗證後，ID 為 267 的觀察體超過 1－2 的範圍，違反「性別範圍」的規則，應再檢查。

報表 3-4　觀察值報告

觀察值	驗證規則違規	識別符
	單變數 [a]	ID
267	性別範圍 (1)	267
a. 違反規則的變數數目跟在每一個規則後面。		

3.2 反向題之處理

有時候為了避免填答者不用心閱讀量表或問卷就隨意填寫，研究者會設計一些反向題，以避免受訪者全部都回答相同的選項。例如，在 20 題的 Likert 式四點量表中，如果都是正向題，當受訪者全部都勾選 4 時，很難判斷他是否認真填答。此時，如果加入部分反向題，則依常理判斷，受訪者在這些反向題應該勾選 1 才合理。假使受訪者在反向題也都勾選 4，則他不認真作答的可能就相當高。

不過，反向題的設計也要留心，因為反向的反向，不一定就代表是正向。如，「我不討厭某個事物」不代表「我喜歡某個事物」。

在輸入資料時反向題並不需要刻意處理，只要依照受訪者所勾選的號碼登錄，等到全部輸入完成後再重新編碼即可。重新編碼的步驟如下：

一、在【轉換】的選單中選擇【重新編碼成不同變數】，如此在轉換後舊的變數就會保留。如果選擇轉換【重新編碼成相同的變數】，那麼舊的變數就會被取代（圖 3-12）。

圖 3-12　重新編碼選單

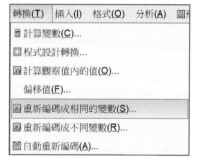

二、將所有的反向題點選到【數值變數→輸出變數】框中（範例為 v6 變數），在【輸出變數】的【名稱】中輸入新的變數名稱（建議在原變數名稱後加「.1」，在此為 v6.1），【標籤】輸入為「要學會使用智慧型手機，有些困難(轉碼)」，接著點選【變更】，並設定【舊值與新值】（圖 3-13）。（注：應將同類型的所有反向題全部選取，並逐一設定新的名稱及標記。）

圖 3-13　重新編碼成不同變數對話框

三、分別輸入【舊值】與【新值】中的【數值】，並點選【新增】。在此例中，因為是
　　六點量表，所以分別將 1、2、3、4、5、6 轉碼成 6、5、4、3、2、1。完成後點
　　擊【繼續】按鈕，回到上一畫面，再點選【確定】按鈕完成轉換（圖 3-14）。在
　　此也提醒讀者，轉碼只要進行一次即可，如果做兩次，等於又轉換成原來的反向
　　選項了。

圖 3-14　重新編碼成不同的變數：舊值與新值對話框

3.3 變數之運算

　　許多時候研究者會對變數加以運算，例如：將幾個題目加總成一個總分，幾個變數給予不同的加權組合成為新的變數，取倒數、對數或開根號……。

　　本範例為 Likert 式六點量表（加總量表），共有六題（一題反向題，已加以轉換），需加總得到新的分數，以下是選單範例。

一、在【轉換】中選擇【計算變數】（圖 3-15）。

圖 3-15　計算變數選單

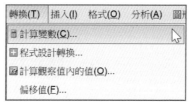

二、接著指定目標變數及數值運算式。在等號前是新變數名稱（也可以和原來的變數名稱相同，運算後原變數中的數值就被取代），等號後應為舊有的變數，可用各種函數功能或是簡單的四則運算。在 SPSS 中有部分統計函數（如 SUM、MEAN、VARIANCE、SD 等），可以大幅減少重複的動作，如「total = SUM (v1 TO v6)」就代表將 v1、v2、v3、v4、v5、v6 六個變數相加（不過，要留意這六個變數在 SPSS 的資料檔中是依序排列，且中間沒有其他變數），但是有時候某一個變數可能會有遺漏值，如果照 SPSS 的程式，則除了遺漏值之外的其他變數仍會進行運算，此時運算結果就會有問題。例如：前述要將 v1 到 v6 這六個變數加總，但是如果某一個受試（訪）者在 v3 這個變數有遺漏值，則運算的結果就會變成 v1、v2 及 v4 到 v6 這五個變數加總，因而得到比其他人少了一個變數的總分。此時，建議使用「total = v1 + v2 + v3 + v4 + v5 + v6」來計算，這樣在 v3 這一題有遺漏值的人就不會被計算到總分（圖 3-16）。

應留意，由於 v6 是反向題，並已轉碼為 v6.1，因此在計算總分時應使用變數 v6.1，而不是 v6。

圖 3-16　計算變數對話框

3.4　重新分組

有時研究者基於分析的目的，會將原來是量的變數化為質的變數。例如：將畢業生年收入分為高、中、低三個等級，或是將學生月考成績分成優、甲、乙、丙、丁、戊六個等級，這時就需要將變數重新轉碼。步驟如下：

一、在【轉換】中【重新編碼成不同變數】，以避免將原來的變數取代（圖 3-17）。

圖 3-17　重新編碼成不同變數選單

二、指定要轉換的變數及新變數的【名稱】及【標籤】，並點選【變更】，接著在【舊值與新值】下進行代碼的界定（圖 3-18）。

圖 3-18　重新編碼成不同變數對話框

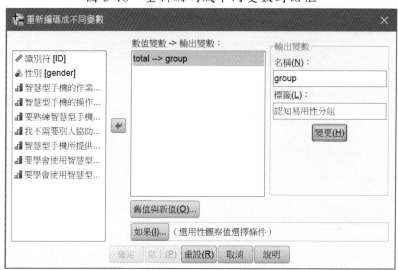

三、反覆輸入【舊值】及【新值】，並點選【新增】（圖 3-19）。在此分別說明三種範圍的界定，首先是從最小值到某個數值轉成 1，其語法為「Lowest thru 24 into 1」。

圖 3-19　重新編碼成不同變數：舊值與新值對話框

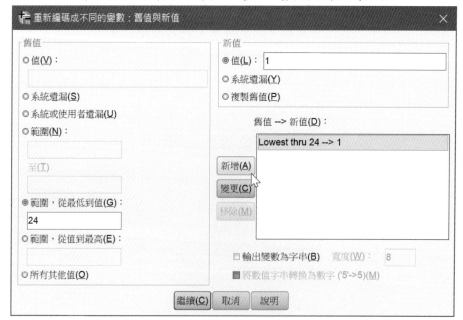

四、其次，設定某兩個範圍之間的新代碼為 2，語法是「25 thru 29 into 2」（圖 3-20）。在此例中，因為沒有介於 24－25 的數值，所以第二組的最小值設為 25。如果 24－25 間還有其他數值，應界定為「24 thru 29 into 2」，則在 24 以下（含 24）會被重新分類為第 1 組，而超過 24（不含 24）及 29 以下（含 29）則分類為第 2 組。

圖 3-20　重新編碼成不同變數：舊值與新值對話框（續）

五、最後，設定 30 以上（含 30）到最大值為第 3 組，語法是「30 thru Highest into 3」。完成設定之後按【繼續】，再按【確定】即可（圖 3-21）。提醒讀者，如果將遺漏值設為不可能出現的數值時（如 99），則不應使用【某數值到最大值】的設定方式，以免將原來的遺漏值轉換為第 3 組。

圖 3-21　重新編碼成不同變數：舊值與新值對話框（續）

3.5　標準分數──直線轉換

有時研究者想要比較受訪（試）者在不同變數的差異，但是這些變數的單位可能不一致，此時就要透過轉換才能加以比較。例如，某個成年男性的受訪者，身高為 170 公分、體重為 75 公斤，則與所有的男性受訪者相比，他是身高較高？還是體重較重？此時如果將兩個變數都化成標準分數，則可以比較其大小。

一般最常用的標準分數為 Z 分數，母數之 $Z = \dfrac{X - \mu}{\sigma}$，而統計量之 $Z = \dfrac{X - \bar{X}}{s}$。以下是轉換的範例：

一、在【分析】選單中之【敘述統計】選擇【敘述統計】（圖 3-22）。

圖 3-22　敘述統計選單

二、選擇所需變數，並勾選【將標準化的數值存成變數】（圖 3-23），分析後會在資料檔中加入新的變數，名稱為原來的變數前加上 Z，如此例中的原變數為 total，分析之後的新變數為 Ztotal。

圖 3-23　敘述統計對話框

這個轉換的程序只是直線轉換，因此經過轉換後的 Z 分數雖然變為平均數是 0，標準差是 1（這也是 Z 分數的特性），但是偏態及峰度都維持不變。

報表 3-5　敘述統計

	個數	平均數	標準差	偏態		峰度	
	統計量	統計量	統計量	統計量	標準誤	統計量	標準誤
認知易用性	308	27.25	5.159	-.321	.139	.151	.277
Z 分數:認知易用性	308	.0000000	1.00000000	-.321	.139	.151	.277
有效的 N(完全排除)	308						

4 資料視覺化

　　圖（figure）與表（table）的製作，是資料分析中相當重要的部分。人們常說：「字不如表，表不如圖。」一張適當的統計圖表，可以告訴讀者明確的訊息，有時也可以呈現複雜統計方法所無法涵蓋的功能；而淺顯的統計圖表，也可以使讀者更容易了解統計的概念。在大數據（big data）分析當道的現代，透過適當的視覺化圖表，也是值得研究的技術；經由認識基本統計圖表，可以更容易了解複雜的視覺化圖表。此範疇，稱為「資料視覺化」（data visualization）。

　　本章旨在說明單向度次數分配表及繪製各種統計圖，雙向度次數分配表請見第21 章卡方同質性與獨立性檢定。

4.1　次數分配表

4.1.1　基本概念

　　單向度的次數分配表旨在計算變數中所有數值的次數，列成表格，是相當常見的統計圖表。在彙整次數分配表時，首先計算變數中各個數值的次數，其次計算各次數的百分比，而常用的百分比有兩種，一是全體的百分比，公式為：

$$百分比 = \frac{次數}{所有觀察體} \times 100\%$$

　　二是有效的百分比，公式為：

$$有效百分比 = \frac{次數}{有效的觀察體} \times 100\%$$

　　上述兩個公式中，分子的部分都相同，分母部分，由於有效的觀察體會小於或等於所有觀察體（也就是有效百分比的分母較小），因此有效的百分比會大於或等於全體的百分比。在研究中，多數使用有效的百分比。如果變數是次序變數或量的變數

（含等距及比率變數），也可以將有效的百分比累加，此稱為累積百分比；如果是名義變數，則累積百分比並無意義，應忽略 SPSS 報表中此部分的結果。

4.1.2　分析步驟

1.　在【分析】選單中之【敘述統計】選擇【次數分配表】。

圖 4-1　次數分配表選單

2.　將要分析的變數點選到右邊的【變數】框中，並點擊【確定】按鈕進行分析。

圖 4-2　次數對話框

4.1.3　報表解讀

報表 4-1　次數分配表

認知易用性分組					
		次數分配表	百分比	有效百分比	累積百分比
有效	低分組	91	28.7	29.5	29.5
	中間組	122	38.5	39.6	69.2
	高分組	95	30.0	30.8	100.0
	總計	308	97.2	100.0	
遺漏	9	3	.9		
	系統	6	1.9		
	總計	9	2.8		
總計		317	100.0		

　　分析後得到報表 4-1。在本表中共有 5 欄，第 1 欄是三個分組，也就是次序變數的類別；第 2 欄是次數，總共有 317 個樣本，因為有 9 個遺漏值，所以有效樣本為 308 人。中間組人數最多，有 122 人；第 3 欄為百分比，由各等級的人數除以總人數後再乘以 100 而得，如 $\frac{122}{317} \times 100 = 38.5$；第 4 欄為有效百分比，由各等級的人數除以有效總人數（即不含遺漏值）後再乘以 100 而得，如 $\frac{122}{308} \times 100 = 39.6$；第 5 欄為累積百分比，是第 4 欄的有效百分比由上往下累加而得，如果是名義變數，應忽略此欄的結果，切勿加以解釋。

　　由次數分配表可得知：在有效樣本中，有 29.5%的受訪者對智慧型手機的認知易用性為低分組；中間組有 39.6%；高分組有 30.8%。由於這是人為分組，大約符合一般常用的 27%、46%、27%分組方式。

　　在 9 個刻意加入的遺漏值中，可分為兩類，一是未輸入數據的系統界定遺漏值，有 6 人，一是輸入為 9，但是由使用者自行界定的遺漏值，有 3 人。真正進行研究分析時，通常會將遺漏值刪除。

4.2　長條圖

4.2.1　基本概念

　　長條圖是以其高度（將類別放在 X 軸時）或長度（將類別放在 Y 軸時）來代表數量的大小，適用於名義變數或次序變數，由於是間斷變數，因此條形間應有適當的間距。在繪製時應只改變高度（或長度），而不能同時改變高度與寬度，否則會造成視覺上的錯誤。

　　以圖 4-3 左邊為例，甲校的升學率是 30%、乙校為 60%，因此乙校是甲校的 2 倍。當寬度固定，而高度變為 2 倍時，面積也變為 2 倍。但是如果像圖 4-3 右邊，寬度與高度同時倍增，則面積會變為 4 倍，就會誤導閱讀者。

　　在繪製長條圖時，應避免以圓形表示，因為人的視覺會留意物體的面積，而不單是其高度或是寬度（在圓形中則為直徑）。圓形的面積為 πr^2，當直徑變為 2 倍時，面積已變為 4 倍。如果再以立體之球形表示時，因為球形體積是 $\frac{4}{3}\pi r^3$，則體積會變為 8 倍（圖 4-4）。

　　如果以象形圖（pictogram）表示，也容易誤導讀者。圖 4-5 左邊為了維持圖形的美觀，高度與寬度維持同比例增加，也會造成面積變成 4 倍的錯誤。即使像圖 4-5 右邊不改變寬度，但是因為物體是立體的，因此深度仍難以固定不變。

圖 4-3　同時改變條形高度與寬度

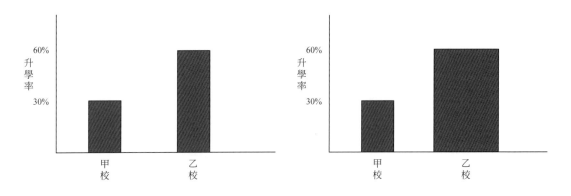

圖 4-4　以圓形圖表示數量

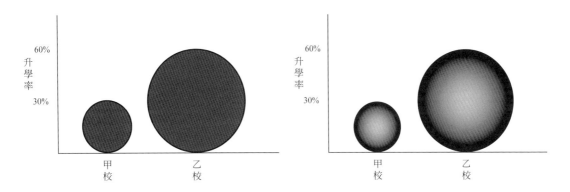

60%
升學率
30%
甲校
乙校
60%
升學率
30%
甲校
乙校

圖 4-5　以象形圖表示數量

60%
升學率
30%
甲校
乙校
60%
升學率
30%
甲校
乙校

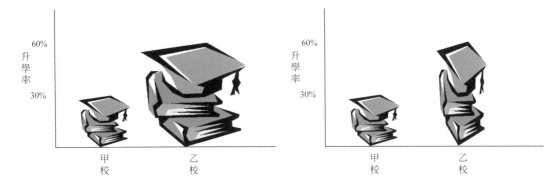

4.2.2　舊式對話框分析步驟

1. 在【圖形】(或【統計圖】) 選單之【舊式對話框】(或【歷史對話記錄】) 選擇【長條圖】(圖 4-6)。

圖 4-6　長條圖選單

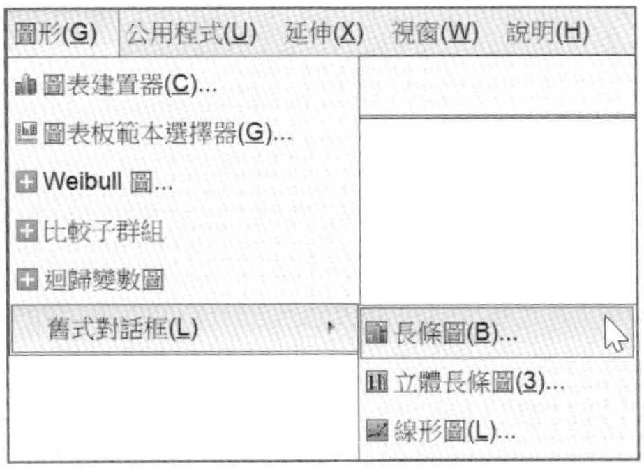

圖形(G)
公用程式(U)
延伸(X)
視窗(W)
說明(H)
圖表建置器(C)...
圖表板範本選擇器(G)...
Weibull 圖...
比較子群組
迴歸變數圖
舊式對話框(L)
長條圖(B)...
立體長條圖(3)...
線形圖(L)...

2. 選擇【簡式】(或【簡單】)長條圖,【圖表中資料為】則選擇【觀察值群組摘要】, 再點擊【定義】按鈕（圖 4-7）。

圖 4-7　長條圖對話框

3. 將變數選至【類別軸】並點擊【確定】按鈕,即可進行分析（圖 4-8）。

圖 4-8　定義簡式長條圖:觀察值群組摘要對話框

4.2.3　圖表建置器分析步驟

1. 在較新版的 SPSS 統計軟體中，也可以在【圖形】選單中選擇【圖表建置器】（圖 4-9）。

圖 4-9　圖表建置器選單

2. 一開始會顯示正確設定各變數測量層次（水準）的提示，如果尚未設定，可以選擇【定義變數內容】，如果已經正確設定，則可以選擇【確定】。由於每次使用圖表建置器都會顯示此對話框，此時可以勾選【不要再顯示此對話框】，避免反覆出現（圖 4-10）。

圖 4-10　圖表建置器對話框

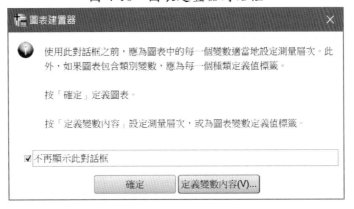

3. 進入圖表建置器後，先在【選擇來源】中選擇【長條圖】，接著將第一列的第一個圖庫（簡易長條圖）拖曳到上方的對話框。接著，將變數（認知易用性分組，次序變數）拖曳到【X 軸】。設定完成後，點擊【確定】按鈕，進行圖形繪製（圖 4-11）。

圖 4-11　圖表建置器對話框

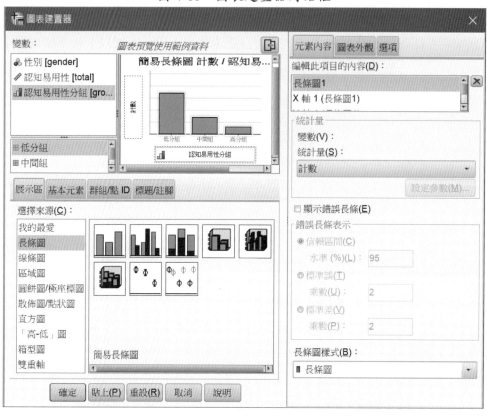

4.2.4　報表解讀

報表 4-2　簡單長條圖

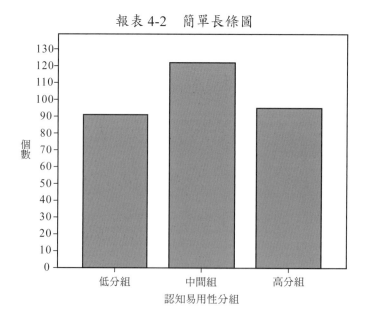

報表 4-2 是受訪者在認知易用性分組的長條圖（SPSS 各版本圖形略有不同），由圖中可看出：多數受訪者為中間組（約有 120 人），其次為高分組（約有 95 人），低分組最少（約有 90 人）（注：低中高各組精確人數分別為 91、122、95 人）。

4.3　集群長條圖

4.3.1　基本概念

集群長條圖的繪製方法與長條圖相似，也是將數據使用長條代表。不過，在 X 軸上則另外依照主要類別加以分群。

表 4-1 為甲、乙兩生於暑假中每天自行複習各科課業的時間。

表 4-1　兩名學生之讀書時間

科目	甲生	乙生
國文	5.0	2.5
英文	3.0	1.5
數學	4.0	2.0
自然	2.0	1.0
社會	1.0	0.5
總計	15.0	7.5

繪製時分別以五種顏色的長條代表五個學科的複習時間，接著以甲、乙兩生當第一層變數，將各自的長條放在一起。由圖 4-12 可看出甲、乙兩生都花最多的時間在國文科上，社會科所花的時間最少。整體而言，兩人在各科所花時間的大小順序相同。

圖 4-12　集群長條圖

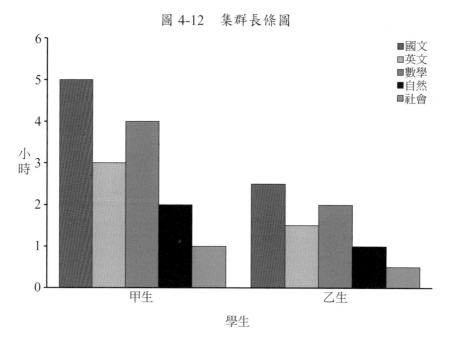

4.3.2　舊式對話框分析步驟

1.　在【圖形】、【舊式對話框】之【長條圖】中選擇【集群】,【圖表中資料為】則選擇【觀察值群組摘要】,再點擊【定義】按鈕(圖 4-13)。

圖 4-13　長條圖對話框

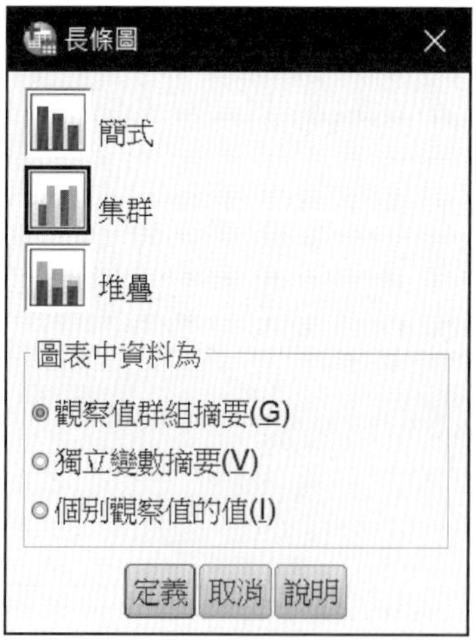

2. 將主要的分類變數選至【種類軸】（或【類別軸】），要集群化的變數選至【定義集群方式】，並點擊【確定】按鈕即可完成（圖 4-14）。

圖 4-14　定義集群長條圖：觀察值群組摘要對話框

4.3.3　圖表建置器分析步驟

1. 在【圖形】中選擇【圖表建置器】，接著在【選擇來源】中之【長條圖】選擇第一列的第二個圖庫（集群長條圖），並拖曳到上方的對話框。將主要分類變數（範例中為性別）拖曳到【X 軸】。將集群化的變數（在此為認知易用性分組）拖曳到右上角的【X 上的集群：設定色彩】框中，並點擊【確定】按鈕（圖 4-15）。

圖 4-15　圖表建置器對話框

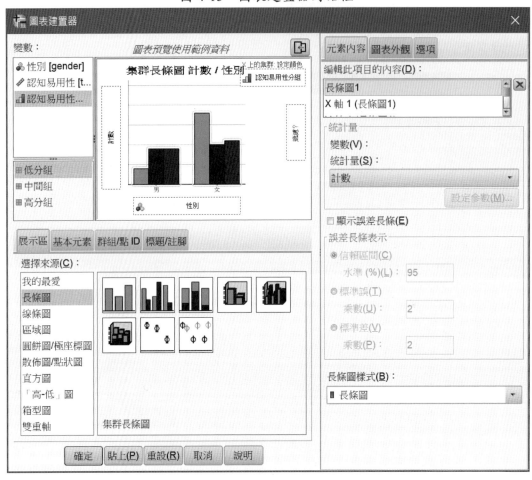

2. 如果有需要，可以將兩個變數改變位置，以繪製不同的集群長條圖（圖 4-16）。設置時，建議將研究者較關注的變數（如：性別）置於 X 軸，另一個變數置於【X 上的集群：設定顏色】。

圖 4-16　圖表建置器對話框

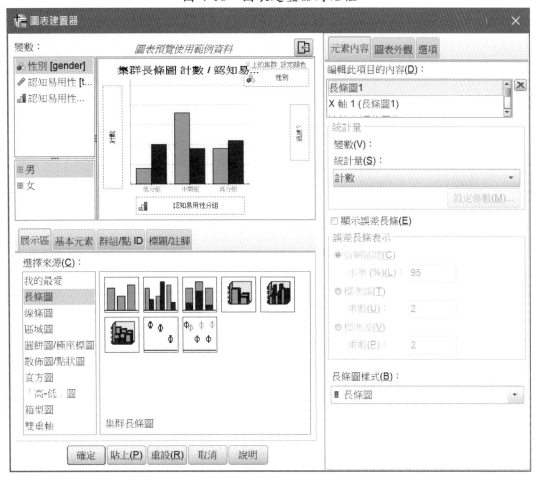

3. 前述的 Y 軸都顯示【計數】(或【個數】)，如果要改變統計量，則在【元素內容】對話框中【長條圖 1】下的【統計量】選擇【百分比】，並點擊【設定參數】(圖 4-17)。

圖 4-17　圖表建置器：元素內容對話框

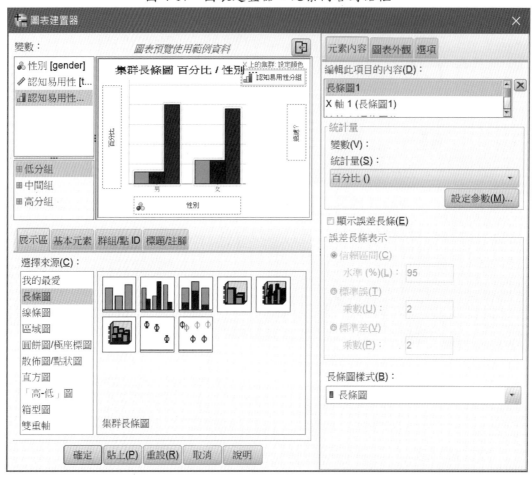

4. 在【設定參數】項下，將【用來計算百分比的分母】改為【每一個 X 軸種類的總計】（也就是性別變數）（圖 4-18），接著點擊【繼續】，回到圖 4-17 畫面之後再點擊【確定】。

圖 4-18　元素內容：設定參數對話框

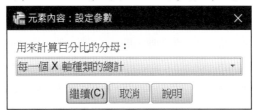

4.3.4　報表解讀

報表 4-3　集群長條圖——以性別為第一層變數

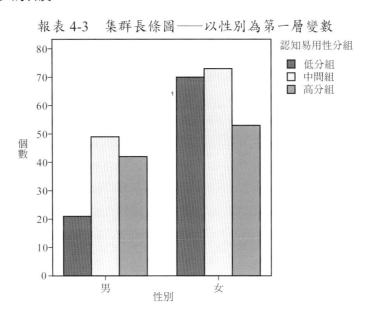

報表 4-3 為兩性在三個分組的長條圖。由圖可看出：兩性都以中間組的人數最多，但是在男性中，高分組比低分組多，而在女性中，高分組則比低分組少。

由集群長條圖可大略看出：男性比女性認為智慧型手機容易使用。如果要進行檢定，可以在【分析】選單的【敘述統計】中選擇【交叉表】，以進行卡方檢定（請參見本書第 22 章）。

報表 4-4　集群長條圖——以認知易用性分組為第一層變數

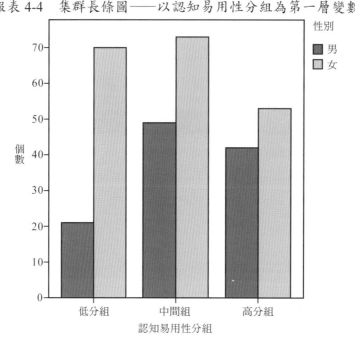

將上述兩個變數互相交換後，由報表 4-4 可看出：在三組中，女性的人數都比男性多。然而由於女性受訪者總數較多（有 196 人），因此並無法清楚看出兩性的差異。

報表 4-5　集群長條圖——以性別為第一層變數（百分比）

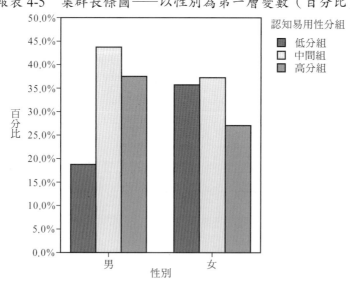

報表 4-5 以兩性各自的人數求百分比，可以看出男性的高分組比例（38%）比低分組（19%）多；而女性的低分組比例（36%）則比高分組（27%）多。

4.4　堆疊長條圖

4.4.1　基本概念

堆疊長條圖在形式上類似簡單長條圖，但是在單一的條形中又可以顯示不同類別的次數或百分比。堆疊長條圖的繪製方法與集群長條圖類似，它也是以不同顏色的長條代表不同的數據，只是最後在 X 軸上是以主要分類為主，然後將所有長條堆疊在一起（圖 4-19）。

圖 4-19　堆疊長條圖

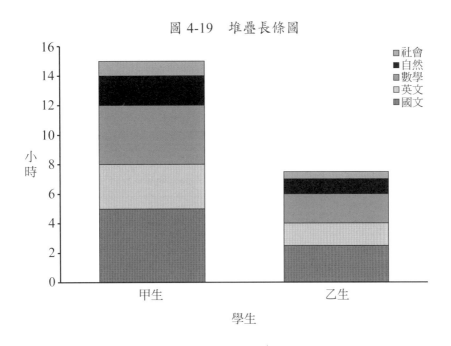

4.4.2　舊式對話框分析步驟

1. 在【圖形】、【舊式對話框】之【長條圖】中選擇【堆疊】，【圖表中資料為】則選擇【觀察值群組摘要】，再點擊【定義】按鈕（圖 4-20）。

圖 4-20　長條圖對話框

2. 　將主要的分類變數選至【種類軸】，要堆疊的變數選至【定義堆疊方式】，並點擊【確定】按鈕即可完成（圖 4-21）。

圖 4-21　定義堆疊長條圖：觀察值群組摘要對話框

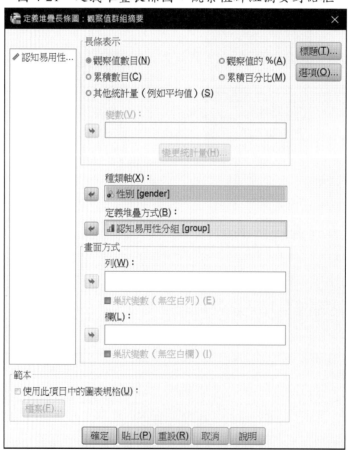

4.4.3　圖表建置器分析步驟

1. 在【圖形】中選擇【圖表建置器】，接著在【選擇來源】中之【長條圖】選擇第一列的第三個圖庫（集群長條圖），並拖曳到上方的對話框。將主要分類變數（範例中為性別）拖曳到【X 軸】。再將堆疊的變數（在此為認知易用性分組）拖曳到右上角的【堆疊：設定顏色】框中，並點擊【確定】按鈕（圖 4-22）。

圖 4-22　圖表建置器對話框

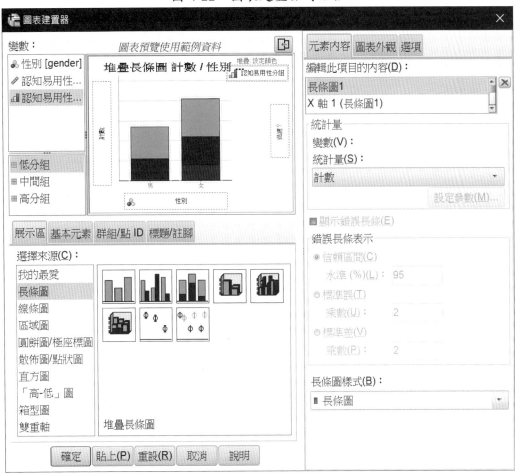

2. 如果要改變統計量，則在【元素內容】對話框中的【統計量】選擇【百分比】，
並點擊【設定參數】，將【用來計算百分比的分母】改為【每一個 X 軸種類的總
計】（即性別中的百分比）（圖 4-23）。

圖 4-23　元素屬性：設定參數對話框

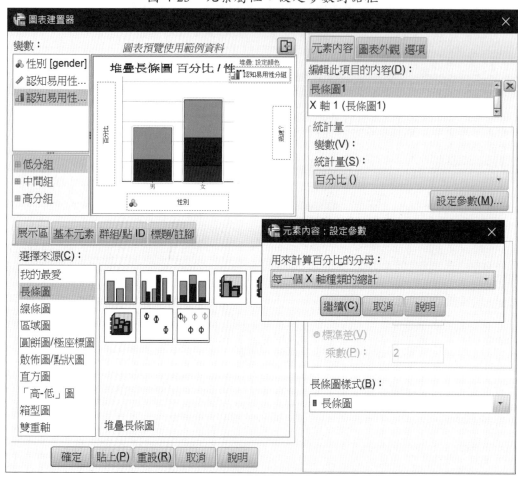

4.4.4　報表解讀

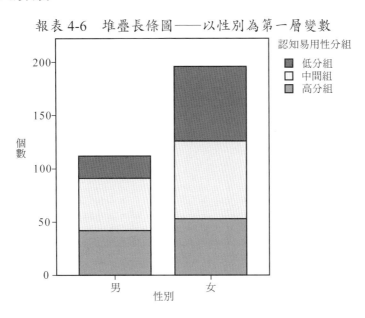

報表 4-6　堆疊長條圖──以性別為第一層變數

　　由報表 4-6 可看出：女性受訪者人數較多（196 人），男性較少（112 人）。其中女性在低分組及中間組的人數相差不多，而男性則是高分組及中間組人數約略相等。

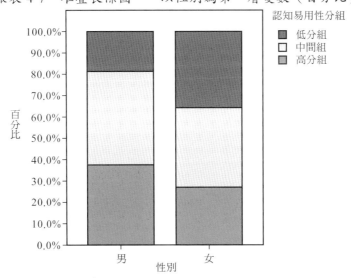

報表 4-7　堆疊長條圖──以性別為第一層變數（百分比）

　　報表 4-7 是以兩性的人數為分母，各自計算三組的百分比。由圖中可看出：男性高分組的比例多於女性，而女性則是低分組的比例多於男性。

報表 4-8　堆疊長條圖——以認知易用性分組為第一層變數

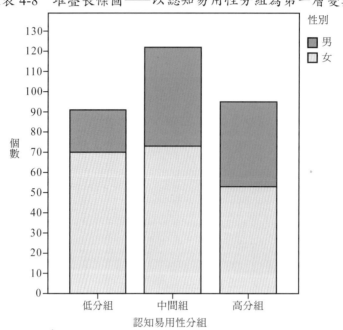

　　將上述兩個變數互相交換後，由報表 4-8 可看出：中間組人數最多，而在三組中，女性的人數都比男性多。然而由於女性受訪者總數較多，因此並無法清楚看出兩性的差異。

4.5　圓餅圖

4.5.1　基本概念

　　圓餅圖又稱圓形比例圖，是以在圓形中所占扇形面積的百分比來代表其數量，因此比較適合用來比較相對的比例。

例如：甲、乙兩生於暑假中每天自行複習課業的時間如表 4-2。

表 4-2　兩名學生之讀書時間

科目	甲生	乙生
國文	5.0	2.5
英文	3.0	1.5
數學	4.0	2.0
自然	2.0	1.0
社會	1.0	0.5
總計	15.0	7.5

其中甲生的國文時數為 5 小時，占總時數中之 $\frac{5}{15} = \frac{1}{3} = 0.333 = 33.33\%$。因為圓形內角為 $360°$，因此國文這一扇形的圓心角為 $\frac{1}{3} \times 360 = 120°$，其餘算法則依此類推。所畫圓餅圖如圖 4-24 所示。

圖 4-24　圓餅圖

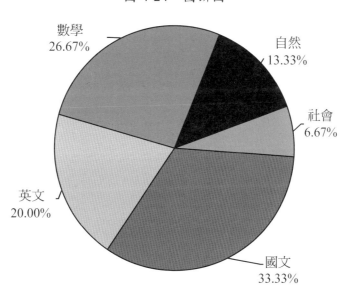

不過，圓餅圖有一缺點，就是不能顯示全體的量數。以表 4-2 為例，甲乙兩生每天讀書的總時數並不相同，但是比例卻相等，如果使用圓餅圖來表示兩人的讀書情形，會得到相同的結果，容易誤導閱讀者。此時，改用集群長條圖或是堆疊長條圖會

比較恰當。

　　圓餅圖較適用於名義變數，此類變數在分類時應留意**互斥**及**完整**兩個原則。所謂互斥就是同一個觀察體不可以既是甲類又是乙類，如：把學歷分成自修、小學以下、中學、大學以上，這樣就是不恰當的，因為會有受訪者是自修取得中學學歷。所謂完整即是類別要涵蓋所有可能性，如把學歷分成小學、中學、大學、研究所，即少了未接受教育的分類。如果不確定是否涵蓋所有可能性，最好加上「其他」一項。

　　此外，如果類別太多，加上某些類別所占比例又太少，最好也不要使用圓餅圖，以避免顯示不清楚的問題。圓餅圖最好不要使用立體的形式呈現，以免因視角關係而使各部分的比例失準。

4.5.2　舊式對話框分析步驟

1.　在【圖形】選單之【舊式對話框】選擇【圓餅圖】（圖 4-25）。

圖 4-25　圓餅圖選單

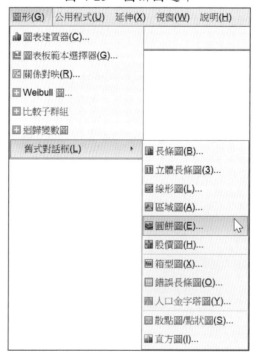

2. 在【圖表中資料為】選擇【觀察值群別摘要】，再點擊【定義】按鈕（圖 4-26）。

圖 4-26 圓餅圖對話框

3. 將變數選至【定義截塊方式】（或【定義圖塊依據】）並點擊【確定】按鈕，即可進行分析（圖 4-27）。

圖 4-27 定義圓餅圖：觀察值群組摘要對話框

4.5.3 圖表建置器分析步驟

1. 在【圖形】中選擇【圖表建置器】，接著在【選擇來源】中之【圓餅圖／極座標圖】選擇圖庫，並拖曳到上方的對話框。將變數拖曳到【截塊方式】，並點擊【確定】按鈕（圖 4-28）。

圖 4-28　圖表建置器對話框

2. 如果要增加圓餅圖的標籤，需在圖上雙擊，進入圖表編輯器，接著在【元素】選單中選擇【顯示資料標籤】（圖 4-29）。

圖 4-29　圖表編輯器對話框

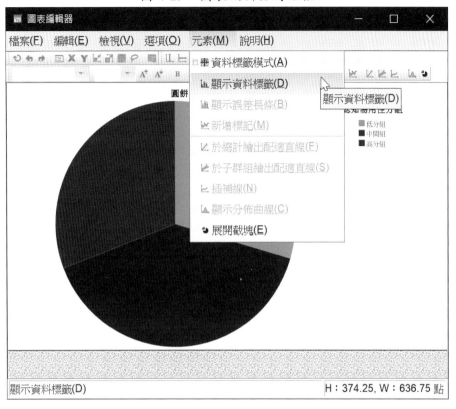

3. 在【資料值標記】的對話框中，內定顯示【百分比】，在【未顯示】的框中，可再選擇增加【認知易用性】分組的標籤及【計數】。在【標籤】的【已顯示】中，三種標籤可依個人需要加以排列上下順序。設置後點擊【套用】即可（圖 4-30）。

圖 4-30 內容對話框

4.5.4 報表解讀

報表 4-9 圓餅圖

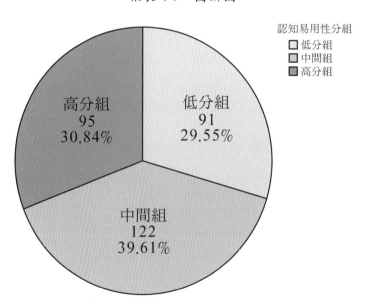

由報表 4-9 可看出，低中高三組人數分別為 91、122，及 95 人，百分比分別為 29.55%、39.61%，及 30.84%。由於分組時就設定中間組人數最多，因此該組所占比例最高。

4.6　直方圖

4.6.1　基本概念

直方圖與長條圖相似，也是以條形的高度（或長度）來表示數據的大小，其差別在於長條圖比較適用於質的變數，而直方圖則適用於量的變數。因為直方圖是由量的變數加以分組而來，因此在繪製時條形之間應相連接。

由直方圖可以看出至少三種訊息：整體型態、偏態，及是否有離異值。

圖 4-31 左為 410 名大學生填答的身高直方圖（為假設性資料），右圖另加上折線，由圖可看出身高在 160.0 – 162.5 公分者最多，其次是 170.0 – 172.5 公分者，緊接著為 162.5 – 165.0 公分，因此大略呈現雙眾數的型態。會有這樣的現象，主要是因為未將男女分開繪製。

圖 4-31　大學生身高直方圖

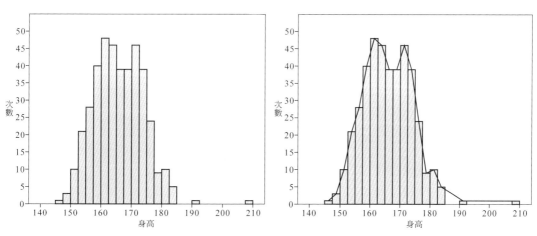

如果將男女分開，則可以發現多數女性的身高集中於 160.0 – 162.5 公分之間，其次為 157.5 – 160.0 公分及 162.5 – 165.0 公分之間，大略呈對稱分配（圖 4-32）。

圖 4-32　女性大學生身高直方圖

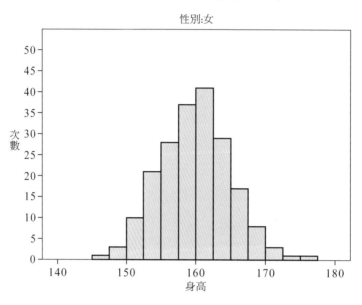

多數男性身高在 170.0 – 172.5 公分之間，其次為 172.5 – 175.0 公分及 167.5 – 170.0 公分。在 190.0 – 192.5 公分及 207.5 – 210.0 公分各有一個觀察體，為離異值，使得分配型態為正偏態分配（圖 4-33）。

圖 4-33　男性大學生身高直方圖

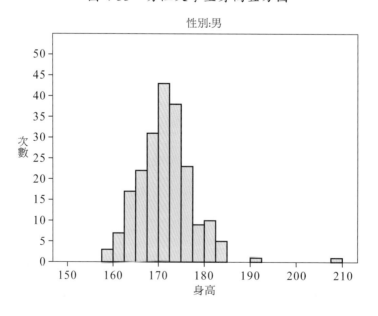

如果剔除兩個離異值，則分配型態即大致為對稱分配（圖 4-34）。

圖 4-34　刪除離異值之男性大學生身高直方圖

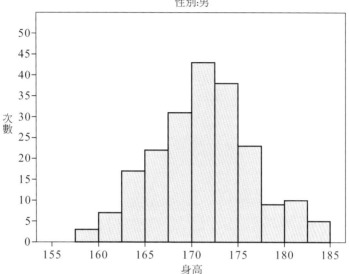

4.6.2　舊式對話框分析步驟

1.　在【圖形】選單之【舊式對話框】下選擇【直方圖】（圖 4-35）。

圖 4-35　直方圖選單

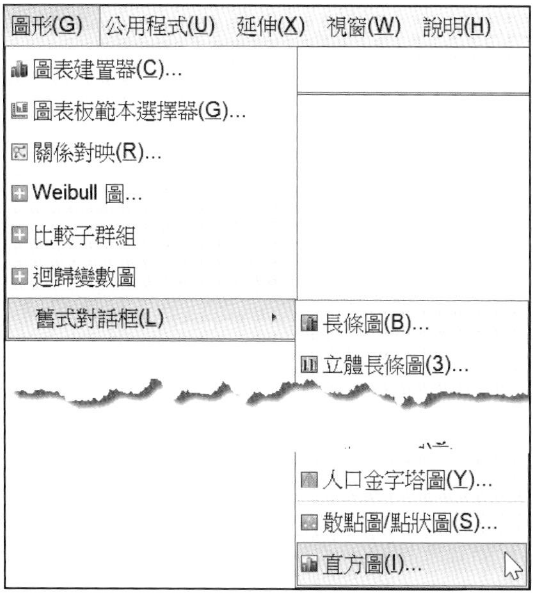

2. 將要分析的變數點選到右邊的【變數】框中，並點擊【確定】按鈕即可。如果勾選【顯示常態曲線】選項，則可以在直方圖上顯示常態曲線（圖4-36）。

圖 4-36　直方圖對話框

4.6.3　圖表建置器分析步驟

1. 在【圖形】中選擇【圖表建置器】，接著在【選擇來源】中之【直方圖】選擇第一列的第一個圖庫，並拖曳到上方的對話框。將變數拖曳到【X 軸】，並點擊【確定】按鈕進行繪製（圖4-37）。

圖 4-37　圖表建置器對話框

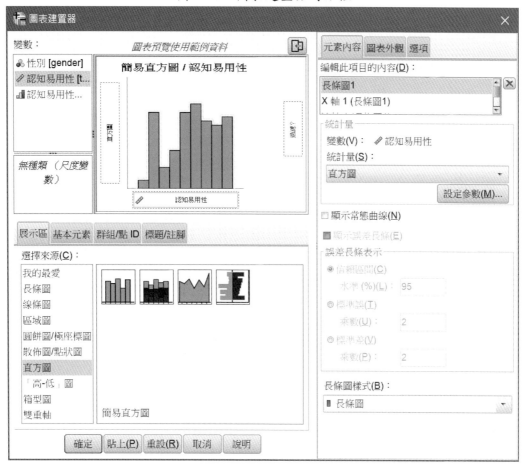

2. 如果要自行設定組數或組距，需在輸出視窗的圖形上雙擊，進入圖表編輯器，點選到直條，接著在【歸類】（或【直方圖選項】）對話框中【自訂】【區間數目】（組數）或【區間寬度】（組距）（圖 4-38）。

圖 4-38　內容對話框

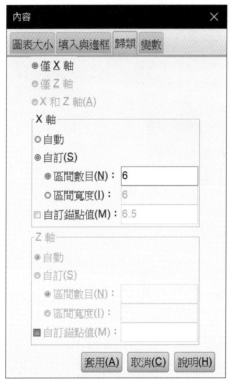

4.6.4　報表解讀

報表 4-10　直方圖（15 組）

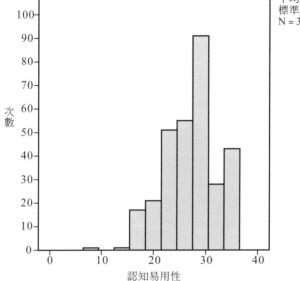

平均數 = 27.25
標準差 = 5.159
N = 308

　　報表 4-10 為智慧型手機易用性認知之直方圖，由圖可看出受訪者在智慧型手機易用性認知量表得分的眾數在 29 − 31 分這組，分配型態大略呈負偏態（左偏態），另外進行描述統計分析，得到偏態值為 − 0.32。

報表 4-11　　直方圖（3 組）

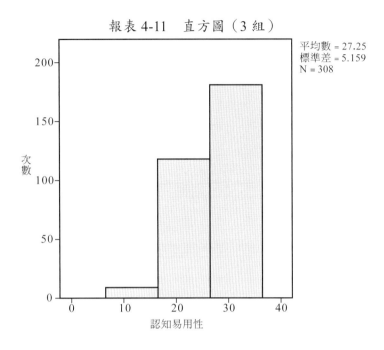

　　直方圖與長條圖不同之處在於：直方圖是由量的資料分組後畫成，因此組與組之間的長條應連在一起。直方圖的組距或組數可以由研究者自行設定，如果分組愈少，則浪費的資料就愈多。例如：如果等分為低、中、高 3 組（報表 4-11），浪費的訊息就比分成 15 組來得多。

4.7　折線圖

4.7.1　基本概念

　　折線圖是以線段在 Y 軸上的高度來代表數據的大小，通常用來顯示分組後的次數，較少用來表示未分組之原始數據的次數。當它與直方圖合用時，折線下的面積會與直條的面積相等（圖 4-39）。

圖 4-39　折線圖與直方圖

100
90
80
70
60
50
40
30
20
10
0
人數
140-145
145-150
150-155
155-160
160-165
165-170
170-175
175-180
180-185
185-190
組別

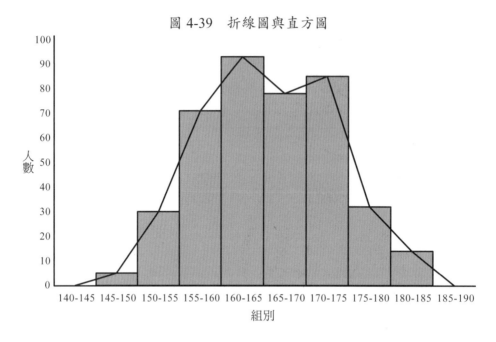

4.7.2　舊式對話框分析步驟

1. 在【圖形】選單之【舊式對話框】下選擇【線形圖】(圖 4-40)。

圖 4-40　線形圖選單

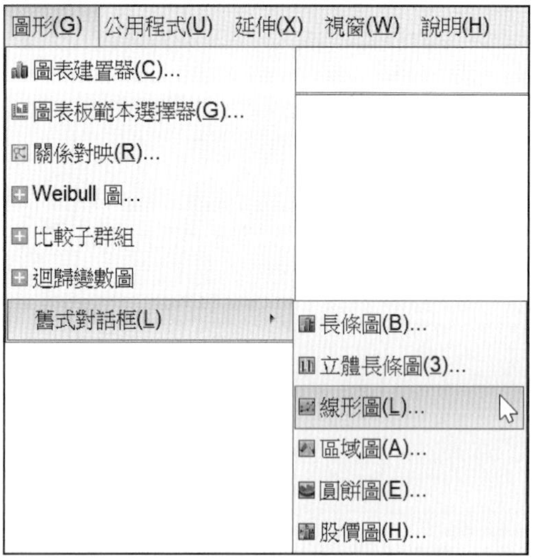

圖形(G)
公用程式(U)
延伸(X)
視窗(W)
說明(H)
圖表建置器(C)...
圖表板範本選擇器(G)...
關係對映(R)...
Weibull 圖...
比較子群組
迴歸變數圖
舊式對話框(L)
長條圖(B)...
立體長條圖(3)...
線形圖(L)...
區域圖(A)...
圓餅圖(E)...
股價圖(H)...

2. 選擇【簡式】線形圖,【圖表中資料為】則選擇【觀察值群組摘要】,再點擊【定義】按鈕(圖 4-41)。

圖 4-41　線形圖對話框

3.　將變數選至【種類軸】(或【類別軸】)並點擊【確定】按鈕，即可進行分析（圖
　　4-42）。

圖 4-42　定義簡單線形圖對話框

4.7.3 圖表建置器分析步驟

1. 在【圖形】中選擇【圖表建置器】，接著在【選擇來源】中之【線條圖】（或【線形圖】）選擇第一列的第一個圖庫，並拖曳到上方的對話框。將變數拖曳到【X軸】，並點擊【確定】按鈕（圖 4-43）。

圖 4-43　圖表建置器對話框

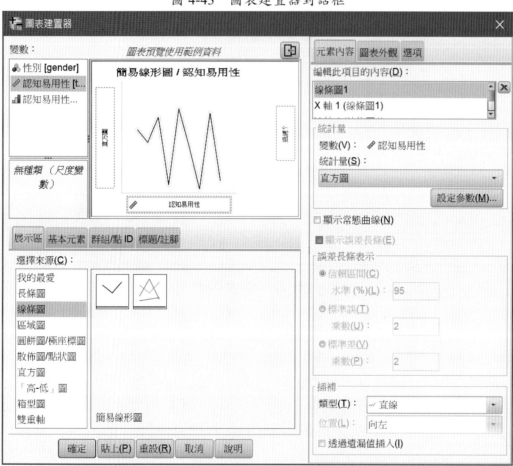

4.7.4　報表解讀

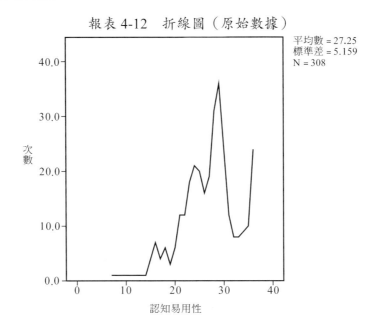

報表 4-12　折線圖（原始數據）

平均數 = 27.25
標準差 = 5.159
N = 308

報表 4-12 是原始數據的折線圖，功能與次數分配表相似。由圖中可看出：得分 29 分的受訪者最多，有 36 人；其次為得分 36 分者，有 24 人（精確人數由次數分配表得知）。右上角為描述統計量，308 名受訪者的平均得分為 27.25，標準差為 5.159。

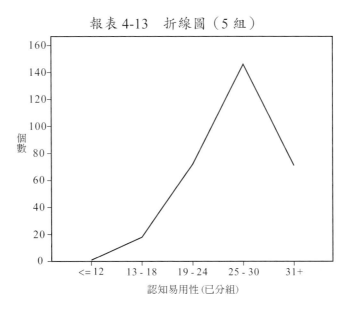

報表 4-13　折線圖（5 組）

將原始數據等分為五組，繪製折線圖如報表 4-13，大致為負偏態。

4.8 時間序列圖

4.8.1 基本概念

　　前一節的折線圖如果 X 軸上是不同的時間點，就是時間序列圖（或稱時間數列圖），這是較常見的線形圖。

　　以教育部公布各學年度國小學生人數所繪製之時間數列圖（圖 4-44）可看出：自 39 學年度開始，國小學生人數呈現逐年遞增的趨勢（一方面是出生人口增加，另一方面是入學率提高），一直到 61 學年度達到最多（學生數接近 246 萬人）。其後，可能是實施家庭計畫的結果，國小學生人數逐年下降，到 70 學年度為 221 萬人，自 71 學年度開始，由於龍年出生學生入學，使得人數再度增加，至 77 學年度達到約 241 萬人。78 學年度開始，學生數再度減少，至 84 學年度已少於 200 萬人（與 50 學年度相近），88 學年度雖然微幅增加，但 89 學年度之後又再度下降，106 學年度約為 114.7 萬人，已經與 43 學年度的 113.3 萬人相差不多了。107 學年度因龍年出生者入學，比前一學年度增加 1.2 萬人，為 115.8 萬人，109 學年度為 117.4 萬，未來 5 年推估將持續增加。

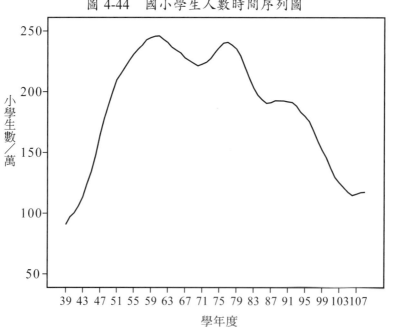

圖 4-44　國小學生人數時間序列圖

使用時間序列，可以進行未來數據之推估，其中最常被使用者為自我迴歸整合移動平均（autoregressive integrated moving average, ARIMA）模式，此部分可參考陳正昌（2004）之另一著作。

依據教育部（2019）推估，小學生人數在 113 學年度為 123.8 萬人，為未來最高學年度，此後將逐年遞減，到 123 學年度推估只剩 100.1 萬人，與 41 學年度的 100.3 萬人相當。

4.8.2　分析步驟

1. 在【分析】選單中之【預測】選擇【序列圖】（圖 4-45）。

圖 4-45　序列圖選單

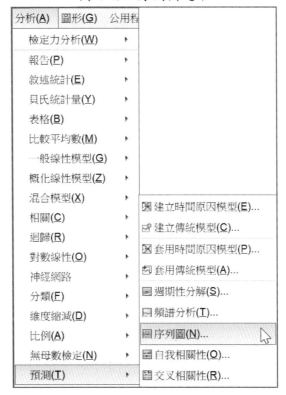

2. 以時間變數為【時間軸標記】，要繪製的數值為【變數】，並點擊【確定】按鈕進行分析（圖 4-46）。

圖 4-46　序列圖對話框

4.8.3　報表解讀

報表 4-14　大學生人數之時間序列圖

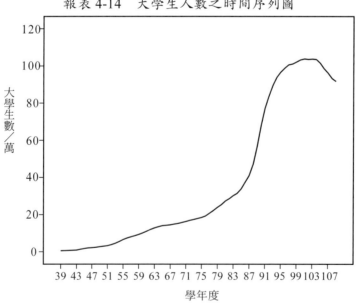

報表 4-14 為歷年大學學士班在學人數之序列圖。由圖中可大略看出：從 39 學年度至 76 學年度為第一個穩定增加的時期，77 − 84 學年度為第二個穩定增加的時期，

85 學年度之後，大學生在學人數快速增加，98 學年度之後，增加的趨勢已減緩。自 104 學年度開始，大學生人數已逐年減少，106 學年度比 105 學年度少了 2.9 萬人，學生總數已不到 100 萬。109 學年度比 108 學年度少了 1.5 萬人。依據教育部（2019）推估，大學一年新生人數在 117 學年度將降到最少，為 16.0 萬人，其後隨著龍年出生者進入大學，將逐年增加，123 學年度預測將有 18.8 萬人成為大學一年級新生。

4.9　盒形圖

4.9.1　基本概念

盒形圖或譯為箱型圖，是由美國統計學家 Tukey 發展而來，可以用來了解變數的分配情形及是否有離異值，它包含盒子及鬍鬚兩部分。在盒子部分共有三條橫線，中間部分為中位數（也等於第二個四分位數 Q_2），下面為第一個四分位數 Q_1，上面為第三個四分位數 Q_3。$Q_3 - Q_1 = IQR$（interquartile range），中間 50% 的數值會在盒子中。$Q_3 + 1.5 \times IQR$ 及 $Q_1 - 1.5 \times IQR$ 稱為上下內圍（inner fence），$Q_3 + 3.0 \times IQR$ 及 $Q_1 - 3.0 \times IQR$ 稱為上下外圍（outer fence）。鬍最上端的橫線是非離異值的最大值（稱為上臨界值），鬍最下端的橫線則是非離異值的最小值（稱為下臨界值）。在上內圍及上外圍間，或是在下內圍及下外圍間的觀察體稱為離異值（outlier），報表中會用圓圈代表；超過上下外圍的觀察體稱為極端值（extreme），報表中會用星號代表。圖示如圖 4-47，圖中的上下內外圍都只是想像的線，並不會在報表中顯示。SPSS 圖中顯示的兩條短線分別代表下上臨界值。

圖 4-47　盒形圖示意

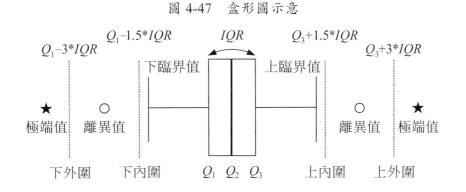

以圖 4-48 的大學生身高資料為例（假設性資料），中位數為 165.7 公分，Q_1 及 Q_3 分別為 159.9 及 171.6 公分（另行計算），因此 IQR（也就是盒子的高度）為 11.7 公分（$171.6 - 159.9 = 11.7$）。上內圍為 $171.6 + 1.5 \times 11.7 = 189.15$，下內圍為 $159.9 - 1.5 \times 11.7 = 142.35$。上外圍為 $171.6 + 3 \times 11.7 = 206.7$，下內圍為 $159.9 - 3 \times 11.7 = 124.8$。如果介於 $124.8 - 142.35$ 公分，及 $189.15 - 206.7$ 公分之間者，為離異值（在 SPSS 的圖中以圓圈表示）；而低於 124.8，或高於 206.7 者，即為極端值（在 SPSS 的圖中以星號表示）。

排除第 47 號及第 71 號兩個觀察值之後，最大值是 184.9，最小值是 145.9，因此圖中兩短橫線就是 184.9 及 145.9（上臨界值與下臨界值）。

圖 4-48　大學生身高盒形圖

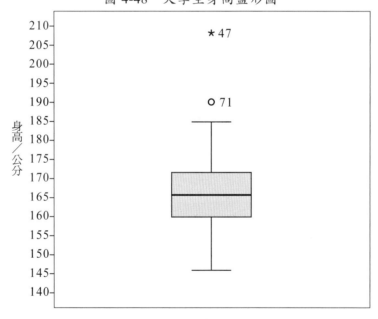

4.9.2　舊式對話框分析步驟

1. 在【圖形】選單之【舊式對話框】下選擇【箱型圖】(或【盒形圖】)(圖 4-49)。

圖 4-49　箱型圖選單

圖形(G)	公用程式(U)	延伸(X)	視窗(W)	說明(H)

- 圖表建置器(C)...
- 圖表板範本選擇器(G)...
- 關係對映(R)...
- Weibull 圖...
- 比較子群組
- 迴歸變數圖
- 舊式對話框(L)　　▶
  - 長條圖(B)...
  - 立體長條圖(3)...
  - 線形圖(L)...
  - 區域圖(A)...
  - 圓餅圖(E)...
  - 股價圖(H)...
  - 箱型圖(X)...
  - 錯誤長條圖(O)...
  - 人口金字塔圖(Y)...

2. 選擇【簡式】盒形圖,【圖表中資料為】則選擇【獨立變數摘要】,再點擊【定義】按鈕(圖 4-50)。

圖 4-50　箱型圖對話框

3.　將變數選至【箱子表示】(或【盒形圖表示】) 並點擊【確定】按鈕，即可進行分析 (圖 4-51)。

圖 4-51　定義簡式箱型圖：獨立變數摘要對話框

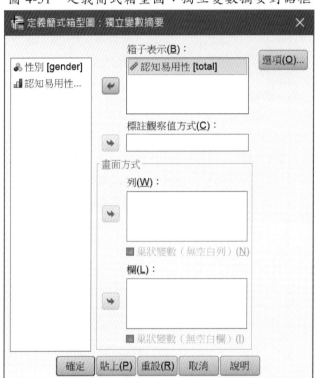

4.　如果要繪製不同組別的盒形圖，則在【圖表中資料為】選擇【觀察值群組摘要】，再點擊【定義】按鈕 (圖 4-52)。

圖 4-52　箱型圖對話框

5. 將主要的變數選至【變數】，分組變數點選至【種類軸】，再點擊【確定】按鈕即可進行分析（圖 4-53）。

圖 4-53　定義簡式箱型圖：觀察值群組摘要對話框

4.9.3 圖表建置器分析步驟

1. 在【圖形】中選擇【圖表建置器】，接著在【選擇來源】中之【箱型圖】選擇第一列的第三個圖庫（1-D 盒形圖），並拖曳到上方的對話框。將變數拖曳到【Y 軸】，並點擊【確定】按鈕（圖 4-54）。

圖 4-54　圖表建置器對話框

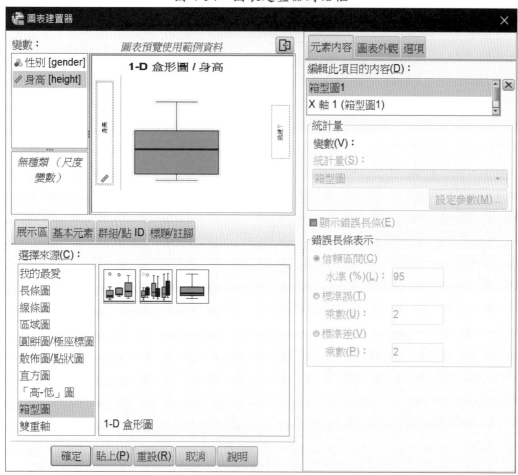

2. 如果要繪製不同組別的盒形圖，則在【選擇來源】中之【盒形圖】選擇第一列的第一個圖庫（簡易盒形圖），並拖曳到上方的對話框。將量的變數拖曳至【X 軸】，組別變數拖曳至【Y 軸】，並點擊【確定】按鈕（圖 4-55）。

圖 4-55　圖表建置器對話框

4.9.4　報表解讀

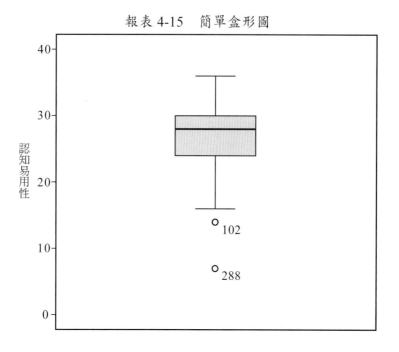

報表 4-15　簡單盒形圖

　　在報表 4-15 中，所有受訪者在「智慧型手機認知易用性量表」得分的中位數為 28 分，Q_3 及 Q_1 分別為 30 及 24，因此四分位距為 6。上內圍為 39（$30+1.5\times6=39$），但是最大值為 36（也是量表的總分），因此畫到 36（上臨界值）為止；下內圍為 15（$24-1.5\times6=15$），排除 102 及 288 兩個觀察值後，最小值為 14，因此下臨界值的橫線為 14。第 102 與 288 個受訪者的分數分別為 14 及 7 分，低於下內圍 15，但未低於下外圍（$24-3\times6=6$），因此是離異值（都是女性）。

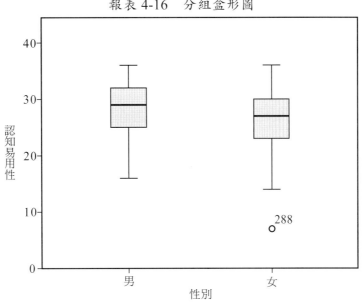

報表 4-16　分組盒形圖

報表 4-16 將兩性分開計算，可以發現女性的中位數較男性為低（分別是 27 及 29），IQR 則都是 7，第 288 個受訪女性為離異值。

4.10　莖葉圖

4.10.1　基本概念

莖葉圖可以顯示資料的分布及離散情形，它也是由 Tukey 發展，除了保留原始數據，也具有直方圖的功能。莖葉圖的製作順序為：1.先將原始數據排序。2.將最後一位數當葉片，其他部分當莖。3.依次將最後一位數填上葉片部分。

由圖 4-56 可看出：介於 50 – 59 的次數最多，其中有 1 人為 50 分，51 分有 2 人，52 分有 1 人，53 分有 3 人，54、55、56 分者都是 2 人，57 分有 3 人，58 及 59 分各有 2 人，共有 20 人。

圖 4-56　莖葉圖（10 分一組）

```
0.  9
1.  58
2.  223467779
3.  11113344467778899
4.  02222344466777889
5.  01123334455667778899
6.  02445566688899
7.  112234455689
8.  00112458899
9.  24668
```

將莖葉圖逆時針旋轉 90 度，就類似直方圖（圖 4-57）。

圖 4-57　逆時針旋轉後之莖葉圖

```
                                      8
                                      9
                          9           8
                          9  9        7
                          8  8        7
               9          7  8        7
               9          7  8        6
               9          6  8        6
            9  8          6  8        5
            8  7          6  9        5    9
            8  7          4  8        4    9
            7  7          4  8        8    9
            7  6          4  7  9     6    8
            6  4          4  7  8     5    5    8
            4  3          2  6  8     5    4    5
            3  3          2  6  8     6    4    8
         9  3  2          2  5  6     6    3    5    8
         7  1  2          2  5  6     5    2    4    6
         7  1  2          2  4  5     6    1    1    6
      8  7  1  2          0  4  4     2    1    0    4
   5  5  1  1  0       0  1  0  2     0    1    0    2

0. 1. 2. 3.            4. 5.         6.  7.  8.  9.
```

有時莖的部分太少，SPSS 會將它分成 2 分或 5 分一組。如圖 4-58 即以 5 分為一組，最後一位數（此處為個位數）是 0–4 為一組，5–9 者為另一組，亦即莖的部分在倒數第二位數（此處為十分位）分為二組。

圖 4-58　莖葉圖（5 分一組）

```
2 ．
2 ．  5
3 ．  2344
3 ．  577788
4 ．  000011334
4 ．  555666777789
5 ．  00011111123333
5 ．  778
6 ．  011122344
6 ．  5
7 ．  4
```

　　有時觀察體太多，莖葉圖會太長，此時每片葉子會代表多個觀察體（如 2 個或 5 個不等）。圖 4-59 為 1000 個樣本所繪製的莖葉圖，由圖中可以看出：

1. 莖的部分設定為 5 分一組。

2. 每片葉子代表 2 個觀察體。

3. 次數最多者為 50－54 分之間，共有 135 個觀察體。

4. 有 3 個極端值，分別為小於或等於 8 分（有 2 個觀察體，為 6 分及 8 分），及大於或等於 98 分（有 1 個觀察體，98 分）。

5. SPSS 會以「&」表示非整數的葉片，如 85－89 分共有 7 個觀察體，其中 87 分者有 4 個，另外 3 個分別為 85、86，及 88 分（由另行進行的次數分配表得知）。

圖 4-59　SPSS 之莖葉圖

```
Frequency      Stem &   Leaf

     2.00 Extremes      (=<8)
     3.00      1 .  3&
     9.00      1 .  679&
    18.00      2 .  0122344
    49.00      2 .  5666666777888888899999
    67.00      3 .  00000001111112223333333344444444
    84.00      3 .  555555556666666666777777777777778888888999999
   108.00      4 .  000000000011111111111222222222222233333333344444444444
   122.00      4 .  555555555566666666666666777777777777778888888888888899999999999
   135.00      5 .  000000000000011111111111111222222222222222233333333333333344444444444
   116.00      5 .  555555555555556666666666666777777777778888888888888899999999999
    96.00      6 .  0000000000111111111112222333333333344444444444444
    75.00      6 .  555555556666666666677777777888888899999
    58.00      7 .  00000000111222222222333444444
    31.00      7 .  5555566677789
    16.00      8 .  0011223&
     7.00      8 .  77&
     3.00      9 .  2&
     1.00 Extremes      (>=98)
```

Stem width:　　10
Each leaf:　　2 case(s)

& denotes fractional leaves.

4.10.2　舊式對話框分析步驟

1. 在【分析】選單中之【敘述統計】選擇【預檢資料】（或【探索】）（圖 4-60）。

圖 4-60　預檢資料選單

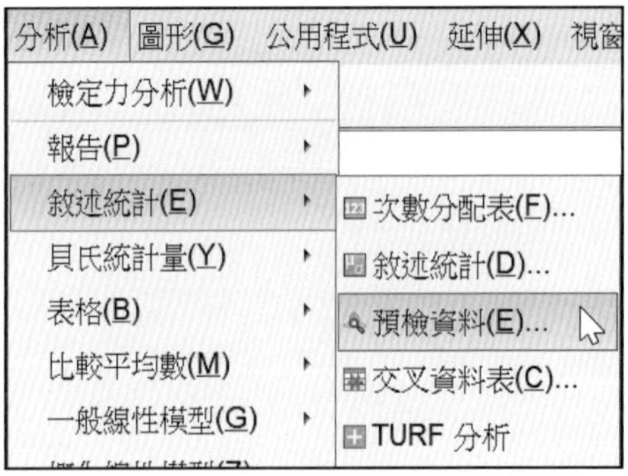

<table>
<tr><td colspan="2">分析(A)　圖形(G)　公用程式(U)　延伸(X)　視窗</td></tr>
<tr><td>檢定力分析(W)</td><td>▶</td><td></td></tr>
<tr><td>報告(P)</td><td>▶</td><td></td></tr>
<tr><td>敘述統計(E)</td><td>▶</td><td>次數分配表(F)…</td></tr>
<tr><td>貝氏統計量(Y)</td><td>▶</td><td>敘述統計(D)…</td></tr>
<tr><td>表格(B)</td><td>▶</td><td>預檢資料(E)…</td></tr>
<tr><td>比較平均數(M)</td><td>▶</td><td>交叉資料表(C)…</td></tr>
<tr><td>一般線性模型(G)</td><td>▶</td><td>TURF 分析</td></tr>
</table>

2. 在【顯示】中只選擇【圖形】，並將變數點選到右邊的【依變數清單】中（圖 4-61）。

圖 4-61　預檢資料對話框

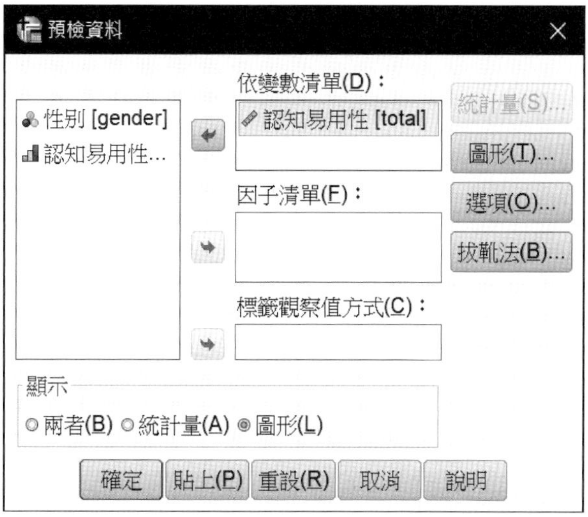

3. 在【圖形】選項下，可以看到預設輸出【莖葉圖】。此時將【盒形圖】改為【無】，不繪製盒形圖。完成後點擊【繼續】，再點擊【確定】按鈕進行分析（圖 4-62）。

圖 4-62　預檢資料：圖形對話框

4.10.3　報表解讀

報表 4-17　莖葉圖

認知易用性 Stem-and-Leaf Plot

```
Frequency      Stem &   Leaf

     2.00 Extremes      (=<14)
      .00        1 .
    11.00        1 .  66666667777
     9.00        1 .  888888999
    18.00        2 .  000000111111111111
    30.00        2 .  222222222222333333333333333333
    41.00        2 .  44444444444444444444444455555555555555555555555
    35.00        2 .  66666666666666667777777777777777777
    67.00        2 .  8888888888888888888888888888888888999999999999999999999999999999999
    36.00        3 .  000000000000000000000000001111111111111
    16.00        3 .  2222222233333333
    19.00        3 .  4444444445555555555
    24.00        3 .  666666666666666666666666
```

Stem width: 10
Each leaf: 1 case(s)

　　報表 4-17 中每 2 分一組，每片葉子代表 1 個受訪者，次數最多者為 28 分（31 人）及 29 分（36 人），共有 67 人；有 24 人為 36 分（滿分）；14 分以下者有 2 人，為極端值。由分配的型態來看，大致為對稱的分配。

5 描述統計

本章旨在說明常用的描述統計（含集中量數及變異量數），並使用 SPSS 進行分析。

5.1 基本概念

5.1.1 集中量數

集中量數是使用一個量數來代表一組觀察體集中的情形，常用的集中量數有眾數、中位數（中數），及算術平均數（簡稱平均數）。

5.1.1.1 眾數（mode）

名義變數的集中量數一般使用**眾數**，其定義是「最多的類別」。例如：某大學學生來自北、中、南、東的學生人數各為 200、500、2400、100 人，則該校學生居住地的眾數為「南部」（非 2400）。

不過，眾數的使用有其限制。例如：某班學生考試的分數分別為：

65、70、80、85、95

則這個班考試的分數就沒有眾數。又如：另一班學生的成績分別為：

60、60、70、90、90

則該班的分數就有兩個眾數（60 分及 90 分），在 SPSS 軟體中，會以較小的數值（60 分）做為眾數，並註明有多個眾數。

5.1.1.2 中位數（median）

次序變數的集中量數一般使用**中位數**，中位數是將觀察體依大小排列後，最中間那個觀察體的數值，中位數的**所在位置**為：

$$中位數之位置 = \frac{n+1}{2}$$

中位數等於第 2 個四分位數 Q_2，也是百分等級（percentile rank, PR）等於第 50 之百分位數（percentile）。

例如：某次考試，甲班學生的得分各是：

10、30、100、60、80

依大小排序後為：

10、30、60、80、100

中位數的位置為：

$$\frac{5+1}{2} = 3$$

第 3 個學生的得分為 60 分，因此中位數為 60。又如：乙班學生的得分各是：

20、60、40、80、70、100

排序後為：

20、40、60、70、80、100

中位數的位置為：

$$\frac{6+1}{2} = 3.5$$

由於不是整數，因此取 60（排序後第 3 個數值）及 70（排序後第 4 個數值）的平均數，所以中位數為 65（$\frac{60+70}{2} = 65$）。乙班的中位數是 65，但是 6 個學生都沒有正好考 65 分者，所以，中位數不一定會存在原始的數據中。

5.1.1.3　算術平均數（arithmetic median, mean）

等距及比率變數的集中量數一般使用**算術平均數**，母群體（population）的平均數公式是：

$$\mu = \frac{\sum\limits_{i=1}^{N} X_i}{N} \quad 簡寫為 \quad \mu = \frac{\Sigma X}{N} \tag{5-1}$$

樣本的平均數公式是：

$$M = \frac{\sum\limits_{i=1}^{n} X_i}{n} \quad 簡寫為 \quad M = \frac{\Sigma X}{n} \tag{5-2}$$

由於比率變數也是等距、次序及名義變數，因此也可以使用眾數、中位數來當集中量數。如果沒有極端值，等距及比率變數的集中量數還是使用算術平均數較佳，因為它考量每個樣本的數值，使用所有的訊息量，所以比較有代表性。反之，如果有極端值出現，則算術平均數就可能不足以代表大多數觀察體性質，此時最好改用中位數或是截尾平均數（trimmed mean，SPSS 譯為「修整平均數」）。

例如：某班學生考試成績分別為：

10、75、85、95、100

其算術平均數為：

$$\frac{10+75+85+95+100}{5} = 73$$

不過，由於有一極端值 10 分，因此可以發現有 4 個學生的分數高於算術平均數（73 分），僅有 1 個學生低於 73 分，可見用 73 分來代表這 5 個學生得分的集中情形並不恰當。此時，如果改用中位數，則為 85，應比較能代表整體的集中趨勢。

截尾平均數則是刪除一定比例的最大值及最小值（通常各取 5%，總計 10%），再計算算術平均數。前述例子中，最小值為 10，最大值為 100，刪去這兩個數值之後的平均數為：

$$\frac{75+85+95}{3} = 85$$

5.1.1.4　集中量數適用情形

綜合前面所述各種集中量數的說明，可以整理成表 5-1。如果是名義變數，則只

能計算眾數,不可以求中位數或是平均數。次序變數不僅可以計算眾數,也可以求中位數,但是不能計算平均數。如果是等距及等比變數,則可以使用各種集中量數。

表 5-1　集中量數適用情形

	眾數	中位數	算術平均數
名義變數	✓		
次序變數	✓	✓	
等距變數	✓	✓	✓
等比變數	✓	✓	✓

5.1.2　變異量數

變異量數是對一組數據分散情形的描述,如果分散情形愈大,則變異程度愈大。常用的變異量數有:全距、四分位距(又稱四分位全距)、標準差,及變異數。

5.1.2.1　全距(range)

名義變數的變異量數可以使用**全距**(range),公式為最大值減最小值:

$$\omega = X_H - X_L \tag{5-3}$$

全距的優點是計算容易,缺點則是只考量兩個極端值,因此比較不具代表性,且容易受到極端值的影響。

5.1.2.2　四分位距(interquartile range, IQR)

次序變數的變異量數通常使用**四分位距**表示,公式是:

$$IQR = Q_3 - Q_1 \tag{5-4}$$

IQR 代表涵蓋 50% 觀察體的一段距離,這段距離愈大,表示分散的程度愈高。第 1 個四分位數 Q_1(百分等級為 25 之百分位數)的位置是:

$$\frac{n+1}{4}$$

假設有 16 個排序後的數值：

17、29、36、41、45、50、57、59、60、62、66、69、71、73、80、99

Q_1 位置是在：

$$\frac{16+1}{4} = 4.25$$

其中第 4 個數值為 41，第 5 個數值為 45，因此第 4.25 個數值為：

$$41 + 0.25 \times (45 - 41) = 42$$

第 3 個四分位數 Q_3（百分等級為 75 之百分位數）的位置是：

$$\frac{n+1}{4} \times 3$$

在 16 個數值中，Q_3 的位置在：

$$\frac{16+1}{4} \times 3 = 12.75$$

其中第 12 個數值為 69，第 13 個數值為 71，因此第 12.75 個數值為：

$$69 + 0.75 \times (71 - 69) = 70.5$$

所以，四分位距等於：

$$IQR = 70.5 - 42 = 28.5$$

由四分位數也可以判斷變數的分配是否對稱。因為 Q_1 到 Q_2，或 Q_2 到 Q_3 都包含 25%的觀察體，如果 $Q_2 - Q_1 > Q_3 - Q_2$，則呈負偏態分配，表示 Q_2 到 Q_3 之間的觀察體比較集中；反之，如果 $Q_2 - Q_1 < Q_3 - Q_2$，則呈正偏態。

5.1.2.3　變異數（variance）與標準差（standard deviation）

等距及比率變數的變異量數使用**變異數**或是**標準差**（等於 $\sqrt{變異數}$）表示，數值愈大，代表分散程度愈大。母群體的變異數及標準差公式分別為：

$$\sigma^2 = \frac{\sum_{i=1}^{N}(X_i - \mu)^2}{N} \text{ 簡寫為 } \sigma^2 = \frac{\Sigma(X - \mu)^2}{N} \tag{5-5}$$

$$\sigma = \sqrt{\sigma^2} = \sqrt{\frac{\sum_{i=1}^{N}(X_i - \mu)^2}{N}} \tag{5-6}$$

樣本的變異數及標準差公式分別為：

$$S^2 = \frac{\sum_{i=1}^{n}(X_i - \overline{X})^2}{n} \text{ 簡寫為 } S^2 = \frac{\Sigma(X - \overline{X})^2}{n} \tag{5-7}$$

$$S = \sqrt{S^2} = \sqrt{\frac{\sum_{i=1}^{n}(X_i - \overline{X})^2}{n}} \tag{5-8}$$

不過，S^2 是有偏誤的估計值，當應用在推論統計時，分母部分會改為 $n - 1$（自由度），如此才是不偏估計值，所以變異數及標準差公式分別為：

$$s^2 = \frac{\sum_{i=1}^{n}(X_i - \overline{X})^2}{n-1} \text{ 簡寫為 } s^2 = \frac{\Sigma(X - \overline{X})^2}{n-1} \tag{5-9}$$

$$s = \sqrt{s^2} = \sqrt{\frac{\sum_{i=1}^{n}(X_i - \overline{X})^2}{n-1}} \tag{5-10}$$

SPSS 只能計算分母為 $n - 1$ 的變異數及標準差。

5.1.2.4　變異係數（coefficient of variation, CV）

由於標準差會受到測量單位的影響，如果要比較相對的變異，可用**變異係數**表示，公式為：

$$CV = \frac{s}{M} \times 100 \tag{5-11}$$

假設臺灣地區男女大學生體重的標準差分別為 12 公斤及 10 公斤，我們不能武斷的說男性大學生體重的變異情形較大，因為兩性體重的平均數分別為 66 公斤及 52 公斤，兩者的 CV 分別為 $\frac{12}{66} \times 100 = 18.18$ 及 $\frac{10}{52} \times 100 = 19.23$，所以女性體重的變異反而較大。

5.1.2.5　變異量數適用情形

綜合前面所述各種變異量數的說明，可以整理成表 5-2。名義變數只能計算全距；次序變數不僅可以計算全距，也可以求四分位距，但是不能計算變異數及標準差；等距變數可以計算標準差及變異數；如果是等比變數，則可以使用各種變異量數，不過，標準差仍是使用最廣的變異量數。

表 5-2　變異量數適用情形

	全距	四分位距	標準差、變異數	變異係數
名義變數	✓			
次序變數	✓	✓		
等距變數	✓	✓	✓	
等比變數	✓	✓	✓	✓

5.2　範例

某國小測量了 36 名六年級男學生的身高，得到表 5-3 的數據，請對該資料進行描述統計分析（單位：公分，取整數）。

表 5-3　某國小 36 名六年級男學生身高

學生	身高	學生	身高	學生	身高
1	151	13	150	25	154
2	140	14	151	26	148
3	139	15	144	27	147
4	150	16	142	28	156
5	145	17	160	29	147
6	163	18	156	30	150
7	150	19	150	31	155
8	145	20	161	32	145
9	161	21	148	33	157
10	155	22	144	34	146
11	145	23	148	35	154
12	147	24	154	36	152

5.3 使用 SPSS 進行分析

1. 完整的 SPSS 資料檔如圖 5-1。

圖 5-1 描述統計資料檔

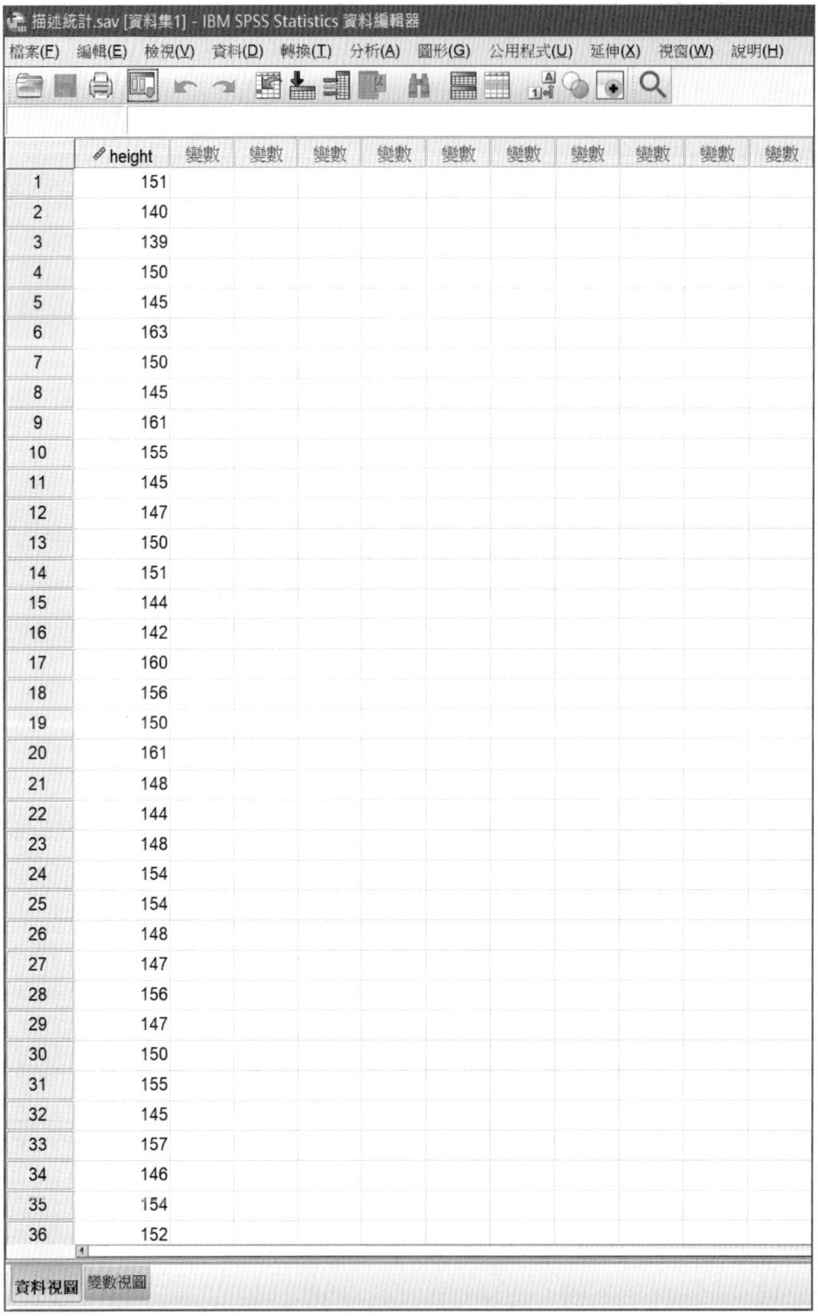
描述統計.sav [資料集1] - IBM SPSS Statistics 資料編輯器
檔案(F) 編輯(E) 檢視(V) 資料(D) 轉換(T) 分析(A) 圖形(G) 公用程式(U) 延伸(X) 視窗(W) 說明(H)
height 變數 變數 變數 變數 變數 變數 變數 變數 變數 變數
1 151
2 140
3 139
4 150
5 145
6 163
7 150
8 145
9 161
10 155
11 145
12 147
13 150
14 151
15 144
16 142
17 160
18 156
19 150
20 161
21 148
22 144
23 148
24 154
25 154
26 148
27 147
28 156
29 147
30 150
31 155
32 145
33 157
34 146
35 154
36 152
資料視圖 變數視圖

2.　在【分析】選單中【敘述統計】選擇【敘述統計】（圖 5-2）。

圖 5-2　描述性統計資料選單

3.　將要分析的變數點選到右邊的【變數】框中（圖 5-3）。

圖 5-3　敘述統計對話框

4.　在【選項】下勾選所欲分析的各種統計量數（圖 5-4），接著依序點擊【繼續】及【確定】按鈕進行分析。

137

圖 5-4　敘述統計：選項對話框

5. 在【分析】選單中之【敘述統計】選擇【預檢資料】（部分版本譯為【探索】）（圖 5-5）。

圖 5-5　預檢資料選單

| 分析(A) | 圖形(G) | 公用程式(U) | 延伸(X) | 視窗(W) | 說明(H) |

- 檢定力分析(W)　▶
- 統合分析　▶
- 報告(P)　▶
- 敘述統計(E)　▶
  - 次數分配表(F)...
  - 敘述統計(D)...
  - Population Descriptives
  - 預檢資料(E)...
  - 交叉資料表(C)...
  - TURF 分析
  - 比例(R)...
  - Proportion Confidence Intervals
  - P-P 圖...
  - Q-Q 圖...
- 貝氏統計量(Y)　▶
- 表格(B)　▶
- 比較平均數(M)　▶
- 一般線性模型(G)　▶
- 概化線性模型(Z)　▶
- 混合模型(X)　▶
- 相關(C)　▶
- 迴歸(R)　▶
- 對數線性(O)　▶
- 神經網路　▶

6. 點選要分析的變數到【依變數清單】框中。因為研究者僅想得到統計量，所以在【顯示】當中只選取【統計量】（圖 5-6）。

圖 5-6　預檢資料對話框

7. 在【統計量】下使用內定的【敘述統計】，並勾選【百分位數】（圖 5-7），接著依序點擊【繼續】及【確定】按鈕進行分析。

圖 5-7　預檢資料：統計量對話框

8. 在【分析】選單中之【敘述統計】選擇【次數分配表】（圖 5-8）。

圖 5-8　次數分配表選單

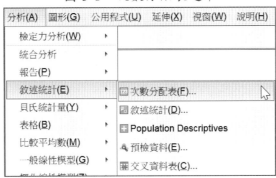

9. 將要分析的變數點選到右邊的【變數】框中，並取消【顯示次數分配表】（圖 5-9）。

圖 5-9　次數對話框

10. 在【統計量】下勾選所需統計量。其選項可分為四部分：一是集中量數，含平均數、中位數，及眾數；二是變異量數，含最小值、最大值、全距（SPSS 中文版譯為範圍）、標準差，及變異數；三是相對地位量數，含四分位數（也是變異量數）、百分位數；四是分配量數，含偏態及峰度（圖 5-10）。勾選完成後，接著依序點擊【繼續】及【確定】按鈕進行分析。

圖 5-10　次數：統計量對話框

11. 如果要計算百分位數，可以自行新增百分等級。此處以 27 及 73 為例（圖 5-11），
目的在於後續依此數值將變數分為 3 組。如果是分組之後的資料，可以勾選【值
為群組中間點】，不過此時應配合觀察值加權（以分組之後的次數當加權之依據）。

圖 5-11　次數：統計量對話框（續）

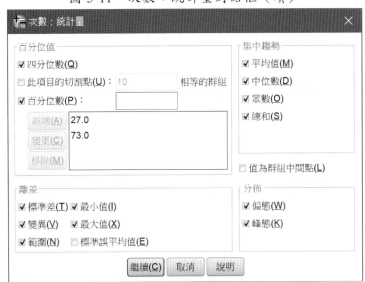

5.4　報表解讀

報表 5-1　敘述統計

	個數	範圍	最小值	最大值	平均數	標準差	變異數
身高	36	24	139	163	150.28	5.965	35.578
有效的 N (完全排除)	36						

　　報表 5-1 是進行「敘述統計」程序所得的報表。在 36 個男學生中，身高最高者
為 163（除變異數外，單位均為公分），最矮者為 139，全距（範圍）為 24。平均數
為 150.28，標準差為 5.965，變異數為 35.578。

變異係數為：

$$CV = \frac{5.965}{150.28} \times 100 = 3.969$$

報表 5-2 觀察值處理摘要

	觀察值					
	有效的		遺漏值		總和	
	個數	百分比	個數	百分比	個數	百分比
身高	36	100.0%	0	0.0%	36	100.0%

報表 5-2 至報表 5-4 是進行「預檢資料」程序所得的報表。報表 5-2 顯示有效樣本數為 36 人，沒有遺漏值。

報表 5-3 敘述統計

			統計量	標準誤
身高	平均數		150.28	.994
	平均數的 95% 信賴區間	下限	148.26	
		上限	152.30	
	5% 修整的平均數		150.22	
	中位數		150.00	
	變異數		35.578	
	標準差		5.965	
	最小值		139	
	最大值		163	
	範圍		24	
	內四分位距		10	
	偏態		.300	.393
	峰度		-.426	.768

報表 5-3 除了報表 5-1 的統計量外，另外提供了中位數（150）、截尾平均數（150.22）、四分位距（9.5，由報表 5-4 的 154.75 減 145.25 而得）、偏態（.300，近

似對稱分配）、峰度（−.426，近似常態峰）。偏態及峰度都各有標準誤，如果統計量除以標準誤超過±1.96，則資料明顯不是常態。

　　平均數的 95% 信賴區間下限及上限各為 148.26 及 152.30，此部分請見本書第 6 章之說明。

報表 5-4　百分位數

		百分位數						
		5	10	25	50	75	90	95
加權平均（定義 1）	身高	139.85	143.40	145.25	150.00	154.75	160.30	161.30
Tukey 的樞紐	身高			145.50	150.00	154.50		

　　SPSS 提供兩種四分位數（樞紐）。以 Tukey 的方式計算，Q_1（下樞紐）、Q_2（中位數）、Q_3（上樞紐）的值分別為 145.50、150.00，及 154.50；使用加權平均值法，則分別為 145.25、150.00，及 154.75。報表 5-3 的 IQR 係由 154.75 減 145.25 而得。

報表 5-5　統計量

身高		
個數	有效的	36
	遺漏值	0
平均數		150.28
中位數		150.00
眾數		150
標準差		5.965
變異數		35.578
範圍		24
最小值		139
最大值		163
百分位數	25	145.25
	50	150.00
	75	154.75

　　報表 5-5 另外提供眾數，數值為 150。

綜合以上報表，可以得到以下的摘要表。

表 5-4　各項集中量數與變異量數

集中量數	眾數	中位數	平均數
數值	150	150	150.28
變異量數	全距	四分位距	標準差
數值	24	9.5	5.965

6 平均數區間估計

在推論統計中，最主要的領域是估計（estimate）及檢定（test，或譯為考驗、檢驗），然而以往的研究多半重檢定而輕估計。美國心理學會（American Psychological Association, APA）在出版新的出版手冊之前，曾針對投稿該會期刊所使用的統計方法進行建議，工作小組建議在檢定之外應兼重估計（Wilkinson, 1999）。

估計有點估計（point estimation）及區間估計（interval estimation）兩種。點估計是以樣本（sample）的統計量（statistic）估計母群（population）的母數（parameter，或譯為參數），樣本的算術平均數 M（如果是 X 變數，也可以用 $\bar{X}$ 表示）最常用來當成是母群體平均數 μ 的不偏估計值。區間估計則是以樣本算術平均數加減某一段誤差界限（margin of error），希望經由反覆抽樣所得的這段區間，在 100 次中包含母群平均數 μ 的可能性為 95% 或 99%。

6.1 基本統計概念

6.1.1 標準常態分配機率值

圖 6-1　$0\pm1\sigma$、$0\pm2\sigma$、$0\pm3\sigma$ 之機率值

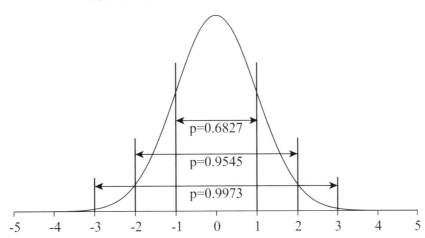

在標準常態分配中（稱為 Z 分配，平均數 μ 為 0，標準差 σ 為 1），Z 在 $0 \pm 1\sigma$、$0 \pm 2\sigma$ 及 $0 \pm 3\sigma$ 這三段範圍的機率值分別為 0.6827、0.9545 及 0.9973（如圖 6-1）。此稱「68-95-99.7 法則」或「**經驗法則**」（the empirical rule）。

如果要精確計算，則 $0 \pm 1.960\sigma$ 及 $0 \pm 2.576\sigma$ 這兩段範圍的機率分別為 0.9500 及 0.9900（如圖 6-2），這是在進行平均數區間估計應了解的第一個觀念。

圖 6-2　$0 \pm 1.960\sigma$、$0 \pm 2.576\sigma$ 之機率值

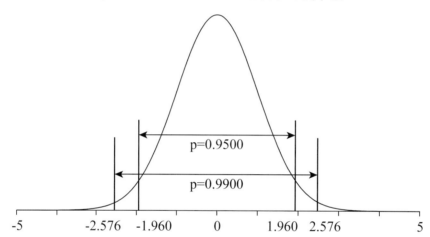

6.1.2　中央極限定理

其次，應了解中央極限定理（central limit theorem）。此定理宣稱：反覆從平均數為 μ，變異數為 σ^2 的母群體抽取樣本大小為 n（$n \geq 30$）的樣本，並且計算每一次的樣本平均數 $\bar{X}$，不管母群是何種分配，這些抽樣而得的平均數都會成為常態分配。而且樣本平均數的平均數 $\mu_{\bar{X}}$ 會等於 μ，樣本平均數的變異數 $\sigma_{\bar{X}}^2$ 為 $\dfrac{\sigma^2}{n}$，因此其標準差 $\sigma_{\bar{X}}$ 會等於 $\dfrac{\sigma}{\sqrt{n}}$，此稱為平均數的**標準誤**（standard error, SE）。綜言之，在中央極限定理中，

$$\mu_{\bar{X}} = \mu \tag{6-1}$$

$$\sigma_{\bar{X}} = \frac{\sigma}{\sqrt{n}} \tag{6-2}$$

假定母群為均勻分配（uniform distribution），當樣本為 1，反覆抽樣 10000 次時，

其平均數分配會相當接近均勻分配（圖 6-3）；樣本增為 2 時，平均數就逐漸接近常態分配（圖 6-4）；當樣本增為 30 時，平均數就相當接近常態分配了（圖 6-5）。

圖 6-3　母群為均勻分配，$N = 1$ 抽樣之平均數分配

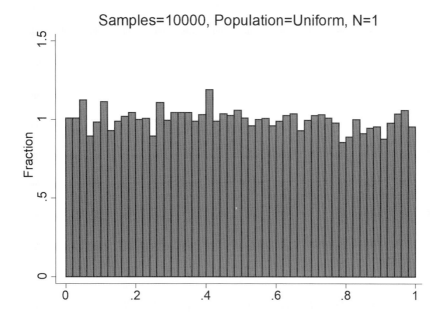

圖 6-4　母群為均勻分配，$N = 2$ 抽樣之平均數分配

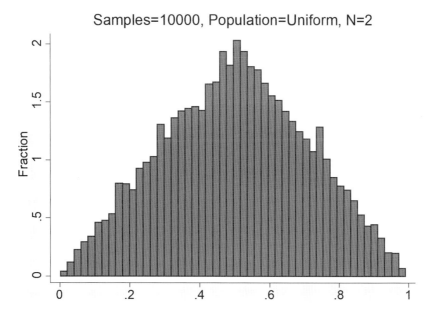

圖 6-5　母群為均勻分配，$N = 30$ 抽樣之平均數分配

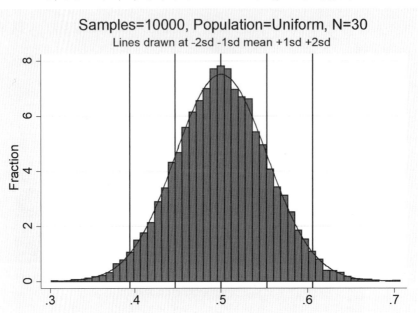

假定母群為標準常態分配，當樣本為 1，反覆抽樣 10000 次時，其平均數分配會相當接近標準常態分配，此時平均數之平均數 $\mu_{\bar{X}}$ 為 0，平均數之標準差 $\sigma_{\bar{X}}$ 為 1（$\frac{1}{\sqrt{1}} = 1$）（圖 6-6）。當樣本增為 100 時，平均數之平均數 $\mu_{\bar{X}}$ 仍為 0，平均數之標準差 $\sigma_{\bar{X}}$ 則減為 0.1（$\frac{1}{\sqrt{100}} = 0.1$）（圖 6-7）。

假設臺灣成年女性身高的平均數為 160 公分，標準差為 5 公分，如果每次抽取的樣本數為 1，則她的身高在 162.5 公分以上的機率為 0.3085，不算少見。如果每次抽取的樣本數為 9（有放回），並計算她們身高的平均數，這 9 個人之平均身高在 162.5 公分以上的機率就變成 0.0668，已經接近 0.05 了，算是不太容易出現了。如果樣本數增加為 100 人，則她們身高之平均數在 162.5 公分以上的機率已經非常接近 0 了（精確值為 0.0000003），幾乎不可能出現。換言之，每次抽樣的人數愈多，計算平均數時，極端身高者（極高或極矮）就會被抵消，因此每次計算所得的平均數會相差不多，平均數的標準差（也就是標準誤）就會變小（圖 6-8）。

圖 6-6　母群為標準常態分配，$N = 1$ 抽樣之平均數分配

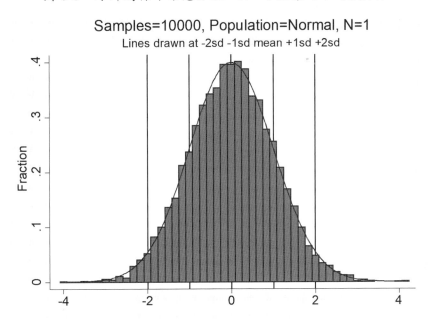

圖 6-7　母群為標準常態分配，$N = 100$ 抽樣之平均數分配

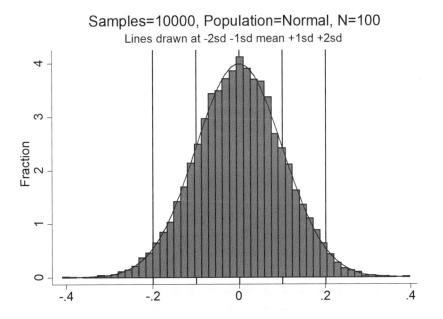

圖 6-8　不同樣本數之平均數分配

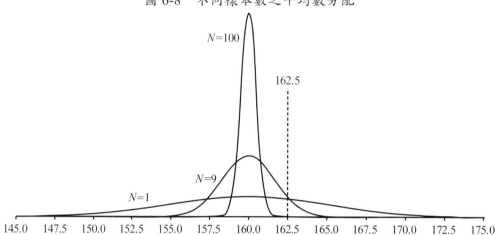

6.1.3　平均數區間估計

結合以上兩個觀念，我們可以知道在上述的抽樣中，$\mu \pm 1.960 \frac{\sigma}{\sqrt{n}}$（圖 6-9）及 $\mu \pm 2.576 \frac{\sigma}{\sqrt{n}}$（圖 6-10）這兩段範圍分別會包含 95% 及 99% 的樣本平均數 $\overline{X}$。上述的公式可以寫成：

$$\mu \pm \text{ 臨界值 } \times \text{ 平均數的標準誤} \tag{6-3}$$

其中，臨界值 × 平均數的標準誤 = 誤差界限 $\tag{6-4}$

圖 6-9　$\mu \pm 1.960 \frac{\sigma}{\sqrt{n}}$

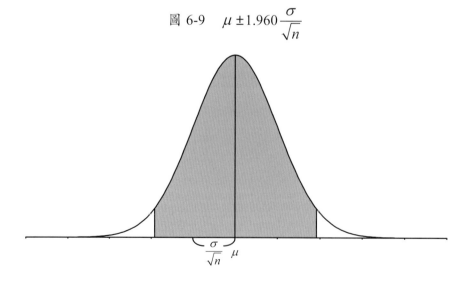

圖 6-10　$\mu \pm 2.576\dfrac{\sigma}{\sqrt{n}}$

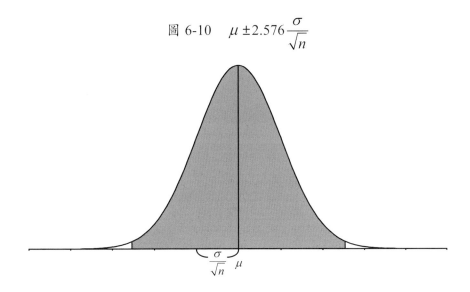

不過，應用在平均數的區間估計時，由於母群的平均數 μ 是未知的，所以每次抽樣所得的樣本平均數 $\overline{X}$ 後，再加減 $1.960 \times \dfrac{\sigma}{\sqrt{n}}$，在反覆進行 100 次後，會有 95 次（也就是 95%）包含 μ。以圖 6-11 為例，抽樣得到樣本平均數 $\overline{X}$，由於抽樣誤差，此時 $\overline{X}$ 不一定剛好等於母群平均數 μ。$\overline{X} \pm 1.960 \times \dfrac{\sigma}{\sqrt{n}}$ 可得到 95% 信賴區間（confidence interval）的下界及上界，如果是以單一次的信賴區間而言，能否包含母群 μ 的情形只有兩種：1.包含母群平均數 μ（圖 6-11）；2.未包含母群平均數 μ（圖 6-12）。

圖 6-11　$\overline{X} \pm 1.960\dfrac{\sigma}{\sqrt{n}}$ 涵蓋了母群平均數 μ

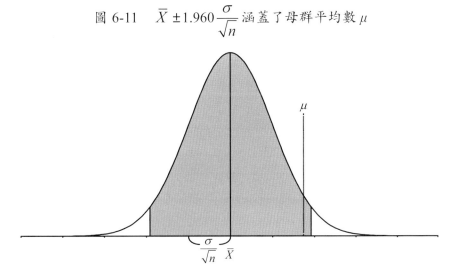

圖 6-12　　$\overline{X} \pm 1.960 \dfrac{\sigma}{\sqrt{n}}$ 未涵蓋到母群平均數 μ

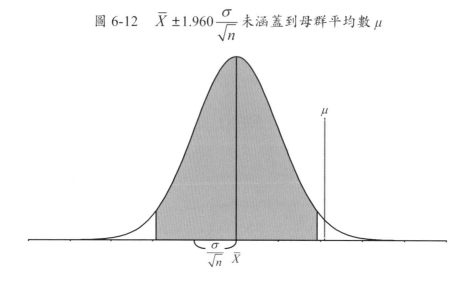

　　如果是圖 6-12 的情形，想要在區間中涵蓋母群平均數，可行的方法是擴大區間範圍，進行 99% 的信賴區間估計（圖 6-13）。不過，由於母群平均數 μ 是未知的（所以才要進行估計），因此即使擴大了信賴區間，單一次的區間估計是否確實涵蓋 μ 也仍是不可知的，只能說，反覆進行 100 次 99% 信賴區間估計，會有 99 次涵蓋到 μ。

圖 6-13　　$\overline{X} \pm 2.576 \dfrac{\sigma}{\sqrt{n}}$ 涵蓋了母群平均數 μ

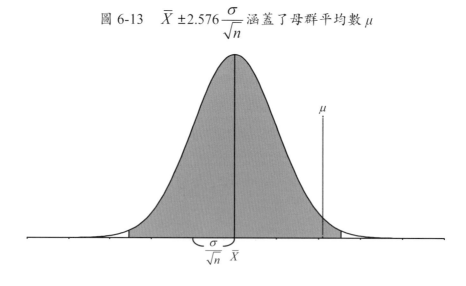

　　由於單一次的區間估計涵蓋母群平均數 μ 的結果不是 1 就是 0，不過從中央極限定理可知，如果反覆進行 100 次的抽樣並計算 $\overline{X} \pm 1.960 \times \dfrac{\sigma}{\sqrt{n}}$，其中會有 95 次包含

母群平均數 μ，只有 5 次是未包含 μ（中間直線所在位置）。以圖 6-14 的模擬情形為例，假定母群的平均數為 100，標準差為 10，每次抽取樣本數為 30，在反覆進行 100 次抽樣後，求得樣本平均數（以○表示）及 95% 信賴區間（以短線表示上下界），有 95 次是涵蓋母群平均數 μ（也就是 μ 介於下界及上界之間），只有 5 次未涵蓋 μ。

圖 6-14　平均數信賴區間示意圖

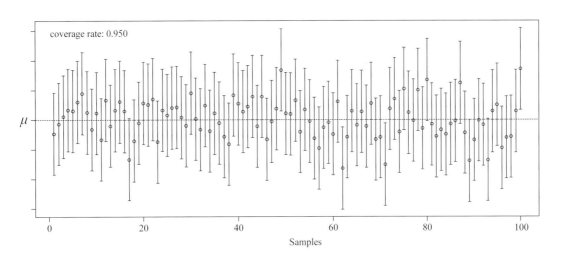

研究者如果希望增加涵蓋的次數，那麼，可以使用 $\overline{X} \pm 2.576 \times \dfrac{\sigma}{\sqrt{n}}$，則反覆進行 100 次後，會有 99 次（也就是 99%）包含 μ。所以當母群 σ（或 σ^2）已知時，μ 的 $100 \times (1 - \alpha)\%$ 信賴區間為 $\overline{X} \pm z_{(\alpha/2)} \times \dfrac{\sigma}{\sqrt{n}}$，其中 α 是研究者所訂犯第一類型錯誤的機率，如果訂為 0.05，則信賴區間即為 95%。

當母群平均數 μ 未知時，母群變異數 σ^2 通常也是未知的。如果母群為常態分配，而 σ^2 未知時，我們會使用樣本的變異數 s^2 估計 σ^2，因此平均數的變異數為 $s_{\overline{X}}^2 = \dfrac{s^2}{\sqrt{n}}$，平均數的標準差 $s_{\overline{X}} = \dfrac{s}{\sqrt{n}}$。此時樣本平均數標準化後，為自由度 $n - 1$ 的 t 分配，μ 的 $100 \times (1 - \alpha)\%$ 信賴區間為 $\overline{X} \pm t_{\alpha/2, n-1} \times \dfrac{s}{\sqrt{n}}$。

t 分配是一個族系，當自由度（$v = n - 1$）不同，t 分配就不同。圖 6-15 由下而上的線段分別是自由度為 1、9、29，及標準常態分配（最上面粗線部分）的比較圖，

當 v 等於 29 時，t 分配就非常接近 Z 分配。因此，如果母群為常態分配，而 σ^2 未知，但為大樣本時，雖然也會使用樣本的變異數 s^2 估計 σ^2，μ 的 $100 \times (1 - \alpha)\%$ 信賴區間可改為 $\bar{X} \pm Z_{\alpha/2} \times \dfrac{s}{\sqrt{n}}$。

當母群不是常態分配，但樣本大小大於 30 的情況下：

1. 如果 σ^2 已知，則樣本平均數近似常態分配，μ 的 $100 \times (1 - \alpha)\%$ 信賴區間大約為 $\bar{X} \pm Z_{\alpha/2} \times \dfrac{\sigma}{\sqrt{n}}$。

2. 如果 σ^2 未知，則樣本平均數也近似常態分配，μ 的 $100 \times (1 - \alpha)\%$ 信賴區間大約為 $\bar{X} \pm Z_{\alpha/2} \times \dfrac{s}{\sqrt{n}}$。

但是如果母群不是常態分配，而樣本大小又不到 30，此時就應改用無母數統計方法，或是設法增加樣本大小到 30。

圖 6-15　Z 分配與 t 分配

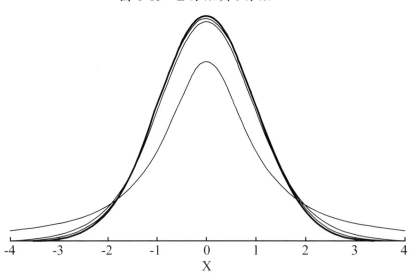

6.1.4　平均數區間估計流程

綜合以上所述，平均數區間估計流程可用圖 6-16 表示之。

圖 6-16　平均數區間估計流程

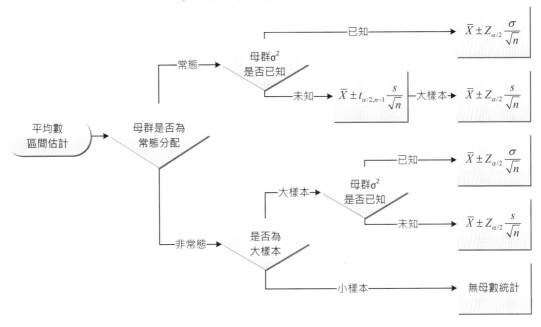

綜言之：

1. 當母群為常態分配而 σ^2 已知，樣本平均數為 Z 分配，其平均數的信賴區間為 $\bar{X} \pm Z_{\alpha/2} \times \dfrac{\sigma}{\sqrt{n}}$。不過，$\sigma^2$ 已知的情形較少見，主要適用於曾經進行大量研究已獲得母群變異數，或是使用標準化測驗進行的研究（如：魏氏智力測驗的變異數為 15^2）。SPSS 缺少此分析程序。

2. 如果母群為常態分配而 σ^2 未知，但為大樣本時（$N \geq 30$），樣本平均數為 Z 分配，其平均數的信賴區間為 $\bar{X} \pm Z_{\alpha/2} \times \dfrac{s}{\sqrt{n}}$。實務上，此公式較少使用。

3. 如果母群為常態分配而 σ^2 未知，且為小樣本時（$N < 30$），樣本平均數為 t 分配，其平均數的信賴區間為 $\bar{X} \pm t_{\alpha/2,n-1} \times \dfrac{s}{\sqrt{n}}$。由於大樣本時 Z 的臨界值與 t 的臨界值相當接近，因此 SPSS 只提供此種平均數區間估計方法。

4. 如果母群不是常態分配，樣本大小最好在 30 以上，此時仍可使用基於 Z 分配的區間估計。

一般情形下，信賴區間都是雙側的，如果要計算單側的信賴區間，則公式中 α 值不除以 2 即可，此部分請參見第 7 章的說明。

6.2 範例

某研究者想了解屏東市消費者在某超商單次的平均消費額，於是在門口隨機選取 30 名顧客，調查他們該次的消費額，得到表 6-1 的數據。求該超商單次平均消費額的 95% 信賴區間（單位：元）。

表中雖然有 2 個變數，但是受訪者代號並不需要輸入 SPSS 中，因此分析時只使用「消費金額」這一變數，它的定義是顧客單次在便利商店的消費金額。數值愈大，代表消費金額愈高。

表 6-1　屏東市某超商 30 名顧客單次消費額

受訪者	消費金額	受訪者	消費金額	受訪者	消費金額
1	137	11	136	21	118
2	144	12	152	22	111
3	70	13	135	23	21
4	44	14	86	24	122
5	166	15	123	25	75
6	122	16	171	26	108
7	106	17	112	27	81
8	95	18	88	28	133
9	67	19	109	29	118
10	126	20	86	30	102

6.3　使用 SPSS 進行分析

1. 完整的 SPSS 資料檔如圖 6-17。

圖 6-17　平均數區間估計資料檔

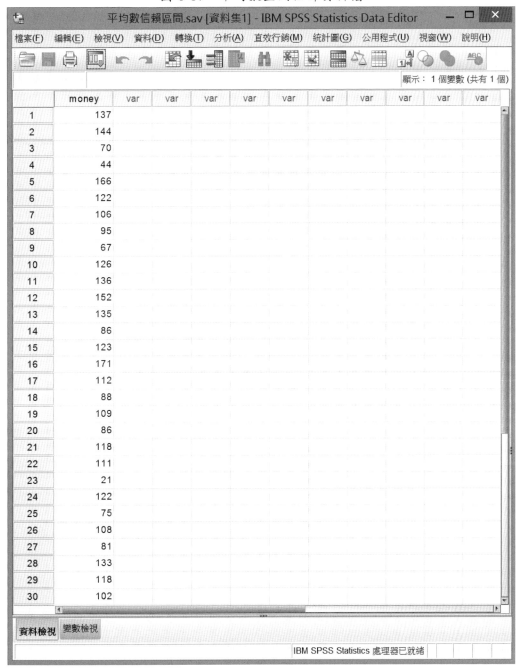

	money
1	137
2	144
3	70
4	44
5	166
6	122
7	106
8	95
9	67
10	126
11	136
12	152
13	135
14	86
15	123
16	171
17	112
18	88
19	109
20	86
21	118
22	111
23	21
24	122
25	75
26	108
27	81
28	133
29	118
30	102

2. 在【分析】選單的【比較平均數】中選擇【單樣本 T 檢定】（圖 6-18）。

圖 6-18　單樣本 T 檢定選單

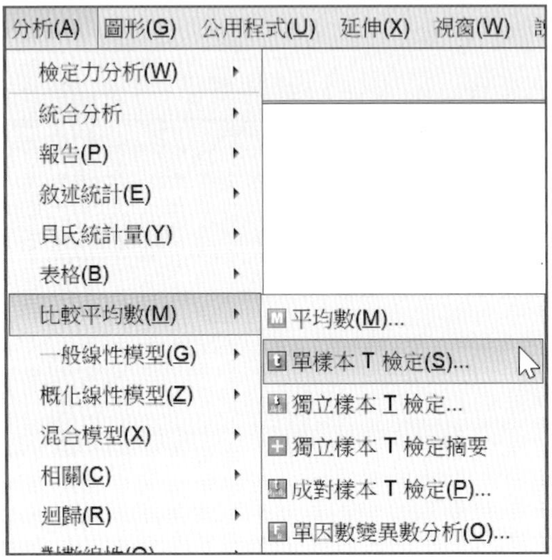

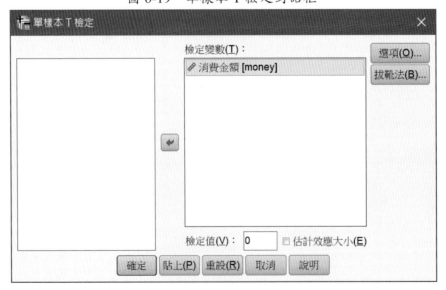

3. 把想要分析的變數點選到右邊的【檢定變數】對話框中，此時【檢定值】是 0，不加以更改。SPSS 27 版之後新增計算效果量，由於此範例主要在進行平均數區間估計，因此可以取消【估計效應大小】（圖 6-19）。

圖 6-19　單樣本 T 檢定對話框

4. SPSS 內定的【信賴區間百分比】為 95%，如果有需要，可以自行更改（如 90% 或 99%）。完成後，點擊【繼續】回到上一對話框（圖 6-20）。

圖 6-20　單樣本 T 檢定：選項對話框

5. 完成各項選擇後，點擊【確定】按鈕，進行分析（如圖 6-19）。

6. 以下說明繪製平均數信賴區間圖的方法。在【圖形】選單中選擇【舊式對話框】 之【誤差長條圖】（圖 6-21）。

圖 6-21　誤差長條圖選單

7. 選擇【簡式】誤差長條圖，【圖表資料為】則選擇【獨立變數摘要】，接著點擊【定 義】按鈕（圖 6-22）。

圖 6-22　誤差長條圖對話框

8. 將要分析的變數點選到右邊的【誤差長條】框中,並點擊【確定】按鈕進行繪製
　　(圖 6-23)。如果要改變信賴區間大小,可在【平均值的信賴區間】的【水準】
　　中設定。

圖 6-23　定義簡式誤差長條圖:獨立變數摘要對話框

6.4　報表解讀

報表 6-1　單一樣本統計量

	個數	平均數	標準差	平均數的標準誤
消費金額	30	108.80	33.670	6.147

報表 6-1 是單一樣本統計量，包含了個數（樣本數）、平均數、標準差，及平均數的標準誤。報表中顯示抽樣的人數為 30 人，樣本平均數為 108.80 元，與檢定值 0 的差異是 108.800 元（報表 6-2 的平均值差異）。報表中的平均數的標準誤，公式為：

$$平均數的標準誤 = \frac{標準差}{\sqrt{個數}}$$

將報表中的標準差及個數代入公式，得到：

$$平均數的標準誤 = \frac{33.67}{\sqrt{30}} = 6.147$$

報表 6-2　單一樣本檢定

	\multicolumn{6}{c}{檢定值 = 0}					
	t	df 自由度	顯著性		平均值 差異	差異的 95% 信賴區間	
			單尾 p	雙尾 p		下限	上限
消費金額	17.699	29	<.001	<.001	108.800	96.23	121.37

母群平均數信賴區間為：

$$樣本平均數 \pm \frac{樣本標準差}{\sqrt{樣本數}} = 樣本平均數 \pm 誤差界限$$

如果以小樣本 t 分配來計算平均數的信賴區間，則此時的自由度為：

$$30 - 1 = 29$$

在自由度為 29 的 t 分配中，$\alpha = 0.05$ 時的臨界值為 2.045（見後面之說明），代入報表 6-1 中數值後，得到母群平均數 μ 的 95% 信賴區間為：

$$108.80 \pm 2.045 \times \frac{33.67}{\sqrt{30}} = 108.80 \pm 12.57$$

計算後，下界為 96.23，上界為 121.37，寫為 [96.23, 121.37]。報表中的 t 值及顯著性是與檢定有關的數據，不需要解釋。

報表 6-3　平均數 95% 信賴區間

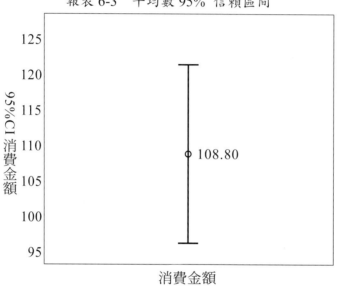

報表 6-3 為消費者單次平均消費金額之 95% 信賴區間圖。圖中的圓圈部分為平均數（108.80），上下之線段分別代表 95% 信賴區間之上下界，分別為 96.23 及 121.37。

不同自由度 t 分配的臨界值就有差異，在 SPSS 中可以使用以下的步驟進行計算。（注：如果是新的資料檔，要任意增加一個變數及一筆資料才可以進行計算。）

1.　在【轉換】選單中選擇【計算變數】（圖 6-24）。

圖 6-24　計算變數選單

2.　在【目標變數】中輸入 t（可自行命名），在【函數群組】中選擇【逆自由度】（應譯為「反函數」）中之 Idf.T，點擊向上箭頭到【數值表示式】中，此時會出現 IDF.T(?,?)，將第 1 個問號改為 0.975（等於 1–.05/2），第 2 個問號改為 29（自由度，等於 n–1），最後點擊【確定】按鈕（圖 6-25）。（注：如果機率輸入.025，則可以計算左尾臨界值。）

圖 6-25　計算變數對話框

3.　計算後會在資料檢視子視窗新增一欄 t 變數，數值為 2.0452296421325，由於內定小數位為 2 位，因此只顯示 2.05（圖 6-26）。

圖 6-26　計算所得臨界 *t* 值

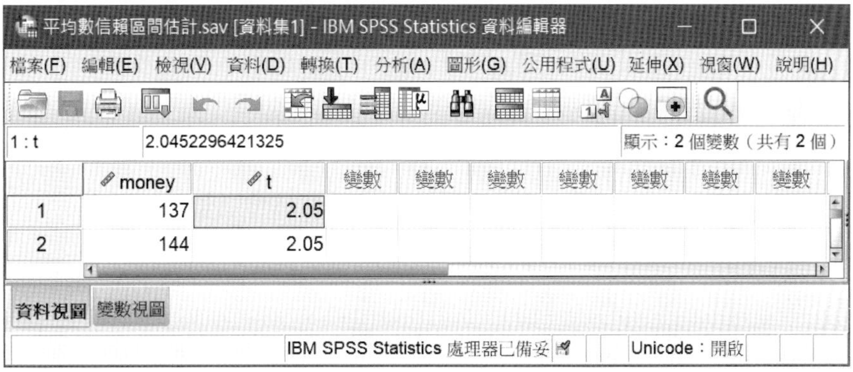

上述的說明，可以圖 6-27 表示。在圖中，研究者設定 α = .05，由於是雙側的信賴區間，因此左右兩尾的機率值各為 0.025，中間機率值為 0.95（也就是 95%），臨界值為正負 2.045。

圖 6-27　自由度 29、α = .05 時，t 的雙側臨界值為 2.045

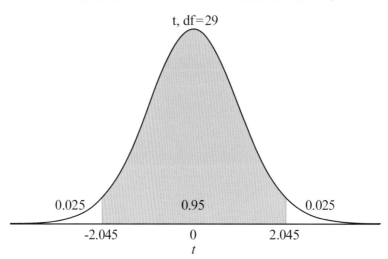

6.5　以 APA 格式撰寫結果

對 30 名屏東市消費者進行調查，單次消費金額平均數為 108.80 元 （$SD = 33.67$），平均數 95% 信賴區間為 [96.23, 121.37]。

6.6　中位數的信賴區間估計

1. 在 SPSS 中，要計算中位數信賴區間，須在【資料】中【計算變數】先增加一個目標變數「常數項」，並設定數值都為 1（圖 6-28）。

圖 6-28　計算變數對話框

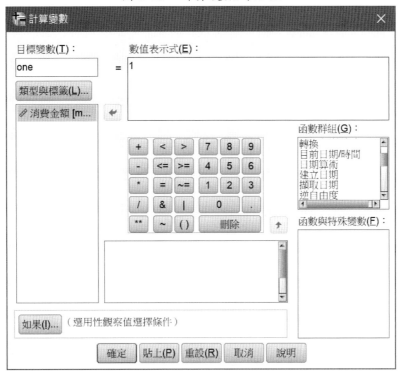

2.　接著，使用【分析】之【敘述統計】的【比例】（或譯為「比率」）（圖 6-29）。

圖 6-29　比例選單

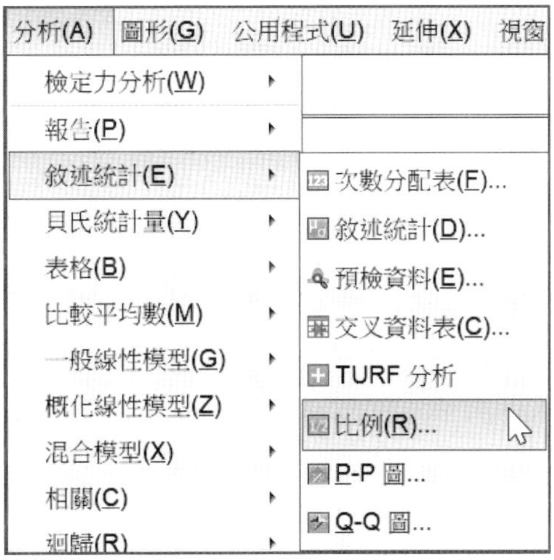

3. 將要分析的變數選到【分子】框中，【分母】為常數一（圖 6-30）。

圖 6-30　比例統計量對話框

4. 在【統計量】中勾選【中位數】及【信賴區間】，【水準】預設為 95（圖 6-31）。完成設定後，依序點擊【繼續】、【確定】，進行分析。

圖 6-31　比例統計量：統計量對話框

報表 6-4　觀察值處理摘要

	計數
整體	30
已排除	0
總計	30

報表 6-4 說明有效樣本數為 30。

報表 6-5　消費金額 / 常數一的比例統計量

中位數	中位數的 95% 信賴區間		
	下界	上界	實際涵蓋範圍
111.500	95.000	123.000	95.7%
在沒有任何分佈假設的情況下，建構了中位數的信賴區間。實際的涵蓋範圍層次可能大於指定的層次。			

報表 6-5 說明中位數為 111.5，中位數 95%信賴區間（實際的信賴區間為 95.7%）為 [95, 123]。

7 檢定的基本概念

進行假設檢定時，主要有以下三個步驟。

1. 根據研究假設寫出**虛無假設**（null hypothesis, H_0）及**對立假設**（alternative hypothesis, H_1 或 H_a）。

2. 宣稱願意犯的**第一類型錯誤**之大小，並劃定拒絕區。

3. 進行統計分析、做裁決，並解釋結果。

以下將針對相關概念加以說明。

7.1 虛無假設與對立假設

進行研究時，研究者會以疑問句的形式敘述待答問題，例如：

> 屏東縣便利商店顧客單次平均消費額與 100 元是否有差異？

此時，我們通常都寫成肯定的句型，並將其化為研究假設：

> 屏東縣便利商店顧客單次平均消費額與 100 元有顯著差異。

進行統計分析時，此研究假設通常直接化為對立假設，並選用適當的母數符號表示。因此，其對立假設便為：

$$H_1 : \mu \neq 100$$

雖然研究者關心的研究假設是化成對立假設，但是進行統計分析時，卻是對虛無假設加以檢定，藉由對虛無假設的否證，間接支持對立假設（也就是研究假設）。虛無假設應與對立假設相反，且包含等號，因此寫為：

$$H_0 : \mu = 100$$

綜言之，上述問題的統計假設是：

$$\begin{cases} H_0 : \mu = 100 \\ H_1 : \mu \neq 100 \end{cases}$$

以日常用語為例，我們常說：「天下烏鴉一般黑。」化為對立假設就是：

H_1：所有的烏鴉都是黑色的。

而虛無假設則是：

H_0：並非所有的烏鴉都是黑色的。

如果要證明對立假設，就必須看過世界所有的烏鴉，這在實務上是不可能的。反之，只要能找出一隻「非黑色的烏鴉」（接受虛無假設），就可以否定「天下烏鴉一般黑」的說法。假如遍尋各地都找不到「非黑色的烏鴉」，最後拒絕虛無假設，此時我們就比較有把握說「天下烏鴉一般黑」。因此採用對虛無假設的否證，是相對較容易的做法。

7.2 雙尾檢定與單尾檢定

在前述的檢定中，研究者只關心：

母群的單次消費平均數與 100 元是否有差異？

而不關心究竟是「多於 100 元」或是「少於 100 元」，此檢定形式稱為**雙尾檢定**（two tailed test，或稱**雙側檢定**）的問題（拒絕區位在兩側，如圖 7-1）。

圖 7-1　雙尾檢定，拒絕區在兩側

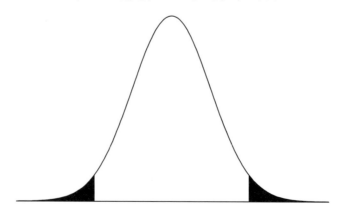

如果研究者關心：

屏東縣便利商店顧客單次平均消費額是否高於 100 元？

其研究假設為：

屏東縣便利商店顧客單次平均消費額高於 100 元。

化成對立假設則為：

$$H_1 : \mu > 100 \quad 或 \quad H_1 : \mu - 100 > 0$$

虛無假設便為：

$$H_0 : \mu \leq 100 \quad 或 \quad H_0 : \mu - 100 \leq 0$$

由於寫統計假設時，通常先寫 H_0，認為平均消費額與 100 無差異（也就是相等），因此，在部分教科書及統計軟體（如 Minitab 及 Stata），**虛無假設都只寫等號**：

$$H_0 : \mu = 100 \quad 或 \quad H_0 : \mu - 100 = 0$$

此時，研究者只關心母群平均數是否「高於 100 元」，這是**單尾檢定**（one tailed test）的問題，它的拒絕區位在右側，是**右尾檢定**（right tailed test）（由對立假設判斷，「大於」是右尾，「小於」是左尾）。

圖 7-2　右尾檢定，拒絕區在右側

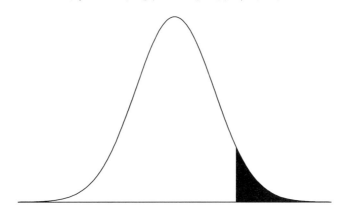

相反的，如果研究者關心：

屏東縣便利商店顧客單次平均消費額是否低於 100 元？

其對立假設為：

$$H_1 : \mu < 100 \quad 或 \quad H_1 : \mu - 100 < 0$$

虛無假設為：

$$H_0 : \mu \geq 100 \quad 或 \quad H_0 : \mu - 100 \geq 0$$

或是：

$$H_0 : \mu = 100 \quad 或 \quad H_0 : \mu - 100 = 0$$

這也是單尾檢定，但是其拒絕區在左側，是**左尾檢定**（left tailed test）。

圖 7-3　左尾檢定，拒絕區在左側

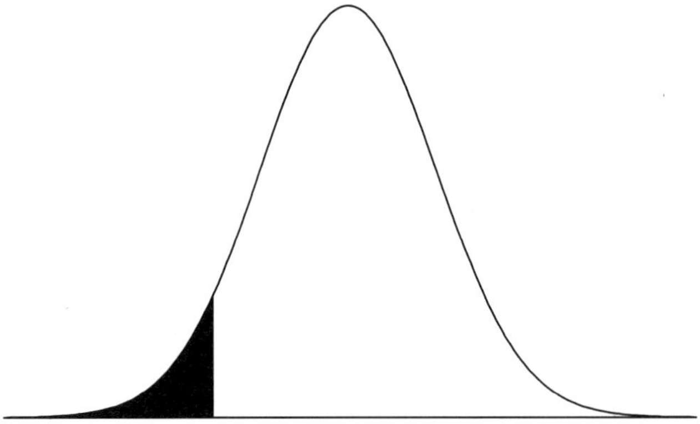

7.3　第一類型錯誤與第二類型錯誤

檢定之後，須進行裁決，在表 7-1 中可以看出裁決後的四種可能結果。

1. 拒絕 H_0，但是事實上 H_0 是真的，那麼研究者就犯了**第一類型錯誤**（type I error），其機率用 α 表示，通常是研究者於**分析前**決定。一般慣例，α 最常訂為 0.05 或是 0.01。

2. 不能拒絕 H_0（一般說成「接受 H_0」，但有爭議），但是事實上 H_0 是假的，那麼研究者就犯了**第二類型錯誤**（type II error），其機率用 β 表示。

3. 不能拒絕 H_0，事實上 H_0 也是真的，那麼研究者的裁決就是正確的，其機率以 $1 - \alpha$ 表示。

4. 拒絕 H_0，事實上 H_0 也是假的，那麼研究者的裁決就是正確的，此稱為**統計檢定力**（statistical power），其機率以 $1 - \beta$ 表示。統計檢定力是研究者正確拒絕虛無假設，接受研究假設的機率，因此應特別留意。

表 7-1　四種裁決結果

母群的真正性質

	H_0 為真	H_0 為假
拒絕 H_0	第一類型錯誤 α （假陽性）	裁決正確 $1 - \beta$ 統計檢定力 （真陽性）
不拒絕 H_0	裁決正確 $1 - \alpha$ （真陰性）	第二類型錯誤 β （假陰性）

（左側標示「裁決」）

舉例而言，某藥廠研究發明某種新藥，期望完全治癒愛滋病（或消滅人體中的 HIV 病毒），在進行人體試驗前，該藥廠研究人員提出的對立假設是：

　　H_1：新藥可以治癒愛滋病

那麼其虛無假設是：

　　H_0：新藥不能治癒愛滋病

經實驗及統計分析後，如果拒絕 H_0，結論便是「新藥可以治癒愛滋病」，因此藥物就得以上市。但是，如果事實上 H_0 才是真的，就表示「新藥不能治癒愛滋病」，此時會導致許多人因為使用此種新的藥物，而延誤了接受其他適當治療的機會，嚴重些則可能危害患者的生命。此種錯誤在統計學上稱為第一類型錯誤。

反之，如果研究的結果是不能拒絕 H_0，結論便是「新藥不能治癒愛滋病」，因此藥物便無法上市。但是，如果事實上 H_0 是假的，也就表示「新藥可以治癒愛滋病」。由於裁決錯誤，使得有療效的藥物無法上市，因此也就無法嘉惠患者。此種錯誤在統計學上稱為第二類型錯誤。

一般而言，犯第一類型錯誤會比犯第二類型錯誤來得嚴重。由上面例子可看出，犯第二類型錯誤是少救了許多人，犯第一類型錯誤則是多危害了一些人。兩相權衡之下，研究者可能寧願犯第二類型錯誤，而不願犯第一類型錯誤。然而，是否把第一類型錯誤訂得低一點就比較好呢？事實也不盡然。

再舉一例子，醫師會經由許多檢驗結果來判斷就診者是否罹患某種疾病（如：肝癌或新冠肺炎）。此時，對立假設是：

H_1：就診者罹患某種疾病

虛無假設就是：

H_0：就診者並未罹患該種疾病

假使醫師檢視各種檢驗的數據後，拒絕 H_0，做出「就診者罹患該種疾病」的診斷（也就是接受 H_1，診斷為陽性），因此要就診者接受某種治療或手術。如果事實上就診者並未罹患該種疾病（也就是 H_0 才是真的），這是**誤診**，在醫學上稱為**假陽性**（false positive），就診者便要接受許多不必要的治療，此為第一類型錯誤。

反之，如果醫師不拒絕 H_0，做出「就診者並未罹患該種疾病」的診斷（也就是陰性），但是事實上就診者確實罹患該種疾病（也就是 H_0 是假的），此是**漏診**，在醫學上稱為**假陰性**（false negative），就診者便錯失了及時治療的機會，也可能因此使其他人受到傳染，這就是第二類型錯誤。

假使醫師為了避免誤診而犯第一類型錯誤，因此非到不得已不做出「就診者罹患該種疾病」的診斷，絕大多數就診者就會被診斷為陰性，此時，被漏診（假陰性）的機率反而增加。因此，第一類型錯誤的機率訂得太低，犯第二類型錯誤的機率反而會隨之提高，這兩者呈現彼此消長的關係。如果要同時降低這兩種錯誤，就須再進行不同的檢查、更換試劑，或是再請教其他醫師。當然，醫師本身的經驗及細心也有助於減少這兩種錯誤。

另兩種情形是：如果醫師不拒絕 H_0，做出「就診者並未罹患該種疾病」的診斷，

而就診者實際上也未罹患該種疾病（**真陰性**，true negative），此時醫師是做了正確的裁決，$\dfrac{真陰性}{真陰性+假陽性}$ 在醫學上稱為**特異性**（specificity）或真陰性率。如果醫師拒絕 H_0，做出「就診者罹患該種疾病」的診斷，而就診者實際上也真的罹患該種疾病（**真陽性**，true positive），此時醫師也做了正確的裁決，$\dfrac{真陽性}{真陽性+假陰性}$ 在醫學上稱為**敏感性**（sensitivity）或真陽性率。另外，$\dfrac{真陰性}{真陰性+假陰性}$ 稱為**陰性檢測率**，$\dfrac{真陽性}{真陽性+假陽性}$ 稱為**陽性檢測率**。

　　二〇二〇年造成許多人感染甚至死亡的 COVID-19，使用試劑檢驗時，常有假陽性或假陰性的問題，這與試劑的敏感性及特異性有關，可見一次的檢驗，要完全正確無誤，很難達成。

7.4　裁決的規準

　　假設某公司品管部門想要了解該公司生產的 T5 日光燈管的平均使用壽命是否與 10000 小時不同，於是他們從生產線隨機選取了 20 支燈管進行測試，得到平均數 10500 小時，標準差為 1200 小時。請問：該公司是否可以宣稱：

　　　　本公司生產的日光燈管平均使用壽命顯著不同於 10000 小時？

　　在此範例中，統計假設為：

$$\begin{cases} H_0 : \mu = 10000 \\ H_1 : \mu \neq 10000 \end{cases}$$

　　由於母群標準差未知，又是小樣本，因此使用一個樣本 t 檢定（詳見第 8 章），計算結果為：

$$t = \frac{10500 - 10000}{\dfrac{1200}{\sqrt{20}}} = \frac{500}{268} = 1.86$$

使用 SPSS 單一樣本 T 檢定分析的報表如下：

報表 7-1　單一樣本統計量

	個數	平均數	標準差	平均數的標準誤
使用壽命	20	10500.000	1200.000	268.328

報表 7-2　單一樣本檢定

	檢定值 = 10000						
			顯著性			差異的 95%信賴區間	
	t	df	單面 p	雙面 p	平均值差異	下限	上限
使用壽命	1.863	19	.039	.078	500.000	-61.617	1061.617

檢定之後，應依據什麼方法做出裁決？比較常用的方法有四種。

7.4.1　p 值法

第一種是 **p 值法**，這是使用 SPSS 統計軟體分析後所採用的方法。在此先強調：SPSS 27 版之前顯示的都是雙尾的 p 值，讀者應留意您的檢定是雙尾或單尾，而單尾檢定更應留意是右尾檢定或左尾檢定。28 版之後雖然也同時顯示單尾機率，但都是右尾機率值，如果要得到左尾機率，應以 1 減去右尾機率。

所謂 p 值，是在虛無假設為真的情形下，大於檢定所得值（可以是 Z 值、t 值、F 值，或 χ^2 值）的機率（probability）。如果 $p \leq \alpha$，表示出現計算後檢定值的機率很小，換言之，檢定值已經很大了，此時，應拒絕 H_0；反之，如果 $p > \alpha$，則不能拒絕 H_0。α 是研究者設定的第一類型錯誤機率，通常為 0.05（注：APA 格式寫為 .05，本書兩者併用。）依美國統計學會 ASA 的定義，p 值是一組資料與虛無假設所建構之資料的不適配度，如果 p 值愈小，則不適配度愈高。此不適配度是對虛無假設提出質疑的證據。換言之，p 值愈小，愈應拒絕虛無假設。

前述的例子中（採雙尾檢定），樣本數 20，在自由度為 19（樣本數減 1）的 t 分配下，SPSS 中顯示的雙尾 p 值為 .078，並未小於 .05，不能拒絕虛無假設，所以該工廠不能宣稱燈管的平均使用壽命與 10000 小時有顯著差異。（注：$t > 1.863$ 的 p = .039，$t < -1.863$ 的 p = .039，因此雙尾 p 值為 .078，見報表 7-2，圖示如圖 7-4。）

圖 7-4　雙尾檢定之 $p = 0.078$

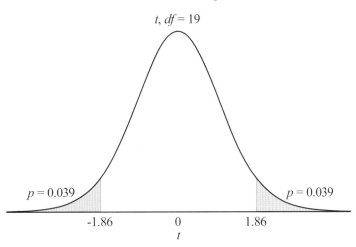

然而，站在委託生產公司的立場，他們關心的重點是：該工廠生產的日光燈管平均使用壽命是否**高於** 10000 小時？此時統計假設便為：

$$\begin{cases} H_0 : \mu = 10000 \\ H_1 : \mu > 10000 \end{cases} \quad 或 \quad \begin{cases} H_0 : \mu \leq 10000 \\ H_1 : \mu > 10000 \end{cases}$$

此時拒絕區在右尾，應將 SPSS 的雙尾 p 值 .078 除以 2，得到 $p = .039$（如圖 7-5 所示），已經小於 .05，拒絕虛無假設，所以該工廠可以宣稱：本工廠生產的日光燈管平均使用壽命顯著高於 10000 小時。

圖 7-5　右尾檢定之 $p = 0.039$

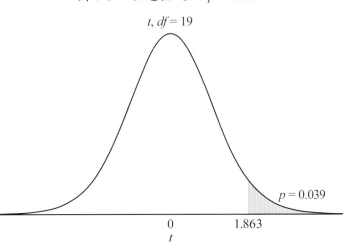

站在消費者的立場，他們關心的焦點是：該工廠生產的日光燈管平均使用壽命是否**低於** 10000 小時？此時統計假設便為：

$$\begin{cases} H_0 : \mu = 10000 \\ H_1 : \mu < 10000 \end{cases} \quad 或 \quad \begin{cases} H_0 : \mu \geq 10000 \\ H_1 : \mu < 10000 \end{cases}$$

此時拒絕區在左尾，在 SPSS 28 版中，應以 1 減單尾機率 .039，得到左尾機率 .961（1 − .039 = .961）。如果是 27 版之前，應將雙尾 p 值 .078 除以 2，再以 1 來減，得到 p = .961（1 − .078/2 = .961）（如所示圖 7-6），並未小於 .05，不能拒絕虛無假設，所以該工廠可以宣稱：本工廠生產的日光燈管平均使用壽命未低於 10000 小時，也就是可能等於或高於 10000 小時。

圖 7-6　左尾檢定之 p = 0.961

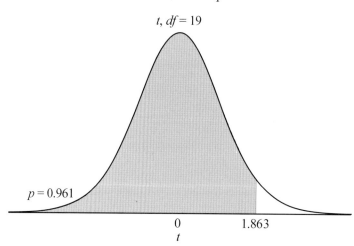

在 SPSS 統計軟體中使用 p 值法，應留意三點：

1. SPSS 27 版之前顯示的通常是雙尾 p 值。如果是雙尾檢定，直接使用該 p 值；如果是右尾檢定，應將 p / 2；如果是左尾檢定，則計算 $1 - p / 2$ 。

2. SPSS 28 版增加單尾機率，但為右尾，如果要計算左尾機率，應以 1 減單尾機率。

3. 如果 $p \leq \alpha$，則拒絕虛無假設；如果 $p > \alpha$，則不能拒絕虛無假設。

綜合上述的分析，檢定後得到 t = 1.86，裁決如下：

1. 如果採雙尾檢定，p = .078，大於 .05，因此不能拒絕虛無假設。

2. 如果採右尾檢定，$p = .039$（等於 $.078 \div 2$），小於 0.05，因此應拒絕虛無假設。

3. 如果採左尾檢定，$p = .961$（等於 $1 - .078 \div 2$），大於 .05，因此不能拒絕虛無假設。

7.4.2　標準臨界值法

第二種是**標準臨界值法**，為較傳統取向的做法。這是在某種分配下（在此以 t 分配為例），比較檢定之後所得的值與**臨界值**（critical value）的大小。

1. 雙尾檢定中，計算所得 t 的**絕對值**是否大於臨界值。如果大於或等於臨界值，則拒絕虛無假設；如果小於臨界值，則不能拒絕虛無假設。

2. 右尾檢定中，計算所得 t 值是否**大於右尾臨界值**。如果大於或等於右尾臨界值，則拒絕虛無假設；如果小於右尾臨界值，則不能拒絕虛無假設。

3. 左尾檢定中，計算所得 t 值是否**小於左尾臨界值**。如果小於或等於左尾臨界值，則拒絕虛無假設；如果大於左尾臨界值，則不能拒絕虛無假設。

前述的例子中，計算所得的 t 值為 1.863，如果是雙尾檢定，在自由度為 19 的 t 分配中，$\alpha = .05$ 時的臨界值為 ±2.093，|1.863| 未大於 2.093，並未落入拒絕區（圖 7-7 中灰色區域），因此不能拒絕虛無假設。

圖 7-7　自由度 19，$\alpha = .05$ 時，雙尾檢定之臨界值為 2.093

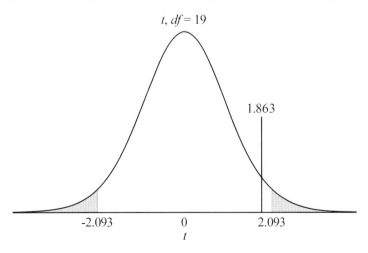

同樣的範例，如果使用右尾檢定，右尾臨界值為 1.729，計算所得 *t* 值 1.863 已落入拒絕區，因此應拒絕虛無假設（圖 7-8）。

圖 7-8　自由度 19，α = .05 時，右尾檢定之臨界值為 1.729

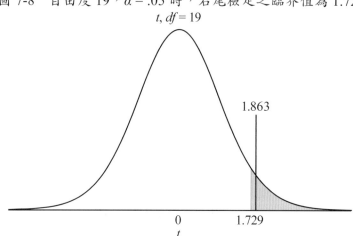

反之，如果改採左尾檢定，左尾臨界值為 −1.729，計算所得 *t* 值 1.863 並未落入拒絕區，因此不能拒絕虛無假設（圖 7-9）。

圖 7-9　自由度 19，α = 0.05 時，左尾檢定之臨界值為 −1.729

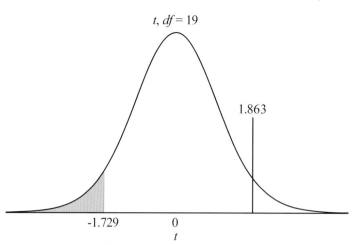

綜合上述分析，裁決如下：

1. 如果採雙尾檢定，計算所得 *t* = 1.86，| *t* |小於 2.039，因此不能拒絕虛無假設。

2. 如果採右尾檢定，計算所得 $t = 1.86$，t 大於 1.729，因此應拒絕虛無假設。

3. 如果採左尾檢定，計算所得 $t = 1.86$，t 未小於 −1.729，因此不能拒絕虛無假設。

標準臨界值法是電腦及統計軟體不普遍時使用的方法，由於需要查閱統計書籍的附表，目前已較少採用此種方法。在 SPSS 中，可以使用 idf 函數計算臨界值，操作過程請見本書第 6 章。

7.4.3 原始信賴區間法

第三種是**原始信賴區間法**。雙尾信賴區間的計算方法已在前一章上說明，它與雙尾檢定也可以同時並用。

上述例子如果 α 訂為 .05，則原始信賴區間為 $1 - \alpha = .95 = 95\%$。20 個樣本的平均數為 10500，母群平均數 μ 的 95% 信賴區間的計算公式為：

$$10500 \pm 2.093 \times \frac{1200}{\sqrt{20}} = 10500 \pm 561.617$$

計算後，下界為 9938.383，上界為 11061.617（見報表 7-3），在 [9938.383, 11061.617] 的區間中包含了 10000（要檢定的值），因此母群的平均數極有可能等於 10000，不能拒絕 H_0，所以 $\mu = 10000$（圖 7-10 所示）。

圖 7-10 雙尾檢定，平均數 95% 信賴區間上下界包含檢定值 10000

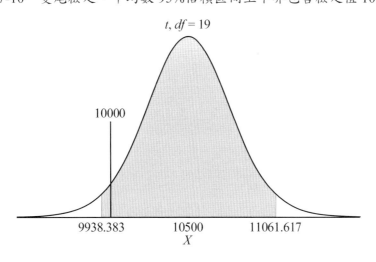

如果此時採右尾檢定，H_1 是 $\mu > 10000$，則 H_0 是 $\mu \leq 10000$，此時要計算單尾信賴區間的下界，公式是：

$$10500 - 1.729 \times \frac{1200}{\sqrt{20}} = 10036.025$$

在 95% 下界 10036.025 以上這段範圍（圖 7-11 中灰色部分），不包含 10000，應拒絕 H_0，因此 $\mu > 10000$。

圖 7-11　右尾檢定，平均數 95% 信賴區間下界未包含檢定值 10000

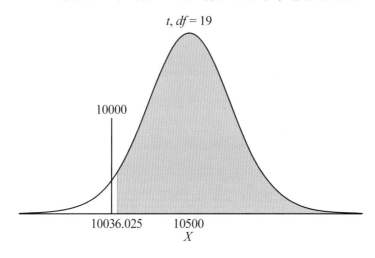

假使改採左尾檢定，H_1 是 $\mu < 10000$，則 H_0 是 $\mu \geq 10000$，此時要反過來計算單尾信賴區間的上界，公式是：

$$10500 + 1.729 \times \frac{1200}{\sqrt{20}} = 10963.975$$

在 95% 上界 10964 以下這段範圍，包含 10000，應接受 H_0，因此 $\mu \geq 10000$（如圖 7-12 所示）。

圖 7-12　左尾檢定，平均數 95%信賴區間上界包含檢定值 10000

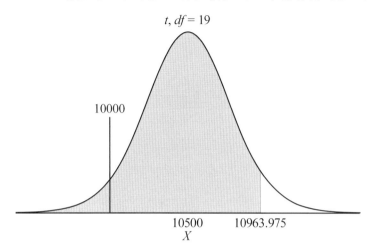

使用 SPSS 進行分析，將檢定值設定為 0，如果是雙尾檢定，則設定信賴區間為 95%。得到結果如報表 7-3，平均數 95%信賴區間為 [9938.383, 11061.617]。

報表 7-3　單一樣本檢定

	檢定值 = 0						
			顯著性			差異的 95%信賴區間	
	t	df	單面 p	雙面 p	平均值差異	下限	上限
使用壽命	39.131	19	<.001	<.001	10500.000	9938.383	11061.617

假如是單尾檢定，則設定信賴區間為 90%（但仍稱為 95%信賴區間），結果如報表7-4。如果右尾檢定，就只看下界（10036.025）；如果是左尾檢定，則只看上界（10963.975）。

報表 7-4　單一樣本檢定

	檢定值 = 0						
			顯著性			差異的 90%信賴區間	
	t	df	單面 p	雙面 p	平均值差異	下限	上限
使用壽命	39.131	19	<.001	<.001	10500.000	10036.025	10963.975

綜合上述，裁決如下：

1. 如果採雙尾檢定，平均數 95%信賴區間上下界為 [9938.383, 11061.617]，中間包含 10000，因此不能拒絕虛無假設。

2. 如果採右尾檢定，平均數 95%信賴區間下界為 10036.025，高於 10000，因此應拒絕虛無假設。

3. 如果採左尾檢定，平均數 95%信賴區間上界為 10963.975，未低於 10000，因此不能拒絕虛無假設。

7.4.4 差異信賴區間法

第四種是**差異信賴區間法**，方法與**原始信賴區間法**相似，只是先將樣本平均數減去檢定值，再針對此差異的平均數計算信賴區間，並與 0 進行比較。

前述的例子，如果是雙尾檢定，虛無假設為：

$$H_0 : \mu = 10000$$

移項後為：

$$H_0 : \mu - 10000 = 0$$

將樣本平均數 10500 減去檢定值 10000 後，得到差異平均數 500，它的 95%信賴區間為：

$$500 \pm 2.093 \times \frac{1200}{\sqrt{20}} = 500 \pm 516.6171$$

計算後，下界為−61.617，上界為 1061.617（見報表 7-5），在 [−61.617, 1061.617] 的區間中包含了 0，因此母群的平均數極有可能等於 10000，應接受 H_0，所以 $\mu - 10000 = 0$。圖示如圖 7-13。

圖 7-13　雙尾檢定，差異平均數 95%信賴區間上下界包含 0

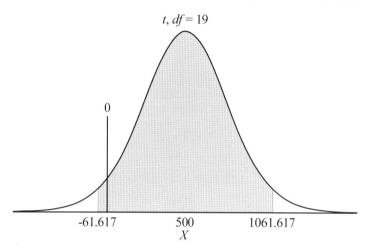

如果此時採右尾檢定，則 H_0 是 $\mu - 10000 \leq 0$，此時要計算單尾信賴區間的下界（見報表 7-6），公式是：

$$500 - 1.729 \times \frac{1200}{\sqrt{20}} = 36.0250$$

在 36.025 以上這段範圍（圖 7-14 中灰色部分），不包含 0，應拒絕 H_0，因此 $\mu - 10000 > 0$。

圖 7-14　右尾檢定，差異平均數 95%信賴區間下界未包含 0

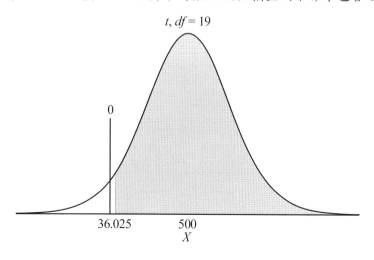

假使改採左尾檢定，則 H_0 是 $\mu - 10000 \geq 0$，此時要反過來計算單尾信賴區間的上界（見報表 7-6），公式是：

$$500 + 1.729 \times \frac{1200}{\sqrt{20}} = 963.9750$$

在 963.9750 以下這段範圍（圖 7-15 中灰色部分），包含 0，應接受 H_0，因此 $\mu - 10000 \geq 0$。

圖 7-15　左尾檢定，差異平均數 95%信賴區間上界包含 0

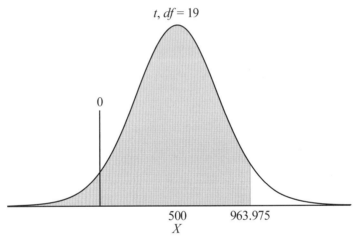

使用 SPSS 進行分析，將檢定值設定為 10000，如果是雙尾檢定，則設定信賴區間為 95%。結果如報表 7-5。

報表 7-5　單一樣本檢定

	檢定值 ＝10000						
			顯著性			差異的 95%信賴區間	
	t	df	單面 p	雙面 p	平均值差異	下限	上限
使用壽命	1.863	19	.039	.078	500.000	-61.617	1061.617

如果是單尾檢定，則設定信賴區間為 90%，結果如報表 7-6。如果右尾檢定，就只看下界，如果是左尾檢定，則只看上界。

報表 7-6　單一樣本檢定

			顯著性			差異的 90%信賴區間	
	t	df	單面 p	雙面 p	平均值差異	下限	上限
						檢定值 = 10000	
使用壽命	1.863	19	.039	.078	500.000	36.025	963.975

綜合上述，裁決如下：

1. 如果採雙尾檢定，差異平均數 95% 信賴區間上下界為 [−61.617, 1061.617]，中間包含 0，因此不能拒絕虛無假設。

2. 如果採右尾檢定，差異平均數 95% 信賴區間下界為 36.025，高於 0，因此應拒絕虛無假設。

3. 如果採左尾檢定，差異平均數 95% 信賴區間上界為 963.975，未低於 0，因此不能拒絕虛無假設。

7.4.5　最後裁決

由以上四種裁決方法可得到一致的結果：如果一開始是採雙尾或左尾檢定，分析後都應接受 H_0，但是如果採右尾檢定，則應拒絕 H_0。

但是，究竟應採單尾檢定或雙尾檢定，統計學家的意見並不一致。有一部分學者認為，如果對研究主題已有充分的了解或是預期的方向，應該使用單尾檢定；但是也有部分學者認為雙尾檢定比較不容易顯著（臨界值要更大些），因此如果雙尾檢定顯著，就比較具有說服力（Aron, Coups, & Aron, 2013）。Cohen（2007）也指出，雙尾檢定是心理學研究的慣例。

7.5　統計檢定力

從表 7-1 可看出，正確拒絕假的虛無假設之機率為 $1 - \beta$，稱為**統計檢定力**，此在統計檢定中非常重要。以下以圖 7-16 及圖 7-17 說明表 7-1 的 4 個概念。

在前面的範例中，抽樣所得的平均數是 10500 小時，標準差為 1200 小時，標準誤為 $1200 / \sqrt{20} = 268.33$，此為對立假設 H_1 之分布。由於要檢定的值為 10000 小時，如果

是右側檢定，$\alpha = .05$ 時，臨界 t 值為 1.729，約等於 10464 小時（由 10000+1.729×268.33 而得）。也就是，在 H_0 分布中（平均數 10000 小時，標準誤 268.33 小時），大於或等 10464 小時的 p 值為 .05（就是研究者自訂的 α 值，圖 7-16 中深灰色部分），小於 10464 小時的 p 值為 .95（也就是 $1-\alpha$）。在 H_1 的分布中，小於 10464 小時的 p 值稱 為 β（圖中淺灰色部分），大於或等於 10464 小時的 p 值即為 $1-\beta$。留意，此時所用 的是非中心化 t 分布。

圖 7-16　單側統計檢定力

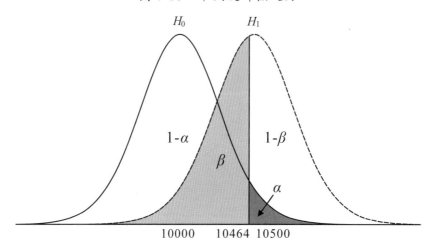

經使用 SPSS 28 版的檢定力分析程序，得到報表 7-7。由報表中可知：

1.　顯著性（α）設為 .05。

2.　$1-\alpha$ 即為 .95。

3.　檢定力（$1-\beta$）為 .560。

4.　第二類型錯誤（β）機率為 $1 - .560 = .440$。

5.　效應量為 $(10500 - 10000) / 1200 = .417$。

報表 7-7　檢定力分析表格

	檢定力 [b]	檢定假設			
		個數	標準差	效應大小	顯著性
平均值檢定 [a]	.560	20	1200	.417	.05
a. 單向檢定。					
b. 基於非中心 t 分佈。					

如果使用圖 7-17 的雙側檢定，α 在 H_0 分布的兩側，右側臨界 t 值為 2.093，約等於 10562 小時。在 H_1 的分布中，大於或等於 10562 小時的 p 值即為 $1-\beta$，等於 .424（見報表 7-8）。

圖 7-17　雙側統計檢定力

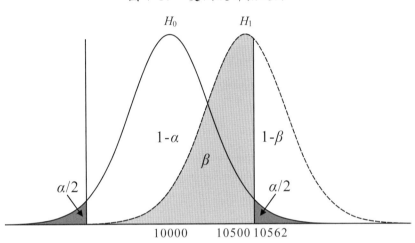

報表 7-8　檢定力分析表格

	檢定力[b]	檢定假設			
		個數	標準差	效應大小	顯著性
平均值檢定[a]	.424	20	1200	.417	.05
a. 雙向檢定。					
b. 基於非中心 t 分佈。					

　　SPSS 26 之前的版本並未提供檢定力分析。讀者如果有需要，可以使用免費軟體 G*Power 進行分析。SPSS 27 及 28 版，已經有平均數、比例、相關、迴歸等四類檢定力分析。

8 單一樣本平均數 t 檢定

單一樣本平均數 t 檢定用於比較樣本在某個量的變數之平均數與一個常數是否有差異，此常數在 SPSS 中稱為**檢定值**（test value），在 Minitab 中稱為假設平均數（hypothesized mean）。雖然此種統計方法在實務上相當少用，但是了解單一樣本平均數 t 檢定的統計概念之後，對相依樣本 t 檢定的掌握會有助益，因此仍應認識它。

8.1 基本統計概念

8.1.1 目的

單一樣本平均數 t 檢定旨在考驗一個平均數與特定的常數（檢定值）是否有差異，這個研究者關心的常數可以是以下幾種數值（Green & Salkind, 2014）：

1. **量表或測驗的中位數或平均數**。如：受訪者在 7 點量表中的回答是否與平均數 4 有顯著差異。

2. **以往相關研究發現的平均數**。如：檢定某所大學的學生平均睡眠時數與 8 小時是否有顯著差異。

3. **已知的母群平均數**。如：檢定某校學生在魏氏智力測驗的平均得分與 100 是否有顯著差異。

4. **由機率獲得的某個數值**。如：受試學生在 4 個選項的選擇題測驗中，平均得分是否高於 25 分（等於是隨機猜測的分數）。

8.1.2 單一樣本的定義

單一樣本，指的是研究者從關心的母群體中抽樣而得的一組具代表性的樣本，他們可以是：

1. 學校中的某些學生。
2. 生產線的某些產品。

3.　罹患某種疾病的部分患者。

4.　某地區的部分地下水。

5.　市場或商店中的某些貨品。

抽取樣本之後，研究者會針對這些樣本的某種屬性或特性加以測量，而測量所得的值須為量的變數（quantitative variable，含等距及等比尺度），例如：

1.　在某測驗的得分。

2.　使用壽命或存活時間。

3.　某種化學物質（如砷、防腐劑，或瘦肉精）含量。

8.1.3　分析示例

依據上述說明，以下的研究問題都可以使用單一樣本平均數 t 檢定：

1.　某所學校全體學生在閱讀理解測驗的平均得分與全國平均 450 分是否有差異？

2.　某工廠的產品，平均使用壽命與競爭對手的 5000 小時是否有差異？

3.　某地區地下水的砷含量是否低於 0.01mg/L？（此為左尾檢定）

4.　某類產品的防腐劑含量是否超過 30 ppm？（此為右尾檢定）

8.1.4　統計公式

一個平均數的假設檢定，是透過計算樣本平均數的 Z 分數進行。而在此要重申兩個相關的概念。首先，本書第 3 章曾提及，個別數值的 Z 分數公式為：

$$Z = \frac{X - \mu}{\sigma} \tag{8-1}$$

$|Z|$ 愈大，代表「個別數值與平均數的距離」和「標準差」的比率愈大，如果超過某個界限，我們就說這個比率已經非常大了。

而中央極限定理也宣稱：樣本平均數的平均數為：

$$\mu_{\bar{X}} = \mu \tag{8-2}$$

樣本平均數的標準差（即平均數標準誤）為：

$$\sigma_{\bar{X}} = \frac{\sigma}{\sqrt{n}} \tag{8-3}$$

如果應用在母群變異數 σ^2 已知的抽樣分配中，將公式 8-1 中的 X 改為樣本平均數 $\overline{X}$ 之後，再將公式 8-2 及公式 8-3 代入公式 8-1，則為：

$$Z = \frac{\overline{X} - \mu_{\overline{X}}}{\sigma_{\overline{X}}} = \frac{\overline{X} - \mu}{\dfrac{\sigma}{\sqrt{n}}} \tag{8-4}$$

此即為 σ^2 已知的平均數 Z 檢定，它可以寫成：

$$平均數Z檢定 = \frac{樣本平均數與檢定值之差異}{平均數的標準誤} \tag{8-5}$$

然而，多數情形下，研究者並不知道母群的變異數 σ^2，此時，便以樣本變異數 s^2 估計 σ^2，此時，樣本平均數的標準差為：

$$s_{\overline{X}} = \frac{s}{\sqrt{n}} \tag{8-6}$$

且當樣本數在 30 以上時，抽樣的平均數會呈常態分配，Z 檢定的公式改為：

$$Z = \frac{\overline{X} - \mu}{\dfrac{s}{\sqrt{n}}} \tag{8-7}$$

當樣本數小於 30 時，抽樣的平均數會呈 t 分配，此時，便稱為平均數 t 檢定，公式為：

$$t = \frac{\overline{X} - \mu}{\dfrac{s}{\sqrt{n}}} \tag{8-8}$$

圖 8-1 顯示，當樣本數等於 30 時（自由度 29），t 分配（虛線）已經非常接近標準化常態分配（實線為 Z 分配），所以在 SPSS 中以 t 檢定代替 Z 檢定。

當母群不是常態分配，而樣本量大於 30 時，根據中央極限定理，樣本的平均數還是會接近常態分配。母群變異數 σ^2 有兩種情況：

1. 如果母群變異數 σ^2 已知，仍然可以使用公式 8-4 的 Z 檢定。

2. 如果母群變異數 σ^2 未知，改用樣本變異數 s^2 估計 σ^2，仍可使用公式 8-7 的 Z 檢定。

但是，如果母群不是常態分配，而且樣本數不到 30，則建議改用無母數統計方

法，如本章後面說明的中位數 Wilcoxon 符號等級檢定（Wilcoxon signed ranks test）。

圖 8-1　Z 分配與自由度為 29 的 t 分配

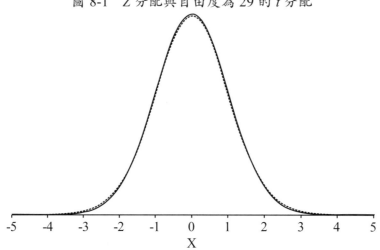

8.1.5　分析流程

綜合以上所述，單一樣本平均數檢定的流程如圖 8-2。

圖 8-2　單一樣本平均數檢定流程

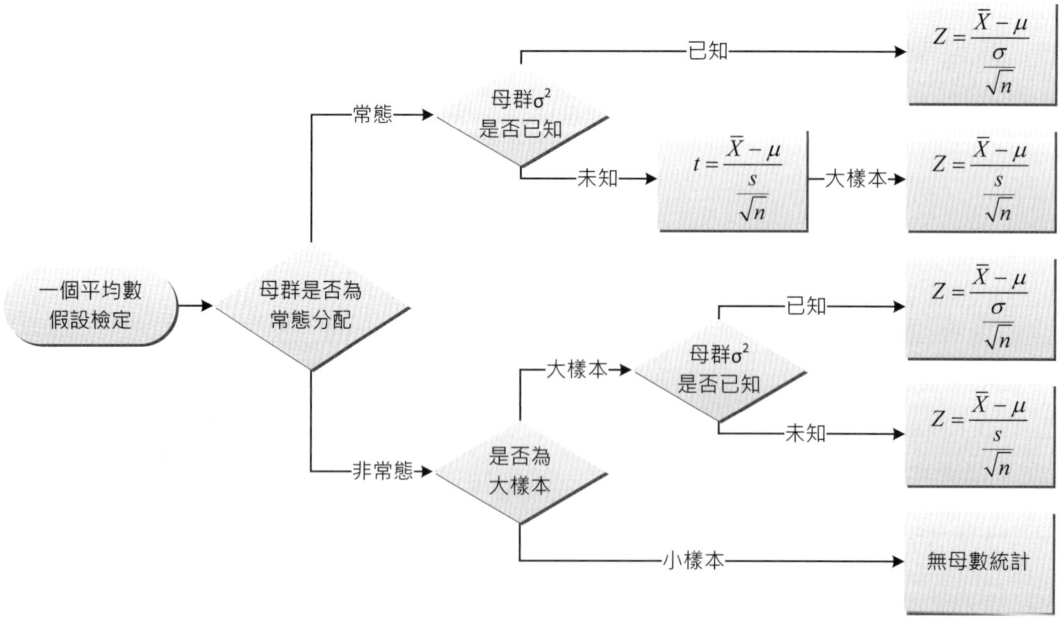

8.1.6　效果量

單一樣本平均數 t 檢定的效果量常用 Cohen 的 d 值（稱為 Hedges 的 g 較恰當），公式為：

$$d = \frac{|樣本平均數與檢定值的差異|}{標準差} = \frac{|平均差異|}{標準差} = \frac{\left|\overline{X} - \mu_0\right|}{\sigma}$$

在樣本中，公式為：

$$d = \frac{\left|\overline{X} - \mu_0\right|}{s} \tag{8-9}$$

Cohen 的 d 值也可以使用另一個公式求得

$$d = \frac{t 值}{\sqrt{個數}} \tag{8-10}$$

根據 Cohen（1988）的經驗法則，d 的小、中、大效果量，分別為 .20、.50，及 .80。依此準則可以歸納如下的原則：

1.　$d < .20$ 時，效果量非常小，幾乎等於 0。

2.　$.20 \leq d < .50$，為小的效果量。

3.　$.50 \leq d < .80$，為中度的效果量。

4.　$d \geq .80$，為大的效果量。

8.2　範例

某國民小學校長想了解該校六年級學生的閱讀理解能力，於是隨機選取 20 名學生，讓他們接受學校自編的「閱讀理解測驗」（40 題），得到表 8-1 的數據。請問：該校六年級學生平均閱讀理解能力與 20 分（50%答對率）是否有不同？

表 8-1　某國小 20 名學生在閱讀理解測驗的得分

學生	閱讀理解	學生	閱讀理解
1	29	11	5
2	24	12	11
3	18	13	35
4	40	14	28
5	34	15	30
6	9	16	23
7	22	17	24
8	26	18	25
9	25	19	39
10	26	20	31

8.2.1　變數與資料

表 8-1 中，雖然有 2 個變數，但是學生的代號並不需要輸入 SPSS 中，因此分析時只使用「閱讀理解」這一變數，它的定義是學生在學校自編「閱讀理解測驗」的得分，介於 0－40 之間，屬於量的變數。分數愈高，代表學生的閱讀理解能力愈佳。

8.2.2　研究問題

在本範例中，研究者想要了解的問題可以陳述如下：

該國小六年級學生的平均閱讀理解能力與 20 分是否有差異？

8.2.3　統計假設

根據研究問題，虛無假設宣稱「該國小六年級學生的平均閱讀理解能力等於 20 分」，以統計符號表示為：

$$H_0 : \mu = 20$$

而對立假設則宣稱「該國小六年級學生的平均閱讀理解能力不等於 20 分」，以統計符號表示為：

$$H_1 : \mu \neq 20$$

總之，統計假設寫為

$$\begin{cases} H_0 : \mu = 20 \\ H_1 : \mu \neq 20 \end{cases}$$

8.3　使用 SPSS 進行分析

1. 完整的 SPSS 資料檔如圖 8-3。

圖 8-3　單一樣本 t 檢定資料檔

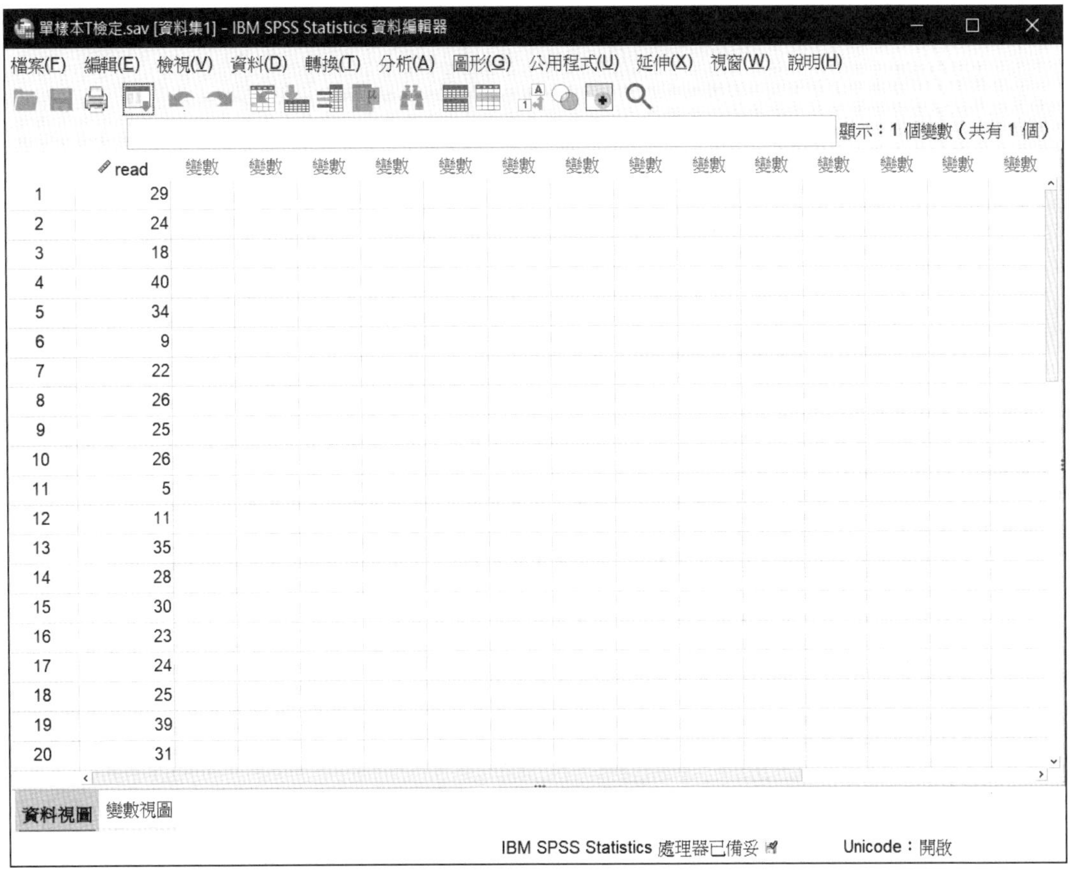

2. 在【分析】選單中的【比較平均數法】選擇【單樣本 T 檢定】（圖 8-4）（注：t 檢定一般使用小寫，但 SPSS 的選單均為大寫。）

圖 8-4　單樣本 T 檢定選單

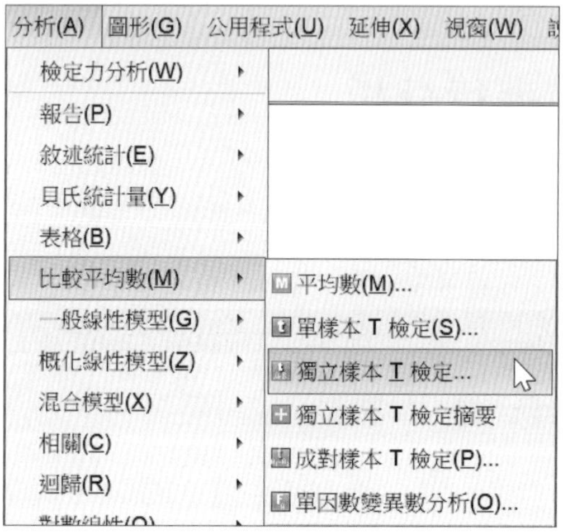

3. 把想要檢定的變數點選到右邊的【檢定變數】對話框中。此時【檢定值】是 0，如果不更改，則可以進行平均數區間估計（圖 8-5），此部分將在報表 8-3 說明。

4. 在【檢定值】框中輸入 20，這個數值是研究問題中關心的全量表 50%答對題數（圖 8-5）。

圖 8-5　單樣本 T 檢定對話框

5. SPSS 預設 $\alpha = .05$，如果想更改為 $\alpha = .01$，要在【選項】下，將【信賴區間百分比】由 95%更改為 99%。多數分析不需要更改此選項（圖 8-6）。

圖 8-6　單樣本 T 檢定：選項對話框

單樣本 T 檢定：選項
信賴區間百分比(P)：95 %
遺漏值
逐步分析來排除觀察值(A)
整批排除觀察值(L)
繼續(C) 取消 說明
單樣本 T 檢定：選項
信賴區間百分比(P)：99 %
遺漏值
逐步分析來排除觀察值(A)
整批排除觀察值(L)
繼續(C) 取消 說明

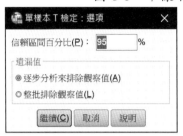

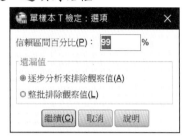

6. 完成選擇後，點擊【確定】按鈕，進行分析（見圖 8-5）。
7. 以下說明繪製平均數信賴區間圖的方法。在【圖形】選單中選擇【舊式對話框】之【誤差長條圖】（圖 8-7）。

圖 8-7　誤差長條圖選單

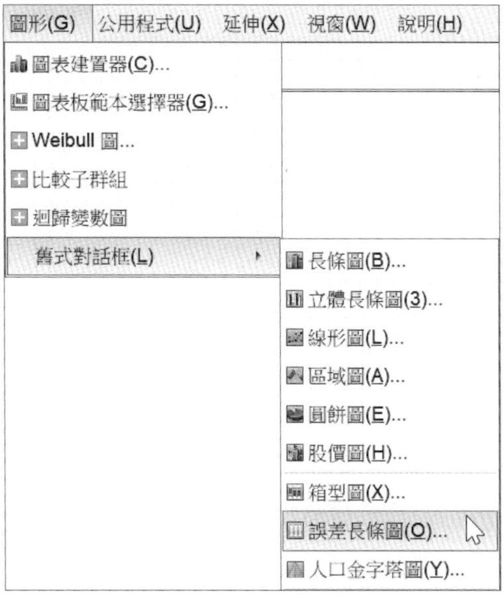

圖形(G) 公用程式(U) 延伸(X) 視窗(W) 說明(H)
圖表建置器(C)...
圖表板範本選擇器(G)...
Weibull 圖...
比較子群組
迴歸變數圖
舊式對話框(L)
長條圖(B)...
立體長條圖(3)...
線形圖(L)...
區域圖(A)...
圓餅圖(E)...
股價圖(H)...
箱型圖(X)...
誤差長條圖(O)...
人口金字塔圖(Y)...

8. 選擇【簡單】誤差長條圖，【圖表中資料為】改成【獨立變數摘要】，接著點擊【定義】按鈕（圖 8-8）。

圖 8-8　誤差長條圖對話框

9.　將要分析的變數點選到右邊的【誤差長條圖】框中，並點擊【確定】按鈕進行繪製。預設為 95% 信賴區間，可依個人需要加以設定（圖 8-9）。

圖 8-9　定義簡式誤差長條圖：獨立變數摘要對話框

8.4　報表解讀

SPSS 26 版之前，分析後可得到二個報表，27 版之後新增效果量報表。本處另外設定檢定值為 0，計算原始平均數的信賴區間。詳細說明如後。

報表 8-1　單樣本統計量

	個數	平均數	標準差	平均數的標準誤
閱讀理解	20	25.20	9.192	2.055

報表 8-1 是**單樣本統計量**，包含了**個數**（樣本數）、**平均數**、**標準差**，及**平均數的標準誤**。報表中顯示抽樣的人數為 20 人，樣本平均數為 25.20 分，與檢定值 20 的差異是 5.20 分（見報表 8-2 的**平均數差異**），至於 5.20 是否與 0 有統計上的顯著差異，則要看報表 8-3 的檢定結果。報表中的**平均數的標準誤**，公式為：

$$平均數的標準誤 = \frac{標準差}{\sqrt{個數}}$$

將報表中的**標準差**及**個數**代入公式，得到：

$$平均數的標準誤 = \frac{9.19}{\sqrt{20}} = 2.055$$

報表 8-2　單樣本檢定

	檢定值 = 20						
			顯著性			差異的 95%信賴區間	
	t	自由度	單面 p	雙面 p	平均數差異	下限	上限
閱讀理解	2.530	19	.010	.020	5.200	.90	9.50

報表 8-2 是**單樣本檢定**，表格中開頭顯示「**檢定值 = 20**」，其中 t 值的公式是：

$$t = \frac{樣本平均數與檢定值的差異}{平均數的標準誤} = \frac{平均差異}{平均數的標準誤}$$

從兩個報表中代入適當的數值，可得到：

$$t = \frac{25.20 - 20}{2.055} = \frac{5.20}{2.055} = 2.530$$

至於檢定結果如何，可以由報表中的三個數值來判斷。一是在**自由度** 19（樣本數減 1）的 t 分配中，t 的絕對值（因為是雙尾檢定，所以要取絕對值）要大於 2.530 的機率（p）為 .020（由報表中的**顯著性(雙面 p)**得知），已經小於研究者設定的 α 值（通常設為 .05），因此應拒絕虛無假設。SPSS 28 版開始，增加了單尾（或譯為單面、單側）p 值，由雙尾 p 值除以 2 而得。不過，它是右尾 p 值，適用的對立假設為 $\mu > 20$，如果研究者關心的是 $\mu < 20$，則左尾 p 值應為 1 減右尾 p 值，為 .990。

SPSS 的做法是計算 t 的絕對值要大於某個數值之 p 值。報表 8-2 顯示，在自由度等於 19 的 t 分配中，$|t| > 2.530$ 的 p 值為 $0.010 + 0.010 = 0.020$（雙尾），由於已經小於研究者設定的 $\alpha = .05$，因此應拒絕虛無假設。

圖 8-10　$df = 19$ 時，$|t|$ 大於 2.530 的 $p = .020$

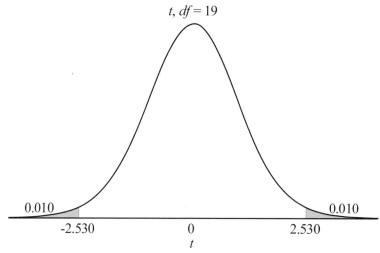

二是由**差異的 95%信賴區間**來判斷，如果上下界不包含 0，表示平均差異與 0 有顯著不同，就應拒絕虛無假設；反之，如果上下界包含 0，就表示平均差異與 0 沒有顯著不同，就不能拒絕虛無假設。報表 8-2 中**差異的 95%信賴區間**計算方法為：

$$平均差異 \pm 臨界值 \times \frac{樣本標準差}{\sqrt{樣本數}} = 平均差異 \pm 誤差界限$$

代入報表 8-1 及 8-2 的數值後，得到：

$$5.20 \pm 2.093 \times \frac{9.192}{\sqrt{20}} = 5.20 \pm 2.093 \times 2.055 = 5.20 \pm 4.30$$

計算後，下界為 0.90，上界為 9.50，中間不包含 0，表示 5.20（由樣本平均數 25.20 減去檢定值 20 而得）顯著不等於 0，因此應拒絕虛無假設。

在此要補充說明臨界值（critical value）的觀念。在本範例，自由度為 19 的 t 分配中，如果是雙尾檢定，當設定 $\alpha = .05$ 時，查表所得的臨界值是 ±2.093（如圖 8-11 所示）。如果計算所得的 t 值超過臨界值，就落入拒絕區，此時就要拒絕虛無假設；反之，如果計算所得的 t 值未超過此值，就不能拒絕虛無假設。在本範例中，計算所得的 t 值是 2.530，已經大於 2.093 了，所以落入拒絕區，因此應拒絕虛無假設。

圖 8-11　$\alpha = .05$，$df = 19$ 時，t 分配的雙尾臨界值為 ±2.093

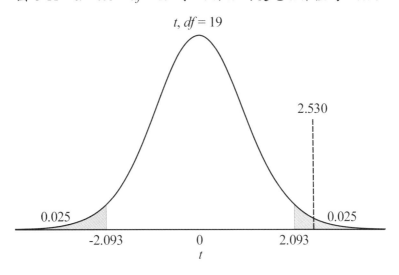

總之，要判斷檢定結果是否顯著，有三種方法，它們的結論會是一致的。

1. 看報表 8-2 中的 p 值是否小於或等於研究設定的 α 值（通常都設為 .05），如果 $p \leq \alpha$，則應拒絕虛無假設。這是目前統計軟體的做法。

2. 看報表 8-2 中之差異的 95% 信賴區間，如果上下界不含 0，表示樣本平均數與檢定值有顯著差異。這是 APA 較建議的做法，多數統計軟體也提供這個報表。

3. 判斷報表 8-2 中 *t* 的絕對值是否大於或等於臨界值，如果是，則應拒絕虛無假設。不過，由於臨界值需要另外計算，因此並不方便。這是過去電腦不發達時代的做法，目前已較少採用。

以上的三項規準只適用於雙尾檢定，如果是右尾檢定，SPSS 27 版之前，記得將 *p* 除以 2，左尾檢定則取 $1 - p / 2$。單尾的信賴區間及臨界值，請見本書第 6 章。

此外，也可以使用第四種方法，檢視平均數的 95%信賴區間，如果上下界不含**檢定值**，表示樣本平均數與檢定值有顯著差異。後面針對此方法加以介紹。

報表 8-3　單樣本檢定

	檢定值 = 0						
			顯著性			差異的 95%信賴區間	
	t	自由度	單面 p	雙面 p	平均數差異	下限	上限
閱讀理解	2.530	19	<.001	<.001	25.200	20.90	29.50

報表 8-3 主要在呈現平均數的 95%信賴區間。報表開頭顯示「**檢定值 = 0**」，所以此處的**平均數差異**就等於報表 8-1 的樣本**平均數**。其中**差異的 95%信賴區間**就是「母群體平均數的 95%信賴區間」，下界與上界公式分別為：

下界 = 樣本平均數差異 − 臨界值 × 平均數差異的標準誤

上界 = 樣本平均數差異 + 臨界值 × 平均數差異的標準誤

代入數值後，得到：

下界 $= 25.20 - 2.093 \times 2.055 = 20.90$

上界 $= 25.20 + 2.093 \times 2.055 = 29.50$

上述的計算結果可用圖 8-12 及報表 8-4 表示。由於平均數的 95%信賴區間不包含 20（圖 8-12 的虛線），因此樣本平均數 25.20 與檢定值 20 就有顯著的差異。這也是第四種判斷的方法。

圖 8-12　平均數 95%信賴區間不含 20

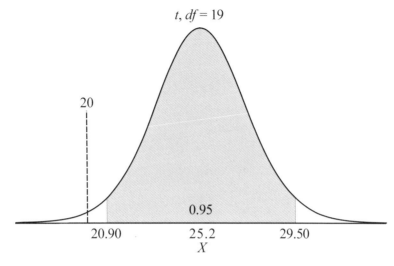

報表 8-4　平均數誤差區間

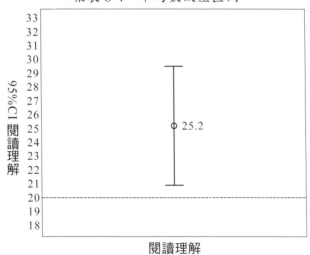

閱讀理解

報表 8-5　單樣本效應大小

		標準化程式 [a]	點估計	95% 信賴區間	
				下限	上限
閱讀理解	Cohen's d	9.192	.566	.086	1.033
	Hedges 校正	9.575	.543	.083	.991
a. 用於估計效應大小的分母。					
Cohen's d 使用樣本標準偏差。					
Hedges' correction 使用樣本標準偏差以及校正因子。					

SPSS 27 版之後新增效果量報表，可以計算 Cohen 的 d 值，它的公式是：

$$d = \frac{|樣本平均數與檢定值的差異|}{標準差} = \frac{|平均差異|}{標準差}$$

從報表 8-1 及報表 8-2 找到對應的數值，代入之後得到：

$$d = \frac{|25.2 - 20|}{9.19} = \frac{5.2}{9.192} = 0.566$$

Cohen 的 d 值也可以使用另一個公式求得：

$$d = \frac{t值}{\sqrt{個數}} = \frac{2.53}{\sqrt{20}} = 0.566$$

它代表該國小六年級學生的平均得分 25.20 與 20 分（50% 答對率）的差異 5.20，是標準差的 0.57 倍。依據 Cohen（1988）的經驗法則，d 值之小、中、大的效果量分別是 .20、.50，及 .80，因此，本範例為中度的效果量。

Hedges 的 g，是由 d 再乘上校正因子而得，公式較複雜，不在此處說明。

8.5 計算效果量

檢定後如果達到統計上的顯著，APA 要求列出效果量（effect size），這是實質上的顯著性，代表差異的強度。SPSS 26 版之前並無效果量報表，需要自行計算；27 版之後已有報表，可以直接引用。

本範例的效果量 Cohen's $d = 0.566$，95% 信賴區間為 [0.086, 1.033]，不含 0。

8.6 以 APA 格式撰寫結果

研究者對某國小 20 名六年級學生實施自編「閱讀理解測驗」，並進行單一樣本平均數 t 檢定，樣本的平均得分為 25.20 ($SD = 9.19$)，95%信賴區間為 [20.90, 29.50]，與 20 分有顯著差異，而且比 20 分高，$t(19) = 2.53$，$p = .02$，效果量 $d = 0.57$，95% 信賴區間為 [0.09, 1.03]。

8.7　單一樣本平均數 *t* 檢定的假定

單一樣本平均數 *t* 檢定應符合以下兩個假定。

8.7.1　觀察體要能代表母群體，且彼此間獨立

觀察體獨立代表各個樣本不會相互影響。如果學生互相參考彼此的答案，或是一個學生填寫兩份以上的測驗，則觀察體間就不獨立。另外，如果使用叢集抽樣，使得所有樣本都來自於同一個班級，由於他們都接受相同老師的教導，平時也會互相影響，就可能違反觀察體獨立的假定。

觀察體間不獨立，計算所得的 *p* 值就不準確，如果有證據支持違反了這項假定，就不應使用單一樣本平均數 *t* 檢定。

8.7.2　依變數在母群中須為常態分配

此項假定是指該校六年級全體學生在閱讀理解的得分要呈常態分配。如果依變數不是常態分配，會降低檢定的統計檢定力。不過，當樣本數在 30 以上時，即使違反了這項假定，對於單一樣本平均數 *t* 檢定的影響也不大（Green & Salkind, 2014）。

在 SPSS 中，可以使用【分析】選單中的【敘述統計】之【預檢資料】中的【常態機率圖附檢定】來繪製 Q-Q 圖，並進行 Kolmogorov-Smirnov 及 Shapiro-Wilk 檢定，以檢查資料是否符合常態分配。

8.8　單一樣本中位數 Wilcoxon 符號等級及符號檢定

如果不符合常態分配假設，但資料為對稱，可以改用 Wilcoxon 符號等級檢定（Wilcoxon signed ranks test）。分析過程及報表解讀如後。

此外，也可以使用單樣本符號檢定（one sample sign test），不過，它的統計檢驗力比 Wilcoxon 符號等級檢定低。

8.8.1 分析過程

1. SPSS 的無母數檢定無法進行一個樣本的無母數檢定，因此以 2 個相關樣本檢定替代。分析前須先新增一個 Mean 變數，並設定值為 20。

2. 其次，在【分析】中【無母數統計】的【舊式對話框】選擇【2 個相關樣本】（圖 8-13）。

圖 8-13　2 個相關樣本檢定選單

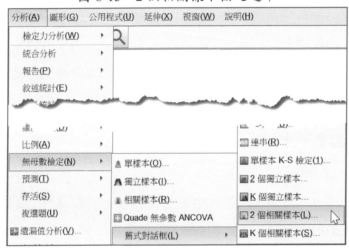

3. 將閱讀理解及檢定值變數點擊到【檢定配對】框中，再點擊【選項】按鈕。在此建議：將檢定值置於變數 1，閱讀理解置於變數 2（圖 8-14）。

圖 8-14　兩個相關樣本檢定對話框

4. 勾選【敘述統計】及【四分位數】選項，再依序點擊【繼續】、【確定】進行分析
（圖 8-15）。

圖 8-15　兩個相關樣本：選項對話框

8.8.2　報表解讀

分析後得到五個報表，其中有兩個報表很相似，因此省略一個報表，分別說明如下。

報表 8-6　敘述統計

	個數	平均值	標準差	最小值	最大值	百分位數		
						第 25	第 50（中位數）	第 75
檢定值	20	20.00	.00	20.00	20.00	20.00	20.00	20.00
閱讀理解	20	25.20	9.192	5	40	22.25	25.50	30.75

報表 8-6 為**敘述統計**，要檢定的值為 20，閱讀理解的**中位數**（第 50 百分位數）為 25.5。本分析的統計假設為：

$$\begin{cases} H_0 : \eta = 20 \\ H_1 : \eta \neq 20 \end{cases}$$

報表 8-7　等級

		個數	平均等級	等級總和
閱讀理解 - 檢定值	負等級	4[a]	11.25	45.00
	正等級	16[b]	10.31	165.00
	等值結	0[c]		
	總計	20		
a. 閱讀理解 ＜ 檢定值				
b. 閱讀理解 ＞ 檢定值				
c. 閱讀理解 ＝ 檢定值				

報表 8-7 顯示，在 20 個樣本中，得分比 20 分低的有 4 人，比 20 分高的有 16 人，與 20 相同（等值結）為 0 人。整體而言，比檢定值 20 分高的人較多。

報表 8-8　檢定統計量

	閱讀理解 - 檢定值
Z 檢定	-2.241[b]
漸近顯著性 (雙尾)	.025
a. Wilcoxon 符號等級檢定	
b. 以負等級為基礎。	

報表 8-8 是**檢定統計量**，檢定所得 $Z = -2.241$，$p = .025$，小於 0.05，拒絕 H_0，因此中位數 25.5 與 20 有顯著差異。

報表 8-9　檢定統計量 [a]

	閱讀理解 - 檢定值
精確顯著性（雙尾）	.012[b]
a. 符號檢定	
b. 已使用二項式分佈。	

報表 8-9 是符號**檢定統計量**，$p = .012$，同樣可拒絕虛無假設。因此，閱讀理解的中位數與 20 有顯著不同。

9 相依樣本平均數 t 檢定

相依樣本平均數 t 檢定旨在比較兩個相依樣本,在某個量的變數的平均數是否有差異,適用的情境如下:

自變數:兩個有關聯的組別,為**質的變數**。

依變數:量的變數。

相依樣本平均數 t 檢定也可以使用本書第 12 章的單因子相依樣本變異數分析,此時 $F = t^2$,分析的結論是一致的。

9.1 基本統計概念

9.1.1 目的

相依樣本(以下或稱為**成對樣本**、**配對樣本**)t 檢定用於比較:

1. 一群樣本於兩個時間點或情境中,在某個變數的平均數是否有差異。

2. 兩群有關聯之樣本在某個變數的平均數是否有差異。

在概念上,它與單一樣本 t 檢定有雷同之處。分析時,樣本在變數中都要有成對的數據,不可以有遺漏值。

9.1.2 相依樣本的定義

相依樣本平均數 t 檢定旨在檢定兩個相關聯群組在某一變數之平均數是否有差異。而相依樣本可以是:

1. **一群樣本**,接受兩次相同或類似的觀測,這是重複量數(repeated measures)或是受試者內(within-subjects)的設計。例如:運動員在訓練前後的成績,或是受訪者對兩個不同議題的關心程度。

2. **兩群有自然關係的樣本**(血親或是姻親),接受一次同樣的觀測,這是成對

樣本（paired samples）。例如：同卵雙胞胎的智力，或是夫妻每個月各自的收入。

3. 實驗配對的樣本，接受一次同樣的觀測，這是配對樣本（matched sample）。例如：經由相同智力的配對及隨機分派後，接受不同教學法的兩組學生，在數學推理能力測驗的得分。在醫學研究上，將類似身體狀況的受試者加以配對，再以隨機分派的方式服用兩種藥物（通常一組為新藥，一組為安慰劑），最後再檢測其效果（如，血糖值）。

9.1.3 分析示例

除了上述的例子外，以下的研究問題都可以使用相依樣本平均數 t 檢定：

1. 制度變革前後，員工對公司的忠誠度。

2. 教學前後，學生的數學迷思概念（misconception）。

3. 選民對兩位候選人的滿意度（以分數表示）。

4. 長子與非長子的冒險性格。

5. 經由配對及隨機分派，各自服用兩種不同藥物（或是一組服用藥物，一組服用安慰劑）一星期後的收縮壓（systolic blood pressure）。

9.1.4 統計公式

相依樣本平均數 t 檢定一開始先計算兩個量的變數之差異 d：

$$d = X_1 - X_2$$

此時，差異值 d 的平均數 $\overline{d}$ 為：

$$\overline{d} = \overline{X}_1 - \overline{X}_2$$

差異的變異數，在母群中公式為：

$$\sigma_d^2 = \sigma_1^2 + \sigma_2^2 - 2\rho\sigma_1\sigma_2 \tag{9-1}$$

差異的標準差即為：

$$\sigma_d = \sqrt{\sigma_d^2} = \sqrt{\sigma_1^2 + \sigma_2^2 - 2\rho\sigma_1\sigma_2} \tag{9-2}$$

在樣本中，差異之變異數及標準差的公式分別為：

$$s_d^2 = s_1^2 + s_2^2 - 2rs_1s_2 \tag{9-3}$$

$$s_d = \sqrt{s_d^2} = \sqrt{s_1^2 + s_2^2 - 2rs_1s_2} \tag{9-4}$$

因此,如果要檢定兩個相依樣本的平均數差異,通用的公式為:

$$\frac{(兩變數在樣本的平均差異) - (兩變數在母群的平均差異)}{兩變數差異之平均數的標準誤}$$
$$= \frac{(兩變數在樣本的平均差異) - (兩變數在母群的平均差異)}{\sqrt{\dfrac{兩變數差異的變異數}{樣本數}}}$$

化為統計符號,在母群中公式為:

$$\frac{(\overline{X}_1 - \overline{X}_2) - (\mu_1 - \mu_2)}{\sqrt{\dfrac{\sigma_1^2 + \sigma_2^2 - 2\rho\sigma_1\sigma_2}{n}}} \tag{9-5}$$

在樣本中則為:

$$\frac{(\overline{X}_1 - \overline{X}_2) - (\mu_1 - \mu_2)}{\sqrt{\dfrac{s_1^2 + s_2^2 - 2rs_1s_2}{n}}} \tag{9-6}$$

上述兩個公式中的 $\mu_1 - \mu_2$ 是兩個變數在母群中平均數差異的期望值,除了少數情形外,通常都設定為 0。

在實際計算時,較少直接使用公式 9-5,而會將公式 9-1 代入公式 9-5 中,得到:

$$\frac{(\overline{X}_1 - \overline{X}_2) - (\mu_1 - \mu_2)}{\sqrt{\dfrac{\sigma_d^2}{n}}} = \frac{\overline{d} - \mu_d}{\dfrac{\sigma_d}{\sqrt{n}}} \tag{9-7}$$

將公式 9-3 代入公式 9-6 中,則得到:

$$\frac{(\overline{X}_1 - \overline{X}_2) - (\mu_1 - \mu_2)}{\sqrt{\dfrac{s_d^2}{n}}} = \frac{\overline{d} - \mu_d}{\dfrac{s_d}{\sqrt{n}}} \tag{9-8}$$

因此,進行兩個相依樣本平均數檢定時,如果母群體差異的變異數 σ_d^2 已知,則差異的平均數 $\overline{d}$ 呈常態分配,此時使用 Z 檢定進行分析,公式 9-7 即為:

$$Z = \frac{\overline{d} - \mu_d}{\frac{\sigma_d}{\sqrt{n}}} \qquad (9\text{-}9)$$

其中 μ_d 通常設為 0

差異平均數 $\overline{d}$ 的 $100 \times (1 - \alpha)\%$ 信賴區間為：

$$\overline{d} \pm Z_{\left(\alpha/2\right)} \times \frac{\sigma_d}{\sqrt{n}} \qquad (9\text{-}10)$$

如果 σ_d^2 未知但為大樣本時，則以 s_d^2 估計 σ_d^2，此時差異的平均數 $\overline{d}$ 呈常態分配，因此仍使用 Z 檢定進行分析，公式 9-9 即改為：

$$Z = \frac{\overline{d} - \mu_d}{\frac{s_d}{\sqrt{n}}} \qquad (9\text{-}11)$$

差異平均數 $\overline{d}$ 的 $100 \times (1 - \alpha)\%$ 信賴區間為：

$$\overline{d} \pm Z_{\left(\alpha/2\right)} \times \frac{s_d}{\sqrt{n}} \qquad (9\text{-}12)$$

如果 σ_d^2 未知且為小樣本時，則以 s_d^2 估計 σ_d^2，此時差異的平均數 $\overline{d}$ 為 t 分配，因此使用 t 檢定進行分析，公式 9-9 改為：

$$t = \frac{\overline{d} - \mu_d}{\frac{s_d}{\sqrt{n}}} \qquad (9\text{-}13)$$

t 為自由度 $n - 1$ 之分配

差異平均數 $\overline{d}$ 的 $100 \times (1 - \alpha)\%$ 信賴區間為：

$$\overline{d} \pm t_{\left(\alpha/2, n-1\right)} \times \frac{s_d}{\sqrt{n}} \qquad (9\text{-}14)$$

當母群的差異值不是常態分配，而樣本量大於 30 時，根據中央極限定理，樣本的差異平均數還是會接近常態分配。母群差異的變異數 σ_d^2 有兩種情況：

1. 如果母群差異的變異數 σ_d^2 已知，仍然可以使用公式 9-9 的 Z 檢定。

2.　如果母群差異的變異數 σ_d^2 未知，以 s_d^2 估計 σ_d^2，仍可使用公式 9-11 的 Z 檢定。

但是，如果母群差異值不是常態分配，而且樣本數不到 30，則建議改用無母數統計方法，如 Wilcoxon 符號等級檢定（Wilcoxon signed ranks test）。

9.1.5　分析流程

綜合以上所述，分析流程可用圖 9-1 表示之：

圖 9-1　兩個相依樣本平均數檢定的分析流程

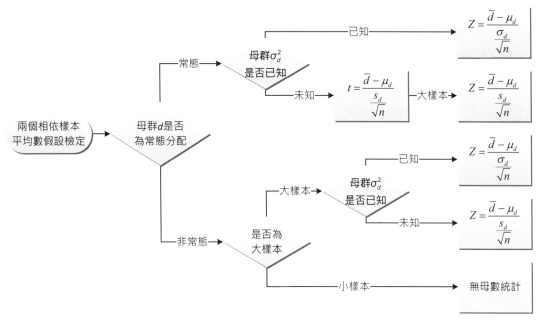

9.1.6　效果量

相依樣本平均數 t 檢定的效果量公式為：

$$d = \frac{\left|\text{成對變數差異的平均數}\right|}{\text{成對變數差異的標準差}}$$

在推論統計中，使用公式 9-15 估計之：

$$d = \frac{\left| M_d \right|}{s_d} \tag{9-15}$$

根據 Cohen（1988）的經驗法則，*d* 的小、中、大效果量，分別為 .20、.50，及 .80。依此準則可以歸納如下的原則：

1.　*d* < .20 時，效果量非常小，幾乎等於 0 。

2.　.20 ≤ *d* < .50，為小的效果量。

3.　.50 ≤ *d* < .80，為中度的效果量。

4.　*d* ≥ .80，為大的效果量。

9.2　範例

某醫師想要研究患者服用降血壓藥物後的血壓變化，於是徵求 30 位自願參與的實驗者，在服藥前及服藥後 1 小時，分別測得舒張壓（diastolic blood pressure），得到表 9-1 的資料。請問：服藥前後，患者的舒張壓是否有差異？

表 9-1　30 名受試者服藥前後的舒張壓值

受試者	前測	後測	受試者	前測	後測
1	119	114	16	107	110
2	114	103	17	111	106
3	125	131	18	93	98
4	113	105	19	90	88
5	119	121	20	125	112
6	113	105	21	96	102
7	105	99	22	117	124
8	92	96	23	90	85
9	104	100	24	122	114
10	111	105	25	97	101
11	111	107	26	104	99
12	125	113	27	113	104
13	112	105	28	117	122
14	111	108	29	122	114
15	103	100	30	119	122

9.2.1　變數與資料

表 9-1 中有 3 個變數，但是受試者的代號並不需要輸入 SPSS 中，因此分析時只使用「前測舒張壓」及「後測舒張壓」2 個變數，它們的定義是受試者分別在服藥前後的舒張壓，數值愈大，代表血壓愈高。

由於受試者的舒張壓是成對的，輸入時務必保持在同一列（同一受試者）。要留意的是，本範例屬於「單組前後測」設計，在研究上有許多限制，讀者應儘量避免採用此種實驗設計。

9.2.2　研究問題

在本範例中，研究者想要了解的問題可以陳述如下：

高血壓患者在服藥前後的舒張壓值是否有差異？

9.2.3　統計假設

根據研究問題，虛無假設宣稱「高血壓患者在服藥前後的舒張壓值沒有差異」：

$H_0 : \mu_{前測} = \mu_{後測}$，移項後可寫成 $H_0 : \mu_{前測} - \mu_{後測} = 0$

而對立假設則宣稱「高血壓患者在服藥前後的舒張壓值有差異」：

$H_1 : \mu_{前測} \neq \mu_{後測}$，移項後可寫成 $H_1 : \mu_{前測} - \mu_{後測} \neq 0$

總之，統計假設寫為：

$$\begin{cases} H_0 : \mu_{前測} = \mu_{後測} \\ H_1 : \mu_{前測} \neq \mu_{後測} \end{cases}$$

移項之後寫為：

$$\begin{cases} H_0 : \mu_{前測} - \mu_{後測} = 0 \\ H_1 : \mu_{前測} - \mu_{後測} \neq 0 \end{cases}$$

9.3 使用 SPSS 進行分析

1. 完整的 SPSS 資料檔如圖 9-2。留意：兩個變數的測量水準都是量尺變數。

圖 9-2 相依樣本平均數 t 檢定資料檔

	pretest	posttest	變數	變數	變數	變數	變數	變數	變數	變數
1	119	114								
2	114	103								
3	125	131								
4	113	105								
5	119	121								
6	113	105								
7	105	99								
8	92	96								
9	104	100								
10	111	105								
11	111	107								
12	125	113								
13	112	105								
14	111	108								
15	103	100								
16	107	110								
17	111	106								
18	93	98								
19	90	88								
20	125	112								
21	96	102								
22	117	124								
23	90	85								
24	122	114								
25	97	101								
26	104	99								
27	113	104								
28	117	122								
29	122	114								
30	119	122								

2. 在【分析】選單中的【比較平均數法】選擇【成對樣本 T 檢定】（圖 9-3）。

圖 9-3　成對樣本 T 檢定選單

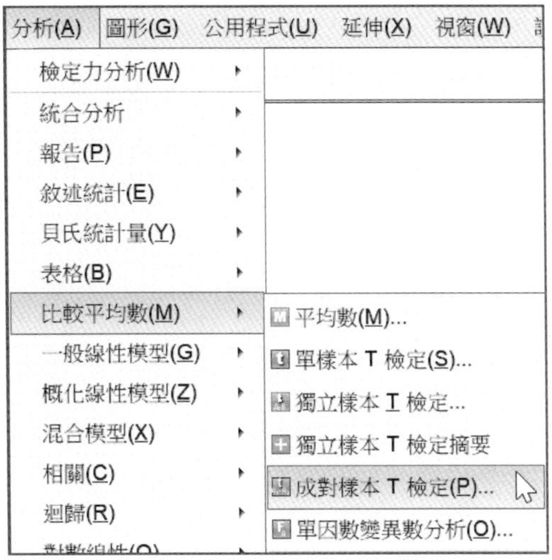

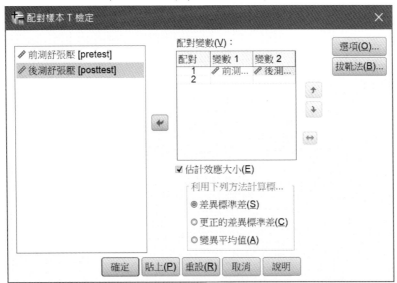

3. 把想要檢定的變數（前測 [pretest] 及後測 [posttest]）同時點選到右邊的【配對變數】對話框中，估計效應量，預設使用【差異標準差】，接著點擊【確定】，進行分析（圖 9-4）。在醫學研究中，研究者可能會假定服藥後的血壓較低（單尾檢定），此時建議將「後測舒張壓」放在【變數 1】，「前測舒張壓」放在【變數 2】，以方便報表解讀。由於前測舒張壓較高，為了使 t 值為正數，此處不更動順序。

圖 9-4　配對樣本 T 檢定對話框

4. 相依樣本 T 檢定也可以使用單一樣本 T 檢定的方式進行分析，分析前須先計算
2 個變數的差異。在【轉換】選單中選擇【計算變數】（圖 9-5）。

圖 9-5　計算變數選單

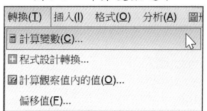

5. 在【目標變數】框中輸入 d（變數可自行命名），並標記為「差異分數」，【數值
運算式】依序點選（或直接輸入）posttest-pretest，並點擊【確定】按鈕。此時，
在變數檢視子視窗就會新增一個 d 變數（圖 9-6）。

圖 9-6　計算變數對話框

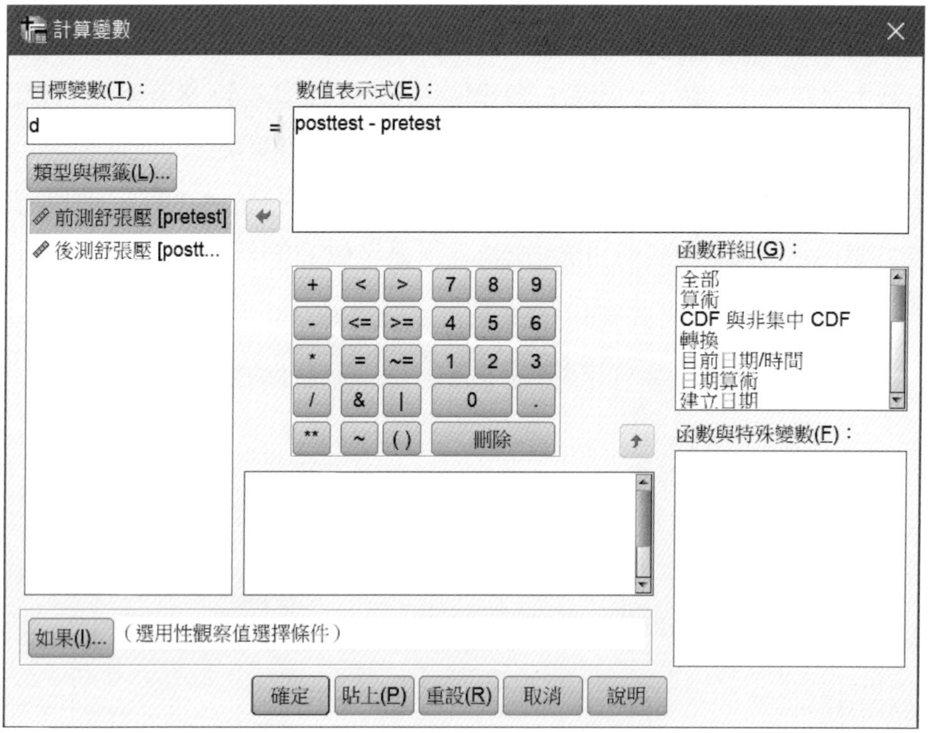

6.　接著，在【分析】選單中的【比較平均數】選擇【單樣本 T 檢定】（圖 9-7）。

圖 9-7　單樣本 T 檢定選單

7.　將差異分數 [d] 點選到右邊的【檢定變數】，再點擊【確定】按鈕即可進行分析（圖 9-8）。在 SPSS 中使用單一樣本 T 檢定的優點是可以指定兩個變數的差異值，此時可以在【檢定值】框中輸入想要檢定的數值。

圖 9-8　單一樣本 T 檢定選單（續）

8. 如果需要繪製平均數長條圖，可以在【圖形】選單下的【舊式對話框】選擇【長條圖】（圖 9-9）。

圖 9-9　長條圖選單

圖形(G)	公用程式(U)	延伸(X)	視窗(W)	說明(H)
圖表建置器(C)...				
圖表板範本選擇器(G)...				
Weibull 圖...				
比較子群組				
迴歸變數圖				
舊式對話框(L) ▶	長條圖(B)...			
	立體長條圖(3)...			
	線形圖(L)...			
	區域圖(A)...			
	圓餅圖(E)...			
	股價圖(H)...			

9. 接著在【簡式】長條圖對話框的【圖表中資料為】選項中選擇【獨立變數之摘要】（圖 9-10）。

圖 9-10　長條圖對話框

10. 將兩個變數點選到【長條表示】框中，並點擊【選項】按鈕（圖 9-11）。

圖 9-11　定義簡式長條圖：獨立變數摘要對話框

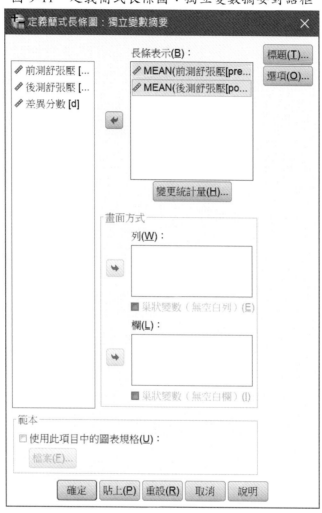

11. 在【選項】下勾選【顯示誤差長條】，再選擇【信賴區間】，預設【水準】為 95%。
完成後依序點擊【繼續】及【確定】按鈕，繪製圖形（圖 9-12）。此處的【誤差
長條表示】有三個選項，讀者可依自己學術領域的規範設定。

圖 9-12　選項對話框

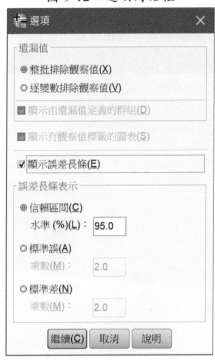

9.4　報表解讀

分析後得到以下的報表，詳細說明如後。

報表 9-1　成對樣本統計量

		平均數	個數	標準差	平均值的標準誤
配對 1	前測	110.00	30	10.648	1.944
	後測	107.10	30	10.347	1.889

報表 9-1 是**成對樣本統計量**，包含了**平均數**、**個數**（樣本數）、**標準差**，及**平均數的標準誤**。報表中顯示抽樣的人數為 30 人，服藥前後的平均舒張壓分別為 110.00 及 107.10，標準差分別為 10.648 及 10.347；平均數的標準誤分別為 1.944 及 1.889，公式為：

$$平均數的標準誤 = \frac{標準差}{\sqrt{個數}}$$

平均數長條圖請見報表 9-8。兩個平均數是否達統計上的顯著差異，則要看報表 9-3 的檢定結果。

報表 9-2 成對樣本相關性

		N	相關性	顯著性	
				單面 p	雙面 p
配對 1	前測 & 後測	30	.841	<.001	<.001

報表 9-2 是**成對樣本相關性**，主要在檢定兩個變數是否有顯著關聯。此處要檢定的虛無假設是：

$$H_0 : \rho = 0$$

對立假設是：

$$H_1 : \rho \neq 0$$

報表中的 Pearson $r = .841$，$p < .001$（雙尾），因此應拒絕虛無假設，表示治療前後的血壓有正相關。由於相依樣本的假定就是兩個變數間有關聯，所以這個發現並不令人意外。Pearson 相關係數的概念，請見本書第 17 章。

如果此處是同一群樣本在不同時間接受同一份測驗的結果，則相關係數就是這份測驗的**重測信度**（test-retest reliability）；如果是平行測驗（parallel tests），則相關係數就是這測驗的**平行信度**（parallel forms reliability）。

相依樣本 t 檢定也可以使用以下的公式：

$$t = \frac{(\overline{X}_1 - \overline{X}_2) - (\mu_1 - \mu_2)}{\sqrt{\dfrac{s_1^2 + s_2^2 - 2rs_1s_2}{n}}}$$

分別代入報表 9-1 及報表 9-2 的數值，得到：

$$t = \frac{(110.00 - 107.10) - 0}{\sqrt{\dfrac{10.648^2 + 10.347^2 - 2 \times 0.841 \times 10.648 \times 10.347}{30}}} = \frac{2.900}{1.082} = 2.680$$

計算結果與報表 9-3 中的 t 值相同。

報表 9-3　成對樣本檢定

		成對差異					t	df	顯著性	
		平均值	標準差	標準誤平均值	差異的95%信賴區間				單面 p	雙面 p
					下限	上限				
配對1	前測 - 後測	2.900	5.927	1.082	.687	5.113	2.680	29	.006	.012

報表 9-3 是**成對樣本檢定**，其中成對變數差異的平均數為 2.900（由報表 9-1 中的 110.00 － 107.10 而得），報表中的**標準誤平均值**（平均數的標準誤）為 1.082（等於 $5.927 / \sqrt{30}$）。t 值的公式是：

$$t = \frac{\text{成對變數差異的平均數}}{\text{成對變數差異平均數的標準誤}}$$

從報表 9-1 及報表 9-3 分別找到適當的數值代入，可得到：

$$t = \frac{110.00 - 107.10}{\dfrac{5.927}{\sqrt{30}}} = \frac{2.900}{1.082} = 2.680$$

其中成對變數差異的平均數之 95% 信賴區間為 [0.687, 5.113]，公式為：

下限 = 樣本平均數差異 － 臨界值 × 平均數差異的標準誤

上限 = 樣本平均數差異 ＋ 臨界值 × 平均數差異的標準誤

在自由度為 29（等於 30 － 1），$\alpha = .05$ 時，臨界 t 值為 ± 2.045（在後面配合圖 9-15 說明），代入數值後得到：

　　下限　$= 2.900 - 2.045 \times 1.082 = 0.687$

　　上限　$= 2.900 + 2.045 \times 1.082 = 5.113$

　　上述這段區間可以用圖 9-14 表示。至於檢定結果如何,可以由報表中的三個數值來判斷。

　　一是在**自由度** 29(樣本數減 1)的 t 分配中,t 的絕對值要大於 2.680 的雙尾機率(p) 等於 .012(圖 9-13 中雙尾的 p 值相加),已經小於 .05,因此應拒絕虛無假設。如果對立假設是 $H_1 : \mu_{前測} > \mu_{後測}$,則應看單尾(右尾)$p$ 值,為 .006。

圖 9-13　$df = 29$ 時,$|t|$ 大於 2.680 的 $p = .012$

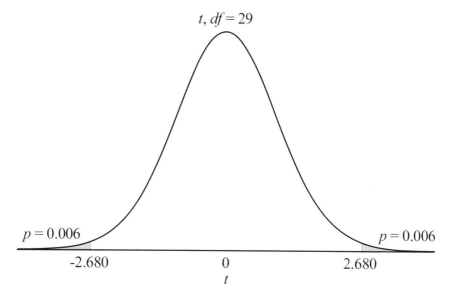

　　二是由差異的 95%信賴區間來判斷,報表中下限為 0.687,上限為 5.113,中間不包含 0,因此差異的平均數 2.900 顯著不等於 0(如圖 9-14 所示)。

　　三是以傳統取向的臨界值來看,在自由度是 29 的 t 分配中,$\alpha = .05$ 時的雙尾臨界值為 2.045(如圖 9-15 所示,在 SPSS 中以 "COMPUTE t=IDF.T(.975,29)." 求得),而計算所得 $t = 2.680$,絕對值(因為是雙尾檢定)已經大於臨界值,所以應拒絕虛無假設。(注:此方法目前很少使用。)

圖 9-14　差異平均數 95%信賴區間，不含 0

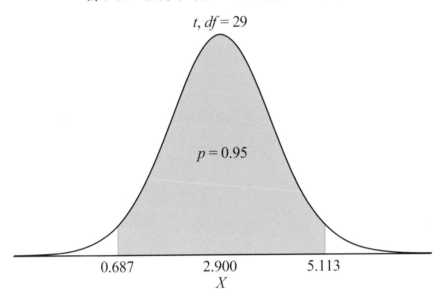

圖 9-15　$\alpha_s = .05$，$df = 29$ 時，t 分配的雙尾臨界值為±2.045

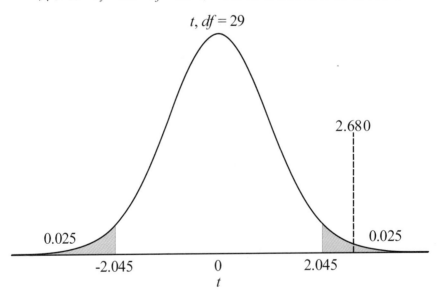

　　綜合以上三點，本例應拒絕虛無假設（$H_0 : \mu_1 = \mu_2$），所以服藥前後的平均舒張壓有顯著差異。

報表 9-4　成對樣本效應大小

			標準化程式 [a]	點估計	95% 信賴區間	
					下限	上限
配對 1	前測 - 後測	Cohen's d	5.927	.489	.106	.865
		Hedges 校正	6.005	.483	.105	.853
a. 用於估計效應大小的分母。						
Cohen's d 使用平均差的樣本標準偏差。						
Hedges' correction 使用平均差的樣本標準偏差，以及校正因子。						

SPSS 27 版之後已增加效果量（效應大小），其中 Cohen 的 d 值公式是：

$$d = \frac{成對變數差異的平均數}{成對變數差異的標準差}$$

從報表 9-3 可以找到對應的數值，代入之後得到：

$$d = \frac{2.9}{5.927} = 0.489$$

它代表高血壓患者在服藥前後的舒張壓平均數 2.9，是差異標準差的 0.489 倍。依據 Cohen（1988）的經驗法則，d 值之小、中、大的效果量分別是 0.2、0.5，及 0.8。而 Lipsey（1990）進行整合分析（meta analysis）發現，$0-0.32$、$0.33-0.55$、$0.56-1.20$ 則分別是小、中、大的效果量。因此，本範例為中度的效果量。

Cohen 的 d 值也可以使用另一個公式求得：

$$d = \frac{t值}{\sqrt{個數}} = \frac{2.68}{\sqrt{30}} = 0.489$$

Hedges 的 g 值是由 Cohen 的 d 值乘上校正因子而得，為 0.483。

報表 9-5　單一樣本統計量

	個數	平均值	標準差	平均數的標準誤
差異分數	30	-2.9000	5.92685	1.08209

報表 9-5 是使用單一樣本 T 檢定所得的結果，包含了**個數**、**平均數**、**標準差**，及**平均數的標準誤**。由於此處改用「後測減前測」得到差異值，因此平均數與報表 9-1 正負相反，為 -2.9000，其他結果則相同。

報表 9-6　單一樣本檢定

			檢定值=0				
	t	自由度	顯著性		平均值差異	差異的 95% 信賴區間	
			單面 p	雙面 p		下限	上限
差異分數	-2.680	29	.006	.012	-2.90000	-5.1131	-.6869

報表 9-6 是使用前後差異值 d 進行單一樣本 t 檢定，對立假設為：

$$H_1 : \mu_{後測} - \mu_{前測} \neq 0 \quad 或 \quad H_1 : \mu_d \neq 0$$

由於 t 檢定的分子為 -2.90000，因此報表 9-6 的檢定結果也與報表 9-3 正負相反，$t(19) = -2.680$，$p = .012$，95%信賴區間為 [-5.1131, -0.6869]。因為本範例是採雙尾檢定，所以 t 值取絕對值後並無差異，p 值也都為 .012，對檢定結果並無影響。

SPSS 28 版雖已提供單尾（單面、單側）機率值，但只為右尾機率，如果研究者進行的是左尾檢驗，應以 1 減報表中的單尾 p 值。

報表 9-7　單樣本效應大小

		標準化程式 [a]	點估計	95% 信賴區間	
				下限	上限
差異分數	Cohen's d	5.92685	-.489	-.865	-.106
	Hedges 校正	6.08585	-.477	-.842	-.104
a. 用於估計效應大小的分母。					
Cohen's d 使用樣本標準偏差。					
Hedges' correction 使用樣本標準偏差以及校正因子。					

　　報表 9-7 是採單樣本 T 檢定所得的效應量，正負與報表相反，但不影響結果的解釋。

報表 9-8　平均數長條圖

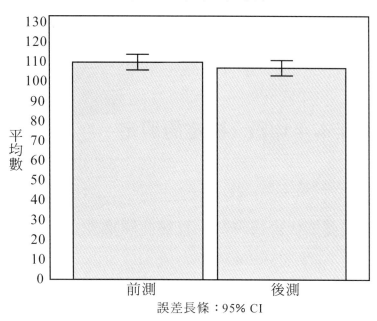

誤差長條：95% CI

　　報表 9-8 是配合報表 9-1 的平均數及其 95%信賴區間所繪製的長條圖，平均數分別為 110.00 (*SD* = 10.65) 及 107.10 (*SD* = 10.35)。如果兩個平均數的 95%信賴區間不重疊，表示兩個平均數有顯著差異。不過，由於此處的信賴區間是由兩個變數各自的平均數標準誤計算，因此較不精確。

9.5　計算效果量

　　SPSS 28 版開始，在三種 t 檢定的程序，都已增加了效應量報表，可以直接抄錄。Cohen 的 d = 0.489，95% 信賴區間為 [0.106, 0.865]，不含 0。Hedges 的 g = 0.477，95% 信賴區間為 [0.104, 0.842]。效應量的信賴區間是基於非中心化 t 分配計算，點估計值不在信賴區間中心位置。

9.6 以 APA 格式撰寫結果

對 30 名受試者實施服藥前後的血壓測量，舒張壓的平均數分別為 110.00 (*SD* = 10.65) 及 107.10 (*SD* = 10.35)，前後測的平均差異為 2.90 (*SD* = 5.93)，95%信賴區間為 [0.69, 5.11]，有顯著差異，而且服藥後的舒張壓比服藥前低，*t*(29) = 2.68，*p* = .012，效果量 *d* = 0.49，95%信賴區間為 [0.11, 0.87]。

9.7 相依樣本平均數 *t* 檢定的假定

相依樣本平均數 *t* 檢定應符合以下兩個假定。

9.7.1 觀察體要能代表母群體，且彼此間獨立

觀察體獨立代表組內的各個樣本間（受試者間，between subjects）不會相互影響。由於是相依樣本，所以組間是不獨立的，也就是同一個受試者會接受兩份不同的測驗，或是不同的時間接受同一種測驗。不過，如果受試者在同一個時間接受兩份相同的測驗，則違反組內獨立的假定。

觀察體間不獨立，計算所得的 *p* 值就不準確，如果有證據支持違反了這項假定，就不應使用相依樣本平均數 *t* 檢定。

9.7.2 依變數的差異在母群中須為常態分配

此項假定是指服藥前後的舒張壓差異要呈常態分配。如果差異不是常態分配，會降低檢定的統計檢定力。不過，當樣本數在 30 以上時，即使違反了這項假定，對於相依樣本平均數 *t* 檢定的影響也不大（Green & Salkind, 2014）。

9.8 相依樣本中位數 Wilcoxon 符號等級檢定

如果不符合差值常態分配假設，可以改用單樣本 Wilcoxon 符號等級檢定或符號檢定，分析過程及報表解讀如後。

9.8.1 分析過程

1. 在【分析】中【無母數檢定】的【舊式對話框】選擇【2 個相關樣本】（圖 9-16）。

圖 9-16　2 個相關樣本檢定選單

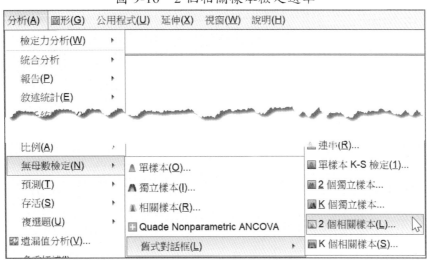

2. 將前測及後測點擊到【檢定配對】框中，再點擊【選項】按鈕（圖 9-17）。

圖 9-17　一個樣本 Wilcoxon 檢定

3. 勾選【敘述統計】及【四分位數】選項，再依序點擊【繼續】、【確定】進行分析（圖 9-18）。

圖 9-18　兩個相關樣本：選項對話框

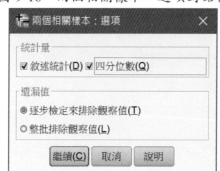

9.8.2　報表解讀

分析後得到五個報表，其中有兩個報表很相似，因此省略一個報表，分別說明如下。

報表 9-9　敘述統計

	個數	平均值	標準差	最小值	最大值	百分位數		
						第 25	第 50 (中位數)	第 75
前測	30	110.00	10.648	90	125	103.75	111.50	119.00
後測	30	107.10	10.347	85	131	100.00	105.00	114.00

報表 9-9 為**敘述統計**，兩個變數的**中位數**（第 50 百分位數）分別為 111.5 及 105。本分析的統計假設為：

$$\begin{cases} H_0 : \eta_{前測} = \eta_{後測} \\ H_1 : \eta_{前測} \neq \eta_{後測} \end{cases}$$

報表 9-10　等級

		數字	平均等級	等級總和
後測 - 前測	負等級	20[a]	17.60	352.00
	正等級	10[b]	11.30	113.00
	等值結	0[c]		
	總計	30		
a. 後測 ＜ 前測				
b. 後測 ＞ 前測				
c. 後測 ＝ 前測				

在 30 個受試者中，後測比前測低者（負等級，有改善）有 20 人，後測比前測高者（正等級，沒有改善）有 10 人。整體而言，有改善者較多。

報表 9-11　檢定統計量 [a]

	後測 - 前測
Z	-2.463[b]
漸近顯著性（雙尾）	.014
a. Wilcoxon 符號等級檢定	
b. 基於正等級。	

報表 9-11 是 Wilcoxon 符號等級檢定結果，$Z = -2.463$，$p = .014$，因此前後測的中位數差值 4.5 顯著不等於 0，後測的中位數低於前測，表示服藥後舒張壓顯著降低。

報表 9-12　檢定統計量 [a]

	後測 - 前測
Z	-1.643
漸近顯著性（雙尾）	.100
a. 符號檢定	

報表 9-12 是符號檢定結果，$Z = -1.643$，$p = .100$，大於 0.05，不拒絕 H_0，因此差異中位數 4.5 與 0 沒有顯著差異，檢定結果與 Wilcoxon 檢定不一致。由於符號等級檢定只計算正負號，未考慮差值大小，因此較不精確，建議以 Wilcoxon 檢定為準。

10 獨立樣本平均數 t 檢定

獨立樣本 t 檢定旨在比較兩群沒有關聯之樣本在某個變數的平均數是否有差異，適用的情境如下：

自變數：兩個獨立而沒有關聯的組別，為**質的變數**。

依變數：**量的變數**。

獨立樣本 t 檢定也可以使用本書第 11 章的單因子獨立樣本變異數分析，此時 $F = t^2$，分析的結論是一致的。

10.1 基本統計概念

10.1.1 目的

獨立樣本 t 檢定旨在檢定兩群獨立樣本（沒有關聯），在某一變數之平均數是否有差異。兩個獨立的組別可以是：

1. **是否接受某種處理**。如：實驗設計中的實驗組與控制組。
2. **是否具有某種特質或經驗**。如：母親是否為外籍配偶（新住民），或是否有國外留學經驗。
3. **變數中的兩個類別**。如：高中與高職的學生，公立大學與私立大學的學生，或女性與男性。
4. **某種傾向的高低**。如：創造力的高低，或是外控型與內控型。

10.1.2 分析示例

以下的研究問題都可以使用獨立樣本 t 檢定：

1. 兩家公司員工對所屬公司的向心力。
2. 使用不同教學法之後，兩班學生的問題解決能力。

3. 不同政黨支持者（泛綠或泛藍）對某位政治人物的滿意度（以分數表示）。

4. 不同運動程度者（分為多與少）每年感冒的次數。

5. 隨機分派後的高血壓患者，各自服用兩種不同藥物（或是一組服用藥物，一組服用安慰劑）一星期後的血壓值。

10.1.3 統計公式

獨立樣本 t 檢定的公式是：

$$t = \frac{平均數的差異}{差異平均數的標準誤}$$

在單一樣本時，t 檢定的公式為：

$$t = \frac{\overline{X} - \mu}{\dfrac{s}{\sqrt{n}}} \tag{10-1}$$

公式 10-1 中，分子部分的平均數差異為：

$$\overline{X} - \mu$$

如果是兩個獨立樣本，則分子變為：

$$(\overline{X}_1 - \mu_1) - (\overline{X}_2 - \mu_2) = (\overline{X}_1 - \overline{X}_2) - (\mu_1 - \mu_2) \tag{10-2}$$

其中 $\mu_1 - \mu_2$ 是兩個母群平均數差異的期望值，多數檢定中都設為 0，因此分子通常只保留 $\overline{X}_1 - \overline{X}_2$。

公式 10-1 中，分母部分的平均數標準誤公式為：

$$\frac{s}{\sqrt{n}} = \frac{\sqrt{s^2}}{\sqrt{n}} = \sqrt{\frac{s^2}{n}}$$

如果是兩個獨立樣本，則分母為：

$$\sqrt{\frac{s_1^2}{n_1} + \frac{s_2^2}{n_2}} \tag{10-3}$$

因此，由公式 10-2 及公式 10-3 可以得到兩個獨立樣本 t 檢定的公式：

$$t = \frac{(\overline{X}_1 - \overline{X}_2) - (\mu_1 - \mu_2)}{\sqrt{\dfrac{s_1^2}{n_1} + \dfrac{s_2^2}{n_2}}} \tag{10-4}$$

公式 10-4 適用於兩個母群的**變異數不相等**（ $\sigma_1^2 \neq \sigma_2^2$ ）的情形，自由度採 Welch-Satterthwaite 的公式：

$$v = \frac{\left(s_1^2 \big/ n_1 + s_2^2 \big/ n_2 \right)^2}{\left[\left(s_1^2 \big/ n_1 \right)^2 \big/ (n_1 - 1) \right] + \left[\left(s_2^2 \big/ n_2 \right)^2 \big/ (n_2 - 1) \right]} \tag{10-5}$$

此時母群平均數差異（ $\mu_1 - \mu_2$ ）的 $100 \times (1 - \alpha)\%$ 信賴區間為：

$$(\overline{X}_1 - \overline{X}_2) \pm t_{\left(\alpha/2, df \right)} \times \sqrt{\frac{s_1^2}{n_1} + \frac{s_2^2}{n_2}} \tag{10-6}$$

如果兩個母群的**變異數相等**（ $\sigma_1^2 = \sigma_2^2$ ），則可以將變異數合併，此時，t 檢定的公式變成：

$$t = \frac{(\overline{X}_1 - \overline{X}_2) - (\mu_1 - \mu_2)}{\sqrt{s_p^2 \left(\dfrac{1}{n_1} + \dfrac{1}{n_2} \right)}} \tag{10-7}$$

其中，s_p^2 是兩群樣本的合併變異數，公式為：

$$s_p^2 = \frac{SS_1 + SS_2}{(n_1 - 1) + (n_2 - 1)} = \frac{s_1^2(n_1 - 1) + s_2^2(n_2 - 1)}{n_1 + n_2 - 2} \tag{10-8}$$

當兩個母群的變異數相等時，母群平均數差異（ $\mu_1 - \mu_2$ ）的 $100 \times (1 - \alpha)\%$ 信賴區間為：

$$(\overline{X}_1 - \overline{X}_2) \pm t_{\left(\alpha/2, df \right)} \times \sqrt{s_p^2 \left(\frac{1}{n_1} + \frac{1}{n_2} \right)} \tag{10-9}$$

此時自由度為：

$$v = (n_1 - 1) + (n_2 - 1) = n_1 + n_2 - 2$$

公式 10-4 及公式 10-7 是小樣本時的 t 檢定公式，如果用在大樣本的情境，則將它們稱為 Z 值即可（也就是 Z 檢定）。如果母群的變異數已知，則將兩個公式中的 s^2 改為 σ^2，並稱為 Z 檢定。

至於兩個母群的變異數是否相等，則必須另外進行檢定，目前 SPSS 採用 Levene 檢定方法，計算 F 值，此在 10.1.6 節說明。

雖然 Student 的 t 檢定在變異數不等但樣本數較小且相等時仍具有強韌性，但是調查研究通常各組樣本數不相等，即使實驗研究也會因為樣本流失或缺失值使得各組樣本數不相等，再加上變異數同質的假定很難達到，此時仍使用 Student 的 t 檢定並不恰當。Delacre、Lakens、及 Leys（2017）研究發現，當變異數都不相等時，Welch 的 t 檢定會比 Student 的 t 檢定更能控制型 I 錯誤，即使變異數相等時，Welch 的 t 檢定也僅比 Student 的 t 檢定少一些強韌性，因此他們建議心理學研究者應將 Welch 的 t 檢定當成預設的檢定方法，而不是採用 Student 的 t 檢定。

10.1.4　分析流程

兩個獨立樣本平均數檢定的分析流程可用圖 10-1 表示之。在進行分析時，要判斷以下四點，以決定使用的公式。

1. **兩個母群是否為常態分配**。獨立樣本平均數檢定假設兩個母群都是常態分配，如果不是常態分配，但為大樣本（$n \geq 30$），仍可採用本章的檢定方法。

2. **兩個母群的變異數是否已知**。如果母群為常態分配且變異數已知，使用 Z 檢定。母群為常態分配但變異數未知，則使用樣本變異數估計母群變異數，並使用 t 檢定，如果為大樣本，雖可以改用 Z 檢定，但統計軟體仍用 t 檢定。

3. **兩個母群的變異數是否相等**。如果變異數相等，則使用合併變異數；如果變異數不相等，則使用個別的變異數。

4. **樣本大小**。無論母群是什麼分配，如果是大樣本，都使用 Z 檢定。如果是小樣本，但兩個母群都是常態分配，可以使用 t 檢定。如果母群不是常態分配，又是小樣本，則建議改用無母數統計分析。

由於變異數已知的情形相當少見，而 SPSS 也未區分大樣本及小樣本（大樣本時，t 值已經非常接近 Z 值了），因此一般只使用流程圖中的第 2 個及第 3 個公式。

圖 10-1　兩個獨立樣本平均數檢定的分析流程

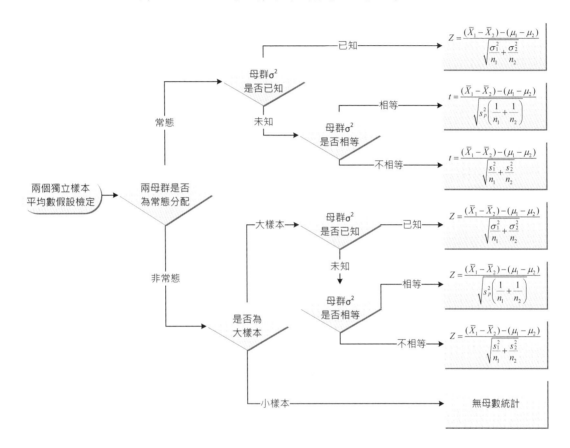

10.1.5　效果量

獨立樣本 t 檢定的效果量有兩種。第一種是計算標準化的差異，在樣本中，Cohen 的 d 公式為：

$$d = \frac{M_1 - M_2}{s_p} \tag{10-10}$$

其中，s_p 是由公式 10-8 的合併變異數開根號而得。d 也可使用以下公式求得：

$$d = t\sqrt{\frac{1}{n_1} + \frac{1}{n_2}} \tag{10-11}$$

由於計算合併標準差較麻煩,也可以使用控制組(第 2 組)的標準差代替,它就是 Glass 的 Δ,公式為:

$$\Delta = \frac{M_1 - M_2}{s_2} \tag{10-12}$$

依據 Cohen(1988)的經驗法則,d 的小、中、大效果量分別為 0.2、0.5、0.8。

10.1.6　變異數同質性檢定

要檢定兩個變異數是否相等(具有同質性),統計假設為:

$$\begin{cases} H_0 : \sigma_1^2 = \sigma_2^2 \\ H_1 : \sigma_1^2 \neq \sigma_2^2 \end{cases}$$

SPSS 的獨立樣本 t 檢定程序中,會同時進行 Levene 變異數同質性檢定,它是由 Levene 於 1960 年發展,1974 年再由 Brown 及 Forsythe 加以擴展,分析步驟如下:

1.　分別計算各組依變數的中位數。

2.　將各組的依變數減去各自的中位數,並取絕對值。

3.　以差異的絕對值為依變數,進行變異數分析,求得 F 值。此時的 F 檢定即為 Levene 變異數同質性檢定。

4.　在 SPSS 的變異數分析中,另外以算術平均數取代中位數,其餘計算步驟相同,此為 Levene 的原計算方式。

10.2　範例

某研究者想要了解資訊科技融入英語教學是否可以提高學生的學習成效,於是在某國中找兩個隨機編班後的七年級班級,其中一班接受電子白板融入英語教學(實驗組,代碼為 1,有 19 名學生),另一班則接受一般英語教學(控制組,代碼為 2,有 17 名學生)。經過一學期的教學後,所有學生接受研究者自編的英語成就測驗,得到表 10-1 的數據。請問:接受資訊科技融入英語教學與接受一般英語教學的學生之平均英文能力是否有不同?

表 10-1　36 名學生在英文測驗的得分

學生	組別	英文能力	學生	組別	英文能力
1	1	86	19	1	85
2	1	90	20	2	87
3	1	91	21	2	83
4	1	89	22	2	86
5	1	88	23	2	67
6	1	81	24	2	76
7	1	77	25	2	80
8	1	85	26	2	85
9	1	84	27	2	81
10	1	81	28	2	82
11	1	76	29	2	79
12	1	83	30	2	81
13	1	78	31	2	67
14	1	81	32	2	56
15	1	85	33	2	88
16	1	77	34	2	78
17	1	90	35	2	85
18	1	79	36	2	79

10.2.1　變數與資料

表 10-1 中有 3 個變數，但是學生的代號並不需要輸入 SPSS 中，因此分析時只使用「組別」及「英文能力」2 個變數。依變數「英文能力」是學生在研究者自編「英文成就測驗」的得分，分數愈高，代表學生英文能力愈佳。而自變數（組別）中，實驗組登錄為 1，控制組登錄為 2。由於組別是名義變數，數值僅代表不同的類別，因此可以輸入任意的 2 個數值。

10.2.2 研究問題

在本範例中，研究者想要了解的問題可以陳述如下：

接受資訊科技融入英語教學與接受一般英語教學的學生之平均英文能力是否有不同？

10.2.3 統計假設

根據研究問題，虛無假設宣稱「接受資訊科技融入英語教學與接受一般英語教學的學生之平均英文能力沒有差異」：

$$H_0 : \mu_{資訊科技} = \mu_{一般教學}$$

而對立假設則宣稱「接受資訊科技融入英語教學與接受一般英語教學的學生之平均英文能力有差異」：

$$H_1 : \mu_{資訊科技} \neq \mu_{一般教學}$$

總之，統計假設寫為：

$$\begin{cases} H_0 : \mu_{資訊科技} = \mu_{一般教學} \\ H_1 : \mu_{資訊科技} \neq \mu_{一般教學} \end{cases}$$

10.3 使用 SPSS 進行分析

1. 完整的 SPSS 資料檔如圖 10-2。

圖 10-2　獨立樣本 t 檢定資料檔

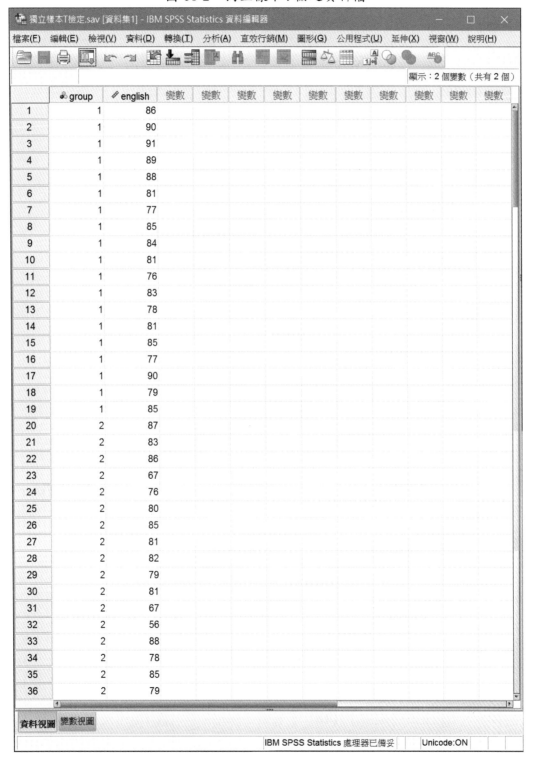

2. 在【分析】選單中的【比較平均數】選擇【獨立樣本 T 檢定】（圖 10-3）。

圖 10-3　獨立樣本 T 檢定選單

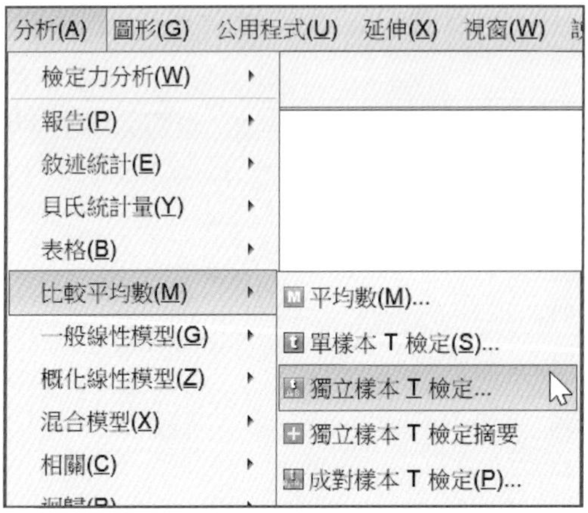

3. 把想要檢定的依變數點選到右邊的【檢定變數】對話框中，自變數點選到右邊的【分組變數】對話框中，此時會出現 2 個 "？" 號，需要點擊【定義群組】按鈕加以設定（圖 10-4）。

圖 10-4　獨立樣本 T 檢定對話框

4. 在 2 個組別中分別輸入實驗組及控制組的代碼（本範例中分別為 1 與 2），代碼並沒有順序關係。如果自變數是量的變數，可以在【分割點】中輸入數值，大於或等於此數值的為第 1 組（高分組），小於此數值則為第 2 組（低分組）。完成選擇後，依序點擊【繼續】、【確定】按鈕，進行分析（圖 10-5）。

圖 10-5　定義群組對話框

5. 如果需要繪製平均數長條圖，可以在【圖形】選單下的【舊式對話框】選擇【長條圖】（圖 10-6）。

圖 10-6　條形圖選單

6. 接著在【簡式】長條圖對話框的【圖表中資料為】選項中選擇【觀察值群組之摘要】（圖 10-7）。

圖 10-7　長條圖對話框

7. 將自變數「組別」點選到【種類軸】框中，依變數「英語能力」點選到【長條表示】中的【變數】，並選擇【其他統計量（例如平均值）】，並點擊【選項】按鈕（圖 10-8）。

圖 10-8　定義簡式長條圖：觀察值群組摘要對話框

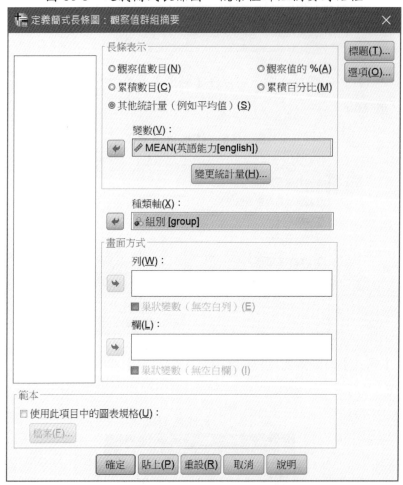

8. 勾選【顯示誤差長條】，再選擇【信賴區間】，預設【水準】為 95%。完成後依序點擊【繼續】及【確定】按鈕，繪製圖形（圖 10-9）。有些期刊比較建議使用【標準差】而不是【標準誤】，讀者可依所學領域自行設定。

圖 10-9　選項對話框

10.4　報表解讀

分析後得到以下的報表，分別詳細說明如後。

報表 10-1　群組統計量

	組別	個數	平均數	標準差	平均數的標準誤
英語能力	實驗組	19	83.47	4.800	1.101
	控制組	17	78.82	8.391	2.035

報表 10-1 是**群組統計量**，包含了兩組的**平均數**、**個數**、**標準差**，及**平均數的標準誤**。

報表中顯示兩組的樣本數分別為 19 及 17，為非平衡設計（unbalanced design）。在實驗設計中，最好各組的樣本數都是相等（平衡設計，balanced design），以避免變異數不相等的影響，並獲得較大的統計檢定力（power of test）。如果是調查研究，則

兩組的樣本數通常會不相等。

兩組在英文成就測驗的平均數分別為 83.47 及 78.82，標準差分別為 4.800 及 8.391。兩個平均數是否有顯著差異，要看報表 10-2 的檢定結果。

報表 10-2　獨立樣本檢定

變異數等式的 Levene 檢定	
F	顯著性
1.659	0.206

報表 10-2　獨立樣本檢定（續）

		平均值等式的 t 檢定							
		t	自由度	顯著性		平均值差異	標準誤差異	差異的 95%信賴區間	
				單面 p	雙面 p			下限	上限
英語能力	採用相等變異數	2.069	34	0.023	0.046	4.650	2.248	0.082	9.218
	不採用相等變異數	2.010	24.848	0.028	0.055	4.650	2.314	-0.117	9.417

報表 10-2 是**獨立樣本檢定**，主要在檢定兩個變數的**平均數**是否有顯著差異。由於 SPSS 28 版增加了單側 p 值，使得報表太寬，因此將它分成兩部分。

獨立樣本 t 檢定的假定之一是兩個母群在依變數的**變異數**要相等，SPSS 直接使用 Levene 的方法進行檢定，此處要檢定的虛無假設是：

$$H_0 : \sigma^2_{資訊科技} = \sigma^2_{一般教學}$$

對立假設是：

$$H_1 : \sigma^2_{資訊科技} \neq \sigma^2_{一般教學}$$

報表第一部分是**變異數等式的 Levene 檢定**（也就是變異數同質性檢定），$F(1, 34) = 1.659$，$p = .206$（具體概念如圖 10-10 所示，兩個自由度分別是組數減 1 及總人

數減組數），因此不能拒絕變異數相等的虛無假設，表示報表 10-1 中兩組的變異數（變異數為標準差的平方，分別為 4.800^2 及 8.391^2）沒有顯著差異。所以在進行**平均值等式的 t 檢定**報表中要看第一列的**採用相等變異數**（也就是假設變異數相等）。

圖 10-10　自由度為 1, 34 的 F 分配中，$F \geq 1.659$ 的機率值是 .206

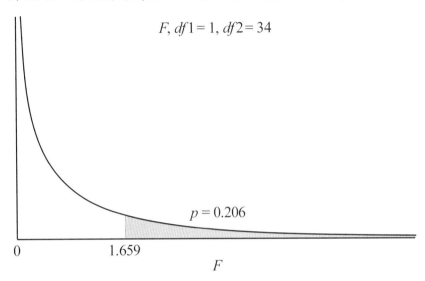

$$F, df1 = 1, df2 = 34$$

$$p = 0.206$$

在**平均值等式的 t 檢定**這一欄中，t 值的公式是：

$$t = \frac{\text{兩組平均數的差異}}{\text{兩組平均數差異的標準誤}}$$

從報表 10-1 及 10-2 找到適當的數值代入，可得到第一列的 t 值：

$$t = \frac{83.47 - 78.82}{2.248} = \frac{4.65}{2.248} = 2.069$$

至於檢定結果如何，可以由報表中的兩組數值來判斷。一是在**自由度 34**（總樣本數減 2）的 t 分配中，t 的絕對值要 ≥ 2.069 的機率 $p = .046$（雙尾），已經 $\leq .05$（如圖 10-11 所示），應拒絕兩組平均數相等的虛無假設，所以兩組的平均數有顯著差異。

二是由**差異的 95% 信賴區間**來判斷，在自由度為 34 的 t 分配中，$\alpha = .05$ 時，雙尾臨界值為 2.032（圖 10-12），因此 95% 信賴區間為：

$$4.650 \pm 2.032 \times 2.248 = 4.650 \pm 4.658$$

下界為 0.082，上界為 9.218，中間不包含 0（如圖 10-13 所示），因此差異的平均數 4.650 顯著不等於 0。

圖 10-11　自由度 34 時，| t | ≥ 2.069 的 p 值為 .046

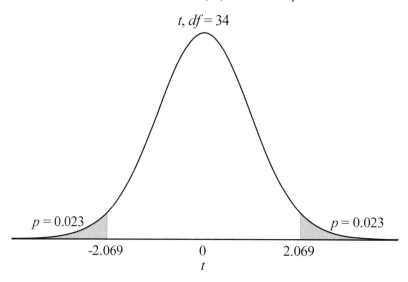

圖 10-12　自由度 34，α = .05 時，t 的雙尾臨界值為±2.032

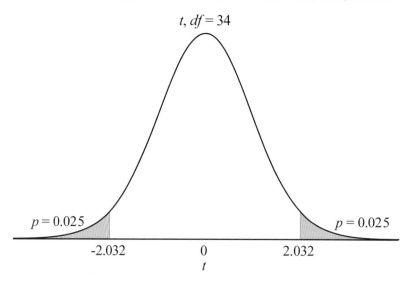

圖 10-13　差異平均數的 95%信賴區間不含 0

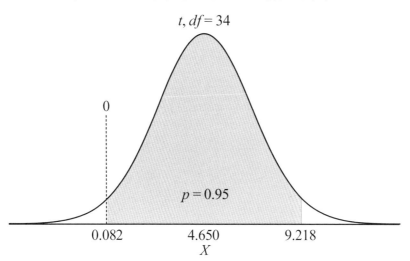

要留意，假設**變異數等式**的 Levene 檢定中 F 值的 $p \le .05$，就應拒絕變異數相等的虛無假設，要看報表的第二列（**不採用相等變異數**），此時使用 Welch 發展的修正公式，得到以下的 t 值：

$$t = \frac{4.65}{2.314} = 2.010$$

報表 10-2 第二列，雙尾 $p = .055$（具體概念如圖 10-14 所示），由於 $p > .05$，所以不能拒絕虛無假設，因此兩組的平均數沒有顯著差異。

在自由度為 24.8482 的 t 分配中，$\alpha = .05$ 時，雙尾臨界值為 2.060（如圖 10-15 所示），因此 95%信賴區間為：

$$4.650 \pm 2.060 \times 2.314 = 4.650 \pm 4.767$$

下界為 -0.117，上界為 9.417，中間包含 0（如圖 10-16 所示），因此差異的平均數 4.650 與 0 無顯著差異。

圖 10-14 自由度 24.8482 時，$|t| \geq 2.010$ 的機率值是 .055

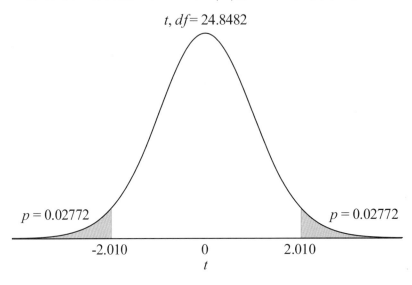

圖 10-15 自由度為 24.8482，$\alpha = .05$ 時，雙尾臨界 t 值是 2.0602

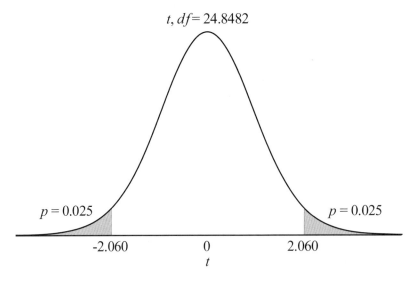

圖 10-16　平均數 95%信賴區間包含 0

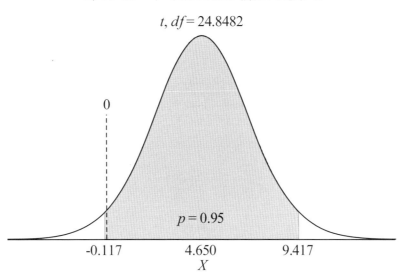

總而言之，要看報表 10-2 第二部分的第一列或第二列，須先參考第一部分的 Levene F 檢定結果而定：

1. 如果 F 的 $p > .05$，表示兩母群的變異數相等，就看報表的第一列。
2. 如果 F 的 $p \le .05$，表示兩母群的變異數不相等，就要看報表的第二列。

在本範例中，使用不同的 t 檢定公式，會得到相反的結論，讀者務必小心。

報表 10-3　獨立樣本效應大小

		標準化程式 [a]	點估計	95%信賴區間	
				下限	上限
英語能力	Cohen's d	6.733	.691	.011	1.360
	Hedges 校正	6.886	.675	.011	1.330
	Glass's delta	8.391	.554	-.135	1.228
a. 用於估計效應大小的分母。 Cohen's d 使用合併標準偏差。 Hedges' correction 使用合併標準偏差以及校正因子。 Glass's delta 使用控制群組的樣本標準偏差。					

SPSS 28 版增加了效果量報表，提供三種統計量。其中 Cohen 的 d，數值為：

$$d = \frac{M_1 - M_2}{s_p} = \frac{83.47 - 78.82}{6.733} = 0.691$$

公式中分母 s_p 的數值為：

$$s_p = \sqrt{s_p^2} = \sqrt{\frac{(19-1)4.800^2 + (17-1)8.391^2}{19 + 17 - 2}} = 6.733$$

Cohen 的 d 也等於：

$$d = t\sqrt{\frac{1}{n_1} + \frac{1}{n_2}} = 2.069\sqrt{\frac{1}{19} + \frac{1}{17}} = 0.691$$

Glass 的 Δ 以控制組的標準差取代合併標準差，計算結果為：

$$\Delta = \frac{M_1 - M_2}{s_2} = \frac{83.47 - 78.82}{8.391} = 0.554$$

Hedges 的 g 則以 Cohen 的 d 再乘上校正因子，計算結果為 0.675。

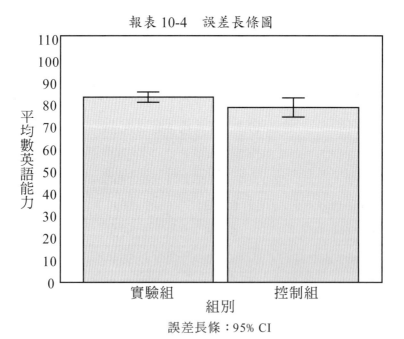

報表 10-4　誤差長條圖

誤差長條：95% CI

報表 10-4 是根據報表 10-1 所繪製的誤差長條圖，包含平均數及 95% 信賴區間。如果兩個平均數的 95% 信賴區間不重疊，表示兩個平均數有顯著差異。不過，由於此處的信賴區間是由兩個變數各自的平均數標準誤計算，因此較不精確。

10.5　計算效果量

由報表 10-3 可得到 Cohen 的 $d = 0.691$，95%信賴區間為 $[0.011, 1.360]$，依據 Cohen（1988）的 0.2、0.5、0.8 經驗法則，本範例為中度的效果量。

10.6　以 APA 格式撰寫結果

研究者以兩班七年級學生為受試者，其中接受資訊科技融入英語教學者的英語能力 $(M = 83.47，SD = 4.80，N = 19)$ 顯著高於接受一般英語教學的學生 $(M = 78.82，SD = 8.39，N = 17)$，兩組的平均得分差異為 4.65，95%信賴區間為 $[0.08, 9.22]$，$t(34) = 2.07$，$p = .046$，效果量 $d = 0.69$，95%信賴區間為 $[0.01, 1.36]$。兩組的變異數無顯著差異，$F(1, 34) = 1.66$，$p = .21$。

10.7　獨立樣本平均數 t 檢定的假定

獨立樣本 t 檢定應符合以下三個假定。

10.7.1　觀察體要能代表母群體，且彼此間獨立

觀察體獨立代表各個樣本不會相互影響，假使觀察體間不獨立，計算所得的 p 值就不準確。如果有證據支持違反了這項假定，就不應使用獨立樣本 t 檢定。

10.7.2　依變數在兩個母群中須為常態分配

此項假定是指兩組的英文成就測驗得分都要呈常態分配，如果不是常態分配，會降低檢定的統計考驗力。不過，當每一組的樣本數在 15 以上，即使違反了這項假定，對於獨立樣本 t 檢定的影響也不大（Green & Salkind, 2014）。

10.7.3　依變數的變異數在兩個母群中須相等

此項假定是指兩組的英文成就測驗得分的變異數要相等（同質），如果不相等，

則計算所得的 t 值及 p 值就不可靠。SPSS 採用 Levene 的 F 檢定來分析這個假定,當違反此項假定時,則改採 Welch 的公式計算 t 值,分析時要留心解讀報表。

當兩組樣本數相等時,變異數是否同質,便不會影響 t 值的計算(但 p 值會有不同),因此在進行實驗時,最好採用平衡設計。

10.8 獨立樣本中位數 Mann-Whitney-Wilcoxon 檢定

如果不符合常態分配與變異數同質假設,可以使用無母數 Mann-Whitney U 檢定或 Wilcoxon 等級和檢定(Wilcoxon rank sum test)。分析過程及報表解讀如後。

1. 在【分析】中【無母數檢定】的【舊式對話框】選擇【2 個獨立樣本】(圖 10-17)。

圖 10-17　2 個獨立樣本檢定選單

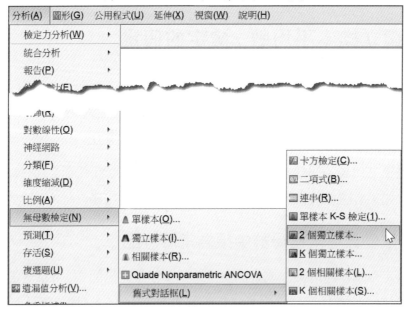

2. 把想要檢定的依變數「英語能力」點選到右上方的【檢定變數】對話框中,自變數「組別」點選到右下方的【分組變數】對話框中,此時會出現 2 個 "?" 號,需要點擊【定義群組】按鈕加以設定(圖 10-18)。

圖 10-18　兩個獨立樣本的檢定選單

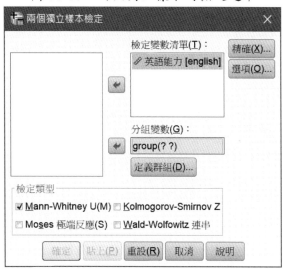

3.　在 2 個組別中分別輸入實驗組及控制組的代碼（本範例中分別為 1 與 2），完成
選擇後，依序點擊【繼續】、【確定】按鈕，進行分析（圖 10-19）。

圖 10-19　兩個獨立樣本：定義群組對話框

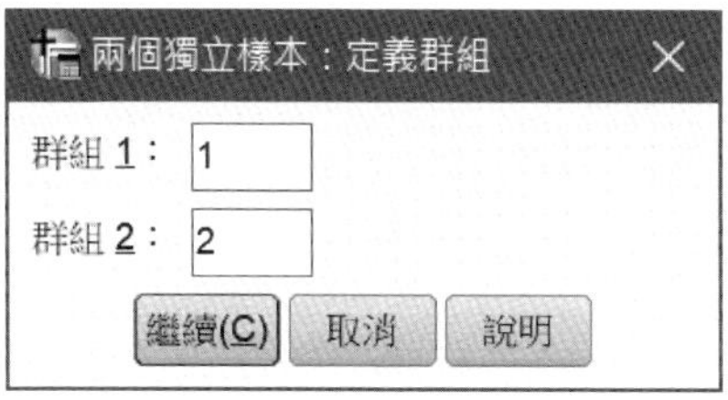

分析後得到兩個主要報表，以下簡要說明之。

報表 10-5　等級

	組別	個數	平均等級	等級總和
英語能力	實驗組	19	21.08	400.50
	控制組	17	15.62	265.50
	總計	36		

　　報表 10-5 為描述統計，兩組樣本數分別為 19 及 17，平均等級分別為 21.08 與
15.62。由於英語能力原始得分是由低到高排等級，最低分者等級為 1，因此實驗組的
平均英語能力較高。

報表 10-6　檢定統計量 [a]

	英語能力
Mann-Whitney U	112.500
Wilcoxon W	265.500
Z	-1.558
漸近顯著性（雙尾）	.119
精確顯著性[2*(單尾顯著性)]	.121[b]
a. 變數分組：組別 b. 未針對同分值更正。	

報表 10-6 是**檢定統計量**，Mann-Whitney 的 $U = 112.5$，Wilcoxon 的 $W = 265.5$（為報表 10-5 控制組的等級和），雙尾精確 $p = 0.121$，因此，沒有足夠證據支持兩組的中位數（分別為 84 及 81）有顯著不同。由於無母數統計中未列出兩組的中位數，因此另外進行觀察值摘要程序分析，得到以下報表。

報表 10-7　觀察值摘要

英語能力		
組別	個數	中位數
實驗組	19	84.00
控制組	17	81.00
總計	36	81.50

報表 10-7 是另外使用觀察值摘要程序分析所得的兩組中位數，分別為 84 與 81。分析過程依序點選【分析】→【報告】→【觀察值摘要】，並設定【變數】（英語能力）及【分組變數】（組別），在【統計量】下選擇【觀察值數目】及【中位數】即可。

11 單因子獨立樣本變異數分析

單因子獨立樣本變異數分析（analysis of variance, ANOVA）旨在比較兩群以上沒有關聯之樣本，在某個變數的平均數是否有差異，適用的情境如下：

自變數：兩個以上獨立而沒有關聯的組別，為**質的變數**。自變數又稱因子（factor，或譯為因素），而單因子就是只有一個自變數。

依變數：**量的變數**。

本章先介紹單因子獨立樣本變異數分析的整體檢定，接著說明所有成對的事後比較（post hoc comparison）。

11.1　基本統計概念

11.1.1　目的

單因子獨立樣本變異數分析旨在檢定兩組以上沒有關聯的樣本，在某一變數之平均數是否有差異。當只有兩群樣本時，研究者通常會使用獨立樣本 t 檢定，而不使用單因子獨立樣本變異數分析，由於此時 $F = t^2$，所以兩種分析的結果是一致的。

然而，如果是三組以上的樣本，仍舊使用 t 檢定，則會使得 α 膨脹。例如，當自變數有四個群組，如果兩兩之間都要比較平均數差異，則要進行 6 次 t 檢定：

$$C_2^4 = \frac{4 \times 3}{2} = 6$$

如果每次 t 檢定都設定 $\alpha = 0.05$，則 6 次檢定所犯的總錯誤機率是：

$$1 - (1 - 0.05)^6 = 0.265$$

這個值大約等於：

$$0.05 \times 6 = 0.30$$

變異數分析的主要目的即在同時進行多組平均數差異比較，而又能控制 α。

11.1.2 分析示例

以下的研究問題都可以使用單因子獨立樣本變異數分析：

1. 三家公司員工對所屬公司的滿意度（以分數表示）。

2. 不同職務等級（委任、薦任、簡任）公務員的公民素養。

3. 四種品牌日光燈的使用壽命。

4. 不同學業成績（分為低、中、高）學生的自我效能感。

5. 隨機分派後的幼魚，各自接受四種餵食量，一星期後的換肉率。

11.1.3 整體檢定（F 檢定）

第 5 章的公式 5-9 提到母群變異數的不偏估計值為：

$$s^2 = \frac{\Sigma(X - \bar{X})^2}{n-1} \tag{5-9}$$

其中分子部分 $\Sigma(X - \bar{X})^2$ 稱為**離均差平方和**（sum of squares, SS），$n-1$ 就是**自由度**。

單因子變異數分析就是在計算**組間**（between groups）及**組內**（within groups）的離均差平方和，然後除以適當的自由度，以得到**均方**（mean square, MS），MS 就是母群體變異數的不偏估計值 s^2（林清山, 1992），接著將組間的變異數（s_b^2）除以組內變異數（s_w^2）以得到 F 值。

$$F = \frac{s_b^2}{s_w^2} \tag{11-1}$$

然後再考驗 F 值是否達到顯著，因此變異數分析是使用 F 考驗。

以表 11-1 為例，研究者隨機抽取 9 名學生，再以隨機分派方式將他們分成 3 組，分別以不同的方法進行教學，經過一學期後，測得他們的數學成績。試問：三種教學法的效果是否有差異？

本例只有教學法一個自變數（又稱為**因子**或**因素**），因此稱為**單因子變異數分析**（one-way ANOVA）。自變數有三個類別（或稱水準，level），三組的受試者為不同的樣本，因此稱為獨立樣本單因子變異數分析。

表 11-1　三組學生的數學成績

組別	第 1 組	第 2 組	第 3 組
受試者 1	2	3	6
受試者 2	3	5	7
受試者 3	4	7	8
組平均數	3	5	7
總平均數	5		

11.1.3.1　虛無假設與對立假設

在此例中，待答問題是：

數學成績是否因使用的教學法而有不同？

虛無假設是假定母群中三種教學法的學生數學平均成績相同：

$$H_0 : \mu_{\text{第1組}} = \mu_{\text{第2組}} = \mu_{\text{第3組}}$$

或寫成：

$$H_0 : \mu_i = \mu_j \text{，存在於所有的 } i \text{ 及 } j$$

然而，對立假設卻不能寫成：

$$H_1 : \mu_{\text{第1組}} \neq \mu_{\text{第2組}} \neq \mu_{\text{第3組}}$$

這是因為要拒絕虛無假設並不一定需要三組的平均數都不相等，而只要至少兩組的平均數不相等即可（即，$\mu_{\text{第1組}} \neq \mu_{\text{第2組}}$、$\mu_{\text{第1組}} \neq \mu_{\text{第3組}}$、$\mu_{\text{第2組}} \neq \mu_{\text{第3組}}$，或者是 $\mu_{\text{第1組}} \neq \mu_{\text{第2組}} \neq \mu_{\text{第3組}}$）。所以，對立假設可以寫成：

$$H_1 : \text{至少一組的母群平均數與其他組不同}$$

或是：

$$H_1 : \mu_i \neq \mu_j \text{，存在於部分的 } i \text{ 及 } j$$

或者簡單寫成：

$$H_1 : H_0 \text{為假}$$

11.1.3.2 *SS* 及自由度的計算

要進行整體檢定，需要計算三種 *SS*，分別是：

全體 SS_t = [(各個數值−總平均數)^2]之總和 (11-2)

組間 SS_b =[(各組平均數−總平均數)^2×各組樣本數]之總和 (11-3)

組內 SS_w =[(各個數值−各組平均數)^2]之總和 (11-4)

全體 SS_t 等於 36，計算過程如下：

$$(2-5)^2 + (3-5)^2 + (4-5)^2 +$$
$$(3-5)^2 + (5-5)^2 + (7-5)^2 +$$
$$(6-5)^2 + (7-5)^2 + (8-5)^2 +$$
$$= 9+4+1+4+0+4+1+4+9$$
$$= 36$$

組間 SS_b 等於 24，計算過程如下：

$$(3-5)^2 \times 3 + (5-5)^2 \times 3 + (7-5)^2 \times 3 = 12+0+12 = 24$$

組內 SS_w 等於 12，需要分別計算 3 組的組內 *SS*。其中，第 1 組組內 SS_w 等於 2，計算過程如下：

$$(2-3)^2 + (3-3)^2 + (4-3)^2 = 1+0+1 = 2$$

第 2 組組內 SS_w 等於 8，計算過程如下：

$$(3-5)^2 + (5-5)^2 + (7-5)^2 = 4+0+4 = 8$$

第 3 組組內 SS_w 等於 2，計算過程如下：

$$(6-7)^2 + (7-7)^2 + (8-7)^2 = 1+0+1 = 2$$

將 3 個組內 SS_w 加總之後得到聯合組內 SS_w，為 12。

$$2+8+2 = 12$$

由計算結果可看出：

全體 SS_t = 組間 SS_b + 組內 SS_w (11-5)

因此，全體 SS_t 可拆解成組間 SS_b 及組內 SS_w 兩部分（圖 11-1）。

圖 11-1　單因子獨立樣本變異數分析之 SS 拆解

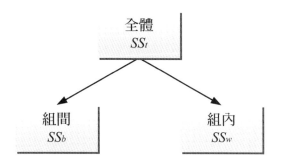

上述三個變異來源的自由度公式分別為：

全體的自由度 ＝ 總樣本 － 1

組間的自由度 ＝ 組數 － 1

組內的自由度 ＝ 總樣本 － 組數

計算後得到：

全體的自由度 ＝ 9 － 1 ＝ 8

組間的自由度 ＝ 3 － 1 ＝ 2

組內的自由度 ＝ 9 － 3 ＝ 6

自由度同樣具有可加性，所以：

全體的自由度 ＝ 組間的自由度 ＋ 組內的自由度

11.1.3.3　變異數分析摘要表

求得 SS 及自由度後，就可以整理成變異數分析摘要表如表 11-2，表中均方是由平方和除以自由度而得，因此：

組間均方 ＝ 組間平方和 ／ 組間自由度 ＝ 24 / 2 ＝ 12

組內均方 ＝ 組內平方和 ／ 組內自由度 ＝ 12 / 6 ＝ 2

F 值的公式為：

F ＝組間均方 ／ 組內均方 ＝ 12 / 2 ＝ 6

表 11-2　變異數分析摘要表

變異來源	平方和 SS	自由度 df	均方 MS	F 值	p 值
組間	24	2	12	6	.037
組內	12	6	2		
全體	36	8			

計算所得的 F 值是否顯著，有兩種判斷方法。第一種是傳統取向的做法，找出 $\alpha = 0.05$ 時的臨界值（**留意**：變異數分析是單尾檢定）。由圖 11-2 可看出，在自由度為 2, 6 的 F 分配中，臨界值為 5.143。表 11-2 計算所得的 F 值為 6，已經大於 5.143，因此應拒絕虛無假設。

圖 11-2　自由度為 2, 6，$\alpha = 0.05$ 時，F 臨界值是 5.143

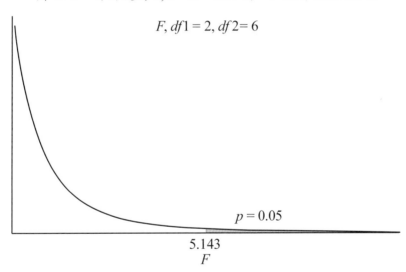

$F, df1 = 2, df2 = 6$

$p = 0.05$

5.143
F

在 SPSS 中，可以在【轉換】選單的【計算變數】中使用反函數 IDF.F(0.95, 2,6) 求得臨界值，語法為：

```
COMPUTE F=IDF.F(0.95,2,6).
EXECUTE.
```

第二種是現代取向的做法，直接算出在自由度為 2, 6 的 F 分配中，F 值要大於或等於 6 的 p 值。由圖 11-3 可看出，$F(2,6) \geq 6$ 的 p 值為 0.037，小於 0.05，因此應拒絕虛無假設。

　　在 SPSS 中，可以在【轉換】選單的【計算變數】中使用累積密度函數 1–CDF.F(6,2,6) 求得大於等於 6 的值，語法為：

```
COMPUTE p=1-CDF.F(6,2,6).
EXECUTE.
```

圖 11-3　自由度為 2, 6 的 F 分配中，$F \geq 6$ 的機率值是 0.037

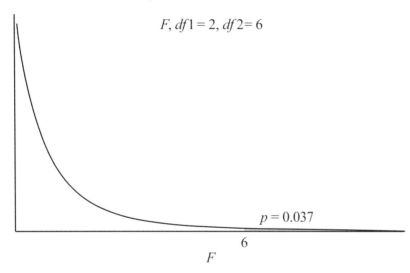

$F, df1 = 2, df2 = 6$

$p = 0.037$

6

F

　　在 SPSS 的【分析】選單之【比較平均數】選擇【單因數變異數分析】（譯為「單因子」或「單因素」較恰當）進行分析，即可得到報表 11-1，數值與自行計算結果一致。（注：分析步驟見 11.3 節之說明。）

報表 11-1　變異數分析

數學成績					
	平方和	自由度	均方	F	顯著性
群組之間	24.000	2	12.000	6.000	.037
組內	12.000	6	2.000		
總計	36.000	8			

11.1.4　變異數同質性檢定

變異數分析要符合的統計假定之一是**變異數同質性**（與獨立樣本 t 檢定相同），它是指不同組之間依變數的變異數要相等，虛無假設是：

$$H_0 : \sigma^2_{第1組} = \sigma^2_{第2組} = \sigma^2_{第3組}$$

對立假設則是：

$$H_1 : H_0 \text{ 為假}$$

現在多數統計軟體進行變異數同質性的考驗，均採 Levene 的方法。Levene 的同質性檢定，優點是對於變異數異質性較敏感，但是如果不符常態性時敏感性較差（SPSS, 2000）。其計算步驟為：

1.　計算各組的**算術平均數**或**中位數**。

2.　將每組中各觀察體的數值減去該組的**算術平均數**或**中位數**，再對該差異取**絕對值**。

3.　以這些差異的絕對值進行**單因子變異數分析**，分析所得的 F 值及 p 值就是用來判斷變異數是否同質的依據。

表 11-3 是由表 11-1 計算所得的差異絕對值：

表 11-3　三組之原始數值及差異之絕對值

組別	第 1 組		第 2 組		第 3 組	
受試者	原始 數值	差異之 絕對值	原始 數值	差異之 絕對值	原始 數值	差異之 絕對值
受試者 1	2	1	3	2	6	1
受試者 2	3	0	5	0	7	0
受試者 3	4	1	7	2	8	1
組中位數 組平均數	3		5		7	

將表 11-3 中差異之絕對值當依變數，教學法當自變數，進行單因子變異數分析，可以得到報表 11-2，$F(2,6) = 0.667$，$p = 0.548$，不能拒絕虛無假設，因此三組的變異數沒有顯著差異。

報表 11-2　變異數分析

差異絕對值					
	平方和	自由度	均方	F	顯著性
群組之間	.889	2	.444	.667	.548
組內	4.000	6	.667		
總計	4.889	8			

此結果與 SPSS 所附之變異數同質性檢定報表（報表 11-3）相同。

報表 11-3　變異數的同質性測試

		Levene 統計量	df1	df2	顯著性
數學成績	根據平均數	.667	2	6	.548
	根據中位數	.667	2	6	.548
	根據中位數，且含調整的自由度	.667	2	4.000	.563
	根據修整的平均數	.667	2	6	.548

11.1.5　事後比較

Kirk（2013, p.169）發現在行為科學、衛生科學、教育等領域，與變異數分析有關的常用假設檢定有五種：

1. 組數減 1 次的事前正交比較法。
2. 組數減 1 次的事前非正交比較法（均以控制組為比較的參照組）。
3. C 次的事前非正交比較法。
4. 所有組兩兩之間的成對比較。
5. 所有的對比，包含經由檢視資料後發現之有興趣的非成對比較。

前三種檢定為事前對比（比較），即使整體的變異數分析不顯著也可以進行。後二種檢定為事後對比，是在整體的變異數分析顯著之後才進行。其中第四種假設檢定又是研究者最常使用的方法。

在進行對比時，需要考量所犯的第一類型錯誤率。第 1 種檢定方式是以單次比較為單位，因此不需要對 α 加以校正。第 3 種檢定是以整個變異數分析為單位進行

所有成對比較，也不需要對 α 加以校正。第 2、4、5 種檢定則是以所有的對比為單位，因此需要考量對比次數，再針對 α 加以校正。

使用所有組兩兩之間成對的事後比較方法時，應留意（Wilkinson, 1999）：

1. 像 Tukey 之類的成對比較方式是考量整體變異數分析（實驗）的第一類型錯誤率，反而因此會較保守（conservative），使得統計檢定力降低。

2. 研究者很少需要進行所有的成對比較。

3. 進行所有可能的成對比較，反而使研究者陷入本來不關心的假設中，卻忽略了更重要的問題。

要選擇事後比較的方法，須先判斷組間變異數是否同質。如果符合變異數同質假定，可用 11.1.5.1～11.1.5.5 的方法；如果不符合變異數同質假定，則應使用 11.1.5.6 的方法。

11.1.5.1　Fisher 的 LSD（least significant difference）法

Fisher 的 LSD 法採用 t 檢定法，公式為：

$$t = \frac{\overline{Y}_i - \overline{Y}_j}{\sqrt{MS_w\left(\dfrac{1}{n_i} + \dfrac{1}{n_j}\right)}} = \frac{\text{平均數差異}}{\text{標準誤}} \tag{11-6}$$

以第 1 組及第 3 組的比較為例，代入對應的數值後得到：

$$t = \frac{3-7}{\sqrt{2\left(\dfrac{1}{3} + \dfrac{1}{3}\right)}} = \frac{-4}{1.1547} = -3.464$$

成對比較通常是雙側檢定，因此得到的 t 值須取絕對值。在自由度是 6（F 的分母自由度）的 t 分配中，$|t| \geq 3.464$ 的 p 值為 0.0134（如圖 11-4 所示，兩側的 p 值相加即為 0.0134），因此第 1 組及第 3 組的平均數有顯著差異。

使用同樣的方法，第 2 組與第 1 組平均數的成對比較，得到 t 值為 1.732。

$$t = \frac{3-5}{\sqrt{2\left(\dfrac{1}{3} + \dfrac{1}{3}\right)}} = \frac{-2}{1.1547} = -1.732$$

在自由度是 6 的 t 分配中，$|t| \geq 1.732$ 的 p 值為 0.134（如圖 11-5 所示），因此第 1 組及第 2 組的平均數沒有顯著差異。第 3 組與第 2 組平均數的成對比較結果也相同。

圖 11-4　自由度 6 時，$|t| \geq 3.464$ 的機率值是 0.0134

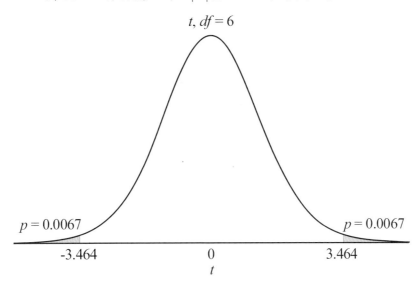

圖 11-5　自由度 6 時，$|t| \geq 1.732$ 的機率值是 0.134

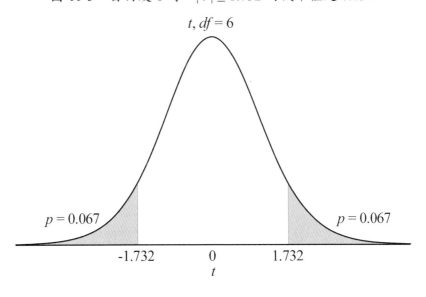

如果要計算平均數差異的信賴區間，在自由度為 6，$\alpha = 0.05$ 的情形下，臨界值

為 2.447（如圖 11-6 所示）。因此第 1 組與第 3 組平均數差異（以第 1 組減第 3 組）的 95%信賴區間為：

$$-4 \pm 2.447 \times 1.1547$$

下界為–6.825，上界為–1.175，中間不含 0，因此兩組之間的平均數有顯著差異。

第 1 組與第 2 組平均數差異（以第 1 組減第 2 組）的 95%信賴區間為：

$$-2 \pm 2.447 \times 1.1547$$

下界為–4.825，上界為 0.825，中間包含 0，因此兩組之間的平均數沒有顯著差異。

圖 11-6　自由度為 6，$\alpha = 0.05$ 時，雙尾臨界 t 值是 2.447

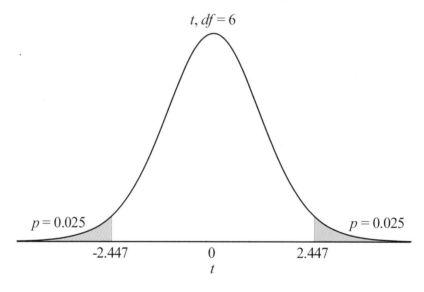

以 SPSS 進行 LSD 法事後比較，結果如報表 11-4，與自行計算之數值一致。

Fisher 的 LSD 法雖然採取了保護 α 的措施（分母使用組內 MS），但是仍會因為對比次數的增加，使得第一類型錯誤機率膨脹，所以是比較自由（liberal）的方法，其統計檢定力也較大。為了控制所有事後比較的 α，可以採用 Bonferroni 或 Sidâk 法加以校正。

報表 11-4　多重比較──LSD 法

依變數: Y						
LSD						
(I) X	(J) X	平均值差異 (I-J)	標準誤	顯著性	95%信賴區間	
					下界	上界
1	2	-2.000	1.1547	.1340	-4.825	.825
	3	-4.000*	1.1547	.0134	-6.825	-1.175
2	1	2.000	1.1547	.1340	-.825	4.825
	3	-2.000	1.1547	.1340	-4.825	.825
3	1	4.000*	1.1547	.0134	1.175	6.825
	2	2.000	1.1547	.1340	-.825	4.825
*. 平均值差異在 0.05 層級顯著。						

11.1.5.2　Bonferroni 法

Bonferroni 法是比較簡單但不精確的校正，方法是直接將 α 除以對比數 n，公式為：

$$\frac{\alpha}{n} \tag{11-7}$$

進行 Bonferroni 校正有兩種方式：如果是求計算所得 t 值之 p 值，要將 p 值乘上對比數 n；如果是計算臨界 t 值，則將設定的 α 值除以對比數 n。

在 LSD 法中，第 1 組及第 3 組平均數的成對比較，$p = .0134$，乘上對比數 3 之後為 $p = .0402$，仍然小於 .05，因此使用 Bonferroni 校正，結果也達顯著。

如果要計算平均差異的信賴區間，則在自由度是 6，$\alpha = .05/3 = 0.1667$ 的 t 分配中，臨界值是 3.287（如圖 11-7 所示）。因此第 1 組與第 3 組平均數差異（以第 1 組減第 3 組）的 95%信賴區間為：

$$-4 \pm 3.287 \times 1.1547$$

下界為−7.796，上界為−0.204，中間不含 0，因此兩組之間的平均數有顯著差異。

第 1 組與第 3 組，以及第 2 組與第 3 組的平均數差異都為−2，95%信賴區間為：

$$-2 \pm 3.287 \times 1.1547$$

下界為–5.796，上界為 1.796，中間包含 0，因此兩組之間的平均數沒有顯著差異。第 2、3 兩組的平均數同樣沒有顯著差異。

圖 11-7　自由度為 6，$\alpha = 0.01667$ 時，雙尾臨界 t 值是 3.287

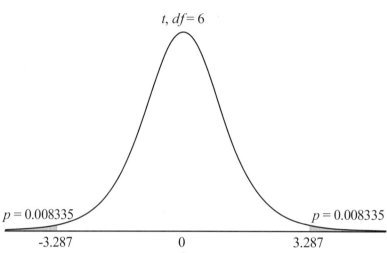

以 SPSS 進行 Bonferroni 法事後比較，結果如報表 11-5，與自行計算之數值一致。

報表 11-5　多重比較──Bonferroni 法

依變數: Y						
Bonferroni						
(I) X	(J) X	平均值差異 (I-J)	標準誤	顯著性	95%信賴區間	
					下界	上界
1	2	-2.000	1.1547	.4019	-5.796	1.796
	3	-4.000*	1.1547	.0402	-7.796	-.204
2	1	2.000	1.1547	.4019	-1.796	5.796
	3	-2.000	1.1547	.4019	-5.796	1.796
3	1	4.000*	1.1547	.0402	.204	7.796
	2	2.000	1.1547	.4019	-1.796	5.796
*. 平均值差異在 0.05 層級顯著。						

Bonferroni 法雖然較簡單,不過,當進行多次事後比較時,它的 α 會變得太低,反而降低統計檢定力。例如,要進行 10 次事後比較,而整體檢定的 α 設為 .05,Bonferroni 校正為 .05 / 10 = .005,此時,它的整體犯錯率會變成 $1-(1-.005)^{10}=.0489$,已經低於 .05,所以會變得過於保守。而且,Bonferroni 法是假定所有的成對比較都會顯著下所設定的 α 值,然而,此種情形並不常見,過度校正反而降低了 α 值,增加 β 值,連帶使得統計檢定力($1-\beta$)降低。

11.1.5.3 Sidâk 法

Sidâk 法是比較精確的校正,不過仍有過於保守的問題,它的公式為:

$$1-(1-\alpha)^{1/n} \tag{11-8}$$

Sidâk 校正也有兩種方式:如果是求計算所得 t 值之 p 值,要將 p 值改為 $1-(1-p)^n$;如果是計算臨界 t 值,則將設定的 α 值改為 $1-(1-\alpha)^{1/n}$。

在 LSD 法中,第 1 組及第 3 組平均數的成對比較,p = .0134,校正為 $p=1-(1-.0134)^3=.0397$,p 值仍然小於 .05,因此使用 Sidâk 校正,結果也達顯著。

如果要計算平均差異的信賴區間,則在自由度是 6,α = .01695(由 $1-(1-.05)^{1/3}$ 計算而得)的 t 分配中,臨界值是 3.274(如圖 11-8 所示)。因此第 1 組與第 3 組平均數差異(以第 1 組減第 3 組)的 95%信賴區間為:

$$-4\pm3.274\times1.1547$$

下界為–7.780,上界為–0.220,中間不含 0,因此兩組之間的平均數有顯著差異。第 1 組與第 2 組平均數差異(以第 1 組減第 2 組)的 95%信賴區間為:

$$-2\pm3.274\times1.1547$$

下界為–5.780,上界為 1.780,中間包含 0,因此兩組之間的平均數沒有顯著差異。第 2、3 兩組的平均數同樣沒有顯著差異。

圖 11-8　自由度為 6，$\alpha = 0.01695$ 時，雙尾臨界 t 值是 3.274

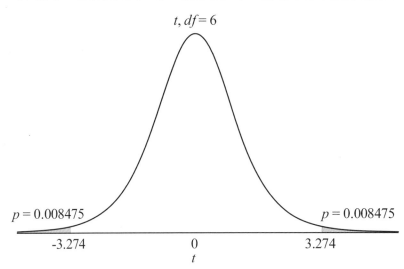

以 SPSS 進行 Sidâk 法事後比較，結果如報表 11-6，與自行計算之數值一致。

報表 11-6　多重比較——Sidâk 法

依變數: Y						
Sidak　檢定						
(I) X	(J) X	平均值差異 (I-J)	標準誤	顯著性	95%信賴區間	
					下界	上界
1	2	-2.000	1.1547	.3505	-5.780	1.780
	3	-4.000*	1.1547	.0397	-7.780	-.220
2	1	2.000	1.1547	.3505	-1.780	5.780
	3	-2.000	1.1547	.3505	-5.780	1.780
3	1	4.000*	1.1547	.0397	.220	7.780
	2	2.000	1.1547	.3505	-1.780	5.780
*. 平均值差異在 0.05 層級顯著。						

11.1.5.4　Tukey 的 HSD（honestly significant difference）法

Tukey 的 HSD 是基於 Student 化全距（Studentized range）的成對比較，採用 q 檢定法，公式為：

$$q = \frac{\overline{Y}_i - \overline{Y}_j}{\sqrt{\dfrac{MS_w}{2}\left(\dfrac{1}{n_i} + \dfrac{1}{n_j}\right)}} \tag{11-9}$$

以第 1 組及第 3 組的比較為例，代入對應的數值後得到：

$$q = \frac{3-7}{\sqrt{\dfrac{2}{2}\left(\dfrac{1}{3} + \dfrac{1}{3}\right)}} = \frac{-4}{0.8165} = -4.8990$$

而第 1 組與第 2 組的比較，q 值則為：

$$q = \frac{3-5}{\sqrt{\dfrac{2}{2}\left(\dfrac{1}{3} + \dfrac{1}{3}\right)}} = \frac{-2}{0.8165} = -2.4495$$

在組數為 3，組內自由度為 6 的 q 分配中，$\alpha = 0.05$ 的臨界值為 4.339（讀者可以使用 "critical value of q table" 關鍵字，在網際網路中尋得此數值）。第 1 個成對比較的 $|q| = 4.8990$，大於 4.339，因此第 1 組與第 3 組的平均數有顯著差異；第 2 組與第 1 組、第 3 組與第 2 組的平均數則沒有顯著差異。

以 SPSS 進行 Tukey 法事後比較，結果如報表 11-7。在表中，顯著性（p 值）小於 .05，95% 信賴區間不含 0，則表示兩個平均數之間的差異達顯著。因此，第 1 組與第 3 組的平均數差異達顯著，在**平均差異**這欄的數值右上方，也會加上 * 號。

報表 11-7　多重比較──Tukey HSD 法

依變數: Y						
Tukey HSD						
(I) X	(J) X	平均值差異 (I-J)	標準誤	顯著性	95%信賴區間	
					下界	上界
1	2	-2.000	1.1547	.2694	-5.543	1.543
	3	-4.000*	1.1547	.0310	-7.543	-.457

（續下頁）

報表 11-8　多重比較——Tukey HSD 法（續）

依變數: Y						
Tukey HSD						
(I) X	(J) X	平均值差異 (I-J)	標準誤	顯著性	95%信賴區間	
					下界	上界
2	1	2.000	1.1547	.2694	-1.543	5.543
	3	-2.000	1.1547	.2694	-5.543	1.543
3	1	4.000*	1.1547	.0310	.457	7.543
	2	2.000	1.1547	.2694	-1.543	5.543
*. 平均值差異在 0.05 層級顯著。						

在其他條件相等下，Tukey 的 HSD 法比 Fisher 的 LSD 法來得保守，因此統計檢定力也較低。

除了 Tukey 法外，SPSS 也提供了 REGWQ 法，它是發展自 Ryan、Einot、Gabriel，及 Welsch 的 q 檢定法，原理與 Tukey 的 HSD 法相似。REGWF 法則是植基於 F 分配的檢定法。

11.1.5.5　Scheffé 法

Scheffé 法採用 F 檢定法，公式為：

$$F = \frac{\left(\bar{Y}_i - \bar{Y}_j\right)^2}{MS_w \times \left(\dfrac{1}{n_i} + \dfrac{1}{n_j}\right)} \tag{11-10}$$

以第 1 組及第 3 組的比較為例，代入對應的數值後得到：

$$F = \frac{(3-7)^2}{2 \times \left(\dfrac{1}{3} + \dfrac{1}{3}\right)} = \frac{16}{1.333} = 12$$

而第 1 組與第 2 組的比較，F 值則為：

$$F = \frac{(3-5)^2}{2 \times \left(\dfrac{1}{3} + \dfrac{1}{3}\right)} = \frac{4}{1.333} = 3$$

在自由度為 2, 6 的 F 分配中，$\alpha = .05$ 的臨界值為 5.143（見圖 11-2），不過此臨界值還要乘以組間自由度（本範例中為 2），因此為 10.286。第 1 個成對比較的 $F = 12$，大於 10.286，因此第 1 組與第 3 組的平均數有顯著差異；第 2 個成對比較的 $F = 3$，未大於 10.286，因此第 1 組與第 2 組的平均數沒有顯著差異。第 2 組與第 3 組的平均數同樣也沒有顯著差異。

如果要採現代取向求計算所得 F 值的 p 值，則要先將 F 值除以組間自由度之後，再求 p 值。

第 1 個成對的 F 為 12 / 2 = 6，在自由度為 2, 6 的 F 分配中，p 值為 .037（參見 11.1.3.3 的說明及圖 11-3），小於 .05，因此第 1 組與第 3 組平均差異達顯著。而第 2 個成對的 F 為 3 / 2 = 1.5，在自由度為 2, 6 的 F 分配中，p 值為 .2963，大於 .05（如圖 11-9 所示），因此第 1 組與第 2 組平均差異不顯著。第 2 組與第 3 組的平均差異同樣不顯著。

圖 11-9　自由度為 2, 6 的 F 分配中，$F \geq 1.5$ 的機率值是 0.2963

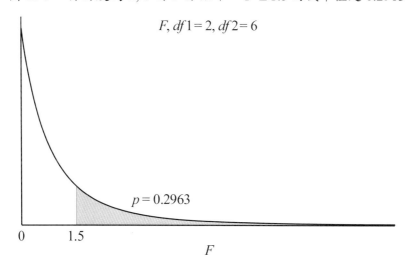

在 SPSS 中，可以在【轉換】選單的【計算變數】中使用累積密度函數 1–CDF.F(1.5,2,6) 求得大於等於 1.5 的 p 值。語法為：

```
COMPUTE p=1-CDF.F(3/2,2,6).
EXECUTE.
```

如果要計算平均差異的信賴區間，要先計算 t 臨界值，公式是：

$$t\,臨界值=\sqrt{組內自由度\times F\,臨界值}$$

代入前述數值，得到：

$$t=\sqrt{2\times5.143}=3.207$$

因此第 1 組與第 3 組平均數差異（以第 1 組減第 3 組）的 95%信賴區間為：

$$-4\pm3.207\times1.1547$$

下界為–7.703，上界為–0.297，中間不含 0，因此兩組之間的平均數有顯著差異。
第 1 組與第 2 組平均數差異（以第 1 組減第 2 組）的 95%信賴區間為：

$$-2\pm3.207\times1.1547$$

下界為–5.703，上界為 1.703，中間包含 0，因此兩組之間的平均數沒有顯著差異。第 2 組與第 3 組的平均差異同樣不顯著。

以 SPSS 進行 Scheffé 法事後比較，結果如報表 11-9，均與自行計算之數值一致。

報表 11-9　多重比較──Scheffé 法

依變數: Y						
Scheffe 法						
(I) X	(J) X	平均值差異 (I-J)	標準誤	顯著性	95%信賴區間	
					下界	上界
1	2	-2.000	1.155	.296	-5.703	1.703
	3	-4.000*	1.155	.037	-7.703	-.297
2	1	2.000	1.155	.296	-1.703	5.703
	3	-2.000	1.155	.296	-5.703	1.703
3	1	4.000*	1.155	.037	.297	7.703
	2	2.000	1.155	.296	-1.703	5.703
*. 平均值差異在 0.05 層級顯著。						

11.1.5.6　變異數不同質時的事後比較方法

如果變異數不同質時，則不應以組內 MS（合併的組內變異數）為分母，而要考量每個組的變異數，因此公式的基本形式為：

$$檢定值 = \frac{\overline{Y}_i - \overline{Y}_j}{\sqrt{\dfrac{s_i^2}{n_i} + \dfrac{s_j^2}{n_j}}}$$

Tamhane（1979）的 T2 法是基於 t 檢定的保守成對比較，公式即為：

$$t = \frac{\overline{Y}_i - \overline{Y}_j}{\sqrt{\dfrac{s_i^2}{n_i} + \dfrac{s_j^2}{n_j}}} \tag{11-11}$$

計算所得 t 值再與臨界 t 值（公式不在此說明）比較，如果大於臨界值，則表示兩組間的平均數有顯著差異。

Dunnett 的 T3 則是基於 Student 化最大模數（Studentized maximum modulus）的成對比較，公式為：

$$m = \frac{\overline{Y}_i - \overline{Y}_j}{\sqrt{\dfrac{s_i^2}{n_i} + \dfrac{s_j^2}{n_j}}} \tag{11-12}$$

計算所得 m 值再與臨界 m 值（公式不在此說明）比較，如果大於臨界值，則表示兩組間的平均數有顯著差異。

Dunnett 的 C 法及 Games-Howell 法都使用 q 檢定，公式為：

$$q = \frac{\overline{Y}_i - \overline{Y}_j}{\sqrt{\left(\dfrac{s_i^2}{n_i} + \dfrac{s_j^2}{n_j}\right) \bigg/ 2}} \tag{11-13}$$

計算所得 q 值再與臨界 q 值比較（兩種方法的臨界值不同），如果大於臨界值，則表示兩組間的平均數有顯著差異。C 法比 Games-Howell 法保守，因此統計檢定力較差。當要控制整體的 α 值，T3 及 C 法都比 Games-Howell 法好（Kirk, 2013）。

報表 11-10 是 SPSS 中 Dunnett 的 T3 事後比較結果,報表中顯示第 1 組與第 3 組的平均數有顯著差異。

報表 11-10　多重比較——Dunnett T3 法

依變數: Y						
Dunnett T3　檢定						
(I) X	(J) X	平均值差異 (I-J)	標準誤	顯著性	95%信賴區間	
					下界	上界
1	2	-2.000	1.2910	.4519	-7.798	3.798
	3	-4.000*	.8165	.0204	-7.057	-.943
2	1	2.000	1.2910	.4519	-3.798	7.798
	3	-2.000	1.2910	.4519	-7.798	3.798
3	1	4.000*	.8165	.0204	.943	7.057
	2	2.000	1.2910	.4519	-3.798	7.798
*. 平均值差異在 0.05 層級顯著。						

11.1.6　事前正交對比(orthogonal contrasts)

事前對比(比較)是在研究之初就決定要進行的分析,因此不需要在整體檢定顯著後才進行。在此說明事前正交比較,是以單次比較為錯誤單位,不必對 α 加以校正。

假設研究者想要了解:

1. 第 2 組平均數與第 3 組平均數是否有差異?

2. 第 1 組平均數與第 2、3 組平均數是否有差異?

兩個虛無假設分別是:

$$H_0 : \mu_2 - \mu_3 = 0$$

$$H_0 : \mu_1 - \frac{\mu_2 + \mu_3}{2} = 0$$

而對立假設則是:

$$H_1 : \mu_2 - \mu_3 \neq 0$$

$$H_1 : \mu_1 - \frac{\mu_2 + \mu_3}{2} \neq 0$$

這兩個對比的係數分別是：

C1 = 0、1、−1

C2 = 1、−0.5、−0.5，取最小公倍數，也可以寫成 C3=2、−1、−1

而所謂正交比較有兩個規準，一是個別對比的係數總和為 0，二是兩兩對比係數的交乘積和為 0。

以 C2 為例，它的總和是：

1 + (−0.5) + (−0.5) =0

而 C1 與 C2 的交乘積和是：

0*1 + 1*(−0.5) + (−1)*(−0.5) = 0

因此 C1 與 C2 就是正交比較。

事前多重對比採 t 檢定，公式為：

$$t = \frac{c_i \times \overline{Y}_i + c_{i'} \times \overline{Y}_{i'} + \cdots + c_{i''} \times \overline{Y}_{i''}}{\sqrt{MS_w \left[\dfrac{c_i^2}{n_i} + \dfrac{c_{i'}^2}{n_{i'}} + \cdots + \dfrac{c_{i''}^2}{n_{i''}} \right]}} = \frac{\text{對比值}}{\text{標準誤}} \tag{11-14}$$

C1 在比較第 2 組與第 3 組的平均數是否有差異，代入公式得到：

$$t = \frac{1 \times 5 + (-1) \times 7}{\sqrt{2 \left[\dfrac{1^2}{3} + \dfrac{(-1)^2}{3} \right]}} = \frac{-2}{1.1547} = -1.73205$$

結果與 Fisher 的 LSD 法相同。事實上，如果只是進行兩組之間平均數差異的事前檢定，結果與 LSD 法或是獨立樣本 t 檢定的結果是一致的。

C2 在比較第 1 組平均數與第 2、3 組平均數的差異，代入公式得到：

$$t = \frac{1 \times 3 + (-0.5) \times 5 + (-0.5) \times 7}{\sqrt{2\left(\frac{1^2}{3} + \frac{(-0.5)^2}{3} + \frac{(-0.5)^2}{3}\right)}} = \frac{-3}{1} = -3$$

在自由度為 6（等於組內自由度）的 t 分配中，$|t| \geq 3$ 的 p 值為 .024（如圖 11-10 所示），應拒絕虛無假設，因此第 1 組平均數與第 2、3 組平均數有顯著差異。

圖 11-10　自由度 6 時，$|t| \geq 3$ 的機率值是 0.024

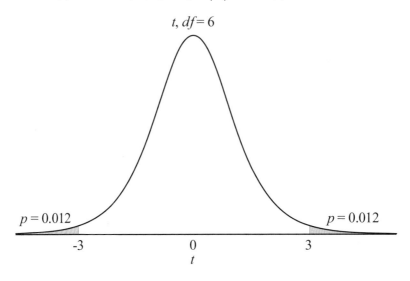

要計算此對比值（報表中譯為「對照」）的 95%信賴區間，先求出臨界值 2.447（見 11.1.5.1 之圖 11-6），再計算：

$$-3 \pm 2.447 \times 1$$

下界為–5.447，上界為–0.553，中間不含 0，因此對比值顯著不等於 0，也就是第 1 組平均數與第 2、3 組平均數有顯著差異。

以 SPSS 進行第 1 組平均數與第 2、3 組平均數差異的事前比較，結果如報表 11-11，均與自行計算之數值一致。分析語法如下：

```
UNIANOVA Y BY X
/LMATRIX = X 1 -0.5 -0.5.
```

報表 11-11　對比結果（K 矩陣）[a]

對照	依變數 Y					差異的 95%信賴區間	
	對照估計	假設值	差異（估計-假設）	標準誤	顯著性	下界	上界
L1	-3.000	0	-3.000	1.000	.024	-5.447	-.553
a. 根據使用者指定的對照係數 (L') 矩陣數目 1							

11.1.7　效果量

如果整體檢定後達到統計上的顯著，應計算效果量。在獨立樣本單因子變異數分析中，全體的平方和可以拆解為組間平方和及組內平方和（如圖 11-1），計算組間（因子）SS 所占比例，即可計算效果量。

變異數分析中，最常被使用的是 η^2 值，它代表依變數的變異可用自變數解釋的比例，公式是：

$$\eta^2 = \frac{組間平方和}{組間平方和 + 組內平方和} = \frac{組間平方和}{總和平方和} \tag{11-15}$$

代入數值之後得到：

$$\eta^2 = \frac{24}{24+12} = \frac{24}{36} = .6667 = 66.67\%$$

雖然 η^2 是目前最常被使用的效果量，但是它會高估母群中依變數與自變數間的關聯（Pierce, Block, & Aguinis, 2004），因此有些學者（詳見 Levine & Hullett, 2002; Pierce, Block, & Aguinis, 2004）偏好使用 ω^2 或是 ε^2，它們的公式分別是：

$$\omega^2 = \frac{組間平方和 - 組間自由度 \times 組內平均平方和}{總和平方和 + 組內平均平方和} \tag{11-16}$$

$$\varepsilon^2 = \frac{組間平方和 - 組間自由度 \times 組內平均平方和}{總和平方和} \tag{11-17}$$

分別代入數值後得到：

$$\omega^2 = \frac{24 - 2 \times 2}{36 + 2} = .5263 = 52.63\%$$

$$\varepsilon^2 = \frac{24 - 2 \times 2}{36} = .5556 = 55.56\%$$

SPSS 27 版之後新增效果量報表，結果如報表 11-12，與自行計算結果一致。

報表 11-12　ANOVA 效應大小 [a,b]

		點估計	95% 信賴區間	
			下限	上限
Y	Eta-squared	.6667	.0000	.8022
	Epsilon-squared	.5556	-.3333	.7362
	Omega-squared 固定效應	.5263	-.2857	.7127
	Omega-squared 隨機效應	.3571	-.1250	.5537
a. Eta-squared 和 Epsilon-squared 是根據固定效應模型來估計值。				
b. 將保留偏移較小的負數估計值，但不會捨入為零。				

依據 Cohen（1988）的經驗法則，η^2 值之小、中、大的效果量分別是 .01、.06、.14。依據 Kirk（1996）的標準，ω^2 值之小、中、大的效果量分別是 .010、.059、.138。因此，本範例為大的效果量。

11.2　範例

某研究者想要了解睡眠剝奪對手部穩定性的影響，於是將 32 名志願者隨機分派為四組，分別經過 4 種不同時間的睡眠剝奪後，接受手部穩定性測試，得到表 11-3 的數據。請問：手部穩定性是否因不同睡眠剝奪時間而有差異？

表 11-4　四組受試者的手部穩定性

受試者	組別	穩定性	受試者	組別	穩定性	受試者	組別	穩定性	受試者	組別	穩定性
1	1	4	9	2	4	17	3	5	25	4	3
2	1	6	10	2	5	18	3	6	26	4	5
3	1	3	11	2	4	19	3	5	27	4	6
4	1	3	12	2	3	20	3	4	28	4	5
5	1	1	13	2	2	21	3	3	29	4	6
6	1	3	14	2	3	22	3	4	30	4	7
7	1	2	15	2	4	23	3	3	31	4	8
8	1	2	16	2	3	24	3	4	32	4	10

資料來源：Experimental design: Procedures for the behavioral sciences (p.171), by R. E. Kirk, 1995, Brooks/Cole.

11.2.1　變數與資料

表 11-4 中有 3 個變數，但是受試者的代號並不需要輸入 SPSS 中，因此分析時只使用組別及手部穩定性 2 個變數。依變數手部穩定性是受試者將 1mm 的筆尖放在 1.27mm 的孔中，2 分鐘內碰觸到測試器的次數，次數愈多代表受試者的手部穩定性愈差。自變數（組別）中，分別為 12、18、24，及 30 小時的睡眠剝奪，屬於次序變數，依序登錄為 1 – 4。

11.2.2　研究問題

在本範例中，研究者想要了解的問題可以陳述如下：

　　　手部穩定性是否因不同睡眠剝奪時間而有差異？

11.2.3　統計假設

根據研究問題，虛無假設宣稱「在母群中四組睡眠剝奪時間的人，手部穩定性沒有差異」：

$$H_0 : \mu_{12} = \mu_{18} = \mu_{24} = \mu_{30}，或是 H_0 : \mu_i = \mu_j，存在於所有的 i 及 j$$

而對立假設則宣稱「在母群中至少兩組睡眠剝奪時間的人，手部穩定性有差異」：

$$H_1 : \mu_i \neq \mu_j \text{，存在於部分的 } i \text{ 及 } j$$

11.3　使用 SPSS 進行分析

1.　完整的 SPSS 資料檔，如圖 11-11。

圖 11-11　單因子獨立樣本變異數分析資料檔

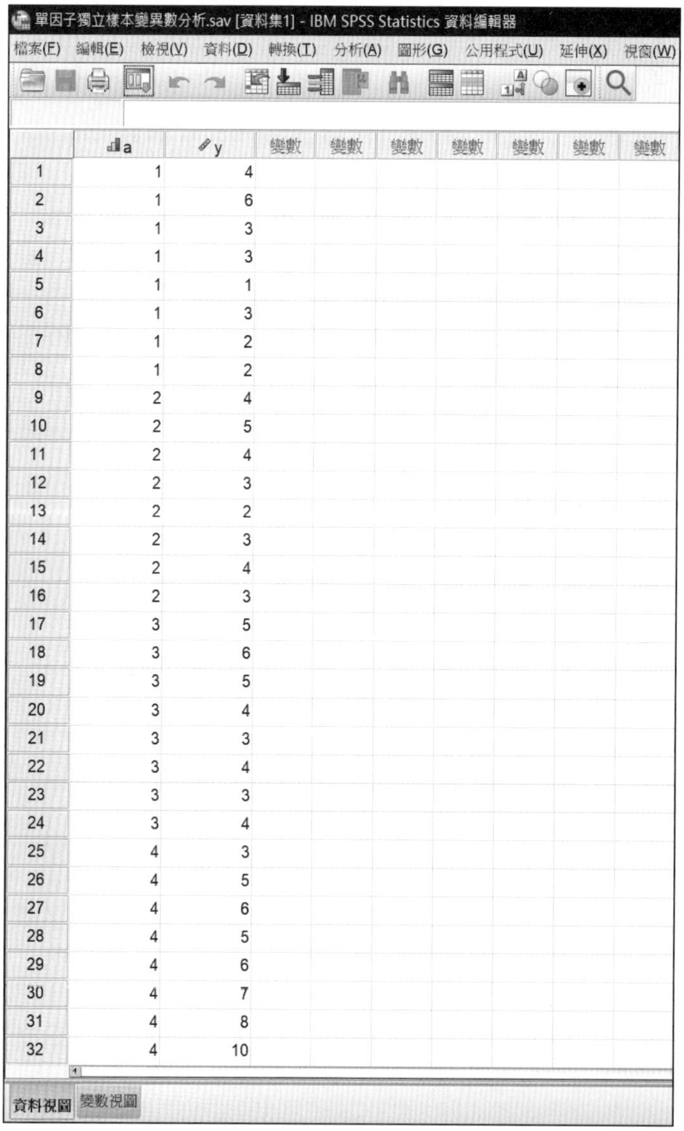

	a	y
1	1	4
2	1	6
3	1	3
4	1	3
5	1	1
6	1	3
7	1	2
8	1	2
9	2	4
10	2	5
11	2	4
12	2	3
13	2	2
14	2	3
15	2	4
16	2	3
17	3	5
18	3	6
19	3	5
20	3	3
21	3	3
22	3	4
23	3	3
24	3	4
25	4	3
26	4	5
27	4	6
28	4	5
29	4	6
30	4	7
31	4	8
32	4	10

2. 在【分析】選單中的【比較平均數】選擇【單因數變異數分析】（譯為【單因子變異數分析】或【單因素變異數分析】較恰當）（圖 11-12）。

圖 11-12　單因數變異數分析選單

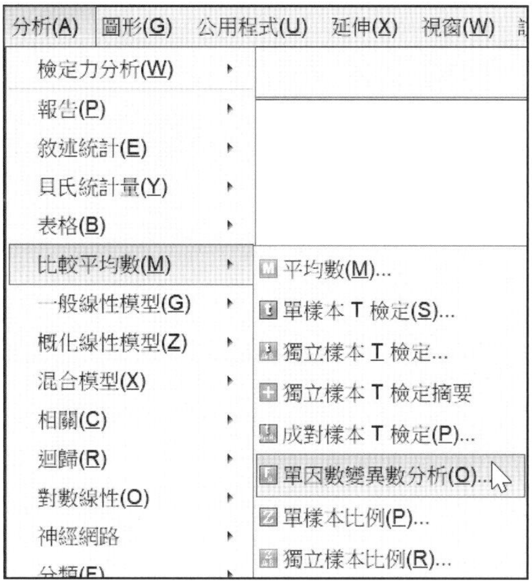

3. 把想要檢定的依變數（手部穩定性）選擇到右上方的【依變數清單】框中，自變數（睡眠剝奪）選擇到右下方的【因子】框中，並勾選【整體檢定的估計效應大小】（圖 11-13）。

圖 11-13　單因子變異數分析對話框

4. 在【選項】下勾選【敘述統計】、【變異同質性檢定】、【Brown-Forsythe 檢定】、【Welch 檢定】,及【平均值圖形】(圖 11-14)。

圖 11-14 單因數變異數分析:選項對話框

5. 如果整體檢定顯著,研究者通常會進行事後多重比較,如果符合變異數同質的假定,可以在圖 11-13 點選【事後】(或【Post Hoc 檢定】)按鈕,再勾選【Tukey 法】。但是,當違反了變異數同質性假定時,就要改用【Dunnett's T3 檢定】或【Dunnett's C 檢定】(圖 11-15)。

6. 如果研究者的興趣在於檢定其他三組的平均數是否高於第 1 組(12 小時),可以選擇【Dunnett 檢定】(為事前檢定),並設定【控制類別】為【第一個】,其下的【檢定】則選擇【>控制】(為單尾檢定)(圖 11-16)。

圖 11-15　單因子變異數分析：事後多重比較對話框

圖 11-16　單因子變異數分析：事後多重比較對話框（續）

7.　完成選擇後，點擊【確定】按鈕，進行分析（見圖 11-13）。

11.4 報表解讀（事後比較）

分析後得到以下的報表，詳細說明如後。

報表 11-13　敘述統計

手部穩定								
	個數	平均值	標準差	標準誤	平均值的 95%信賴區間		最小值	最大值
					下界	上界		
12 小時	8	3.00	1.512	.535	1.74	4.26	1	6
18 小時	8	3.50	.926	.327	2.73	4.27	2	5
24 小時	8	4.25	1.035	.366	3.38	5.12	3	6
30 小時	8	6.25	2.121	.750	4.48	8.02	3	10
總計	32	4.25	1.884	.333	3.57	4.93	1	10

報表 11-13 是**敘述統計**，包含了 4 個組及全體的各種描述統計。

由**平均數**來看，全體 32 個受試者的平均碰觸次數為 4.25，而 4 個組的平均數分別為 3.00、3.50、4.25，及 6.25，可繪製成報表 11-20 或報表 11-21 的平均數剖繪圖。由此大略可發現，隨著睡眠剝奪時間增加，受試者的手部穩定性愈差，至於 4 組的平均數是否有顯著差異，要看報表 11-15 的檢定結果。

報表 11-14　變異數的同質性測試

		Levene 統計量	df1	df2	顯著性
手部穩定	根據平均數	1.293	3	28	.296
	根據中位數	1.037	3	28	.391
	根據中位數，且含調整的自由度	1.037	3	18.590	.399
	根據修整的平均數	1.273	3	28	.303

報表 11-14 是**變異數同質性檢定**（測試），主要在檢定 4 組的變異數（報表 11-13 中標準差的平方）是否有顯著差異。

單因子獨立樣本變異數分析的其中一個假定，是各個母群在依變數的變異數要相等。此處要檢定的虛無假設是：

$$H_0: \sigma_{12}^2 = \sigma_{18}^2 = \sigma_{24}^2 = \sigma_{30}^2，或是 H_1: \sigma_i^2 = \sigma_j^2，存在於所有的 i 及 j$$

對立假設是：

$$H_1: \sigma_i^2 \neq \sigma_j^2，存在於部分的 i 及 j$$

SPSS 使用**變異數相等 Levene 檢定**來分析此項假定。報表中根據平均數計算的 $F(3, 28) = 1.293$，$p = .296$，因此不能拒絕變異數相等的虛無假設，表示 4 組的變異數沒有顯著差異，也就符合變異數相等（同質）的假定。

如果此處的 $p \leq .05$，就違反了變異數同質性假定，那麼報表 11-15 的 F 檢定就不精確，此時就要使用報表 11-17 的穩健檢定。

報表 11-15　變異數分析

手部穩定					
	平方和	df	均方 （平均平方和）	F	顯著性
群組之間	49.000	3	16.333	7.497	.001
組內	61.000	28	2.179		
總計	110.000	31			

報表 11-15 在進行平均數同質性檢定。報表中的平均平方和（mean square, MS）等於組間或組內的變異數，公式為：

$$平均平方和 = \frac{平方和}{自由度}$$

其中組間的平均平方和等於：

$$MS_{組間} = \frac{49}{3} = 16.333$$

而組內的平均平方和等於：

$$MS_{組內} = \frac{61}{28} = 2.179$$

F 值等於：

$$F = \frac{組間平均平方和}{組內平均平方和}$$

代入數值後得到：

$$F = \frac{16.333}{2.179} = 7.497$$

在自由度是 3, 28 的 F 分配中，F 值要大於 7.497 的機率（p）等於 .001（由**顯著性**得知），因此應拒絕各組平均數相等的虛無假設，至少有 2 組之間的平均數有顯著差異。

報表 11-16　ANOVA 效應大小 [a]

		點估計	95% 信賴區間	
			下限	上限
手部穩定	Eta-squared	.4455	.1157	.5955
	Epsilon-squared	.3860	.0210	.5522
	Omega-squared 固定效應	.3785	.0203	.5443
	Omega-squared 隨機效應	.1688	.0069	.2848
a. Eta-squared 和 Epsilon-squared 是根據固定效應模型來估計值。				

報表 11-16 是 SPSS 27 版之後新增的報表，在計算效果量，由報表 11-15 的數值計算而得。其中，η^2 值為：

$$\eta^2 = \frac{49}{49+61} = \frac{49}{110} = .4455$$

ε^2 值為：

$$\varepsilon^2 = \frac{49 - 3 \times 2.179}{110} = .3860$$

ω^2 值為：

$$\omega^2 = \frac{49 - 3 \times 2.179}{110 + 2.179} = .3785$$

報表 11-17　平均值等式穩健檢定

手部穩定				
	統計資料 [a]	df1	df2	顯著性
Welch	4.612	3	15.056	.018
Brown-Forsythe	7.497	3	19.431	.002
a. 漸近分佈 F 值。				

　　報表 11-17 的**平均值等式穩健檢定**，是平均數同質性的穩健性檢定，也就是當違反統計假定時，仍可使用的 F 檢定。當報表 11-14 的 $p \le .05$，違反了變異數同質性假定時，可以使用 Welch-Satterthwaite 或是 Brown-Forsythe 的公式，對報表 11-15 的 F 值加以調整，這兩種公式的分子自由度與報表 11-15 相同，但是分母自由度則有不同。當違反了變異數同質性假定時，如果要進行事後多重比較，可以改用 Dunnett 的 T3 或 C 檢定。

報表 11-18　多重比較

依變數:　手部穩定						
Tukey HSD						
(I)睡眠剝奪	(J)睡眠剝奪	平均值差異 (I-J)	標準誤	顯著性	95% 信賴區間 下界	上界
12 小時	18 小時	-.500	.738	.905	-2.51	1.51
	24 小時	-1.250	.738	.346	-3.26	.76
	30 小時	-3.250*	.738	<.001	-5.26	-1.24
18 小時	12 小時	.500	.738	.905	-1.51	2.51
	24 小時	-.750	.738	.741	-2.76	1.26
	30 小時	-2.750*	.738	.005	-4.76	-.74

（續下頁）

報表 11-18　多重比較（續）

依變數:　手部穩定						
Tukey HSD						
(I)睡眠剝奪	(J)睡眠剝奪	平均值差異 (I-J)	標準誤	顯著性	95% 信賴區間	
					下界	上界
24 小時	12 小時	1.250	.738	.346	-.76	3.26
	18 小時	.750	.738	.741	-1.26	2.76
	30 小時	-2.000	.738	.052	-4.01	.01
30 小時	12 小時	3.250*	.738	<.001	1.24	5.26
	18 小時	2.750*	.738	.005	.74	4.76
	24 小時	2.000	.738	.052	-.01	4.01
*. 平均值差異在 0.05 層級顯著。						

當整體檢定顯著後，研究者通常會進行事後多重比較，以了解此差異是存在於哪兩組間。由於自變數共有 4 個組(水準)，需要進行 $C_2^4 = \dfrac{4 \times 3}{2} = 6$ 次的兩兩比較。

以 12 小時對 30 小時的比較，在報表 11-13 可得知兩組的平均數分別為 3.00 及 6.25，差異為報表 11-18 中**平均值差異**的-2.750 或 2.750，至於這個差異是否顯著不等於 0，可以由三個訊息來判斷。

一是顯著性（p 值）小於或等於 .05。12 小時對 30 小時，或 30 小時對 12 小時這兩列的 p 值小於 .001，因此平均差異-2.750（或 2.750）顯著不等於 0。

二是 95%信賴區間不包含 0。上述兩列的區間分別為-5.26～-1.24 及 1.24～5.26，都不包含 0，因此平均數差異顯著不等於 0。

三是平均差異右上方標註 * 號。報表 11-18 下方註明了「*.平均值差異在 0.05 層級（水準）顯著的。」

總結此處報表，睡眠剝奪達 30 小時，其手部穩定性會比 12 小時或 18 小時來得差，12 小時、18 小時間，及 24 小時兩兩之間，或是 24 小時與 30 小時間，則沒有顯著差異。彙整如表 11-5（V 號表示兩組間的平均數有顯著差異）。

表 11-5　多重比較摘要表

	12 小時	18 小時	24 小時	30 小時
12 小時	—			
18 小時		—		
24 小時			—	
30 小時	V	V		—

報表 11-19　同質子集

手部穩定			
Tukey HSD[a]			
睡眠剝奪	N	α = 0.05 的子集	
		1	2
12 小時	8	3.00	
18 小時	8	3.50	
24 小時	8	4.25	4.25
30 小時	8		6.25
顯著性		.346	.052
會顯示同質子集中群組的平均值。 a. 使用調和平均值樣本大小 ＝ 8.000。			

　　SPSS 有部分的事後檢定不只採用多重比較方式，也同時使用報表 11-19 的同質子集。解讀的要訣是，**平均數出現在同一欄，則兩兩之間沒有顯著差異**。以第 1 欄來看，12 小時、18 小時，及 24 小時有平均數（分別為 3.00、3.50，及 4.25），因此這三組的平均數兩兩之間沒有顯著差異。第 2 欄只有 24 小時及 30 小時的平均數（分別為 4.25 及 6.25），這兩組的平均數也沒有顯著差異。彙整如表 11-6（X 號表示兩組間的平均數沒有顯著差異），與表 11-5 的結果一致。

　　提醒讀者，當各組樣本數不相等時，SPSS 改用 Tukey-Kramer 法，此時報表 11-18 及報表 11-19 的結果可能會不一致，建議以報表 11-19 的結果為準。

表 11-6　同質子集摘要表

	12 小時	18 小時	24 小時	30 小時
12 小時	—			
18 小時	X	—		
24 小時	X	X	—	
30 小時			X	—

報表 11-20　平均值圖形

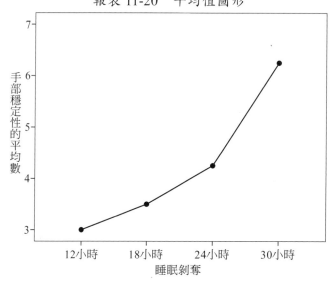

報表 11-20 為報表 11-13 平均數所繪的剖繪圖（profile plot）。由圖中可看出，隨著睡眠剝奪時間增加，受試者的手部穩定性愈差。其中，12 – 24 小時之間大致為直線增加趨勢，24 – 30 小時之間增加幅度則擴大。至於整體趨勢是線性或二次曲線，則需要另外進行分析，此不在本書探討。

報表 11-21 是另外繪製的誤差長條圖（含平均數及 95%信賴區間），操作過程請見第 10 章。圖中第 4 組的平均數下限比第 1、2 組平均數的上限都大，因此，進行事後比較時可能會發現第 4 組的平均數顯著高於第 1 組及第 2 組。不過，此處平均數信賴區間是由各組的標準差計算而得，而非使用合併的標準差（組內均方的平方根），因此較不精確。

報表 11-21　誤差長條圖

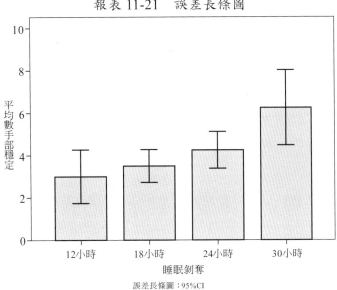

平均數手部穩定

睡眠剝奪

誤差長條圖：95%CI

11.5　計算效果量

SPSS 已列出效果量（見報表 11-16），其中 ε^2 及 ω^2 值分別為 .3860 及 .3785，η^2 為 .4455，如圖 11-17 所示。

圖 11-17　單因子獨立樣本變異數分析效果量

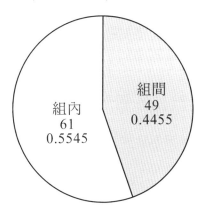

依據 Cohen（1988）的經驗法則，η^2 或 ε^2 值之小、中、大的效果量分別是 .01、.06，及 .14。因此，本範例為大的效果量。

11.6　以 APA 格式撰寫結果

手部穩定性會因為睡眠剝奪時間而有差異，$F(3,28) = 7.50$，$p = .001$，效果量 η^2 = .45。使用 Tukey 法進行事後檢定，30 小時未睡者（$M = 6.25$，$SD = 2.12$）顯著比 12 小時（$M = 3.00$，$SD = 1.51$）及 18 小時（$M = 3.50$，$SD = 0.93$）來得不穩定，其他組之間沒有顯著差異。$F(3, 28) = 1.293$，$p = .296$，符合變異數同質性假定。

11.7　單因子獨立樣本變異數分析的假定

單因子獨立樣本變異數分析，應符合以下三個假定。

11.7.1　觀察體要能代表母群體，且彼此間獨立

觀察體獨立代表各個樣本不會相互影響，假使觀察體間不獨立，計算所得的 p 值就不準確。如果有證據支持違反了這項假定，就不應使用單因子獨立樣本變異數分析。

11.7.2　依變數在各個母群中須為常態分配

此項假定是指四組的手部穩定性要呈常態分配，如果不是常態分配，會降低檢定的統計考驗力。不過，當每一組的樣本數在 15 以上，即使違反了這項假定，對於單因子獨立樣本變異數分析的影響也不大（Green & Salkind, 2014）。

11.7.3　依變數的變異數在各個母群中須相等

此項假定是指四組的手部穩定性的母群變異數要相等（同質），如果不相等，則計算所得的 F 值及 p 值就不可靠。如果各組樣本數相等，則違反此項假定，對於單因子獨立樣本變異數分析的影響也不大。

SPSS 的單因子變異數分析程序，採用 Levene 的 F 檢定來分析這個假定，當違反此項假定時，則可以改採 Welch-Satterthwaite 或 Brown-Forsythe 的公式計算 F 值。如果違反變異數同質的假定，在進行事後比較時，應選擇未假定相同變異數的四種方法。

11.8　Kruskal-Wallis 單因子等級變異數分析

如果不符合常態分配與變異數同質假設，可以改用 Kruskal-Wallis 單因子等級變異數分析（Kruskal-Wallis one-way analysis of variance by ranks），分析過程及報表解讀如後。

SPSS 有兩種方式進行無母數檢定，一是舊式對話框，二是新式依資料測量水準由系統判斷分析方法。第二種方法在整體檢定顯著後，可以設定事後多種比較。不過，由於 4 組要進行 6 次比較，會使型 I 錯誤增加，此時可使用 Bonferroni 法控制型 I 錯誤。檢定後發現睡眠剝奪 12 小時及 18 小時組的中位數分別與 30 小時組有顯著差異，與前述 ANOVA 的結果相同。

11.8.1　分析過程

1. 在【分析】中【無母數檢定】的【舊式對話框】選擇【K 個獨立樣本】（圖 11-18）。

圖 11-18　K 個獨立樣本檢定選單

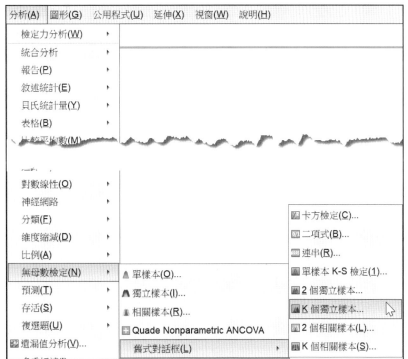

2.	將依變數「手部穩定」選擇到【檢定變數清單】，自變數「睡眠剝奪」選擇到【分組變數】，此時會出現 2 個 "？" 號，需要點擊【定義範圍】按鈕加以設定。預設【檢定類型】為 Kruskal-Wallis H 檢定（圖 11-19）。

圖 11-19　多個獨立樣本的檢定選單

3.	在【最小值】及【最大值】中分別輸入要進行多重比較的代碼（本範例中分別為 1 與 4），完成選擇後，依序點擊【繼續】、【確定】按鈕，進行分析（圖 11-20）。

圖 11-20　多個獨立樣本：定義範圍對話框

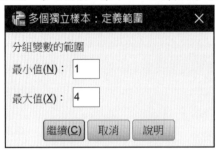

4. 如果要進行事後比較，可以在【分析】中【無母數檢定】選擇【獨立樣本】。

圖 11-21　獨立樣本選單

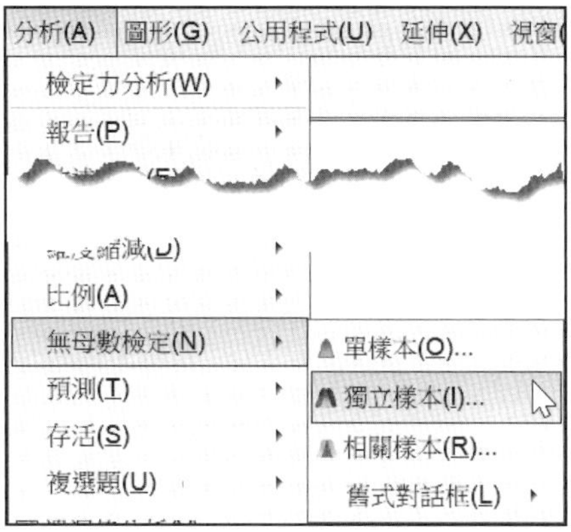

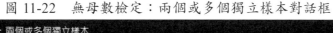

5. 在左上角的【欄位】中，將依變數「手部穩定」選擇到【檢定欄位】，自變數「睡眠剝奪」選擇到【群組】（圖 11-22）。

圖 11-22　無母數檢定：兩個或多個獨立樣本對話框

6. 在左上角的【設定】中的【選擇檢定】，選擇【自訂檢定】的【Kruskal-Wallis 單因子變異數分析（k 個樣本）】，【多重比較】預設為【所有成對】。設定完成，點擊【執行】即可進行分析（圖 11-23）。

圖 11-23　無母數檢定：兩個或多個獨立樣本對話框（續）

11.8.2　報表解讀

以下僅列出較重要的報表，並簡要說明之。

報表 11-22　等級

	睡眠剝奪	數字	平均等級
手部穩定	12 小時	8	9.81
	18 小時	8	13.00
	24 小時	8	17.81
	30 小時	8	25.38
	總計	32	

報表 11-22 為**等級**統計量。各組樣本數都為 8，各組的平均等級分別為 9.81、13.00、17.81，及 25.38。由於等級是按照依變數由小到大排序，因此睡眠剝奪 30 小時這一組碰觸到測試器的次數較多，手部穩定較差。

報表 11-23　檢定統計量 [a,b]

	手部穩定
Kruskal-Wallis H	12.997
自由度	3
漸近顯著性	.005
a. Kruskal Wallis 檢定 b. 變數分組：睡眠剝奪	

報表 11-23 為**檢定統計量**，Kruskal-Wallis H = 12.997，p = .005，因此四組之間的穩定性中位數有顯著差異。

報表 11-24　睡眠剝奪的配對比較

Sample 1-Sample 2	檢定 統計資料	標準誤	標準 檢定統計量	顯著性	調整顯著性 [a]
12 小時-18 小時	-3.187	4.599	-.693	.488	1.000
12 小時-24 小時	-8.000	4.599	-1.739	.082	.492
12 小時-30 小時	-15.562	4.599	-3.384	<.001	.004
18 小時-24 小時	-4.812	4.599	-1.046	.295	1.000
18 小時-30 小時	-12.375	4.599	-2.691	.007	.043
24 小時-30 小時	-7.562	4.599	-1.644	.100	.601
每列都檢定樣本 1 和樣本 2 分佈相等的虛無假設。 已顯示漸進顯著性（雙邊檢定）。顯著水準為 .050。 a. Bonferroni 校正已針對多個測試調整了顯著性值。					

報表 11-24 是**配對比較**，由於進行了 6 次比較，因此調整顯著性是由顯著性乘以 6 而得，如果調整顯著性大於 1，則以 1 表示。由結果可看出：只有 12 小時–30 小時及 18 小時–30 小時兩對比較有顯著差異，此結果與母數檢定相同。

報表 11-25　分組盒鬚圖

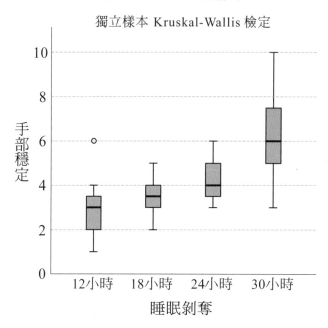

報表 11-25 是 4 組的**分組盒鬚圖**，盒中粗線部分為中位數，30 小時組的中位數 6 最高，12 小時組的中位數 3 最低，但有 1 個離異值，最好再進一步分析。整體而言，睡眠剝奪時間愈久，手部穩定性愈差。

報表 11-26　觀察值摘要

手部穩定		
睡眠剝奪	個數	中位數
12 小時	8	3.00
18 小時	8	3.50
24 小時	8	4.00
30 小時	8	6.00
總計	32	4.00

報表 11-26 是另外進行的**觀察值摘要**，包含各組受試者人數及中位數，手部穩定性會因為睡眠剝奪時間增加而變差。

12 單因子相依樣本變異數分析

單因子相依樣本變異數分析旨在比較兩群以上相依（有關聯）樣本，在某個變數的平均數是否有差異，適用的情境如下：

自變數：兩個以上有關聯的組別，為質的變數。

依變數：量的變數。

本章在介紹單因子相依樣本變異數分析的整體檢定，接著說明所有成對的事後比較。

12.1 基本統計概念

12.1.1 目的

單因子相依樣本變異數分析旨在檢定兩組以上相依的樣本，在某一變數之平均數是否有差異，它可用於比較：

1. 兩群以上有關聯之樣本在某個變數的平均數是否有差異，此為配對樣本。

2. 一群樣本在兩個以上時間點或情境中的平均數是否有差異，此為重複量數。

當只有兩群樣本時，研究者通常會使用相依樣本 t 檢定，而不使用單因子相依樣本變異數分析，由於此時 $F = t^2$，所以兩種分析的結果是一致的。然而，如果有三群以上樣本，則不應再採 t 檢定，而應使用變異數分析。

12.1.1.1 重複量數設計的優點

使用重複量數設計的主要優點有三：

1. **減少受試者**，在第 11 章表 11-1 獨立樣本設計中，要徵求的受試者有 9 人，如果使用重複量數設計則只要 3 人。

2. **可以減少因樣本不同而造成的差異**。雖然獨立樣本設計都會採用隨機分派的方式，以確保開始實驗時各組在依變數上的平均數相等，如果每一組都採用同樣的受試者，則起始點相等的要求更能達成。

3. **可以排除受試者之間的差異，使檢定更容易顯著**。單因子獨立樣本變異數分析的組間 *SS* 等於相依樣本的因子 *SS*，而獨立樣本的組內 *SS* 在相依樣本中會拆解為受試間 *SS* 及誤差 *SS*，由於誤差的 *SS* 變小，因此會使 *F* 值變大（*F* = 因子 *SS* / 誤差 *SS*），檢定也比較容易顯著。

12.1.1.2　重複量數設計的缺點

重複量數設計的主要缺點有二：

1. **增加實驗時間**。表 12-1 的例子如果使用獨立樣本，則實驗時間是 1 個月，但是如果使用重複量數設計則要延長為 3 個月，因此時間上很不經濟。

2. **對於「能不能」的問題並不適用**。許多學會以後就不容易遺忘的技能（如騎腳踏車）並不適合重複施測，因此重複量數設計比較適合「願不願」，或是沒有學習保留（記憶）之類的研究問題。

12.1.2　分析示例

以下的研究問題可以使用單因子相依樣本變異數分析：

1. 學生在三次體適能測試的結果。

2. 受訪者在不同時期（國小、國中、高中、大學）的幸福感。

3. 受試者對三種顏色號誌的反應時間。

4. 消費者對四種智慧型手機的喜愛度。

5. 使用隨機化交叉（cross-over）實驗設計，輪流服用三種不同藥物十天後的血壓值。

醫學上隨機化交叉實驗設計是將受試者隨機分成幾組（以 3 組為例），第 1、2、3 組分別接受 A、B、C 三種藥物試驗（其中 C 可以是安慰劑），經過一段時間後（如，2 星期），檢查研究者關心的變數（如：檢查血液中的病毒量或血糖值，或測量血壓

值等），接著，經過一段洗滌時間（washout period），讓殘存藥效排除，再更換藥物為 B、C、A，經過 2 星期的服藥及洗滌時間後，再更換藥物為 C、A、B。表示如下：

表 12-1　實驗設計一
順序

	1	2	3
1	A	B	C
2	B	C	A
3	C	A	B

受試

然而，在此設計中，B 藥物都是在 A 藥物之後服用，而 C 藥物則在 B 藥物之後服用，可能會有殘存的效應。如果把受試者隨機分為 6 組（2、4、6 為新增組別），改採以下的順序，就可以避免順序效應（sequence effects）。

表 12-2　實驗設計二
順序

	1	2	3
1	A	B	C
2	A	C	B
3	B	C	A
4	B	A	C
5	C	A	B
6	C	B	A

受試

在此實驗中，要留意隨機抽樣、隨機分組、隨機順序等隨機化原則。

使用此設計的優點是減少受試者，可以使用受試本身控制誤差，使得檢定容易顯著；缺點則是每位受試者要接受多種處理，費時較久，且無法適用於一學就會的技能（如：騎自行車），或是短期可以康復的疾病（如：感冒）。

12.1.3 整體檢定

　　以表 12-3 為例，研究者隨機抽取 3 名受試者，對他們施以體能訓練，並在每個月末進行體適能檢測（數值愈大，表示體適能愈佳）。試問：三個月的效果是否有差異？

表 12-3　三名受試者的體適能成績

組別	第 1 個月	第 2 個月	第 3 個月	受試平均
受試者 1	2	3	6	3.667
受試者 2	3	5	7	5.000
受試者 3	4	7	8	6.333
月平均數	3	5	7	
總平均	5			

　　表 12-3 的數值與表 11-1 相同，不同之處則是表 11-1 是 9 名受試者的資料，而表 12-3 則只有 3 名受試者，此處我們主要關心的是受試者在三個月之間的平均數（3、5、7）是否有差異，這是**因子效果**，也是第 11 章中的**組間效果**。從橫列來看，可以發現這三個月間的差異，同時也是受試者各自在三個月的變化，所以稱為**受試者內效果**（within subjects effect）；三名受試者之間的平均數差異（3.667、5.000、6.333），稱為**受試者間效果**（between subjects effect），也是變異的來源，不過，這通常不是研究者關注的重點。

　　表 12-3 的數據可以繪成圖 12-1 的折線圖。相依樣本變異數分析是把受試者當成另一個因子（S），並分析受試者與自變數（A）的交互作用，兩者交互作用的 SS_{as} 就是誤差 SS_{error}。當圖 12-1 中三條線交叉愈大，表示受試者與自變數的交互作用愈大，誤差 SS_{error} 也愈大；如果三條線完全平行，則誤差 SS_{error} 就等於 0。

圖 12-1　受試與時間的交互作用

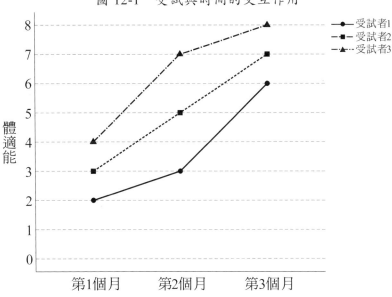

12.1.3.1　虛無假設與對立假設

在此例中，待答問題是：

受試者在三個月的體適能是否不同？

虛無假設是假定母群中三個時間點的體適能平均成績相同：

$$H_0 : \mu_{\text{第1月}} = \mu_{\text{第2月}} = \mu_{\text{第3月}}$$

或寫成：

$$H_1 : \mu_i = \mu_j \text{，存在於所有的 } i \text{ 及 } j$$

對立假設可簡單寫成：

$$H_1 : H_0 \text{為假}$$

12.1.3.2　*SS* 及自由度的計算

在計算前，先以圖 12-2 呈現單因子相依樣本變異數分析的 *SS* 拆解，以利讀者對公式的掌握。

圖 12-2　單因子相依樣本變異數分析之 *SS* 拆解-1

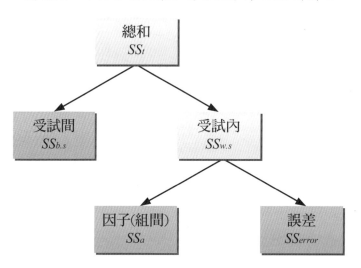

同樣的總和 *SS*，也可以拆解為圖 12-3，在兩個圖中，灰色網底的 *SS* 是相同的，只是排列位置不同。

圖 12-3　單因子相依樣本變異數分析之 *SS* 拆解-2

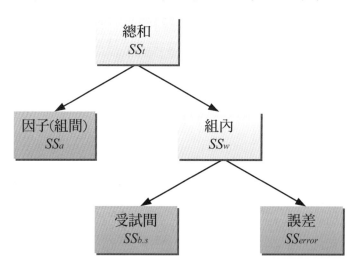

在圖 12-2 中，要進行整體檢定，需要計算五種 *SS*，分別是：

$$全體\ SS_t = \left[(各個數值 - 總平均數)^2 \right] 之總和 \tag{12-1}$$

$$受試間\ SS_{b.s} = \left[(各受試平均數 - 總平均數)^2 \times 受試次數 \right] 之總和 \tag{12-2}$$

$$受試內 SS_{w.s} = \left[(各個數值 - 受試者平均數)^2 \right] 之總和 \tag{12-3}$$

$$因子 SS_a = \left[(各月平均數 - 總平均數)^2 \times 各月受試者數 \right] 之總和 \tag{12-4}$$

$$誤差 SS_{error} = 受試內 SS_{w.s} - 因子 SS_a \tag{12-5}$$

全體 SS_t 等於 36，計算過程如下（與第 11 章的算法相同）：

$$(2-5)^2 + (3-5)^2 + (4-5)^2 +$$
$$(3-5)^2 + (5-5)^2 + (7-5)^2 +$$
$$(6-5)^2 + (7-5)^2 + (8-5)^2$$
$$= 9 + 4 + 1 + 4 + 0 + 4 + 1 + 4 + 9$$
$$= 36$$

受試間 $SS_{b.s}$ 等於 10.667，計算過程如下（以下均會有捨入誤差）：

$$(3.667-5)^2 \times 3 + (5.000-5)^2 \times 3 + (6.333-5)^2 \times 3 = 5.333 + 0 + 5.333 = 10.667$$

受試內 $SS_{w.s}$ 等於 25.333，需要分別計算 3 個受試內的 $SS_{w.s}$。其中，第 1 個受試內 $SS_{w.s}$ 等於 8.667，計算過程如下：

$$(2-3.667)^2 + (3-3.667)^2 + (6-3.667)^2 = 2.778 + 0.444 + 5.444 = 8.667$$

第 2 個受試內 $SS_{w.s}$ 等於 8，計算過程如下：

$$(3-5)^2 + (5-5)^2 + (7-5)^2 = 4 + 0 + 4 = 8$$

第 3 個受試內 $SS_{w.s}$ 等於 8.667，計算過程如下：

$$(4-6.333)^2 + (7-6.333)^2 + (8-6.333)^2 = 5.444 + 0.444 + 2.778 = 8.667$$

將 3 個受試內 $SS_{w.s}$ 加總之後得到聯合受試內 $SS_{w.s}$，為 25.333。

$$8.667 + 8 + 8.667 = 25.333$$

由計算結果可看出：

$$全體 SS_t = 受試間 SS_{b.s} + 受試內 SS_{w.s} \tag{12-6}$$

代入數值：

$$36 = 10.667 + 25.333$$

因此，全體 SS_t 可拆解成受試間 $SS_{b.s}$ 及受試內 $SS_{w.s}$ 兩部分（圖 12-4）。

圖 12-4　單因子相依樣本變異數分析之 SS 拆解

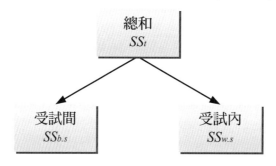

因子 SS_a 就是第 11 章的組間 SS_b，等於 24，計算過程如下：

$$(3-5)^2 \times 3 + (5-5)^2 \times 3 + (7-5)^2 \times 3 = 12 + 0 + 12 = 24$$

受試內 $SS_{w.s}$ 等於因子 SS_a 加誤差 SS_{error}（圖 12-5），因此誤差 SS_{error} 就等於受試內 $SS_{w.s}$ 減去因子 SS_a，結果為 1.333，計算過程如下：

$$SS_{error} = 25.333 - 24 = 1.333$$

誤差 SS 實際上就是把觀察體當成一個因子（S），計算 S 與自變數 A 的交互作用而得到的 S*A 之 SS_{sa}。有關交互作用的概念，詳見本書第 13 章。

圖 12-5　受試內 SS 之拆解

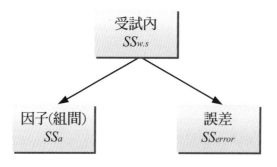

上述五個變異來源的自由度公式分別為：

全體的自由度 = 受試數 × 組數 － 1 = 所有數值數 － 1

受試間的自由度 = 樣本數 － 1

受試內的自由度 ＝ 受試數 ×(組數 － 1)＝ 受試數 × 組數 － 受試數

因子（組間）的自由度 ＝ 組數 － 1

誤差的自由度 ＝(受試數 － 1)×(組數 － 1)

計算後得到：

全體的自由度 ＝ 9 － 1 ＝ 8

受試間的自由度 ＝ 3 － 1 ＝ 2

受試內的自由度 ＝ 9 － 3 ＝ 6

因子（組間）的自由度 ＝ 3 － 1 ＝ 2

誤差的自由度 ＝(3 － 1)×(3 － 1)＝ 4

自由度同樣具有可加性，所以：

全體的自由度 ＝ 受試間的自由度 ＋ 受試內的自由度

受試內的自由度 ＝ 因子（組間）的自由度 ＋ 誤差的自由度

12.1.3.3　變異數分析摘要表

求得 SS 及自由度後，就可以整理成變異數分析摘要表。報表 12-1 中，均方是由平方和除以自由度而得，而 F 值的公式為：

F ＝因子均方 ／ 誤差均方 ＝ 12 / 0.333 ＝ 36

報表 12-1　變異數分析摘要表

變異來源	平方和 SS	自由度 df	均方 MS	F 值	p 值
受試間	10.667	2	5.333		
受試內	25.333	6			
因子（組間）	24.000	2	12.000	36	.003
誤差	1.333	4	0.333		
全體	36.000	8			

計算所得的 F 值是否顯著，同樣有兩種判斷方法（也見第 11 章）。第一種是傳統取向的做法，找出 α ＝ .05 時的臨界值。由圖 12-6 可看出，在自由度為 2, 4 的 F

分配中，臨界值為 6.944（使用 "COMPUTE F=IDF.F(.95,2,4)." 計算而得）。報表 12-1 計算所得的 F 值為 36，已經大於 6.944，因此應拒絕虛無假設。

第二種是現代取向的做法，直接算出在自由度為 2, 4 的 F 分配中，F 值要大於或等於 36 的 p 值。由圖 12-7 可看出，$F(2,4) \geq 36$ 的 p 值為 .003（使用 "COMPUTE P=1−CDF.F(36,2,4)." 計算而得），小於 .05，因此應拒絕虛無假設。

圖 12-6　自由度為 2, 4，$\alpha = 0.05$ 時，F 臨界值是 6.944

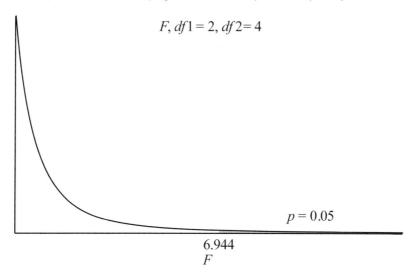

圖 12-7　自由度為 2, 4 的 F 分配中，$F \geq 36$ 的機率值是 0.003

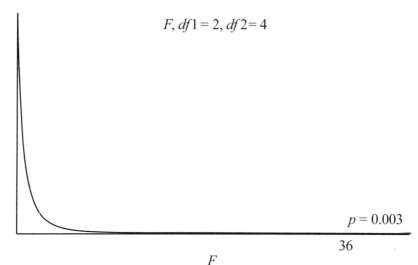

在 SPSS 的【分析】選單之【一般線性模式】選擇【重複量數】進行分析，即可得到報表 12-2，網底部分之數值與自行計算結果一致。操作過程及報表詳細解讀，請見後續之說明。

報表 12-2　受試者內效應項檢定

測量: MEASURE_1						
來源		第 III 類平方和	df	均方	F	顯著性
y	假設的球形	24.000	2	12.000	36.000	.003
	Greenhouse-Geisser	24.000	1.000	24.000	36.000	.027
	Huynh-Feldt	24.000	1.000	24.000	36.000	.027
	下限	24.000	1.000	24.000	36.000	.027
Error(y)	假設的球形	1.333	4	.333		
	Greenhouse-Geisser	1.333	2.000	.667		
	Huynh-Feldt	1.333	2.000	.667		
	下限	1.333	2.000	.667		

報表 12-3　受試者間效應項檢定

測量: MEASURE_1					
變換的變數: 平均值					
來源	第 III 類平方和	df	均方	F	顯著性
截距	225.000	1	225.000	42.188	.023
錯誤	10.667	2	5.333		

由圖 12-3 的右半部可看到，組內 SS 可拆解為受試間 SS 及誤差 SS（如圖 12-8），將報表 12-3 中的 $SS_{b.s}$ 與報表 12-2 中的 SS_{error} 相加（10.667 + 1.333）即等於第 11 章報表 11-1 中的組內 SS（等於 12）。由於報表 12-2 中的誤差減少為 1.333，雖然 F 的分母自由度變小（由 6 減為 4），使得臨界值變大（由 5.143 增為 6.944），但是 F 值增大為 36，使得 p 值也減小為 0.003（報表 11-1 中的 F 值為 6，p 值為 .037）。因此，在相同的條件下，使用相依樣本設計會比獨立樣本設計容易拒絕虛無假設（在 t 檢定

中也相同）。

圖 12-8　組內 *SS* 之拆解

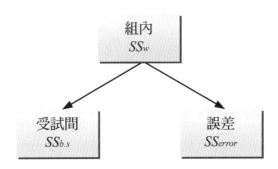

　　報表 12-4 是將受試者當成另一個因子（S）輸入，將 S 與 A 都設定為固定因子，分析後雖然不能進行 *F* 檢定，但是從網底的部分與報表 12-2 及報表 12-3 對照就可以發現：

1.　S 因子的 SS，就是受試間的 $SS_{b.s}$。
2.　A 因子的 SS，就是因子（組間）的 SS_a。
3.　S 與 A 的交互作用，就是誤差的 SS_{error}。
4.　校正後的模型 SS，就是全體的 SS_t。

報表 12-4　受試者間效應項檢定

依變數：　Y					
來源	第 III 類平方和	df	均方	F	顯著性
修正的模型	36.000[a]	8	4.500	.	.
截距	225.000	1	225.000	.	.
S	10.667	2	5.333	.	.
A	24.000	2	12.000	.	.
S＊A	1.333	4	.333	.	.
錯誤	.000	0	.		
總計	261.000	9			
校正後總計	36.000	8			
a. R 平方 = 1.000（調整的 R 平方 = .）					

報表 12-5 是將 S 因子設為隨機因子，此時即可對 A 因子的效果進行檢定，得到 $F = 36$，$p = .023$，與報表 12-2 相同。

報表 12-5　受試者間效應項檢定

依變數: Y						
來源		第 III 類平方和	df	均方	F	顯著性
截距	假設	225.000	1	225.000	42.188	.023
	錯誤	10.667	2	5.333[a]		
A	假設	24.000	2	12.000	36.000	.003
	錯誤	1.333	4	.333[b]		
S	假設	10.667	2	5.333	16.000	.012
	錯誤	1.333	4	.333[b]		
A * S	假設	1.333	4	.333	.	.
	錯誤	.000	0	.[c]		
a. MS(S)						
b. MS(A * S)						
c. MS(錯誤)						

12.1.4　事後比較

如果整體檢定顯著後，研究者通常會再進行事後比較。在 SPSS 中提供 LSD、Bonferroni，及 Sidâk 三種方法，都是以 Fisher 的 LSD 為基礎。使用 LSD 法進行多次成對比較之後，所犯的 α 會膨脹，最好改用 Bonferroni 或 Sidâk 校正，不過，這兩種校正方法都會過於保守，反而降低了統計檢定力。

LSD 採 t 檢定，如果符合球形性（見 12.7.3 節之說明），公式為：

$$t = \frac{\overline{Y}_i - \overline{Y}_j}{\sqrt{MS_{error}\left(\dfrac{1}{n_i} + \dfrac{1}{n_j}\right)}} = \frac{\overline{Y}_i - \overline{Y}_j}{\sqrt{MS_{error}\left(\dfrac{2}{n}\right)}} = \frac{平均數差異}{標準誤} \tag{12-7}$$

公式 12-7 與第 11 章的公式 11-6 相似，只是分母的部分以誤差 MS_{error} 取代組內 MS_w。不過，在 SPSS 中，LSD 法與相依樣本的 t 檢定公式相同，比較適用於違反球

形性的情形：

$$t = \frac{\overline{Y}_i - \overline{Y}_j}{\sqrt{\dfrac{s_d^2}{n}}} \qquad\qquad (12\text{-}8)$$

當兩組之間差異分數的變異數 s_d^2 為 0 時，就不能計算 t 值，因此無法比較平均數是否有顯著差異。

12.1.5　效果量

如果整體檢定後達到統計上的顯著，應計算效果量。在相依樣本單因子變異數分析中，全體的平方和可以拆解如圖 12-2，計算因子 SS 所占比例即可計算效果量。

目前研究者比較使用偏 η^2 值，它的公式是：

$$偏\ \eta^2 = \frac{因子SS}{因子SS + 誤差SS} = \frac{因子SS}{受試內SS} \qquad\qquad (12\text{-}9)$$

從報表 12-2 代入數值之後得到：

$$偏\ \eta^2 = \frac{24}{24 + 1.333} = \frac{24}{25.333} = .947$$

然而，偏 η^2 值並不是真正代表依變數的總變異中可用自變數解釋的比例，如果要自行計算 η^2 值，公式為：

$$\eta^2 = \frac{因子SS}{總和SS} = \frac{因子SS}{受試間SS + 因子SS + 誤差SS}$$

從報表 12-3 再找到受試間的 SS 代入公式，得到：

$$\eta^2 = \frac{24}{10.667 + 24 + 1.333} = \frac{24}{36} = .667$$

$\eta^2 = .667$ 與第 11 章 11.1.7 節的結果相同。由此可發現，使用相同的數據，相依樣本變異數分析比獨立樣本容易顯著，效果量的偏 η^2 也比較大，但是 η^2 仍然相同。

然而，η^2 會高估母群中自變數與依變數的關聯程度，因此可以改用不偏估計值 ε^2 或是 ω^2，公式分別為：

$$\varepsilon^2 = \frac{因子SS - 因子自由度 \times 誤差MS}{總和SS} \tag{12-10}$$

$$\omega^2 = \frac{因子SS - 因子自由度 \times 誤差MS}{總和SS + 組內MS} \tag{12-11}$$

代入數值後，得到：

$$\varepsilon^2 = \frac{24 - 2 \times 0.333}{36} = \frac{23.333}{36} = .648$$

$$\omega^2 = \frac{24 - 2 \times 0.333}{36 + 0.333} = \frac{23.333}{36.333} = .642$$

依據 Cohen（1988）的經驗法則，η^2 值之小、中、大的效果量分別是 .01、.06，及 .14。因此，本範例為大的效果量。

以上三種效果量也可以轉換成 Cohen 的 f，公式是：

$$f = \sqrt{\frac{\eta^2}{1 - \eta^2}} \tag{12-12}$$

代入 .667 後，得到：

$$f = \sqrt{\frac{.667}{1 - .667}} = 1.414$$

依據 Cohen (1988) 的經驗法則，f 值之小、中、大的效果量分別是 .10、.25，及 .40。因此，本範例為大的效果量。

12.2　範例

藥物動力學（Pharmacokinetics）的研究顯示，某些藥物會對另一種藥物的清除率產生影響。表 12-4 是 14 名接受茶鹼（theophylline）靜脈注射的慢性阻塞性肺病患者，在開放式、隨機化、三個時期的交叉實驗中，輪流服用兩種藥物（cimetidine 與 famotidine）及安慰劑（placebo）各三個療程。請問：服用三種藥劑後茶鹼的清除率是否有不同？

表 12-4　14 名受試者服用三種藥物之後的茶鹼清除率

受試者	cimetidine	famotidine	placebo
1	3.69	5.13	5.88
2	3.61	7.04	5.89
3	1.15	1.46	1.46
4	4.02	4.44	4.05
5	1.00	1.15	1.09
6	1.75	2.11	2.59
7	1.45	2.12	1.69
8	2.59	3.25	3.16
9	1.57	2.11	2.06
10	2.34	5.20	4.59
11	1.31	1.98	2.08
12	2.43	2.38	2.61
13	2.33	3.53	3.42
14	2.34	2.33	2.54

資料來源：Bachmann, K. et al. (1995). Controlled study of the putative interaction between famotidine and theophylline in patients with chronic obstructive pulmonary disease. *Journal of clinical pharmacology*, *35*(5), 529-535.

12.2.1　變數與資料

表 12-4 中，有 4 個變數，但是病人的代號並不需要輸入 SPSS 中，因此分析時只使用 3 種合併服用藥劑之後的茶鹼清除率，自變數是藥劑（有三個水準——藥劑，分為 famotidine、cimetidine，及 placebo），依變數則是注射茶鹼之後的清除率（單位為 L/h），數值愈大表示清除率愈高。

在 SPSS 中，並不區分自變數或依變數，而是將一系列的依變數輸入。在此範例中，因為有 3 種藥物，所以就輸入受試者在服用這 3 種藥物之後的依變數（茶鹼清除率）。

12.2.2　研究問題

在本範例中，研究者想要了解的問題可以陳述如下：

> 服用三種藥劑後茶鹼的清除率是否有不同？

12.2.3　統計假設

根據研究問題，虛無假設宣稱「服用三種藥劑後茶鹼的清除率沒有不同」：

$$H_0 : \mu_{cimetidine} = \mu_{famotidine} = \mu_{placebo} \text{，或 } H_0 : \mu_i = \mu_j \text{，存在於所有的 } i \text{ 與 } j$$

而對立假設則宣稱「服用三種藥劑後茶鹼的清除率不同」：

$$H_1 : \mu_i \neq \mu_j \text{，存在於部分的 } i \text{ 與 } j$$

12.3　使用 SPSS 進行分析

1. 完整的 SPSS 資料檔如圖 12-9。

圖 12-9　單因子相依樣本變異數分析資料檔

2. 在【分析】選單中的【一般線性模式】選擇【重複測量】(或【重複量數】)(圖 12-10)。

圖 12-10　重複量數選單

3. 首先出現【重複量數定義因子】對話框，此時在【受試者內因子的名稱】中內定為【factor1】，可依研究題目改為 drug，【水準個數】輸入為 3，並點選【新增】按鈕，接著再按【定義】按鈕(圖 12-11)。

圖 12-11　重複量數定義因子選單

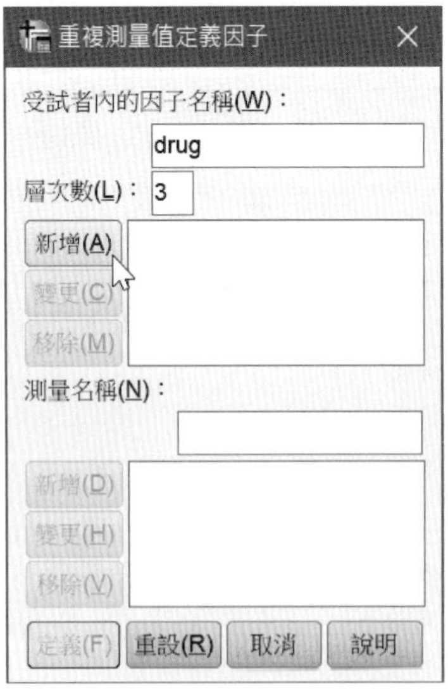

4. 此時，左邊框中為三種藥物名稱(圖 12-12)。

圖 12-12　重複量數選單

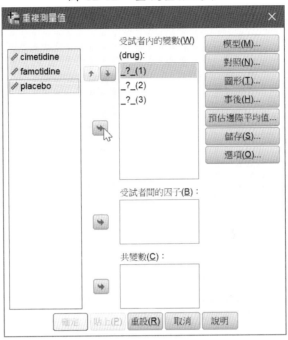

5.　將變數名稱依序點選到右邊【受試者內變數】的框中（圖 12-13）。

圖 12-13　重複量數選單（續）

6. 在【圖形】下，將【因子】中的 drug 點選到右邊的【水平軸】中，點選【新增】，
再點選【繼續】（圖 12-14）。

圖 12-14　重複量數：剖面圖對話框

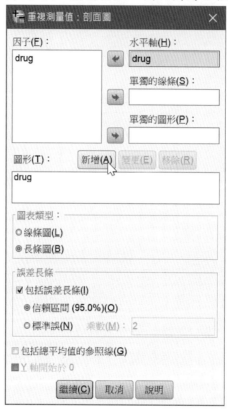

7. 在【選項】下，勾選【敘述統計】及【效果大小估計值】（圖 12-15）。

圖 12-15　重複量數：選項對話框

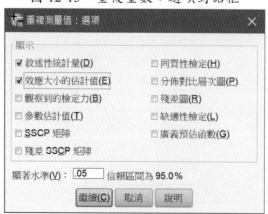

8. 整體檢定如果顯著，要進行事後比較，則將【因子與因子交互作用】框中的 drug 點選到右邊的【顯示平均數】框中，再勾選【比較主效果】，並選擇【Bonferroni 法】，接著點選【繼續】（圖 12-16）。

圖 12-16　重複量數：估計邊際平均值

9. 點選【確定】按鈕，進行分析（圖 12-13）。

12.4　報表解讀

分析後得到以下的報表，分別加以概要說明。

報表 12-6　受試者內因子

測量: MEASURE_1	
drug	依變數
1	cimetidine
2	famotidine
3	placebo

報表 12-6 為受試者內因子名稱（drug），共有三個種類（水準）。受試者內設計是以受試者本身為控制誤差的實驗方法，主要在比較同一批受試接受三種處理後，內在（因為服用了三種不同的藥物）的差異。

327

報表 12-7　敘述統計

	平均數	標準差	個數
Cimetidine	2.2557	.97012	14
Famotidine	3.1593	1.70490	14
Placebo	3.0793	1.52892	14

　　報表 12-7 為敘述統計，含**平均數**、**標準差**，及**個數**（樣本數）。14 名受試者服用 3 種藥物後，其茶鹼的清除率平均數分別為 2.26、3.16，及 3.08，至於 3 個平均數是否有顯著差異，則要進行後續檢定。

報表 12-8　平均數剖面圖
MEASURE_1 的估計邊際平均值

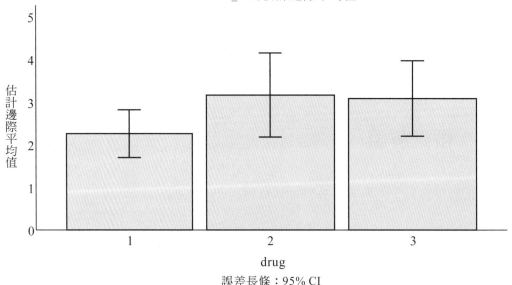

誤差長條：95% CI

　　報表 12-8 為平均數的剖面圖，由圖可看出服用第 1 種藥物（cimetidine）茶鹼的清除率平均數最低。

報表 12-9　多變量檢定

效果		數值	F	假設自由度	誤差自由度	顯著性	淨 Eta 平方
drug	Pillai's Trace	.519	6.467[b]	2.000	12.000	.012	.519
	Wilks' Lambda	.481	6.467[b]	2.000	12.000	.012	.519
	Hotelling's Trace	1.078	6.467[b]	2.000	12.000	.012	.519
	Roy 的最大平方根	1.078	6.467[b]	2.000	12.000	.012	.519

a. Design:截距
　受試者內設計: drug
b. 精確的統計量

　　單因子重複量數變異數分析也可以使用多變量變異數分析（請見本書第 16 章）進行檢定。在報表 12-9 的 4 種檢定量數中，最常被使用的是 Wilks 的 Λ 值，為 .481，轉換為 F 值之後等於 6.467，在自由度為 2, 12 的 F 分配中，$p = .012$，因此應拒絕虛無假設，表示服用 3 種藥物後，受試者體內茶鹼的清除率平均數有顯著差異。

　　使用多變量變異數分析的好處是不需要考慮是否符合球形性，缺點則是較保守，不容易正確拒絕錯誤的虛無假設，所以統計檢定力較低（Page, Braver, & MacKinnon, 2003）。

報表 12-10　Mauchly 球形檢定

測量:　MEASURE_1

受試者內效應項	Mauchly's W	近似卡方分配	df	顯著性	Epsilon[b]		
					Greenhouse-Geisser	Huynh-Feldt	下限
drug	.432	10.060	2	.007	.638	.676	.500

檢定正交化變數轉換之依變數的誤差共變量矩陣的虛無假設，是識別矩陣的一部份。
a.Design:截距
　受試者內設計:drug
b.可用來調整顯著性平均檢定的自由度。改過的檢定會顯示在 Within-Subjects Effects 表檢定中。

　　報表 12-10 為 Mauchly 球形檢定，在於考驗 3 組間兩兩差異分數的變異數是否相等，其方法為先計算 3 個差異分數：

$$d_1 = \text{cimetidine} - \text{famotidine}$$

$$d_2 = \text{famotidine} - \text{placebo}$$

$$d_3 = \text{cimetidine} - \text{placebo}$$

其虛無假設為：

$$H_0 : \sigma_{d_1}^2 = \sigma_{d_2}^2 = \sigma_{d_3}^2 \text{，或 } \sigma_{d_i}^2 = \sigma_{d_j}^2 \text{，存在於所有的 } i \text{ 與 } j$$

對立假設為：

$$H_1 : \sigma_{d_i}^2 \neq \sigma_{d_j}^2 \text{，存在於部分的 } i \text{ 與 } j$$

檢定後得到 $W = 0.432$，轉換為 $\chi^2 = 10.060$，$p = .007$，因此應拒絕虛無假設，已經違反了球形性（sphericity）。由於已經違反了球形性假定，因此後續分析得到的 F 值機率就會有正偏的情形（也就是容易拒絕虛無假設），需要使用 ε 值對自由度加以校正，以獲得比較大的 F 臨界值（臨界值愈大，同樣的 F 值就愈不容易顯著，也就是比較不容易拒絕虛無假設）。

Epsilon（ε）值介於 1 與 1／$(k{-}1)$ 間，其中 k 為重複測驗的次數，因此本例中 ε 值的最低下限為 $1/(3{-}1) = 0.5$。如果 ε 值非常接近最低下限，表示嚴重違反球形性；如果等於 1，則未違反球形性。

然而，真正的 ε 值是多少並不知道，不過 SPSS 有 Greenhouse-Geisser 及 Huynh-Feldt 兩種 ε 值。Huynh-Feldt 的 ε 值比較適合一般情形，Greenhouse-Geisser 的 ε 值則比較適合極端違反假設的情況。如果兩個值很接近，且都很小，則使用 Greenhouse-Geisser ε 值比較恰當；如果都很大，則使用 Huynh-Feldt ε 值較適合 (Page, Braver, & MacKinnon, 2002, p.72)。

報表 12-11　受試者內效應項的檢定

測量:　MEASURE_1							
來源		型 III 平方和	df	均方	F	顯著性	淨 Eta 平方
drug	假設為球形	7.005	2	3.503	10.591	<.001	.449
	Greenhouse-Geisser	7.005	1.276	5.491	10.591	.003	.449
	Huynh-Feldt	7.005	1.353	5.178	10.591	.002	.449
	下限	7.005	1.000	7.005	10.591	.006	.449
誤差 (drug)	假設為球形	8.599	26	.331			
	Greenhouse-Geisser	8.599	16.586	.518			
	Huynh-Feldt	8.599	17.588	.489			
	下限	8.599	13.000	.661			

報表 12-11 中 F 值的公式為：

$$F = \frac{drug均方}{誤差(drug)均方}$$

代入**假設為球形**列的數值，得到：

$$F = \frac{3.503}{0.331} = 10.591$$

　　由於違反球形性，所以報表 12-11 的「**假設為球形**」這兩列就不適用，而需要對自由度進行校正。如果報表 12-10 中 Greenhouse-Geisser 的 $\varepsilon > .75$ 時，就會過於保守，此時最好改採 Huynh-Feldt 的方法（Girden, 1992）。由於報表 12-10 中 Greenhouse-Geisser 的 $\varepsilon = .638 < .75$，所以可以使用 Greenhouse-Geisser 的校正方法。報表 12-10 中 Huynh-Feldt 的 $\varepsilon = .676$，將原來的分子及分母自由度 2 及 26 各自乘上 .638，得到報表 12-11 的 1.353 及 17.588。因為分子及分母都乘上相同的 ε 值，所以對 F 值就不會產生影響，$F (1.353, 17.588) = 10.591$，$p = .002$，拒絕虛無假設，所以至少有一種藥物對茶鹼的清除率的影響與其他藥物不同。

報表 12-12　受試者內對比的檢定

測量：　MEASURE_1

來源	drug	型 III 平方和	df	均方	F	顯著性	淨 Eta 平方
drug	線性	4.748	1	4.748	13.952	.002	.518
	二次方	2.257	1	2.257	7.029	.020	.351
誤差(drug)	線性	4.424	13	.340			
	二次方	4.175	13	.321			

　　報表 12-12 在進行**趨勢分析**，由於本範例自變數中的 3 個水準並不具時間順序，因此不需要特別檢視此項結果。

　　假如報表 12-8 的 X 軸是不同的時間（例如 3 個星期的血糖值），則由報表 12-12 來看，其中線性部分的 F 值為 13.952，p = .002，因此可以使用直線趨勢加以說明。而二次方的 F = 7.029，p = .020，也小於 .05，表示以二次曲線也可以解釋。不過，由**淨 Eta 平方**部分觀之，線性的解釋量較大（.518 對 .351）。

報表 12-13　受試者間效應項的檢定

測量:MEASURE_1

轉換的變數:平均值

來源	型 III 平方和	df	均方	F	顯著性	淨 Eta 平方
截距	336.713	1	336.713	60.955	.000	.824
誤差	71.811	13	5.524			

　　報表 12-13 為受試者間效應項的檢定，報表中的**誤差**平方和是受試者間的平方和，在計算效果量時會使用到。由於受試者有 14 人，因此自由度為 14 − 1 = 13，MS = 5.524。本分析主要在檢定 14 名受試者彼此間的茶鹼清除率是否有差異，這通常不是研究者的興趣，在 SPSS 中也不計算 F 值。

報表 12-14　估計值

測量:　MEASURE_1				
drug	平均數	標準誤	95%信賴區間	
			下界	上界
1	2.256	.259	1.696	2.816
2	3.159	.456	2.175	4.144
3	3.079	.409	2.197	3.962

　　報表 12-14 為 14 名受試者在三種藥物的茶鹼清除率**平均數**、**標準誤**，及平均數的 **95%信賴區間**。其中標準誤的公式為：

$$標準誤 = \frac{標準差}{\sqrt{個數}}$$

標準差及個數可以從報表 12-7 獲得。

報表 12-15　成對比較

測量:　MEASURE_1						
(I)drug	(J)drug	平均差異(I-J)	標準誤	顯著性 [b]	差異的 95%信賴區間 [b]	
					下界	上界
1	2	-.904[*]	.278	.019	-1.667	-.140
	3	-.824[*]	.220	.007	-1.429	-.218
2	1	.904[*]	.278	.019	.140	1.667
	3	.080	.126	1.000	-.265	.425
3	1	.824[*]	.220	.007	.218	1.429
	2	-.080	.126	1.000	-.425	.265
根據估計的邊緣平均數而定。						
*.平均差異在.05 水準是顯著的。						
b.調整多重比較：Bonferroni。						

　　由於整體檢定顯著，因此進行成對比較。它們的虛無假設分別是：

$$H_0 : \mu_{\text{cimetidine}} = \mu_{\text{famotidine}}$$

$$H_0 : \mu_{\text{cimetidine}} = \mu_{\text{placebo}}$$

$$H_0 : \mu_{\text{famotidine}} = \mu_{\text{placebo}}$$

因為同時進行三次比較，會使得犯第一類型錯誤的機率膨脹為：

$$1 - (1 - \alpha)^3 = 1 - (1 - .05)^3 = .143$$

所以需要將 α 加以調整，比較常用的方式是將 α 除以對比的次數，稱為 Bonferroni 調整。調整之後的 α 為：

$$.05 / 3 = .0167$$

然而，SPSS 的報表是列出 p 值而非 α 值，使用 Bonferroni 調整時是將原來的 p 值乘上對比次數 3，如果 p 值大於 1 時，就顯示為 1。

由報表 12-15 可看出，第 1 種藥物（cimetidine）與 famotidine 及安慰劑相比，會顯著降低茶鹼的清除率（p 值分別為 .019 及 .007）。而 famotidine 及安慰劑的平均數則無顯著差異（$p = 1.000$）。

由於 cimetidine 會降低茶鹼的清除率，因此如果病人同時使用這兩種藥物，應減少茶鹼的用藥量。

有些書籍（Green & Salkind, 2011; Yockey, 2011）會使用成對樣本 t 檢定的方式進行事後比較，在此也略加介紹。

步驟如下：

1.　在【分析】選單中的【比較平均數法】選擇【成對樣本 T 檢定】（圖 12-17）。

圖 12-17　成對樣本 T 檢定選單

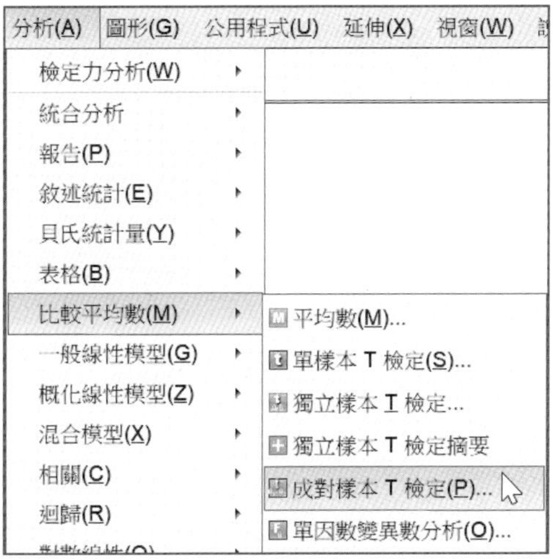

2. 先按住 Ctrl 鍵，再分別點選 cimetidine 及 famotidine，並點擊到【配對變數】框中，接著依序完成 cimetidine 對 placebo，及 famotidine 對 placebo（圖 12-18）。

圖 12-18　配對樣本 T 檢定對話框

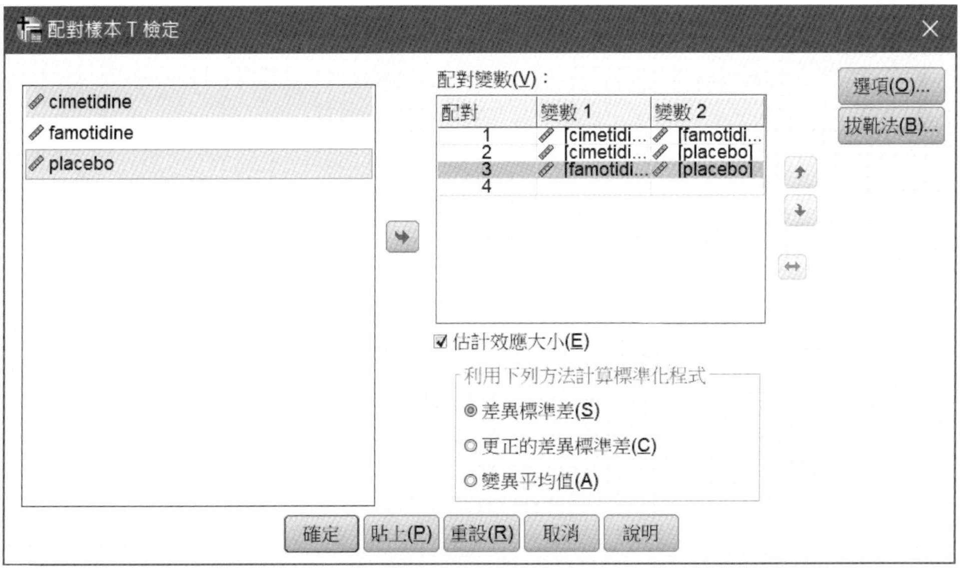

3. 如果要計算差異分數的 95% 信賴區間，要使用 Bonferroni 調整，數值為 $(1-(.05/3))\times100 = 98.333$。此時，在【選項】下設定【信賴區間百分比】為 98.333%（圖 12-19）。

圖 12-19　配對樣本 T 檢定：選項對話框

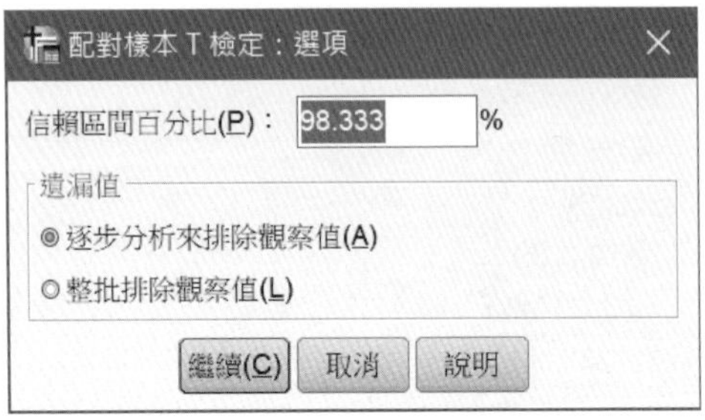

4.　設定之後依序點擊【繼續】及【確定】，進行分析。

報表 12-16　成對樣本檢定

		成對變數差異					t	自由度	顯著性 (雙尾)
		平均數	標準差	平均數的標準誤	差異的 98.333% 信賴區間				
					下界	上界			
成對 1	cimetidine-famotidine	-.90357	1.04071	.27814	-1.66730	-.13984	-3.249	13	.006
成對 2	cimetidine-placebo	-.82357	.82499	.22049	-1.42899	-.21815	-3.735	13	.002
成對 3	famotidine-placebo	.08000	.46971	.12554	-.26470	.42470	.637	13	.535

對照報表 12-16 及 12-15，可以發現兩個報表中的信賴區間數值是相同的，報表 12-16 顯示**差異的 98.333%信賴區間**，是因為我們自行調整過了，應視為差異的 95% 信賴區間，而報表 12-15 的 p 值乘以 3，則為報表 12-14 的 p 值（如果大於 1，則顯示為 1）。

12.5　計算效果量

報表 12-10 只計算偏 η^2 值，公式是：

$$偏\ \eta^2 = \frac{7.005}{7.005 + 8.599} = .449$$

這就等於報表 12-11 中的**淨 Eta 平方**。如果要計算 η^2 值，從報表 12-13 再找到受試者間的 SS，計算 η^2，得到：

$$\eta^2 = \frac{7.005}{71.811 + 7.005 + 8.599} = .080$$

圖示如下：

圖 12-20　單因子相依樣本變異數分析效果量

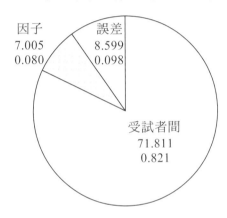

依據 Cohen（1988）的經驗法則，η^2 值之小、中、大的效果量分別是 .01、.06，及 .14。因此，本範例為中度的效果量。

12.6　以 APA 格式撰寫結果

以 14 名受試者進行隨機化交叉實驗設計，三種藥物對茶鹼的清除率有不同的作用，$F(2, 26) = 10.59$，$p < .001$，效果量 $\eta^2 = .080$。服用 cimetidine 後，其茶鹼的清除率（$M = 2.26$，$SD = 0.97$）顯著比安慰劑（$M = 3.08$，$SD = 1.53$）來得低，也比 famotidine（$M = 3.16$，$SD = 1.70$）低。而 famotidine 與安慰劑則無顯著差異。

12.7　單因子相依樣本變異數分析的假定

單因子相依樣本變異數分析，應符合以下三個假定。

12.7.1 觀察體要能代表母群體，且彼此間獨立

觀察體獨立代表組內的各個樣本間（受試間）不會相互影響。由於是相依樣本，所以組間是不獨立的，也就是同一個受試者會在不同的療程中依序服用三種不同藥物。不過，如果受試者在同一個療程中同時服用兩種以上的藥物，則違反獨立假定。

觀察體間不獨立，計算所得的 p 值就不準確，如果有證據支持違反了這項假定，就不應使用單因子相依樣本變異數分析。

12.7.2 在自變數的各水準中，母群依變數須為常態分配

此項假定是在全體接受茶鹼靜脈注射的慢性阻塞性肺病患中，服用三種藥物後的茶鹼清除率要呈常態分配。如果依變數不是常態分配，會降低檢定的統計考驗力。不過，當樣本數在 30 以上時，即使違反了這項假定，對於單因子相依樣本變異數分析的影響也不大（Green & Salkind, 2014）。

12.7.3 球形性

球形性是指母群中，受試者內因子各成對差異分數的變異數要具有同質性（相等）。SPSS 使用 Mauchly 的球形檢定來考驗是否違反這個假定，如果不符合此項假定，就要使用 Greenhouse-Geisser 及 Huynh-Feldt 兩種 ε 值對自由度加以校正。如果 Greenhouse-Geisser 的 $\varepsilon > .75$ 時，最好改採 Huynh-Feldt 的方法；$\varepsilon \le .75$，則仍使用 Greenhouse-Geisser 的方法。

改用多變量變異數分析，是另一種替代方法，因為它不需要符合球形性，且有多種追蹤分析方法可供選擇。不過，多變量變異數分析則需要符合另一個假定——多變量常態分配，此部分請見本書第 16 章。

12.8 Friedman 等級變異數分析

如果不符合常態分配與球形性假設，可以改用 Friedman 檢定（Friedman analysis of variance by ranks），分析過程及報表解讀如後。

SPSS 有兩種方式進行無母數檢定，一是舊式對話框，二是新式依資料測量水準

由系統判斷分析方法。第二種方法在整體檢定顯著後，可以設定事後多種比較。不過，由於 3 組要進行 3 次比較，會使型 I 錯誤增加，此時可使用 Bonferroni 法控制型 I 錯誤。檢定後發現 cimetidine 的平均等級分別與 famotidine 及 placebo 有顯著差異，與前述 ANOVA 的結果相同。

12.8.1　分析過程

1. 在【分析】中【無母數檢定】的【舊式對話框】選擇【K 個相關樣本】（圖 12-21）。

圖 12-21　K 個相關樣本選單

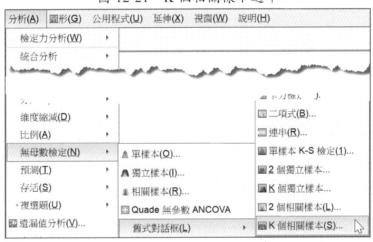

2. 將左邊框中為三種藥物名稱點選到右邊【檢定變數】框中。此時，預設【檢定類型】為【Friedman】檢定（圖 12-22）。

圖 12-22　多個相關樣本的檢定對話框

3. 在圖 12-22 中的【統計量】下勾選【四分位數】（圖 12-23）。

圖 12-23　多個相關樣本：統計量對話框

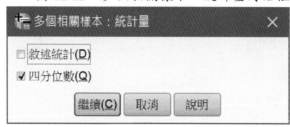

4. 如果要進行事後比較，可以在【分析】中【無母數檢定】選擇【相關樣本】（圖 12-24）。

圖 12-24　相關樣本選單

5. 在左上角的【欄位】中，將三種藥物名稱選擇到【檢定欄位】（圖 12-25）。

圖 12-25　無母數檢定：兩個或多個相關樣本對話框

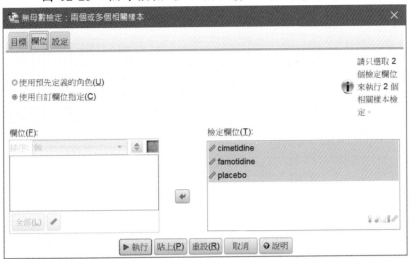

6.　在左上角的【設定】中的【選擇檢定】，選擇【自訂檢定】的【依秩執行的 Friedman's 雙向 ANOVA（k 個樣本）】，【多重比較】預設為【所有成對】。設定完成，點擊【執行】即可進行分析（圖 12-26）。

圖 12-26　無母數檢定：兩個或多個相關樣本對話框（續）

12.8.2 報表解讀

以下僅列出較重要的報表，並簡要說明之。

報表 12-17　敘述統計

	個數	百分位數		
		第 25	第 50（中位數）	第 75
cimetidine	14	1.4150	2.3350	2.8450
famotidine	14	2.0775	2.3550	4.6125
placebo	14	1.9675	2.6000	4.1850

報表 12-17 為描述統計，三種藥物的受試者都是 14 人，中位數分別為 2.335、2.355、2.600。

報表 12-18　等級

	平均等級
cimetidine	1.14
famotidine	2.46
placebo	2.39

報表 12-18 為三種藥物的受試者都是 14 人，第 1 種藥物（cimetidine）的茶鹼清除率最低，平均等級為 1.14，第 2 種藥物（famotidine）的茶鹼清除率最高，平均等級為 2.46。

報表 12-19　相關樣本 Friedman 雙向等級變異分析摘要

總計 N	14
檢定統計資料	15.745
自由度	2
漸進顯著性（雙邊檢定）	<.001

報表 12-19 中檢定後得到 $\chi^2 (2, N = 14) = 15.745$，$p < .001$，因此三種藥物對茶鹼的清除率有不同的作用。

報表 12-20 配對比較

Sample 1-Sample 2	檢定統計資料	標準誤	標準檢定統計量	顯著性	調整顯著性[a]
cimetidine-placebo	-1.250	.378	-3.307	<.001	.003
cimetidine-famotidine	-1.321	.378	-3.496	<.001	.001
placebo-famotidine	.071	.378	.189	.850	1.000

每列都檢定樣本 1 和樣本 2 分佈相等的虛無假設。

已顯示漸進顯著性（雙邊檢定）。 顯著水準為 .050。

a. Bonferroni 校正已針對多個測試調整了顯著性值。

報表 12-20 是配對比較結果。由報表可看出，famotidine － cimetidine 及 placebo － cimetidine 之間的平均等級有顯著差異，而 placebo － famotidine 間的平均等級無顯著差異。

13 二因子獨立樣本變異數分析

二因子獨立樣本變異數分析旨在分析兩個自變數對一個量的依變數的效果，適用的情境如下：

自變數：兩個自變數，均為**質的變數**。

依變數：量的變數。

本章先介紹二因子獨立樣本變異數分析的整體檢定，接著說明後續分析的方法。

13.1 基本統計概念

13.1.1 目的

二因子獨立樣本變異數分析旨在檢定兩個自變數對量的依變數的效果，在此，二個自變數（因子）各有兩個以上的類別（水準），且都是獨立因子。使用二因子變異數分析，比分別進行兩次單因子變異數分析有三項優點：

1. 除了可以分析兩個自變數的**主要效果**（main effect），還能分析兩個自變數之間的**交互作用**（interaction）。二因子變異數分析的最主要目的在於了解兩個變數之間的交互作用，也就是某一個自變數的效果可能會因為另一個自變數的存在而有所不同，因此在分析時要先了解兩個自變數間是否有交互作用存在，如果沒有，才進行主要效果的分析。

2. 可以減少樣本數，節省研究經費。如果研究者只想了解採用三種不同的方法教學後，學生的學業成績是否有差異，假設每組需要 12 名受試者，則總共需要 36 名受試者。假使研究者另外想研究三種不同性向學生使用相同教學法後的學業成績是否有差異，同樣的，每種性向需要 12 名受試者，總共需要有 36 人。如果使用單因子實驗分析，那麼全部就需要 72 名受試者。可是在二因子獨立樣本設計中總共只需要 36 個樣本，如此就可以減少受試者，因此也就比進行兩個單因子實驗設計節省費用。

3. 可以減少誤差變異，使得檢定容易顯著。如果有兩個自變數，分別進行兩次單因子變異數分析，只能分析個別的主要效果，而且組內 *SS*（誤差變異）也比較大。如果進行二因子變異數分析，不僅可以分析二個因子的交互作用，而且可以在組內 *SS* 中拆解出二因子交互的 *SS*，由於誤差變異減少，檢定也比較容易顯著。

13.1.2　分析示例

以下的研究問題都可以使用二因子獨立樣本變異數分析：

1. 三種教學法對三種不同特質學生之教學效果。
2. 不同品牌的洗衣粉與水質對洗滌效果的影響。
3. 不同疫苗對不同年齡層接種者在增加抗體濃度（或保護力）之效果。

13.1.3　交互作用

有時某個自變數的效果會因為另一個變數的存在而對依變數產生不同的效果，後者是前者的調節變數（moderator）。例如：增強物是否能提高學生學習的興趣，要視學生是否有內在動機而定，如果學生已經有強烈的內在動機，又提供外在的增強物，有時反而會減低了學習興趣，此稱為過度辨正（overjustification）。

在教育心理學的研究中，Cronbach 及 Snow 提出性向與處理交互作用（aptitude-treatment interaction, ATI）的概念，認為某些教學處理（策略）對特定的學生，會因為他們的特殊能力而特別有效（或是特別無效）。

在圖 13-1 中，無論面對什麼性向的學生，第一種教學法（例如：講演法）都比第二種教學法（例如：自學輔導法）的平均學業成績高，因此教法並不會因為學生性向不同，而對學業成績產生不同的效果，也就是兩者並沒有交互效果，所以性向這一變數不是教學法的調節變數。此時，兩個因子都有主要效果。

在圖 13-2 中，教學法則會因為學生性向的不同，而有不同的平均學業成績。如果使用第一種教學法，則第二種性向（例如：外控型）的學生受益比較大，因此學業成績也較高。但是，如果使用第二種教學法來教導第二種性向的學生，他們的學業成績反而比較低。然而，第二種教學法卻對第一種性向（例如：內控型）的學生比較有助益。所以，整體而言兩種教學法的平均效果並沒有差異，但是卻會因為不同的學生

性向而產生不同的效果，因此兩者有交互作用，性向是教學法的調節變數。此種交互作用稱為非次序的交互作用（disordinal interaction），此時兩個因子都沒有主要效果。

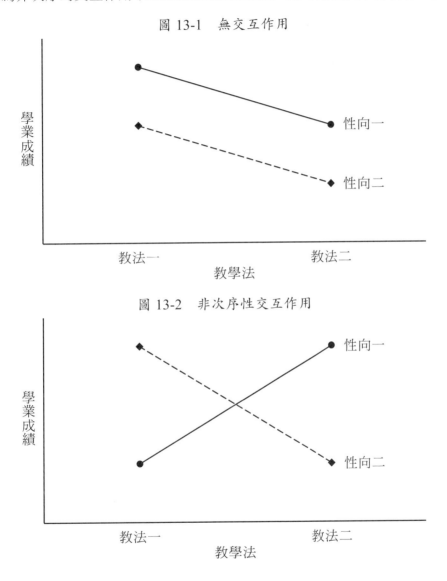

圖 13-1　無交互作用

圖 13-2　非次序性交互作用

　　圖 13-3 中，不管使用何種教學法，第一種性向的學生的平均學業成績都比第二種性向的學生高。不過，當使用第一種教學法時，兩種性向間的差異較小；但是使用第二種方法時，兩種性向間的差異則變得較大。對於第一種性向的學生，無論採用何種教學方法的效果都相同；但是對於第二種性向的學生，則應該採用第一種教學法，不宜採用第二種教學法。所以，教學法仍應視學生性向而加以調整，性向仍是教學法

的調節變數。此種交互作用稱為次序的交互作用（ordinal interaction），此時兩個因子都有主要效果。

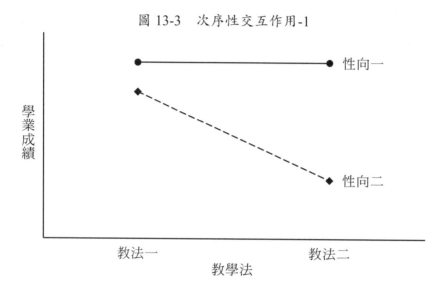

圖 13-3　次序性交互作用-1

圖 13-4 也是次序性交互作用，此時學生性向有主要效果，而教學法則沒有主要效果。

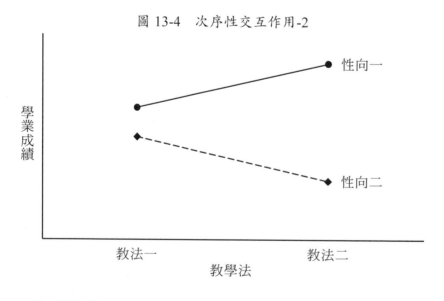

圖 13-4　次序性交互作用-2

13.1.4　分析流程

二因子變異數分析的流程可以用圖 13-5 表示。在分析時，要先留意二因子交互

作用是否達到顯著。如果交互作用顯著，則接著進行**單純效果**（或稱**單純**主要效果）分析；如果交互作用不顯著則進行**主要效果**分析。兩種效果分析的後續步驟是類似的，如果顯著，則接著進行**事後比較**；如果不顯著，則**停止分析**。

圖 13-5 二因子變異數分析流程

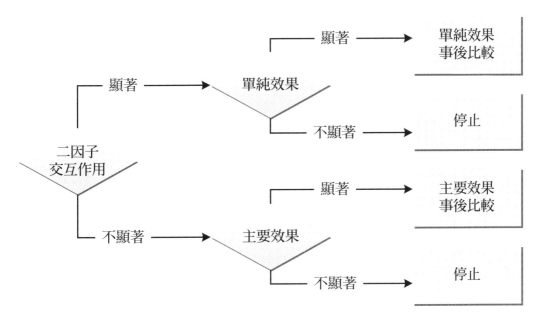

13.1.5 整體檢定

以表 13-1 為例，研究者想要了解三種不同教學法與學生性向，對其學業成績是否有交互作用。因此分別找了三種不同性向的學生各 12 名（總計 36 名），再以隨機分派的方式各自接受三種不同的教學法，經過一學期後，測得學生的學業成績。在此例中，有 2 個自變數，其中教學法（A 因子）有 3 個類別（水準），學生性向（B 因子）也有 3 個水準，因此是 3×3 的實驗設計，共有 9 個細格（不同的處理）。依變數是學業成績。

表 13-1　36 名學生之學業成績

| | | 學　生　性　向 | | |
		性向一	性向二	性向三
教學方法	教法一	16	12	7
		15	12	8
		17	13	7
		15	12	6
	教法二	9	11	14
		10	12	14
		11	13	15
		9	10	14
	教法三	13	9	7
		13	8	7
		14	8	6
		11	6	5

13.1.5.1　虛無假設與對立假設

在本範例中，研究者想要了解的問題可以陳述如下：

　　學業成績是否因教學法及學生性向而有差異？

　　學業成績是否因教學法而有差異？

　　學業成績是否因學生性向而有差異？

根據研究問題，虛無假設一宣稱「兩個自變數沒有交互作用」：

　　H_0：教學法與學生性向沒有交互作用

而對立假設則宣稱「兩個自變數有交互作用」：

　　H_1：教學法與學生性向有交互作用

虛無假設二宣稱「在母群中三種教學法的學業成績沒有差異」：

$$H_0: \mu_{\text{教法一}} = \mu_{\text{教法二}} = \mu_{\text{教法三}}$$

而對立假設則宣稱「在母群中三種教學法的學業成績有差異」：

$$H_1: \mu_i \neq \mu_j，存在一些 i 與 j$$

虛無假設三宣稱「在母群中三種性向的學生之學業成績沒有差異」：

$$H_0: \mu_{\text{性向一}} = \mu_{\text{性向二}} = \mu_{\text{性向三}}$$

而對立假設則宣稱「在母群中三種性向的學生之學業成績有差異」：

$$H_1: \mu_i \neq \mu_j，存在一些 i 與 j$$

13.1.5.2　*SS* 的拆解

獨立樣本二因子變異數分析的平方和（*SS*）可以拆解如圖 13-6，全體（總和）的 *SS* 可以分為組內 *SS* 及組間 *SS*。組內 *SS* 就是誤差 *SS*，是兩個因子解釋不到的部分；組間 *SS* 則是兩個因子的效果，又可分為因子一及因子二的主要效果，及兩因子間的交互作用。

圖 13-6　獨立樣本二因子變異數分析之平方和拆解

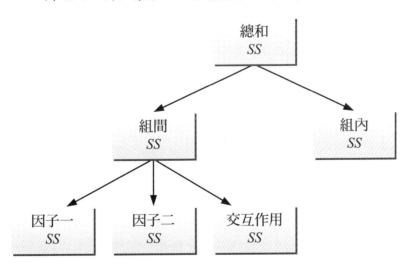

13.1.5.3　以 SPSS 進行二因子變異數分析

本章不列出各種 *SS* 的計算方法，而以 SPSS 的報表說明主要的統計概念。操作

步驟請見 13.3 節的說明。

報表 13-1　敘述統計

依變數: 學業成績				
教學方法	學生性向	平均值	標準差	個數
教法一	性向一	15.75	.957	4
	性向二	12.25	.500	4
	性向三	7.00	.816	4
	總計	11.67	3.822	12
教法二	性向一	9.75	.957	4
	性向二	11.50	1.291	4
	性向三	14.25	.500	4
	總計	11.83	2.125	12
教法三	性向一	12.75	1.258	4
	性向二	7.75	1.258	4
	性向三	6.25	.957	4
	總計	8.92	3.088	12
總計	性向一	12.75	2.734	12
	性向二	10.50	2.276	12
	性向三	9.17	3.834	12
	總計	10.81	3.293	36

報表 13-1 是細格及邊緣的描述統計，包含平均數（**平均值**）、**標準差**，及**個數**。教法一這一大列中，性向一的學業成績平均數（15.75）最大；教法二中，性向三的學業成績平均數（14.25）最大；教法三中，性向一的學業成績平均數（12.75）最大。因此，可以預期，不同的教學方法對不同性向的學生，會有不同的效果（表現在學業成績上）。也就是，教學方法與學生性向可能會有交互作用。

報表 13-2　受試者間效應項的檢定

依變數: 學業成績						
來源	第 III 類平方和	df	均方	F	顯著性	偏 Eta 平方
修正的模型	353.389[a]	8	44.174	45.436	<.001	.931
截距	4203.361	1	4203.361	4323.457	<.001	.994
A	64.389	2	32.194	33.114	<.001	.710
B	78.722	2	39.361	40.486	<.001	.750
A * B	210.278	4	52.569	54.071	<.001	.889
錯誤	26.250	27	.972			
總計	4583.000	36				
校正後總計	379.639	35				
a. R 平方=.931（調整的 R 平方=.910）						

報表 13-2 為變異數分析摘要表，以下針對 SS 及自由度做詳細的說明。

A 因子是教學法的主要效果，在於比較報表 13-1 中三個教法中總計（或總數）的平均數是否有顯著差異（分別是 11.67、11.83，及 8.92）。A 因子的自由度是水準數減 1，所以 3 − 1 = 2。

B 因子是學生性向的主要效果，在於比較報表 13-1 總計列中的三種性向的平均數是否有顯著差異（分別是 12.75、10.50，及 9.17）。B 因子的自由度也是水準數減 1，所以 3 − 1 = 2。

A*B 是兩個因子的交互作用，也是二因子變異數分析的主要目的。自由度是上述兩個自由度的乘積，所以(3 − 1) × (3 − 1) = 4。

以上三者的總和，合稱為組間的效果，主要在比較報表 13-1 中 9 個細格平均數的差異。在 SPSS 中稱為**修正的模型**（或校正後的模式）。自由度為細格數減 1，所以 9 − 1 = 8。

錯誤（或誤差）是 9 個細格中每個學生與該細格平均數的差異平方和，也是兩個因子及其交互作用解釋不到的變異。自由度是總人數減細格數，所以 36 − 9 = 27。

校正後總計就是全體變異，是 36 個學生與總平均的差異平方和。自由度是總人數減 1，所以 36 − 1 = 35。

　　均方（或平均平方和）就是 MS，等於平方和除以各自的自由度。F 值的公式是：

$$F = \frac{\text{因子}MS}{\text{誤差}MS}$$

　　在此範例中，誤差的 MS 為 0.972，它是計算主要效果、交互作用、單純主要效果，及事後比較的分母部分，應加以留意。

　　報表 13-2 中，教學法與學生性向的交互作用效果之 SS 為 210.278，$F(4, 27) = 54.071$，$p < .001$，達 .05 顯著水準，因此兩者有顯著的交互作用。另外，教學法的 $F(2, 27) = 33.114$，學生性向的 $F(2, 27) = 40.486$，p 值均小於 .001，表示兩個自變數也都有主要效果。也就是教學法不同，學生的平均學業成績不同；學生性向不同，其平均學業成績也不同。

報表 13-3　教學方法*學生性向之學業成績平均數剖面圖
學業成績 的估計邊際平均值

　　報表 13-3 是以教學法為橫軸所繪的剖面圖，以第一種教法所教的三組學生中，第一種性向的學生的平均學業成績最高，其次為第二種性向的學生，第三種性向的學生其學業成績最低。在第二種教學法中，第三種性向學生的學業成績反而最高。在第三種教學法中，第一種性向學生的學業成績又最高。因此，第一及第三種教學法比較適合第一種性向的學生，第二種教學法則比較適合第三種性向的學生。

三條線間並不平行，因此有交互作用（由報表 13-2 得知）。

報表 13-4　學生性向*教學方法之學業成績平均數剖面圖

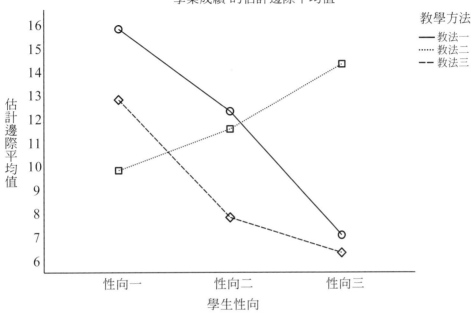

如果以學生性向為橫軸來看（報表 13-4），對於第一種性向的學生，採用第一種教學法所得的學業成績最高，其次是第三種教學法，採用第二種教學法的效果最小；對於第二種性向的學生，第一種教學法的效果仍為最好，不過，第二種教學法的效果則高於第三種教學法；對於第三種性向的學生，採用第二種教學法的效果最佳，第一種教學法的效果稍高於第三種教學法，兩者相差無幾。因此，對於第一種性向的學生，最好採第一種教學法；對於第二種性向的學生，採第一、二種教學法效果差不多；對於第三種性向的學生，最好採第二種教學法，不適宜使用第一、三種教學法。

13.1.6　單純效果檢定及事後比較

由於兩個變數的交互作用已經顯著，接著會進行單純主要效果分析（或稱單純效果，simple effect），單純主要效果旨在分析：

1. 在 A 因子的 3 個水準中，B 因子的效果是否有差異，它們包含了 B at A1、B at A2，及 B at A3 等 3 個單純主要效果。

2. 在 B 因子的 3 個水準中，A 因子的效果是否有差異，它們包含了 A at B1、A at B2，及 A at B3 等 3 個單純主要效果。

由上述說明中可看出，在本例中最多可以進行 6 次單純主要效果分析，等於 A、B 兩個因子的水準和（3 + 3 = 6）。不過，在實務上並不需要進行 6 次單純主要效果分析，只要以研究者有興趣的自變數為主（本例中可能是學生性向，B 因子），分析 3 種不同性向的學生，分別適合什麼教學法（A 因子）。所以，只要分析 A at B1、A at B2，及 A at B3 等 3 個單純主要效果即可。

概念上，我們可以使用 B 因子將學生分為 3 群，然後分別比較在 3 種性向的學生中，A 因子是否各自有主要效果。也就是在 B 因子的 3 個水準中（B1、B2、B3），以 A 因子為自變數進行單因子變異數分析。

當然，這樣的想法並沒有錯，只是如果分別使用 A、B 因子各自進行單因子變異數分析，誤差項會比較大，以至於檢定比較不容易顯著。

在 SPSS 27 版前，筆者建議使用撰寫語法的方式，執行單純主要效果及其事後比較。語法如下：

```
UNIANOVA Y BY A B
    /EMMEANS=TABLES(A*B) COMPARE(B) ADJ(BONFERRONI)
    /EMMEANS=TABLES(B*A) COMPARE(A) ADJ(BONFERRONI)
    /DESIGN=A B A*B.
```

語法的第 1 列是以 UNIANOVA 程序進行二因子變異數分析，BY 之前的 Y 為依變數，BY 之後的 A 與 B 為自變數。

第 2 列在進行 B 在 A（有 A1、A2，及 A3）的單純主要效果，並以 Bonferroni 法進行事後比較。TABLES(A*B) 在列出細格的描述統計量，以 A 為第一層變數，B 為第二層變數，列出依變數的平均數。筆者建議，* 號後的因子（B）就是 COMPARE 後的因子（B），如此會有利於報表的解讀。

第 3 列進行 A 在 B（有 B1、B2，及 B3）的單純主要效果，並以 Bonferroni 法進行事後比較。TABLES 中改為 B*A。通常，第 2、3 列只要擇一分析即可。

第 4 列寫出因子來源，包含 A、B，及 A*B，也可以簡寫成 "/DESIGN."。

撰寫後，選取所有語法，並點擊 ▶ 按鈕即可執行語法。分析所得報表如後。

圖 13-7　執行選取範圍之語法

在 SPSS 28 版中，已將單純主要效果的分析，加入選單中，省去撰寫語法的麻煩。不過，它的兩列 EMMEANS 選項都是 TABLES(A*B)，固定以 A 因子當第一層變數，解讀報表時較不方便。筆者建議，先點擊選單，產生語法後，再將第二個 EMMEANS 選項改為 TABLES(B*A)。

報表 13-5　單變量檢定

依變數: 學業成績						
教學方法		平方和	df	均方	F	顯著性
教法一	對照	155.167	2	77.583	79.800	<.001
	錯誤	26.250	27	.972		
教法二	對照	41.167	2	20.583	21.171	<.001
	錯誤	26.250	27	.972		
教法三	對照	92.667	2	46.333	47.657	<.001
	錯誤	26.250	27	.972		
每個 F 檢定所顯示其他效應之每個層級組合內的 學生性向 的簡單效應。這些檢定是以已估計邊際平均值中的線性獨立成對比較為基礎。						

報表 13-5 在分析：

1. 接受第一種教學法的三種性向學生，其平均學業成績是否有不同？（B at A1
   的單純主要效果）虛無假設為：

   $$H_0 : \mu_{1,1} = \mu_{1,2} = \mu_{1,3}$$

2. 接受第二種教學法的三種性向學生，其平均學業成績是否有不同？（B at A2
   的單純主要效果）虛無假設為：

   $$H_0 : \mu_{2,1} = \mu_{2,2} = \mu_{2,3}$$

3. 接受第三種教學法的三種性向學生，其平均學業成績是否有不同？（B at A3
   的單純主要效果）虛無假設為：

   $$H_0 : \mu_{3,1} = \mu_{3,2} = \mu_{3,3}$$

此處所使用的誤差 MS（0.972）就是報表 13-2 整體考驗時的誤差 MS，分析之後
三個 F 值（自由度均為 2, 27）分別是 79.800、21.171，及 47.657，p 值均小於.001，
所以三個單純主要效果都顯著。

三者的 SS 分別為 155.167、41.167，及 92.667，總和為 289（有捨入誤差），等於
報表 13-2 中「學生性向」加上「教學方法*學生性向」的 SS。因此，B at A 的單純主
要效果等於 B 的主要效果加上 A 與 B 的交互作用效果，亦即：

$$155.167 + 41.167 + 92.667 = 78.722 + 210.278$$

報表 13-6　配對比較

依變數: 學業成績							
教學方法	(I)學生性向	(J)學生性向	平均值差異(I-J)	標準誤	顯著性 [b]	差異的95%信賴區間 [b] 下界	上界
教法一	性向一	性向二	3.500*	.697	<.001	1.720	5.280
		性向三	8.750*	.697	<.001	6.970	10.530
	性向二	性向一	-3.500*	.697	<.001	-5.280	-1.720
		性向三	5.250*	.697	<.001	3.470	7.030

（續下頁）

報表 13-6　配對比較（續）

依變數: 學業成績							
教學 方法	(I) 學生性向	(J) 學生性向	平均值差異 (I-J)	標準誤	顯著性 b	差異的 95%信賴區間 b	
						下界	上界
教法一	性向三	性向一	-8.750*	.697	<.001	-10.530	-6.970
		性向二	-5.250*	.697	<.001	-7.030	-3.470
教法二	性向一	性向二	-1.750	.697	.055	-3.530	.030
		性向三	-4.500*	.697	<.001	-6.280	-2.720
	性向二	性向一	1.750	.697	.055	-.030	3.530
		性向三	-2.750*	.697	.002	-4.530	-.970
	性向三	性向一	4.500*	.697	<.001	2.720	6.280
		性向二	2.750*	.697	.002	.970	4.530
教法三	性向一	性向二	5.000*	.697	<.001	3.220	6.780
		性向三	6.500*	.697	<.001	4.720	8.280
	性向二	性向一	-5.000*	.697	<.001	-6.780	-3.220
		性向三	1.500	.697	.122	-.280	3.280
	性向三	性向一	-6.500*	.697	<.001	-8.280	-4.720
		性向二	-1.500	.697	.122	-3.280	.280
根據估計的邊際平均值 *. 平均值差異在 .050 層級顯著。 b. 調整多重比較：Bonferroni。							

　　由於 B（學生性向）在 A（教學法）的三個單純主要效果都顯著，因此接著進行事後比較。

　　由報表 13-6 中的**平均值差異**中可看出，在接受第一種教學法的三種性向學生中，其平均學業成績，兩兩之間均有顯著差異（顯著性均小於.001，因此平均數上有星號，表示達到 .05 顯著水準之差異），大小順序為性向一、性向二、性向三。

　　在接受第二種教學法的三種性向學生中，性向三的平均數最高，分別與性向一及性向二之間有顯著差異，性向一與性向二則未達顯著差異。

　　在接受第三種教學法的三種性向學生中，則是性向一的平均數最高，分別與性向二及性向三之間有顯著差異，性向二與性向三未達顯著差異。

報表 13-7　單變量檢定

依變數: 學業成績						
學生性向		平方和	df	均方	F	顯著性
性向一	對照	72.000	2	36.000	37.029	<.001
	錯誤	26.250	27	.972		
性向二	對照	46.500	2	23.250	23.914	<.001
	錯誤	26.250	27	.972		
性向三	對照	156.167	2	78.083	80.314	<.001
	錯誤	26.250	27	.972		
每個 F 檢定所顯示其他效應之每個層級組合內的 學生性向 的簡單效應。這些檢定是以已估計邊際平均值中的線性獨立成對比較為基礎。						

報表 13-7 在分析：

1. 第一種性向的學生接受三種不同的教學法後，其平均學業成績是否有不同？（A at B1 的單純主要效應）虛無假設為：

$$H_0 : \mu_{1,1} = \mu_{2,1} = \mu_{3,1}$$

2. 第二種性向的學生接受三種不同的教學法後，其平均學業成績是否有不同？（A at B2 的單純主要效應）虛無假設為：

$$H_0 : \mu_{1,2} = \mu_{2,2} = \mu_{3,2}$$

3. 第三種性向的學生接受三種不同的教學法後，其平均學業成績是否有不同？（A at B3 的單純主要效應）虛無假設為：

$$H_0 : \mu_{1,3} = \mu_{2,3} = \mu_{3,3}$$

三個 F 值（自由度均為 2, 27）分別為 37.029、23.914，及 80.314，p 值均小於 .001；三者的 SS 分別為 72.000、46.500，及 156.167，總和為 274.667，等於報表 13-2 中「教學方法」加上「教學方法*學生性向」的 SS。因此，A at B 的單純主要效應等於 A 的主要效應加上 A 與 B 的交互作用效果，亦即：

$$72.000 + 46.500 + 156.167 = 64.389 + 210.278$$

報表 13-8　配對比較

依變數: 學業成績							
學生性向	(I)教學方法	(J)教學方法	平均值差異(I-J)	標準誤	顯著性[b]	差異的95%信賴區間[b]	
						下界	上界
性向一	教法一	教法二	6.000*	.697	<.001	4.220	7.780
		教法三	3.000*	.697	<.001	1.220	4.780
	教法二	教法一	-6.000*	.697	<.001	-7.780	-4.220
		教法三	-3.000*	.697	<.001	-4.780	-1.220
	教法三	教法一	-3.000*	.697	<.001	-4.780	-1.220
		教法二	3.000*	.697	<.001	1.220	4.780
性向二	教法一	教法二	.750	.697	.875	-1.030	2.530
		教法三	4.500*	.697	<.001	2.720	6.280
	教法二	教法一	-.750	.697	.875	-2.530	1.030
		教法三	3.750*	.697	<.001	1.970	5.530
	教法三	教法一	-4.500*	.697	<.001	-6.280	-2.720
		教法二	-3.750*	.697	<.001	-5.530	-1.970
性向三	教法一	教法二	-7.250*	.697	<.001	-9.030	-5.470
		教法三	.750	.697	.875	-1.030	2.530
	教法二	教法一	7.250*	.697	<.001	5.470	9.030
		教法三	8.000*	.697	<.001	6.220	9.780
	教法三	教法一	-.750	.697	.875	-2.530	1.030
		教法二	-8.000*	.697	<.001	-9.780	-6.220

根據估計的邊際平均值

*. 平均值差異在 .050 層級顯著。

b. 調整多重比較：Bonferroni。

　　報表 13-8 為後三個單純主要效果之事後比較。第一種性向的學生接受三種不同的教學法後，其平均學業成績，兩兩之間均有顯著差異，第一種教學法的效果優於第二種，而第二種又優於第三種。

　　第二種性向的學生接受三種不同的教學法後，第一、二種教學法的效果優於第三種教學法，但第一種及第二種教學法間沒有顯著差異的效果。

　　第三種性向的學生接受不同的教學法後，第一種及第三種教學法間沒有顯著差異的效果，不過，兩種教學法的效果均優於第二種教學法。

13.1.7　主要效果及事後比較

　　如果交互作用不顯著，則研究者可能會關心兩個因子各自的主要效果。二因子變異數分析中兩個因子各自的 SS 雖然與分別進行兩次單因子變異數分析的組間 SS 相同，但是二因子變異數分析的誤差 SS 因為排除了交互作用的 SS，分母變小，所以主要效果的 F 值會比較大，雖然自由度不同，不過，仍然比較容易拒絕虛無假設。

報表 13-9　單變量檢定

依變數: 學業成績					
	平方和	df	均方	F	顯著性
對照	64.389	2	32.194	33.114	<.001
錯誤	26.250	27	.972		
F 檢定 教學方法 的效應。此檢定是以已估計邊際平均值中的線性獨立成對比較為基礎。					

　　報表 13-9 為 A 因子（教學方法）的主要效果檢定，誤差 MS 與前面的分析相同，為 0.972。$F(2, 27) = 33.114$，$p < .001$，因此教學方法不同，平均學業成績有顯著差異。

報表 13-10　配對比較

依變數: 學業成績						
(I) 教學方法	(J) 教學方法	平均值差異 (I-J)	標準誤	顯著性 [b]	差異的 95%信賴區間 [b]	
					下界	上界
教法一	教法二	-.167	.403	1.000	-1.194	.861
	教法三	2.750*	.403	<.001	1.723	3.777

（續下頁）

報表 13-10　配對比較（續）

(I) 教學方法	(J) 教學方法	平均值差異 (I-J)	標準誤	顯著性[b]	差異的 95%信賴區間[b] 下界	差異的 95%信賴區間[b] 上界
教法二	教法一	.167	.403	1.000	-.861	1.194
	教法三	2.917*	.403	<.001	1.889	3.944
教法三	教法一	-2.750*	.403	<.001	-3.777	-1.723
	教法二	-2.917*	.403	<.001	-3.944	-1.889

根據估計的邊際平均值
*. 平均值差異在 0.05 層級顯著。
b. 調整多重比較：Bonferroni。

　　報表 13-10 為 A 因子的成對比較，在不考慮學生性向的條件下，第一種及第二種教學法的效果比第三種來得好（見報表 13-11）。

報表 13-11　教學方法之學業成績平均數剖面圖

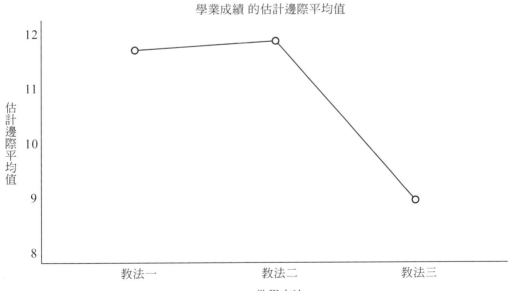

學業成績 的估計邊際平均值

報表 13-12　單變量檢定

依變數: 學業成績					
	平方和	df	均方	F	顯著性
對照	78.722	2	39.361	40.486	<.001
錯誤	26.250	27	.972		

F 檢定 學生性向 的效應。此檢定是以已估計邊際平均值中的線性獨立成對比較為基礎。

報表 13-12 為 B 因子（學生性向）的主要效果檢定，誤差 MS 也與前面的分析相同，一樣是 0.972。$F(2, 27) = 40.486$，$p < .001$，因此學生的性向不同，平均學業成績有顯著差異。

報表 13-13　配對比較

依變數: 學業成績						
(I) 學生性向	(J) 學生性向	平均值差異 (I-J)	標準誤	顯著性 b	差異的 95%信賴區間 b	
					下界	上界
性向一	性向二	2.250*	.403	<.001	1.223	3.277
	性向三	3.583*	.403	<.001	2.556	4.611
性向二	性向一	-2.250*	.403	<.001	-3.277	-1.223
	性向三	1.333*	.403	.008	.306	2.361
性向三	性向一	-3.583*	.403	<.001	-4.611	-2.556
	性向二	-1.333*	.403	.008	-2.361	-.306

根據估計的邊際平均值
*. 平均值差異在 0.05 層級顯著。
b. 調整多重比較：Bonferroni。

報表 13-13 為 B 因子的成對比較，在不考慮教學法的條件下，具有第一種性向的學生，學業成績最好，其次為第二種性向的學生，第三種性向的學生，學業成績最低（見報表 13-14）。

報表 13-14　學生性向之學業成績平均數剖面圖

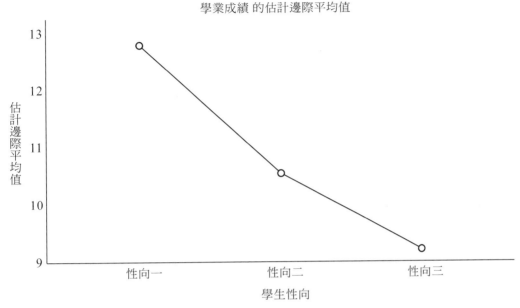

學業成績 的估計邊際平均值

13.1.8　效果量

SPSS 報表只提供偏 η^2，公式是：

$$偏 \, \eta^2 = \frac{效應SS}{效應SS + 誤差SS} \tag{13-1}$$

其中效應的 SS 是研究者關心的某個因子的效應，在此，研究者關心的是兩個因子的交互作用，代入報表 13-2 的數值，其偏 η^2 為：

$$偏 \, \eta^2 = \frac{210.278}{210.278 + 26.250} = \frac{210.278}{236.528} = .889$$

這就等於報表 13-2 中 A*B 的**偏 Eta 平方**。偏 η^2 是排除主要效果或交互作用之後，某個因子或交互作用對依變數的解釋量，由於不具可加性，因此三個偏 η^2 的總和可能會超過 1。

η^2 則具有可加性，可以計算每個效果的個別解釋量，公式為：

$$\eta^2 = \frac{效應SS}{總數SS} \tag{13-2}$$

在報表 13-2 中，**校正後的總計** *SS* 即是總數 *SS*，為 379.639，A*B 的 *SS* 為 210.278，代入公式後得到：

$$\eta^2 = \frac{210.278}{379.639} = .554$$

圖示如圖 13-8。

圖 13-8　二因子變異數分析效果量

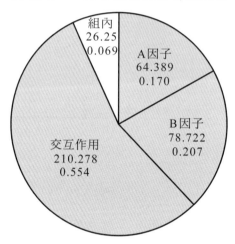

然而，η^2 會高估了母群中的效果量，此時可以計算 ε^2 或 ω^2，公式為：

$$\varepsilon^2 = \frac{效應 SS - 效應 df * 誤差 MS}{總數 SS} \qquad\qquad (13\text{-}3)$$

$$\omega^2 = \frac{效應 SS - 效應 df * 誤差 MS}{總數 SS + 誤差 MS} \qquad\qquad (13\text{-}4)$$

代入數值後得到：

$$\varepsilon^2 = \frac{210.278 - 4 * 0.972}{379.639} = \frac{206.389}{379.639} = .544$$

$$\omega^2 = \frac{210.278 - 4 * 0.972}{379.639 + 0.972} = \frac{206.389}{380.611} = .542$$

η^2 有個缺點，假設 A 因子的 *SS* 變大，而 B 因子的 *SS* 保持不變，此時總和的 *SS* 也會增加，當計算 B 因子的 η^2 時，由於分母變大，就使得 B 的 η^2 變小。但是，如果

是使用偏 η^2，由於分母是 B 因子的 SS 加誤差 SS，就不會受到 A 因子的影響。

　　依據 Cohen（1988）的經驗法則，η^2 及 ω^2 值之小、中、大的效果量分別是 .01、.06、.14。因此，本範例中二因子交互作用為大的效果量。

13.2　範例

　　研究者想要了解三種不同記憶策略與學生年級，對其記憶成績是否有交互作用。因此分別找了三個年級的小學生各 12 名（總計 36 名），再以隨機分派的方式各自接受三種不同的記憶策略教學，經過三次教學後，讓學生在 15 分鐘記憶 50 個名詞，測得學生的記憶成績如表 13-2 之數據。請問：學生記憶成績是否因記憶策略與年級而有不同？

表 13-2　36 名受試者的學業成績

學生	年級	策略	成績	學生	年級	策略	成績	學生	年級	策略	成績
1	1	1	22	13	2	1	22	25	3	1	28
2	1	1	20	14	2	1	21	26	3	1	23
3	1	1	25	15	2	1	20	27	3	1	24
4	1	1	24	16	2	1	24	28	3	1	25
5	1	2	23	17	2	2	22	29	3	2	28
6	1	2	24	18	2	2	23	30	3	2	21
7	1	2	23	19	2	2	21	31	3	2	27
8	1	2	20	20	2	2	25	32	3	2	26
9	1	3	18	21	2	3	27	33	3	3	26
10	1	3	17	22	2	3	26	34	3	3	25
11	1	3	21	23	2	3	24	35	3	3	28
12	1	3	19	24	2	3	25	36	3	3	27

13.2.1　變數與資料

　　表 13-2 中有 4 個變數，但是學生代號並不需要輸入 SPSS 中，因此分析時使用 2 個自變數及 1 個依變數。依變數是學生在記憶測驗的得分，第 1 個自變數為學生就

讀的年級，有 3 種不同年級，第 2 個自變數為記憶策略，有 3 種策略，因此有 3 × 3 = 9 個細格（cell），而每個細格有 4 名學生，因此總計有 36 名學生（表 13-3）。

表 13-3　各細格人數

記憶策略

		策略一	策略二	策略三	總計
	一年級	4	4	4	12
年級	二年級	4	4	4	12
	三年級	4	4	4	12
	總計	12	12	12	36

13.2.2　研究問題

在本範例中，研究者想要了解的問題可以陳述如下：

記憶成績是否因不同年級及策略而有差異？

記憶成績是否因不同年級而有差異？

記憶成績是否因不同策略法而有差異？

13.2.3　統計假設

根據研究問題，虛無假設一宣稱「兩個自變數沒有交互作用」：

H_0：年級與記憶策略沒有交互作用

而對立假設則宣稱「兩個自變數有交互作用」：

H_1：年級與記憶策略有交互作用

虛無假設二宣稱「在母群中三個年級學生的記憶成績沒有差異」：

$H_0 : \mu_{一年級} = \mu_{二年級} = \mu_{三年級}$

而對立假設則宣稱「在母群中三個年級學生的記憶成績有差異」：

$H_1 : \mu_i \neq \mu_j$，存在一些 i 與 j

虛無假設三宣稱「在母群中使用三種不同策略的學生之記憶成績沒有差異」：

$$H_0 : \mu_{策略一} = \mu_{策略二} = \mu_{策略三}$$

而對立假設則宣稱「在母群中使用三種不同策略的學生之記憶成績有差異」：

$$H_1 : \mu_i \neq \mu_j，存在一些 i 與 j$$

13.3　使用 SPSS 進行分析

1. 完整的 SPSS 資料檔，如圖 13-9。

圖 13-9　二因子獨立樣本變異數分析資料檔

	A	B	Y
1	1	1	22
2	1	1	20
3	1	1	25
4	1	1	24
5	1	2	23
6	1	2	24
7	1	2	23
8	1	2	20
9	1	3	18
10	1	3	17
11	1	3	21
12	1	3	19
13	2	1	22
14	2	1	21
15	2	1	20
16	2	1	24
17	2	2	22
18	2	2	23
19	2	2	21
20	2	2	25
21	2	3	27
22	2	3	26
23	2	3	24
24	2	3	25
25	3	1	28
26	3	1	23
27	3	1	24
28	3	1	25
29	3	2	28
30	3	2	21
31	3	2	27
32	3	2	26
33	3	3	26
34	3	3	25
35	3	3	28
36	3	3	27

2. 在【分析】選單中的【一般線性模型】選擇【單變異數】(或【單變量】)(圖 13-10)。

圖 13-10　單變量選單

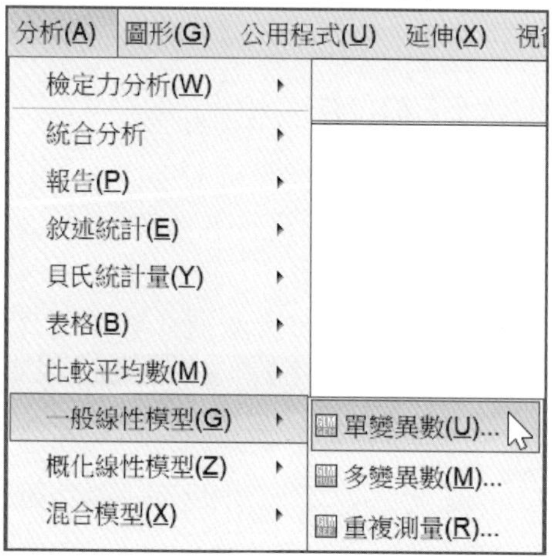

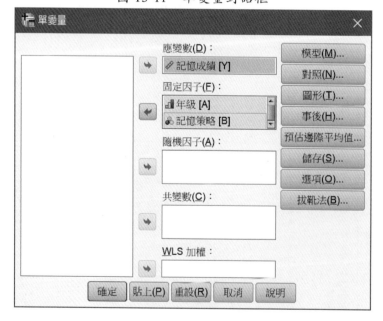

3. 把想要檢定的依變數(記憶成績[Y])點選到右邊的【應變數】(或【依變數】)對話框中,2 個自變數點選到【固定因子】(圖 13-11)。

圖 13-11　單變量對話框

4. 在【選項】下勾選【敘述性統計量】、【效應大小的估計值】、及【同質性檢定】（圖 13-12）。

圖 13-12　單變量：選項對話框

5. 在圖 13-11 點擊【圖形】，分別將【因子】中的 A 與 B 點選到【水平軸】及【單獨的線條】（或【個別線】）框中，再點選新增。此時在【圖形】框中會出現 A*B。如果要繪製第二個剖面圖，可以將 B 與 A 分別點選到【水平軸】及【單獨的線條】，再按【新增】，就會出現 B*A 的圖形（圖 13-13）。

圖 13-13　單變量：剖面圖對話框

6.　如果要進行交互作用或主要效果分析，在圖 13-11 中點擊【預估邊際平均值】，分別勾選【比較簡式主效應】及【比較主效應】‧【信賴區間調整】中選擇 Bonferroni（圖 13-14）。

7.　完成選擇後，在圖 13-11 中點擊【確定】按鈕，進行分析。

圖 13-14　單變量：估計邊際平均值對話框

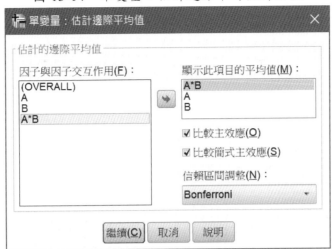

13.4　報表解讀

分析後得到以下的報表，分別說明如後。

13.4.1　整體檢定

報表 13-15　受試者間因子

		值標籤	個數
年級	1	一年級	12
	2	二年級	12
	3	三年級	12
記憶策略	1	策略一	12
	2	策略二	12
	3	策略三	12

本範例中有 2 個因子，都是受試者間因子。有 3 個年級的學生，記憶策略也有 3 種。總計有 36 名受試者（報表 13-15）。

報表 13-16　敘述統計

年級	記憶策略	平均值	標準差	個數
依變數: 記憶成績				
一年級	策略一	22.75	2.217	4
	策略二	22.50	1.732	4
	策略三	18.75	1.708	4
	總計	21.33	2.570	12
二年級	策略一	21.75	1.708	4
	策略二	22.75	1.708	4
	策略三	25.50	1.291	4
	總計	23.33	2.188	12
三年級	策略一	25.00	2.160	4
	策略二	25.50	3.109	4
	策略三	26.50	1.291	4
	總計	25.67	2.188	12
總計	策略一	23.17	2.329	12
	策略二	23.58	2.503	12
	策略三	23.58	3.825	12
	總計	23.44	2.883	36

　　報表 13-16 為描述統計，包含**平均值**（平均數）、**標準差**，及各細格樣本數（**個數**）。由一年級這一大列來看，使用第一種記憶策略的學生之記憶成績平均數最高（$M = 22.75$，$SD = 2.217$），而使用第三種記憶策略的平均數最低（$M = 18.75$，$SD = 1.708$）。再以二年級這一大列來看，使用第三種記憶策略的學生之記憶成績平均數反而最高（$M = 25.50$，$SD = 1.291$），而使用第一種記憶策略的平均數最低（$M = 21.75$，$SD = 1.708$)。以此處的平均數可繪製成報表 13-19 的剖面圖。

　　配合報表 13-19 的平均數剖面圖來看，對於一年級的學生，第一、二種策略的效果較好；對於二年級的學生，則應採第三種策略；對於三年級的學生，三種策略的效果都差不多，以第三種策略的平均數稍高。至於兩個因子之間是否有交互作用，則要

看報表 13-18 的檢定。

一年級的總數（$M = 21.33$，$SD = 2.570$）、二年級的總數（$M = 23.33$，$SD = 2.188$），及三年級的總數（$M = 25.67$，$SD = 2.188$）的差異，是因子 A 的主要效果，可知三年級的學生平均記憶成績較一、二年級的學生高，至於是否有顯著差異，要看報表 13-18 中 A 因子的主要效果檢定。

最後一大列中，策略一的平均數為 23.17（$SD = 2.329$）、策略二的平均數為 23.58（$SD = 2.503$）、策略三的平均數為 23.58（$SD = 3.825$），彼此差異不大，三個平均數是否有顯著差異，要看報表 13-18 中 B 因子的主要效果檢定。

報表 13-17　Levene's 同質性變異數檢定 [a,b]

		Levene 統計量	df1	df2	顯著性
記憶成績	根據平均數	.599	8	27	.770
	根據中位數	.321	8	27	.951
	根據中位數，且含調整的自由度	.321	8	13.457	.944
	根據修整的平均數	.533	8	27	.821
檢定依變數的誤差變異數在群組內相等的虛無假設。 a. 依變數：記憶成績 b. 設計：截距 + A + B + A * B					

報表 13-17 主要在檢定 9 個細格的變異數（報表 13-16 中標準差的平方）是否有顯著差異。此處要檢定的虛無假設是：

$$H_0 : \sigma_{1,1}^2 = \sigma_{1,2}^2 = \sigma_{1,3}^2 = \sigma_{2,1}^2 = \sigma_{2,2}^2 = \sigma_{2,3}^2 = \sigma_{3,1}^2 = \sigma_{3,2}^2 = \sigma_{3,3}^2$$

對立假設是：

$$H_1 : H_0 為假$$

報表中**根據平均數**的 $F(8, 27) = 0.599$，$p = .770$，因此不能拒絕變異數相等的虛無假設，表示 9 個細格的變異數沒有顯著差異，所以符合母群中變異數同質的假定。

報表 13-18　受試者間效應項檢定

來源	第 III 類平方和	df	均方	F	顯著性	偏 Eta 平方
依變數: 記憶成績						
修正的模型	187.889ª	8	23.486	6.157	<.001	.646
截距	19787.111	1	19787.111	5186.913	<.001	.995
A	112.889	2	56.444	14.796	<.001	.523
B	1.389	2	.694	.182	.835	.013
A * B	73.611	4	18.403	4.824	.005	.417
錯誤	103.000	27	3.815			
總計	20078.000	36				
校正後總計	290.889	35				
a. R 平方 = .646（調整的 R 平方 = .541）						

在報表 13-18 中，總和的 SS 為 290.889（報表中**校正後總計**），因子一（A）及因子二（B）的 SS 分別為 112.889 及 1.389，兩個因子的交互作用（A*B）為 73.611。**修正的模型**之 SS 即為組間 SS，等於：

$$112.889 + 1.389 + 73.611 = 187.889$$

因子 A 的自由度為水準數 3 減 1，等於 2；因子 B 的自由度為水準數 3 減 1，等於 2。A*B 交互作用的自由度則為 $(3 - 1) * (3 - 1) = 4$。將 SS 除以自由度，即為均方（MS）。F 值的公式為：

$$F = \frac{因子 MS}{誤差 MS}$$

代入報表中的數值，分母的誤差 MS 為 3.815，分子則分別為 56.444、0.694，及 18.403，計算後的 F 值分別為 14.796（$p < .001$）、0.182（$p = .835$），及 4.824（$p = .005$）。因子 A 的主要效果達到顯著，表示不同年級的學生，記憶成績之平均數有顯著不同。而因子 B 的主要效果不顯著，表示不考慮學生年級，三種記憶策略的效果並無不同。然而，由於兩因子的交互作用已達顯著，表示如果考慮學生年級，則三種記憶策略的

效果仍有顯著不同。此時，就要進行單純主要效果分析，而不能只看主要效果。

由於有 2 個因子，此時會有兩類的單純效果：一是以記憶策略為主，分析對於不同年級的學生，在三種策略下，記憶成績是否有差異。二是以年級為主，分析使用不同記憶，三個年級學生之記憶成績是否有差異。在本範例中，記憶策略是可以操弄的變數，也是一般研究者較感興趣的變數，因此後續將分析在不同的年級中，三種記憶策略的效果是否有差異（B at A）。

報表 13-19　年級*記憶策略之記憶成績平均數剖面圖

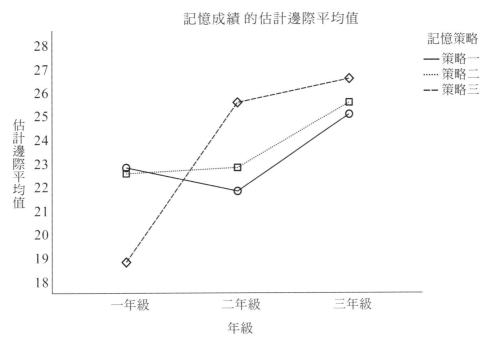

報表 13-19 是根據報表 13-16 的平均數所繪之剖面圖，從圖中可看出：對於一年級的學生，採用第一、二種記憶策略的效果比較好；對於二年級的學生，採用第三種記憶策略的效果最好；對於三年級的學生，三種記憶策略的效果相差不大。

報表 13-20 是將記憶策略置於水平軸所繪的剖面圖，從圖中可看出：三種策略中，三年級學生的記憶成績都最高。對一、二年級學生而言，策略一較適合一年級學生，策略三則較適合二年級學生。

報表 13-20　記憶策略*年級之記憶成績平均數剖面圖

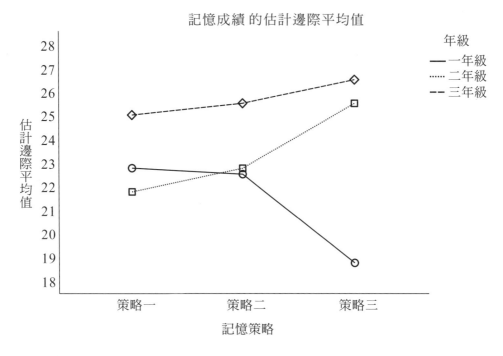

記憶成績 的估計邊際平均值

年級
—— 一年級
‥‥‥ 二年級
－－ 三年級

13.4.2　單純主要效果及事後比較

由於二個因子有顯著的交互作用，因此，再進行單純主要效果分析。此處僅說明在三個不同的年級中，各應採用哪一種記憶策略，也就是 B at A 的單純主要效果。

報表 13-21　估計值

依變數: 記憶成績					
				95%信賴區間	
年級	記憶策略	平均值	標準誤	下界	上界
一年級	策略一	22.750	.977	20.746	24.754
	策略二	22.500	.977	20.496	24.504
	策略三	18.750	.977	16.746	20.754
二年級	策略一	21.750	.977	19.746	23.754
	策略二	22.750	.977	20.746	24.754
	策略三	25.500	.977	23.496	27.504
三年級	策略一	25.000	.977	22.996	27.004
	策略二	25.500	.977	23.496	27.504
	策略三	26.500	.977	24.496	28.504

　　報表 13-21 是各細格的**平均值**、**標準誤**，及平均值 95%信賴區間。報表 13-21 與
報表 13-16 類似，只是報表 13-16 列出**標準差**及**個數**，而報表 13-21 列出**標準誤**及
95%信賴區間。其中標準誤的公式為：

$$標準誤 = \sqrt{\frac{誤差之均方}{細格樣本數}}$$

　　代入報表 13-16 及報表 13-18 的數值後，得到：

$$標準誤 = \sqrt{\frac{3.815}{4}} = 0.977$$

報表 13-22　配對比較

依變數: 記憶成績							
年級	(I)記憶策略	(J)記憶策略	平均值差異(I-J)	標準誤	顯著性 b	差異的95%信賴區間 b 下界	上界
一年級	策略一	策略二	.250	1.381	1.000	-3.275	3.775
		策略三	4.000*	1.381	.022	.475	7.525
	策略二	策略一	-.250	1.381	1.000	-3.775	3.275
		策略三	3.750*	1.381	.034	.225	7.275
	策略三	策略一	-4.000*	1.381	.022	-7.525	-.475
		策略二	-3.750*	1.381	.034	-7.275	-.225
二年級	策略一	策略二	-1.000	1.381	1.000	-4.525	2.525
		策略三	-3.750*	1.381	.034	-7.275	-.225
	策略二	策略一	1.000	1.381	1.000	-2.525	4.525
		策略三	-2.750	1.381	.170	-6.275	.775
	策略三	策略一	3.750*	1.381	.034	.225	7.275
		策略二	2.750	1.381	.170	-.775	6.275
三年級	策略一	策略二	-.500	1.381	1.000	-4.025	3.025
		策略三	-1.500	1.381	.861	-5.025	2.025
	策略二	策略一	.500	1.381	1.000	-3.025	4.025
		策略三	-1.000	1.381	1.000	-4.525	2.525
	策略三	策略一	1.500	1.381	.861	-2.025	5.025
		策略二	1.000	1.381	1.000	-2.525	4.525

根據估計的邊際平均值
*. 平均值差異在 .05 層級顯著。
b. 調整多重比較：Bonferroni。

　　報表 13-22 在進行單純效果的事後比較。只是，在進行事後比較之前，應先進行報表 13-23 的單純效果檢定。因此，建議讀者先看報表 13-23 的解說。因為報表 13-23 只有前兩個檢定達到 .05 顯著水準，所以此處的第三大列就不需要加以分析（報表 13-22 中第三大列的比較也都不顯著）。在第一大列一年級的學生中，使用第一種記憶策略與第三種記憶策略法的**平均值差異**是 4.000 （由報表 13-21 的 22.750 − 18.750 而得），$p = .022$，差異的 **95%信賴區間** [0.475, 7.525] 不包含 0，因此第一種記憶策略的效果顯著比第三種策略來得好。第二種記憶策略的效果也顯著比第三種策略來得好，第二種與第三種記憶策略則沒有顯著差異。所以，對於一年級的學生而言，第二、三種記憶策略的效果都比第一種來得好。

　　再由第二大列來看，對於二年級的學生而言，第一種記憶策略的效果最好，第三種記憶策略的效果最不佳。

　　第三大列的三對比較都不顯著，因此三種記憶策略沒有顯著不同的效果。

　　由此可知，對於一年級學生，最好採用第二、三種記憶策略，不要使用第一種記憶策略；對於二年級學生則反之，最好採用第二種記憶策略，不要使用第三種記憶策略；對於三年級學生，則三種記憶策略的效果無顯著差異。

報表 13-23　單變量檢定

依變數: 記憶成績							
年級		平方和	df	均方	F	顯著性	偏 Eta 平方
一年級	對照	40.167	2	20.083	5.265	.012	.281
	錯誤	103.000	27	3.815			
二年級	對照	30.167	2	15.083	3.954	.031	.227
	錯誤	103.000	27	3.815			
三年級	對照	4.667	2	2.333	.612	.550	.043
	錯誤	103.000	27	3.815			
每個 F 檢定所顯示其他效應之每個層級組合內的 記憶策略 的簡單效應。這些檢定是以已估計邊際平均值中的線性獨立成對比較為基礎。							

報表 13-23 在進行 3 次的單純效果檢定，它們分別是：

1.　對一年級學生，3 種教學法的效果是否有差異？虛無假設為：

$$H_0: \mu_{1,1} = \mu_{1,2} = \mu_{1,3}$$

2.　對二年級學生，3 種教學法的效果是否有差異？虛無假設為：

$$H_0: \mu_{2,1} = \mu_{2,2} = \mu_{2,3}$$

3.　對三年級學生，3 種教學法的效果是否有差異？虛無假設為：

$$H_0: \mu_{3,1} = \mu_{3,2} = \mu_{3,3}$$

由報表中可看出，兩個 F 值分別為 5.265 及 3.954，p 值分別為 .012 及 .031，均小於 .05，因此要拒絕前兩個虛無假設。表示一年級及二年級的學生，接受三種不同的記憶策略教學法之後，記憶測驗成績顯著不同。至於是哪幾種教學法的效果有差異，則要看報表 13-22 的成對比較。第三個 F 值為 0.612，$p = .550$，不能拒絕第三個虛無假設，因此也不需要進行事後比較。

報表 13-23 中三個對比的平方和等於 40.167 + 30.167 + 4.667 = 75，會等於報表 13-18 中 B 及 A*B 的平方和（1.389 + 73.611 = 75）。

要留意：報表 13-18 的整體檢定與報表 13-23 的單純效果檢定，都要使用相同的誤差 MS。比對兩個報表，報表 13-18 中錯誤（誤差）均方為 3.815，與報表 13-23 一致。

13.4.3　繪製平均數集群長條圖

報表 13-19 的平均數剖面圖，也可以用平均數集群長條圖表示。分析時，只要將圖 13-13 中的【圖表類型】由【線條圖】改為【長條圖】即可。如果使用 SPSS 27 之前的版本，則要在【圖形】中使用【圖表建置器】的【集群長條圖】繪製（圖 13-15）。

由報表 13-24 可看出，對於一年級學生，第一、二種記憶策略的效果較好，對於二年級學生，第三種記憶策略的效果最好，對於三年級學生，三種記憶策略的效果差異不大。其餘請見前面報表的說明。

圖 13-15　圖表建置器對話框

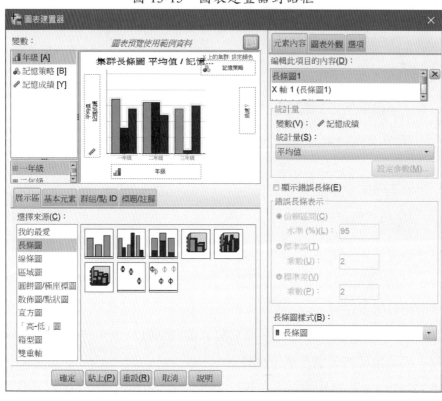

報表 13-24

記憶成績 的估計邊際平均值

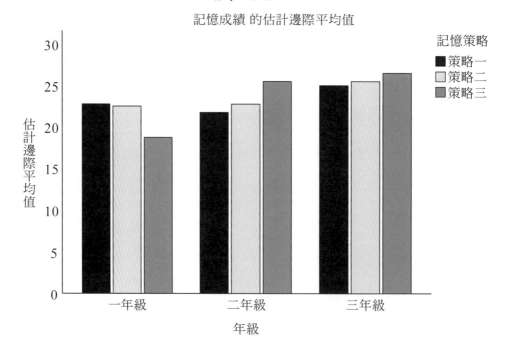

13.4.4　主要效果及事後比較

本範例中，兩個因子有顯著交互作用，因此，不需要進行主要效果及事後比較分析。不過，為了舉例，此處仍進行此分析。在報表 13-18 中可看出，A 因子（年級）有顯著的主要效果，$F(2, 27) = 14.796$，$p < .001$，因此以 A 因子進行事後比較。分析時，在圖 13-14 勾選【比較主效應】即可。

報表 13-25　配對比較

依變數: 記憶成績						
(I) 年級	(J) 年級	平均值差異 (I-J)	標準誤	顯著性 b	差異的 95%信賴區間 b	
					下界	上界
一年級	二年級	-2.000	.797	.055	-4.035	.035
	三年級	-4.333*	.797	<.001	-6.369	-2.298
二年級	一年級	2.000	.797	.055	-.035	4.035
	三年級	-2.333*	.797	.021	-4.369	-.298
三年級	一年級	4.333*	.797	<.001	2.298	6.369
	二年級	2.333*	.797	.021	.298	4.369
根據估計的邊際平均值 *. 平均值差異在 .05 層級顯著。 b. 調整多重比較：Bonferroni。						

報表 13-25 的**平均值差異(I–J)**，是由報表 13-16 中各年級的總計平均數相減而得，以第一種及第二種記憶策略為例，在報表 13-16 中的平均數分別為 21.33 及 23.33，前者減去後者得到−2.00，就是報表 13-25 的**平均值差異**。報表中的**標準誤**計算方法請見第 11 章 11.1.5 節的說明。

檢定之後是否顯著，可以由兩個部分判斷：一是 $p \leq .05$，二是 95%信賴區間不含 0。在 SPSS 中，如果達到 .05 顯著水準，也會在平均差異的數字右上角加上 ＊ 號。報表顯示，三年級的記憶成績平均數顯著高於一、二年級。

13.5 計算效果量

由於檢定後達到統計上的顯著，因此應計算效果量。

SPSS 只計算偏 η^2，在此，研究者關心的是兩個因子的交互作用，代入報表 13-18 的數值，其偏 η^2 為：

$$偏\ \eta^2 = \frac{73.611}{73.611 + 103} = \frac{73.611}{176.611} = .417$$

這就等於報表 13-18 中 A*B 的**偏 Eta 平方**。

η^2 具有可加性，可以計算每個效果的個別解釋量。在報表 13-18 中，**校正後總計**平方和為 290.889，A*B 的平方和為 73.611，代入公式 13-2 後得到：

$$\eta^2 = \frac{73.611}{290.889} = .253$$

圖示如圖 13-16。

圖 13-16　二因子變異數分析效果量

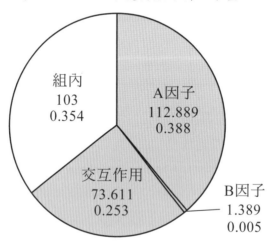

另外計算 ε^2 及 ω^2 如下：

$$\varepsilon^2 = \frac{73.611 - 4 \times 3.815}{290.889} = \frac{58.351}{290.889} = .201$$

$$\omega^2 = \frac{73.611 - 4 \times 3.815}{290.889 + 3.815} = \frac{58.351}{294.704} = .198$$

依據 Cohen（1988）的經驗法則，η^2 及 ω^2 值之小、中、大的效果量分別是 .01、.06、.14。因此，本範例中二因子交互作用為大的效果量。

13.6　以 APA 格式撰寫結果

研究者使用 3×3 二因子獨立樣本變異數分析，以學業成績為依變數，學生年級及記憶策略為自變數。分析結果顯示，學生年級及記憶策略有交互作用，$F(4, 27) = 4.82$，$p = .005$，$\eta^2 = .253$。經單純效果檢定，對一年級〔$F(2,27) = 5.265$，$p = .012$〕及二年級〔$F(2,27) = 3.954$，$p = .031$〕學生採用不同的記憶策略，會有顯著不同的效果。一年級學生使用第一種記憶策略（$M = 22.75$，$SD = 2.22$）及第二種記憶策略的記憶成績（$M = 22.50$，$SD = 1.73$）顯著優於第三種策略（$M = 18.75$，$SD = 1.71$）。二年級學生則適合第三種記憶策略（$M = 25.50$，$SD = 1.29$)，較不適用第一種記憶策略（$M = 21.75$，$SD = 1.71$)。

13.7　二因子獨立樣本變異數分析的假定

二因子獨立樣本變異數分析，應符合以下三個假定。

13.7.1　觀察體要能代表母群體，且彼此間獨立

觀察體獨立代表各個樣本不會相互影響，假使觀察體間不獨立，計算所得的 p 值就不準確。如果有證據支持違反了這項假定，就不應使用二因子獨立樣本變異數分析。

13.7.2　依變數在各個母群中須為常態分配

此項假定是指依變數在每個自變數的細格中（本範例有 3 × 3 = 9 個細格）都要呈常態分配，如果不是常態分配，會降低檢定的統計考驗力。不過，當每一組的樣本數在 15 以上，即使違反了這項假定，對於二因子獨立樣本變異數分析的影響也不大（Green & Salkind, 2014）。

13.7.3 依變數的變異數在各個母群中須相等

此項假定是依變數在每個自變數的細格中的變異數要相等(同質)，如果不相等，則計算所得的 F 值及 p 值就不可靠。如果違反變異數同質的假定，而且各細格樣本數又不相等時，最好將依變數加以轉換，或改用其他統計方法。

13.8 無母數二因子變異數分析

如果違反常態分配假設或依變數為次序變數，可以改用 Scheirer-Ray-Hare 檢定。其步驟如下：

1. 不管自變數組別，將依變數由小到大排序，得到各自的等級。
2. 以依變數之等級為新的依變數，進行二因子變異數分析。
3. 將分析所得 SS 除以 MS_{Total} 得到 H 值。
4. 將 H 值進行 χ^2 檢定得到 p 值，χ^2 之自由度為 F 的分子自由度。

報表 13-26 是以範例資料進行 Scheirer-Ray-Hare 檢定的結果，其中 H 是由各 SS 除以 109.857 而得，p 值則由 "COMPUTE p = PDF.CHISQ(H, df)*2." 求得。分析後兩個因子並無顯著的交互作用，A 因子（年級）則有主要效果。另外以 R 軟體進行 Kruskal-Wallis 之 Dunn 多重比較，一、三年級間的記憶成績中位數有顯著差異。

報表 13-26　受試者間效應項的檢定

依變數: 記憶成績等級					
來源	SS	df	MS	H	p
A	1491.792	2		13.579	0.00113
B	61.792	2		0.562	0.75485
A * B	850.167	4		7.739	0.10163
誤差	1441.250	27			
總數	3845.000	35	109.857		

14 二因子混合設計變異數分析

二因子混合設計變異數分析用來分析兩個質的自變數對一個量的依變數之效果，其中一個自變數為獨立樣本，另一個自變數為相依樣本。本章先介紹二因子混合設計變異數分析的整體檢定，接著說明後續分析的方法。

二因子混合設計 ANOVA 與第 13 章的二因子獨立樣本 ANOVA 分析流程相似，建議讀者先複習該章的內容。

14.1 基本統計概念

14.1.1 目的

二因子混合設計變異數分析，旨在檢定兩個自變數對量的依變數之效果，在此，一個自變數（因子）是**受試者間因子**（between subjects factor），有兩個以上的類別（水準），參與者被隨機分派到其中一個組別中。另一個因子是**受試者內因子**（within subjects factor），也有兩個以上的水準，每位參與者都接受所有的處理或測試。由於它同時有受試者間因子與受試內因子，因此稱為**混合設計**（mixed design）。混合設計與**混合效果模式**（mixed effect model）並不相同，如果自變數含**固定效果因子**（fixed effect factor）與**隨機效果因子**（random effect factor），則為混合效果模式。

在統計概念上，二因子混合設計變異數分析與三因子獨立樣本變異數分析類似（把觀察體視為第三個因子 S），它除了具有第 12 章中相依樣本 ANOVA 的優點外，也具有第 13 章中二因子獨立樣本 ANOVA 的功能。不過，上述兩種統計方法應符合的統計假定，混合設計 ANOVA 也都要符合。

二因子混合設計變異數分析常見的研究形式有三：

1. 不同的組別，在幾個時間點重複測量相同的變數，屬於縱貫性（longitudinal）的研究。例如，服用不同藥物後，三個月間的收縮壓。

2. 不同的組別，在幾個情境中分別測量相同的變數，此時應使用對抗平衡設

計。例如，不同增強類型下，受試者分別對紅、黃、綠色燈光的反應時間。

3. 不同的組別，同時在幾個類似變數的測量，屬於橫斷性（cross-sectional）的研究，此時也可以採用第 14 章的單因子多變量變異數分析。例如：介入不同運動量三個月後，參與者在空腹血糖、收縮壓，及低密度脂蛋白膽固醇的數值。

14.1.2 分析示例

以下的研究問題，都可以使用二因子混合設計變異數分析：

1. 兩種訓練法下，學生在四個月間的體適能成績。

2. 三種不同藥物治療後，患者三個星期間的血糖值。

3. 不同運動量（多、少、無）介入十週後，參與者的空腹血糖值、收縮壓，及低密度脂蛋白膽固醇濃度。

14.1.3 二因子混合設計變異數分析之 SS 拆解

了解二因子混合設計變異數分析中 SS 的拆解（圖 14-1），對於報表的解讀及效果量的計算會有助益。假設 A 因子為受試者間因子，B 因子為受試者內因子，則總和的 SS 可拆解為受試者內 SS 及受試者間 SS。其中受試者間 SS 又可拆解為 A 因子的 SS 及 A 與觀察體 S 的交互作用 A*S（又稱群內受試，是組內的誤差項）。受試者內 SS 又可拆解為 B 因子的 SS、A*B 的 SS，及 A*B*S 的 SS（又稱 B 因子與群內受試的交互作用，是受試者內的誤差項）。

14.1.4 整體檢定

以表 14-1 為例，研究者想要了解三種不同教育程度的臺灣民眾，與對音樂的喜好是否有交互作用。因此分別找了三種不同教育程度的民眾各 10 名（總計 30 名），並請他們就三種音樂回答喜歡的程度（1~5 分，分數愈高愈喜歡）。在此例中，有兩個自變數，其中教育程度（A 因子）有 3 個類別（國中以下、高中職、專科以上），是受試者間因子；音樂（M 因子）也有 3 個水準（西方古典音樂、流行音樂、中國傳統戲曲），是受試者內因子。依變數是對音樂的喜歡程度（資料取自 2008 年臺灣社會變遷資料庫）。

圖 14-1　二因子混合設計變異數分析之 SS 拆解

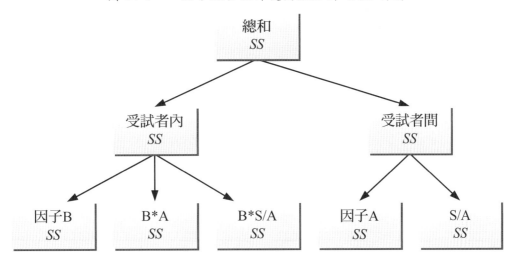

表 14-1　30 名受訪者對三種音樂的喜歡程度

受訪者	教育程度	西方古典音樂	流行音樂	中國傳統戲曲	受訪者	教育程度	西方古典音樂	流行音樂	中國傳統戲曲
1	1	3	4	5	16	2	2	4	2
2	1	3	4	4	17	2	3	4	2
3	1	2	4	2	18	2	4	3	3
4	1	2	5	4	19	2	3	3	2
5	1	3	3	3	20	2	4	4	4
6	1	3	4	5	21	3	3	4	4
7	1	3	4	2	22	3	4	4	3
8	1	3	4	4	23	3	3	4	2
9	1	3	4	2	24	3	5	3	1
10	1	2	2	2	25	3	4	4	2
11	2	3	4	2	26	3	4	4	2
12	2	4	4	4	27	3	4	5	2
13	2	3	4	3	28	3	2	4	2
14	2	2	5	3	29	3	4	4	4
15	2	5	4	4	30	3	3	4	2

　　報表 14-1 是以長格式的方式（增加一個 S 自變數）輸入表 14-1 的資料，將 S 設為固定效果因子，並進行三因子變異數分析，所得到的結果，此時無法進行 F 檢定。

　　報表中比較淡的網底是受試者間的 SS，分別為 0.156 及 24.833，合計為 24.989。較深的網底是受試者內的 SS，分別為 16.689、8.311，及 31.667，合計為 56.667。24.989 + 56.667 = 81.656，就是全部的 SS（報表中校正後總計）。

報表 14-1　受試者間效應項檢定

依變數: 喜歡程度

來源	第 III 類平方和	df	均方	F	顯著性
修正的模型	81.656ᵃ	89	.917	.	.
截距	993.344	1	993.344	.	.
A	.156	2	.078	.	.
A * S	24.833	27	.920		
M	16.689	2	8.344		
A * M	8.311	4	2.078	.	.
A * M * S	31.667	54	.586	.	.
錯誤	.000	0	.		
總計	1075.000	90			
校正後總計	81.656	89			

a. R 平方 = 1.000（調整的 R 平方 = .）

　　報表 14-2 是將 S 因子設為**隨機因子**，此時，就可以進行 F 檢定（此稱為**混合效果模式**，其中 A 與 M 為固定效果因子，S 為隨機效果因子）。其中 A 因子的 $F_{(2, 27)}$ = 0.085，p = .919，因此 A 因子（教育程度）沒有主要效果，也就是對音樂的喜歡程度，不會因為教育程度而有差異。

　　M 因子（音樂種類）的 $F_{(2, 54)}$ = 14.229，$p < .001$，有主要效果，因此受訪者對三種音樂的喜歡程度不同。A*M 交互作用的 $F_{(4, 54)}$ = 3.543，p = .012，表示不同教育程度的受訪者，對三種音樂的喜歡程度有差異。

報表 14-2　受試者間效應項檢定

依變數: 喜歡程度						
來源		第 III 類平方和	df	均方	F	顯著性
截距	假設	993.344	1	993.344	1080.012	<.001
	錯誤	24.833	27	.920a		
A	假設	.156	2	.078	.085	.919
	錯誤	24.833	27	.920a		
A * S	假設	24.833	27	.920	1.568	.080
	錯誤	31.667	54	.586b		
M	假設	16.689	2	8.344	14.229	<.001
	錯誤	31.667	54	.586b		
A * M	假設	8.311	4	2.078	3.543	.012
	錯誤	31.667	54	.586b		
A * M * S	假設	31.667	54	.586	.	.
	錯誤	.000	0	.c		
a. MS(A * S)						
b. MS(A * M * S)						
c. MS(錯誤)						

報表 14-3 及報表 14-4 是以短格式（圖 14-2）的方式輸入資料，並進行二因子混合設計變異數分析。報表 14-3 是受試者內因子的效果，其中 M 的 $SS = 16.689$，$F(2, 54) = 14.229$，$p < .001$，均與報表 14-2 中深色網底一致。M*A（也就是 A*M）的 $SS = 8.311$，$F(4, 54) = 3.543$，$p = .012$，也與報表 14-2 深色網底相同。Error(M) 就是報表 14-2 中的 A*M*S，它的 $MS = 0.586$，就是 F 檢定的分母部分。

報表 14-3　受試者內效應項檢定

測量: MEASURE_1						
來源		第 III 類平方和	df	均方	F	顯著性
M	假設的球形	16.689	2	8.344	14.229	<.001
	Greenhouse-Geisser	16.689	1.980	8.428	14.229	<.001
	Huynh-Feldt	16.689	2.000	8.344	14.229	<.001
	下限	16.689	1.000	16.689	14.229	<.001

（續下頁）

報表 14-3　受試者內效應項檢定（續）

測量: MEASURE_1

來源		第 III 類平方和	df	均方	F	顯著性
M * A	假設的球形	8.311	4	2.078	3.543	.012
	Greenhouse-Geisser	8.311	3.960	2.099	3.543	.013
	Huynh-Feldt	8.311	4.000	2.078	3.543	.012
	下限	8.311	2.000	4.156	3.543	.043
Error(M)	假設的球形	31.667	54	.586		
	Greenhouse-Geisser	31.667	53.462	.592		
	Huynh-Feldt	31.667	54.000	.586		
	下限	31.667	27.000	1.173		

報表 14-4 是受試者間因子的 F 檢定，其中 A 因子的 $SS = 0.156$，$F(2, 27) = 0.085$，$p = .919$。誤差項就是報表 14-2 中的 A*S，也是 F 檢定的分母部分（$MS = 0.920$）。

報表 14-4　受試者間效應項檢定

測量: MEASURE_1

變換的變數: 平均值

來源	第 III 類平方和	df	均方	F	顯著性
截距	993.344	1	993.344	1080.012	<.001
A	.156	2	.078	.085	.919
錯誤	24.833	27	.920		

14.1.5　單純主要效果

由於 A 因子與 M 因子有交互作用，因此接著會進行單純主要效果檢定。本範例中為 3 × 3 的設計，可以進行 3 + 3 次單純主要效果檢定，它們分別是：M within A(1)、M within A(2)、M within A(3)、A within M(1)、A within M(2)，及 A within M(3)。以 MANOVA 指令分析可以得到報表 14-5 到報表 14-8 的結果（注：報表經過筆者整理及表格化），語法將在 14.4.2 節說明，此處先對報表加以解釋。

　　報表 14-5 在進行 M within A(1)、M within A(2)、M within A(3) 等三個單純主要效果檢定。淺色網底為三個檢定的共同分母部分，$MS = 0.59$。檢定後，F 值分別為 5.17、4.32，及 11.82，p 值都小於 .05，所以，國中以下、高中職，及專科以上等三種不同教育程度的受試者，對三種音樂的喜歡程度都有差異。

報表 14-5　Tests involving 'M' Within-Subject Effect

Source of Variation	SS	DF	MS	F	Sig of F
WITHIN+RESIDUAL	31.67	54	.59		
MWITHIN A(1) BY M	6.07	2	3.03	5.17	.009
MWITHIN A(2) BY M	5.07	2	2.53	4.32	.018
MWITHIN A(3) BY M	13.87	2	6.93	11.82	.000

　　報表 14-6 在檢定 A within M(1) 的單純主要效果，$F(2, 27) = 3.42$，$p = .048$，因此，三種教育程度的受訪者，對於第一種音樂（西方古典音樂）的喜歡程度有差異。此處誤差的 $MS = 0.61$。

報表 14-6　Tests involving 'MWITHIN M(1)' Within-Subject Effect

Source of Variation	SS	DF	MS	F	Sig of F
WITHIN+RESIDUAL	16.60	27	.61		
MWITHIN M(1)	307.20	1	307.20	499.66	.000
A BY MWITHIN M(1)	4.20	2	2.10	3.42	.048

　　報表 14-7 在檢定 A within M(2) 的單純主要效果，$F(2, 27) = 0.26$，$p = .775$，因此，三種教育程度的受訪者，對於第二種音樂（流行音樂）的喜歡程度沒有差異。此處誤差的 $MS = 0.39$。

報表 14-7　Tests involving 'MWITHIN M(2)' Within-Subject Effect

Source of Variation	SS	DF	MS	F	Sig of F
WITHIN+RESIDUAL	10.50	27	.39		
MWITHIN M(2)	456.30	1	456.30	1173.34	.000
A BY MWITHIN M(2)	.20	2	.10	.26	.775

報表 14-8 在檢定 A within M(3) 的單純主要效果，$F(2, 27) = 1.87$，$p = .174$，因此，三種教育程度的受訪者，對於第三種音樂（中國傳統戲曲）的喜歡程度沒有差異。此處誤差的 $MS = 1.09$。

報表 14-8　Tests involving 'MWITHIN M(3)' Within-Subject Effect

Source of Variation	SS	DF	MS	F	Sig of F
WITHIN+RESIDUAL	29.40	27	1.09		
MWITHIN M(3)	246.53	1	246.53	226.41	.000
A BY MWITHIN M(3)	4.07	2	2.03	1.87	.174

SPSS 在計算 A within M 的三個單純主要效果是使用個別的誤差項，如果各組間的變異數不同質，採用此種方法可以減少第一類型錯誤（Cohen, 2007）。如果各組間的變異數同質，使用共同的誤差項，可以增加統計檢定力。

要計算共同的誤差項，可以將報表 14-6 到報表 14-8 的 SS 相加（16.60 + 10.50 + 29.40 = 56.50），再除以自由度的總和（27 + 27 + 27 = 81），得到共同的誤差 MS（56.50 / 81 = 0.698）。使用 Excel 自行計算後，可以得到報表 14-9，此時，三個單純主要效果檢定都未達 .05 顯著水準。

報表 14-9　Tests involving 'MWITHIN M' Within-Subject Effect

Source of Variation	SS	DF	MS	F	Sig of F
WITHIN+RESIDUAL	56.50	81	0.698		
A BY MWITHIN M(1)	4.20	2	2.10	3.011	.055
A BY MWITHIN M(2)	.20	2	.10	0.143	.867
A BY MWITHIN M(3)	4.07	2	2.03	2.915	.060

SPSS 28 版在 GLM 分析的選單中，已增加單純主要效果分析選項，27 版前則可透過撰寫方式分析。其中，受試者內因子採單變量檢定，而受試者間因子採多變量檢定。此處僅列出受試者內因子檢定結果如報表 14-10，網底部分與報表 14-6 至報表 14-8 的檢定結果相同。

報表 14-10　單變量檢定

測量: MEASURE_1						
M		平方和	df	均方	F	顯著性
1	對照	4.200	2	2.100	3.416	.048
	錯誤	16.600	27	.615		
2	對照	.200	2	.100	.257	.775
	錯誤	10.500	27	.389		
3	對照	4.067	2	2.033	1.867	.174
	錯誤	29.400	27	1.089		
每個 F 檢定所顯示其他效應之每個層級組合內的　教育程度　的簡單效應。這些檢定是以已估計邊際平均值中的線性獨立成對比較為基礎。						

14.1.6　事後比較

單純主要效果檢定顯著後，研究者通常會進行事後比較。

報表 14-11 是以 A 因子（教育程度）為第一層變數，M 因子（音樂類型）為第二層變數，對音樂喜歡的程度為依變數，所進行的描述統計。報表 14-12 則是依據平均數所繪之剖面圖。

報表 14-11　估計值

測量: MEASURE_1					
				95% 信賴區間	
教育程度	M	平均數	標準誤	下界	上界
國中以下	1	2.700	.248	2.191	3.209
	2	3.800	.197	3.395	4.205
	3	3.300	.330	2.623	3.977
高中職	1	3.300	.248	2.791	3.809
	2	3.900	.197	3.495	4.305
	3	2.900	.330	2.223	3.577
專科以上	1	3.600	.248	3.091	4.109
	2	4.000	.197	3.595	4.405
	3	2.400	.330	1.723	3.077

報表 14-12　教育程度*音樂類型之喜歡程度平均數剖面圖

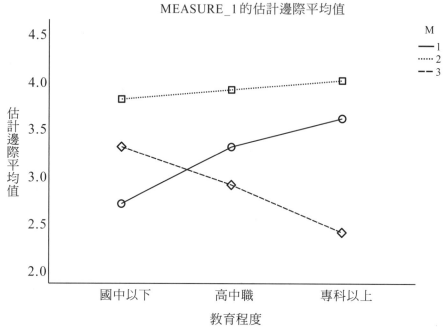

報表 14-13 在進行 M within A(1)、M within A(2)，及 M within A(3)的事後比較，結果如下：

1.　在**國中以下**這一大列可看出：國中以下學歷的受訪者較喜歡第二種音樂（流行音樂），比較不喜歡第一種音樂（西方古典音樂）。

2.　在**高中職**這一大列可看出：高中職學歷的受訪者較喜歡第二種音樂（流行音樂），比較不喜歡第三種音樂（中國傳統戲曲）。

3.　在**專科以上**這一大列可看出：專科以上學歷的受訪者較喜歡第二種音樂（流行音樂）及第一種音樂（西方古典音樂），最不喜歡第三種音樂（中國傳統戲曲）。

報表 14-13　配對比較

測量: MEASURE_1							
						差異的 95%信賴區間[b]	
教育程度	(I)M	(J)M	平均值差異 (I-J)	標準誤	顯著性[b]	下界	上界
國中以下	1	2	-1.100*	.343	.010	-1.975	-.225
		3	-.600	.357	.313	-1.511	.311
	2	1	1.100*	.343	.010	.225	1.975
		3	.500	.327	.414	-.335	1.335
	3	1	.600	.357	.313	-.311	1.511
		2	-.500	.327	.414	-1.335	.335
高中職	1	2	-.600	.343	.274	-1.475	.275
		3	.400	.357	.817	-.511	1.311
	2	1	.600	.343	.274	-.275	1.475
		3	1.000*	.327	.015	.165	1.835
	3	1	-.400	.357	.817	-1.311	.511
		2	-1.000*	.327	.015	-1.835	-.165
專科以上	1	2	-.400	.343	.760	-1.275	.475
		3	1.200*	.357	.007	.289	2.111
	2	1	.400	.343	.760	-.475	1.275
		3	1.600*	.327	<.001	.765	2.435
	3	1	-1.200*	.357	.007	-2.111	-.289
		2	-1.600*	.327	<.001	-2.435	-.765
根據估計的邊際平均值 *. 平均值差異在 .05 層級顯著。 b. 調整多重比較：Bonferroni。							

　　報表 14-14 是以 M 因子為（音樂類型）第一層變數，A 因子（教育程度）為第二層變數，對音樂喜歡的程度為依變數，所進行的描述統計。報表 14-15 則是依據平均數所繪之剖面圖。

報表 14-14　估計值

測量: MEASURE_1				95% 信賴區間	
M	教育程度	平均數	標準誤	下界	上界
1	國中以下	2.700	.248	2.191	3.209
	高中職	3.300	.248	2.791	3.809
	專科以上	3.600	.248	3.091	4.109
2	國中以下	3.800	.197	3.395	4.205
	高中職	3.900	.197	3.495	4.305
	專科以上	4.000	.197	3.595	4.405
3	國中以下	3.300	.330	2.623	3.977
	高中職	2.900	.330	2.223	3.577
	專科以上	2.400	.330	1.723	3.077

報表 14-15　音樂類型*教育程度之喜歡程度平均數剖面圖

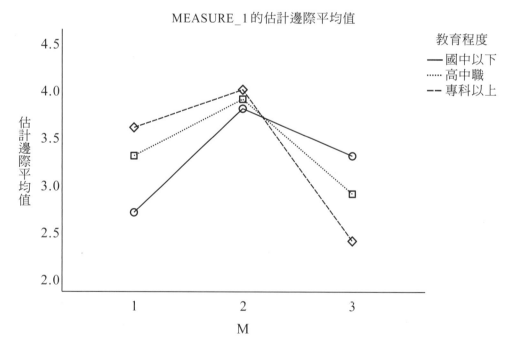

MEASURE_1的估計邊際平均值

報表 14-16 在進行 A within M(1)、A within M(2)，及 A within M(3) 的事後比較，由於在報表 14-7 及報表 14-8 中顯示，後兩者的檢定都不顯著，因此只要看報表 14-16 第一大列的事後比較即可。由結果可看出：專科以上學歷的受訪者，對第一種音樂（西方古典音樂）的喜歡程度高於國中以下學歷者。

報表 14-16　配對比較

測量: MEASURE_1

M	(I) 教育程度	(J) 教育程度	平均值差異 (I-J)	標準誤	顯著性 [b]	差異的 95%信賴區間 [b] 下界	上界
1	國中以下	高中職	-.600	.351	.296	-1.495	.295
		專科以上	-.900*	.351	.048	-1.795	-.005
	高中職	國中以下	.600	.351	.296	-.295	1.495
		專科以上	-.300	.351	1.000	-1.195	.595
	專科以上	國中以下	.900*	.351	.048	.005	1.795
		高中職	.300	.351	1.000	-.595	1.195
2	國中以下	高中職	-.100	.279	1.000	-.812	.612
		專科以上	-.200	.279	1.000	-.912	.512
	高中職	國中以下	.100	.279	1.000	-.612	.812
		專科以上	-.100	.279	1.000	-.812	.612
	專科以上	國中以下	.200	.279	1.000	-.512	.912
		高中職	.100	.279	1.000	-.612	.812
3	國中以下	高中職	.400	.467	1.000	-.791	1.591
		專科以上	.900	.467	.193	-.291	2.091
	高中職	國中以下	-.400	.467	1.000	-1.591	.791
		專科以上	.500	.467	.880	-.691	1.691
	專科以上	國中以下	-.900	.467	.193	-2.091	.291
		高中職	-.500	.467	.880	-1.691	.691

根據估計的邊際平均值
*. 平均值差異在 .05 層級顯著。
b. 調整多重比較：Bonferroni。

14.1.7 效果量

SPSS 通常提供偏 η^2 當效果量，它的公式是：

$$偏\,\eta^2 = \frac{效應SS}{效應SS + 誤差SS}$$

代入報表 14-4 的數值，因子 A 的效果量為：

$$偏\,\eta^2_A = \frac{0.156}{0.156 + 24.833} = \frac{0.156}{24.989} = .006$$

代入報表 14-3 的數值，因子 M 的效果量為：

$$偏\,\eta^2_M = \frac{16.689}{16.689 + 31.667} = \frac{16.689}{48.356} = .345$$

同樣代入報表 14-3 的數值，M*A 的效果量為：

$$偏\,\eta^2_{M*A} = \frac{8.311}{8.311 + 31.667} = \frac{8.311}{39.978} = .208$$

而 η^2 的公式是：

$$\eta^2 = \frac{效應SS}{總和SS}$$

將報表 14-3 及報表 14-4 的所有 SS 相加，得到：

$$16.689 + 8.311 + 31.667 + 0.156 + 24.833 = 81.656$$

因此 A、M、M*A 的效果量分別為：

$$\eta^2_A = \frac{0.156}{81.656} = .002$$

$$\eta^2_M = \frac{16.689}{81.656} = .204$$

$$\eta^2_{M*A} = \frac{8.311}{81.656} = .102$$

依據 Cohen（1988）的經驗法則，η^2 值之小、中、大的效果量分別是 .01、.06、.14。因此，本範例中二因子交互作用為中度的效果量。

14.2　範例

研究者想要了解音樂風格與字詞屬性的性質，對受試者在字詞回憶的表現是否有交互作用。因此找了 30 名受試者（介於 20–60 歲），再以隨機分派的方式各自在兩種音樂風格（快樂及悲傷）下，實施 3 次測驗（每次均含正面、負面，及中性字詞各 7 個，3 次各有 21 個字詞），測得受試者回憶的字詞數如表 14-2 之數據。請問：在字詞回憶測驗的表現，是否因音樂風格與字詞屬性而有不同？

表 14-2　30 名受試者的測試成績

受試	音樂	正面	負面	中性	受試	音樂	正面	負面	中性
1	1	16	15	14	16	2	17	14	15
2	1	12	14	12	17	2	10	10	11
3	1	13	13	12	18	2	12	10	10
4	1	19	18	17	19	2	12	12	13
5	1	14	13	13	20	2	18	16	17
6	1	10	12	11	21	2	16	13	15
7	1	14	13	12	22	2	11	11	12
8	1	13	14	12	23	2	13	12	13
9	1	13	13	12	24	2	13	13	14
10	1	10	11	11	25	2	10	10	10
11	1	12	14	13	26	2	16	15	15
12	1	11	10	11	27	2	16	13	14
13	1	13	15	15	28	2	12	10	12
14	1	12	12	11	29	2	13	11	12
15	1	8	11	9	30	2	12	12	13

14.2.1　變數與資料

表 14-2 中，有 5 個變數，但是受試者代號並不需要輸入 SPSS 中，因此分析時使用 1 個獨立樣本自變數及 1 個相依樣本自變數（有 3 個水準，分別為 3 種屬性字詞的回憶數），依變數是學生在字詞回憶測驗的得分。第 1 個自變數為音樂風格，有

2 種不同風格的音樂（1 為悲傷的，2 為快樂的），第 2 個自變數為字詞屬性，有 3 種屬性，為 2 × 3 的設計，共有 30 名受試者。

14.2.2　研究問題

在本範例中，研究者想要了解的問題可以陳述如下：

字詞回憶測驗成績是否因不同音樂風格及字詞屬性而有差異？

字詞回憶測驗成績是否因不同音樂風格而有差異？

字詞回憶測驗成績是否因不同字詞屬性而有差異？

14.2.3　統計假設

根據研究問題，虛無假設一宣稱「兩個自變數沒有交互作用」：

H_0：音樂風格與字詞屬性沒有交互作用

而對立假設則宣稱「兩個自變數有交互作用」：

H_1：音樂風格與字詞屬性有交互作用

虛無假設二宣稱「在母群中兩種音樂風格的字詞回憶測驗成績沒有差異」：

$H_0 : \mu_{悲傷} = \mu_{快樂}$

而對立假設則宣稱「在母群中兩種音樂風格的字詞回憶測驗成績有差異」：

$H_1 : \mu_{悲傷} \neq \mu_{快樂}$

虛無假設三宣稱「在母群中三種字詞屬性的字詞回憶測驗成績沒有差異」：

$H_0 : \mu_{正面} = \mu_{負面} = \mu_{中性}$

而對立假設則宣稱「在母群中三種字詞屬性的字詞回憶測驗成績有差異」：

$H_1 : \mu_i \neq \mu_j$，存在一些 i 與 j 之間

14.3　使用 SPSS 進行分析

1.　完整的 SPSS 資料檔，如圖 14-2。

圖 14-2　二因子混合設計變異數分析資料檔

	🔴 A	📏 B1	📏 B2	📏 B3	變數	變數	變數	變數	變數
1	1	16	15	14					
2	1	12	14	12					
3	1	13	13	12					
4	1	19	18	17					
5	1	14	13	13					
6	1	10	12	11					
7	1	14	13	12					
8	1	13	14	12					
9	1	13	13	12					
10	1	10	11	11					
11	1	12	14	13					
12	1	11	10	11					
13	1	13	15	15					
14	1	12	12	11					
15	1	8	11	9					
16	2	17	14	15					
17	2	10	10	11					
18	2	12	10	10					
19	2	12	12	13					
20	2	18	16	17					
21	2	16	13	15					
22	2	11	11	12					
23	2	13	12	13					
24	2	13	13	14					
25	2	10	10	10					
26	2	16	15	15					
27	2	16	13	14					
28	2	12	10	12					
29	2	13	11	12					
30	2	12	12	13					

資料視圖　變數視圖

2. 在選單【分析】中的【一般線性模型】選擇【重複測量】（或【重複量數】）（圖 14-3）。

圖 14-3　重複測量選單

分析(A)	圖形(G)	公用程式(U)	延伸(X)	視
檢定力分析(W)	▶			
統合分析	▶			
報告(P)	▶			
敘述統計(E)	▶			
貝氏統計量(Y)	▶			
表格(B)	▶			
比較平均數(M)	▶			
一般線性模型(G)	▶	單變異數(U)...		
概化線性模型(Z)	▶	多變異數(M)...		
混合模型(X)	▶	重複測量(R)...		
相關(C)	▶	變異成份(V)...		

3. 把【受試者內因子的名稱】改為 B，【層次數】（或【水準個數】）為 3，並點擊【新增】，再點擊【定義】（圖 14-4）。

圖 14-4　重複測量值定義因子對話框

4. 同時（或分別）選擇 B1、B2、B3，將它們點選到右邊的【受試者內的變數】框
中（圖 14-5）。

圖 14-5　重複測量值對話框

5. 將音樂[A]點選到右邊的【受試者間的因子】框中（圖 14-6）。

圖 14-6　重複測量值對話框

6. 在圖 14-6 的【選項】下勾選【敘述性統計量】、【效應大小的估計值】、及【同質
性檢定】（圖 14-7）。

圖 14-7　重複測量值：選項對話框

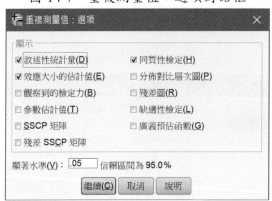

7.　在圖 14-6 的【圖形】中分別將【因子】中的 A 與 B 點選到【水平軸】及【個別線】框中，再點選【新增】。此時在【圖形】框中會出現 A*B。如果要繪製第二個剖面圖，可以將 B 與 A 分別點選到【水平軸】及【個別線】框中，再按【新增】按鈕，就會出現 B*A 的圖形（圖 14-8）。

圖 14-8　重複量數：剖面圖對話框

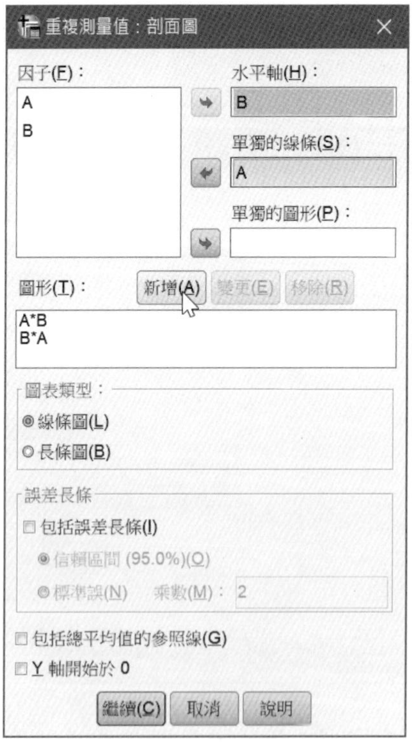

8.　完成選擇後，回到圖 14-6 點擊【確定】按鈕，進行分析。

14.4　報表解讀

分析後得到以下的報表，分別加以說明如後。

14.4.1　整體檢定

報表 14-17　受試者內因子

測量: MEASURE_1	
B	依變數
1	B1
2	B2
3	B3

混合設計包含受試者內因子及受試者間因子。報表 14-17 說明受試內因子為 B 因子，有 3 個水準（3 種屬性的字詞）。

報表 14-18　受試者間因子

		值標籤	個數
音樂	1	悲傷	15
	2	快樂	15

報表 14-18 說明受試者間因子為音樂（A 因子），有 2 個組別（水準），每一組有 15 個受試者，共 30 名受試。

報表 14-19　敘述統計

音樂		平均值	標準差	個數
正面	悲傷	12.67	2.610	15
	快樂	13.40	2.558	15
	總計	13.03	2.566	30
負面	悲傷	13.20	1.971	15
	快樂	12.13	1.885	15
	總計	12.67	1.971	30

（續下頁）

報表 14-19　敘述統計（續）

音樂		平均值	標準差	個數
中性	悲傷	12.33	1.915	15
	快樂	13.07	1.981	15
	總計	12.70	1.950	30

報表 14-19 為敘述統計，包含**平均值**（平均數）、**標準差**，及樣本數（**個數**）。三種字詞測驗的總平均分別為 13.03、12.67，及 12.70，相差不多，但在快樂的音樂中，受試者對正面字詞的回憶較佳（$M = 13.40$，$SD = 2.558$），而在悲傷的音樂中，受試者對負面字詞的回憶較佳（$M = 13.20$，$SD = 1.971$），因此 A 因子與 B 因子可能有交互作用。至於是否達到統計上的顯著，要看報表 14-23。

報表 14-20　共變量矩陣等式的 Box 檢定 [a]

Box's M	2.254
F	.332
df1	6
df2	5680.302
顯著性	.921
檢定依變數的觀察共變量矩陣之虛無假設，等於交叉組別。	
a. Design:截距 ＋ A　受試者內設計: B	

報表 14-20 在檢定受試者間因子的兩種音樂中，三種屬性之字詞回憶測驗的變異數－共變數矩陣是否相等。Box 的 $M = 2.254$，轉換為 $F(6, 5680.302) = 0.332$，$p = .921$，不能拒絕變異數－共變數矩陣同質的假定，因此符合該項假定。

報表 14-21　多變量檢定 [a]

效果		數值	F	假設自由度	誤差自由度	顯著性	偏 Eta 平方
B	Pillai's 跡	.081	1.183[b]	2.000	27.000	.322	.081
	Wilks' Lambda (λ)	.919	1.183[b]	2.000	27.000	.322	.081
	Hotelling's 跡	.088	1.183[b]	2.000	27.000	.322	.081
	Roy's 最大根	.088	1.183[b]	2.000	27.000	.322	.081

（續下頁）

報表 14-21　多變量檢定 [a]（續）

效果		數值	F	假設 自由度	誤差 自由度	顯著性	偏 Eta 平方
B * A	Pillai's 跡	.631	23.059[b]	2.000	27.000	.000	.631
	Wilks' Lambda (λ)	.369	23.059[b]	2.000	27.000	.000	.631
	Hotelling's 跡	1.708	23.059[b]	2.000	27.000	.000	.631
	Roy's 最大根	1.708	23.059[b]	2.000	27.000	.000	.631
a. Design:截距 + A 　受試者內設計: B b. 精確的統計量							

報表 14-21 為使用多變量取向的變異數分析，依變數為字詞回憶量，B 的主要效果之 p 值都等於 .322，表示在三種音樂環境下字詞回憶的平均數沒有顯著差異。交互作用部分，四個 p 值均小於 .001，達 .05 顯著水準，表示 A 與 B 有顯著的交互作用。

報表 14-22　Mauchly 球形檢定 [a]

測量: MEASURE_1							
受試者內 效應項	Mauchly's W	近似 卡方分配	df	顯著性	Epsilonb		
					Greenhouse- Geisser	Huynh- Feldt	下限
B	.648	11.703	2	.003	.740	.799	.500
檢定正交化變數轉換之依變數的誤差共變量矩陣的虛無假設，是識別矩陣的一部份。 a. Design:截距 + a 　受試者內設計: b b. 可用來調整顯著性平均檢定的自由度。改過的檢定會顯示在 "Within-Subjects Effects" 表檢定中。							

在本範例中，B 因子是受試者內因子，要符合兩兩差異分數的變異數同質假定（球形假定），報表 14-22 顯示計算所得的 $W = .648$，轉換為 $\chi^2 = 11.703$，$p = .003$，因此不符合球形假定，應對檢定所得的 F 值加以校正。因為此處的 Greenhouse-Geisser 的 ε 值小於 .75，因此報表 14-23 中將使用 Greenhouse-Geisser 校正結果。

報表 14-23　受試者內效應項的檢定

測量: MEASURE_1

來源		型 III 平方和	df	均方	F	顯著性	偏 Eta 平方
B	假設為球形	2.467	2	1.233	1.955	.151	.065
	Greenhouse-Geisser	2.467	1.480	1.667	1.955	.164	.065
	Huynh-Feldt	2.467	1.598	1.543	1.955	.161	.065
	下限	2.467	1.000	2.467	1.955	.173	.065
B * A	假設為球形	16.200	2	8.100	12.838	.000	.314
	Greenhouse-Geisser	16.200	1.480	10.949	12.838	.000	.314
	Huynh-Feldt	16.200	1.598	10.136	12.838	.000	.314
	下限	16.200	1.000	16.200	12.838	.001	.314
誤差 (B)	假設為球形	35.333	56	.631			
	Greenhouse-Geisser	35.333	41.428	.853			
	Huynh-Feldt	35.333	44.753	.790			
	下限	35.333	28.000	1.262			

報表 14-23 為與受試者內因子有關的分析摘要表，其中 $SS_B = 2.467$，$SS_{B*A} = 16.200$，$SS_{B*S/A} = 35.333$。F 的公式為：

$$F = \frac{\text{效應} MS}{\text{誤差(B)} MS}$$

使用 Greenhouse-Geisser 校正，因子 B 的 F 值為：

$$F = \frac{1.667}{.853} = 1.955$$

因子 B*A 的 F 值為：

$$F = \frac{10.949}{.853} = 12.838$$

由於 B*A 之 F 的 $p < .001$，因此 B 因子與 A 因子有顯著的交互作用。B 因子的

p = .164，主要效果的檢定不顯著。不過，由於交互作用檢定達顯著，B 因子可能在 A 因子的不同水準中而有不同的效果，因此不宜直接斷言 B 因子沒有效果。

報表 14-24　受試者內對照的檢定

測量: MEASURE_1

來源	B	型 III 平方和	df	均方	F	顯著性	偏 Eta 平方
B	線性	1.667	1	1.667	2.188	.150	.072
	二次方	.800	1	.800	1.600	.216	.054
B * A	線性	.000	1	.000	.000	1.000	.000
	二次方	16.200	1	16.200	32.400	.000	.536
誤差(B)	線性	21.333	28	.762			
	二次方	14.000	28	.500			

報表 14-24 為趨勢分析，由於本範例中 B 因子並不是次序變數，因此不需要特別檢視此報表。即使是次序變數，最好也要有理論基礎才說明變化的趨勢。

報表 14-25　受試者間效應項的檢定

測量: MEASURE_1

轉換的變數:均數

來源	型 III 平方和	df	均方	F	顯著性	偏 Eta 平方
截距	14745.600	1	14745.600	1140.544	.000	.976
A	.400	1	.400	.031	.862	.001
誤差	362.000	28	12.929			

報表 14-25 為與受試者間因子（A 因子）有關的 SS，其中 SS_A = .400，$SS_{S/A}$ = 362.000。F 為：

$$F = \frac{.400}{12.929} = .031$$

其 p 值為 .862，大於 .05，因此 A 因子主要效果檢定不顯著。

報表 14-26　Levene's 同質性變異數檢定 [a]

		Levene 統計量	df1	df2	顯著性
正面	根據平均數	.295	1	28	.591
	根據中位數	.102	1	28	.752
	根據中位數，且含調整的自由度	.102	1	27.170	.752
	根據修整的平均數	.239	1	28	.628
負面	根據平均數	.015	1	28	.903
	根據中位數	.022	1	28	.884
	根據中位數，且含調整的自由度	.022	1	27.107	.884
	根據修整的平均數	.014	1	28	.908
中性	根據平均數	.143	1	28	.708
	根據中位數	.307	1	28	.584
	根據中位數，且含調整的自由度	.307	1	27.034	.584
	根據修整的平均數	.163	1	28	.689

檢定依變數的誤差變異數在群組內相等的虛無假設。

a. 設計：截距 + A

　　報表 14-26 在檢定三個變數（B1 – B3）之變異數，在受試者間因子的兩個組之間是否具有同質性，由於**根據平均數**檢定而得之 F 統計量的 p 值均大於 .05，因此符合變異數同質假定。

報表 14-27　音樂*字詞之回憶平均數剖面圖

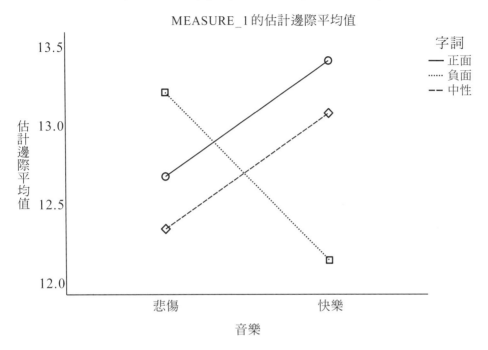

報表 14-27 是根據報表 14-19 的平均數所繪製的剖面圖。在悲傷的音樂中，受試者對負面字詞的回憶力較佳；而在快樂的音樂中，受試者對正面字詞的回憶力較佳。

14.4.2　單純主要效果及事後比較

由於兩個因子有交互作用，接下來，一般會進行單純效果分析。在此，可以分析兩類的單純主要效果，一是在 A 因子的每一個水準中（也就是 2 種不同音樂風格），3 種字詞屬性的測驗成績是否有差異（稱為 B at A 或 B within A)，二是在 B 因子的每一個水準中 (也就是 3 種字詞屬性中)，2 種音樂風格是否有不同的效果（稱為 A within B）。

在 SPSS 27 版之前，單純效果分析無法利用選單進行分析，需要撰寫語法。28 版中已在選單中增加比較簡單主要效果選項。

1. 在圖 14-6 之【預估邊際平均值】下，將 A*B 選擇到【顯示此項目的平均值】中，勾選【比較簡式主效應】（也就是簡單主要效果），【信賴區間調整】中可選擇【Bonferroni】（圖 14-9）。

圖 14-9　開啟新語法檔選單

2.　27 版前輸入以下的語法。

```
GLM B1 B2 B3 BY A
  /WSFACTOR=B 3
  /EMMEANS = TABLES(B*A) COMPARE (A) ADJ(BONFERRONI)
  /EMMEANS = TABLES(A*B) COMPARE (B) ADJ(BONFERRONI)
  /PRINT=ETASQ DESCRIPTIVE
  /WSDESIGN=B
  /DESIGN=A.
```

第 1 列語法在進行單變量變異數分析，BY 之前為依變數，之後為自變數。

第 2 列指出 B 因子為受試者內因子，有 3 個水準。

第 3 列在列出估計邊緣平均數，TABLES(B*A)代表要列出 B 因子為第一層變數，A 因子為第二層變數，各細格中的答對平均數，COMPARE(A)代表要以因子 A 為主，進行三個比較（包含 A within B1、A within B2、及 A within B3），ADJ(BONFERRONI)則是要以 Bonferroni 法對型一錯誤（α）加以調整。建議讀者：將 TABLES(B*A)中*號後的 A，寫在 COMPARE(A)中，如此呈現平均數會較清楚。

第 4 列在於比較 B 在 A 中的單純主要效果。

第 5 列在列出效果量及描述統計。

第 6 列寫出受試者內因子名稱。

第 7 列寫出受試者間因子名稱。

3. 選取語法，並點選**執行選取範圍 (▶)** 按鈕。

圖 14-10　執行選取範圍語法

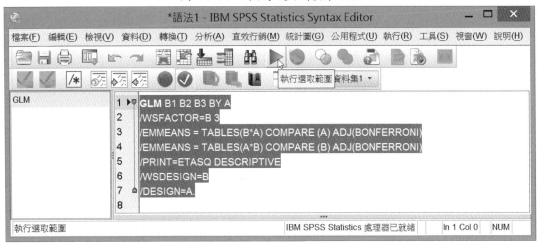

4. 單純主要效果也可以使用 MANOVA 語法進行分析，它在進行 B within A(1)及 B within A(2)的單純主要效果檢定時，誤差項會較正確。

```
MANOVA B1 B2 B3 BY A(1,2)

    /WSFACTORS=B(3)

    /PRINT=SIGNIF(AVONLY EFSIZE)

    /WSDESIGN=MWITHIN B(1), MWITHIN B(2), MWITHIN B(3)

    /DESIGN.

MANOVA B1 B2 B3 BY A(1,2)

    /WSFACTORS=B(3)

    /PRINT=SIGNIF(AVONLY EFSIZE)

    /WSDESIGN=B

    /DESIGN=MWITHIN A(1), MWITHIN A(2).
```

分析後得到以下報表，分別說明之。

報表 14-28　估計值

測量: MEASURE_1				95%信賴區間	
B	音樂	平均數	標準誤	下界	上界
1	悲傷	12.667	.667	11.300	14.033
	快樂	13.400	.667	12.033	14.767
2	悲傷	13.200	.498	12.180	14.220
	快樂	12.133	.498	11.113	13.153
3	悲傷	12.333	.503	11.303	13.364
	快樂	13.067	.503	12.036	14.097

報表 14-28 是以 B 因子為第一層變數，A 因子為第二層變數，所做的依變數描述統計。其中標準誤為報表 14-31 之誤差平均平方和除以 A 因子各水準的樣本數（15）再開根號。分別代入數據，得到：

$$\sqrt{\frac{6.676}{15}} = .667$$

$$\sqrt{\frac{3.719}{15}} = .498$$

$$\sqrt{\frac{3.795}{15}} = .503$$

第一種屬性（正面）的字詞測驗中，在悲傷的音樂中得分為 12.667，而在快樂的音樂中得分為 13.400，後者較高；第二種屬性（負面）的字詞測驗中，在悲傷的音樂中得分為 13.200，而在快樂的音樂中得分為 12.133，前者較高；第三種屬性（中性）的字詞測驗中，在悲傷的音樂中得分為 12.333，而在快樂的音樂中得分為 13.067，後者較高。三個單純主要效果檢定是否有差異，要看報表 14-31 的結果。

報表 14-29　字詞*音樂之回憶平均數剖面圖

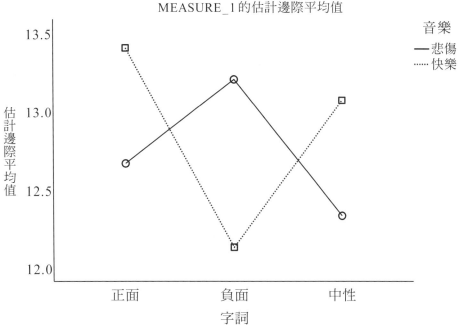

MEASURE_1的估計邊際平均值

報表 14-29 是配合報表 14-28 所繪的剖面圖。正面與中性的字詞，在快樂音樂中回憶的數量較多，反之，負面的字詞在悲傷音樂中回憶的數量較多。

報表 14-30　配對比較

測量:MEASURE_1							
B	(I) 音樂	(J) 音樂	平均差異 (I-J)	標準差	顯著性 [a]	差異的 95%信賴區間 [a] 下界	上界
1	悲傷	快樂	-.733	.943	.444	-2.666	1.199
	快樂	悲傷	.733	.943	.444	-1.199	2.666
2	悲傷	快樂	1.067	.704	.141	-.376	2.509
	快樂	悲傷	-1.067	.704	.141	-2.509	.376
3	悲傷	快樂	-.733	.711	.311	-2.190	.724
	快樂	悲傷	.733	.711	.311	-.724	2.190
根據估計的邊緣平均數而定。 a. 調整多重比較：Bonferroni。							

報表 14-30 是單純主要效果的事後成對比較，由於報表 14-31 顯示在三種測驗中，兩種音樂風格效果並沒有顯著不同，因此所有的成對比較也都不顯著。

平均差異這一欄，是以報表 14-28 的平均數相減，報表 14-28 中 B1 這一大列的兩個平均數分別為 12.667 及 13.400，前者減去後者，得到 −.733。至於 −.733 是否顯著不等於 0，有三個判斷方法：一是平均數差異右上方有 * 號，二是 $p \leq .05$，三是差異的 95%信賴區間不包含 0。由報表 14-30 中可看出，−.733 的右上方未加 * 號，$p = .444$，且差異的 95%信賴區間為 −2.666～1.199，中間包含 0，因此 −.733 並未顯著不等於 0。其他的比較也使用同樣的判斷準則。

報表 14-31　單變量檢定

測量:MEASURE_1							
B		平方和	df	均方	F	顯著性	偏 Eta 平方
1	對照	4.033	1	4.033	.604	.444	.021
	錯誤	186.933	28	6.676			
2	對照	8.533	1	8.533	2.294	.141	.076
	錯誤	104.133	28	3.719			
3	對照	4.033	1	4.033	1.063	.311	.037
	錯誤	106.267	28	3.795			
每個 F 會檢定音樂 (顯示其他效果的每個層級組合) 的簡單效果。這些檢定根據所估計邊緣平均數的線性獨立成對比較而定。							

報表 14-31 在進行 A within B(1)、A within B(2)，及 A within B(3)三個單純主要效果檢定。在三種屬性的字詞測驗中，兩種音樂風格的效果都未達統計上的顯著差異（p 值均大於 .05），因此報表 14-30 的成對比較也都不顯著。

SPSS 在計算「受試者內因子 within 受試者內因子」的單純主要效果時，誤差項的 SS 是各組分開計算，有學者（Keppel, 1991）認為應以合併誤差項為分子較正確。如果要自行計算，則將三組的誤差 SS 及自由度分別相加，得到：

誤差 $SS = 186.933 + 104.133 + 106.267 = 397.333$

誤差自由度 $= 28 + 28 + 28 = 84$

均方 $= 397.333 / 84 = 4.730$

使用 Excel 及 SPSS 計算結果如報表 14-32，p 值雖有些差異，但也都大於 .05，三個單純主要效果檢定都不顯著。

報表 14-32　自行計算之 F 及 p 值

	SS	自由度	均方	F	p
A withn B(1)	4.033	1	4.033	0.853	.358
A withn B(2)	8.533	1	8.533	1.804	.183
A withn B(3)	4.033	1	4.033	0.853	.358
誤差	397.333	84	4.730		

在此，也說明如何使用 SPSS 計算 F 的機率值。在資料編輯的視窗分別輸入 F、df1、df2 等 3 個變數及數值（圖 14-11）。

圖 14-11　輸入 F 值及自由度

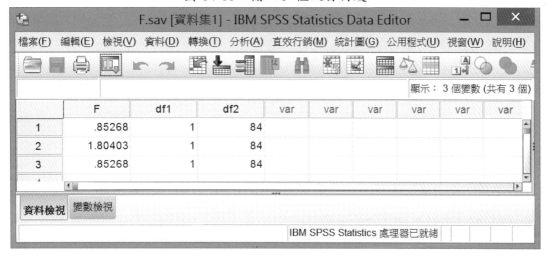

接著在【轉換】選單中選取【計算變數】，並依圖 14-12 分別輸入【目標變數】及【數值運算式】，並點選【確定】按鈕。

圖 14-12　計算變數對話框

計算之後得到圖 14-13 的 F 的 p 值，分別是 .358、.183，及 .358。

圖 14-13　計算所得的 F 機率值 p

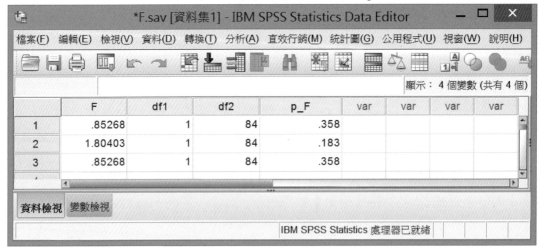

報表 14-33　估計值

測量:MEASURE_1				95% 信賴區間	
音樂	B	平均數	標準誤	下界	上界
悲傷	1	12.667	.667	11.300	14.033
	2	13.200	.498	12.180	14.220
	3	12.333	.503	11.303	13.364
快樂	1	13.400	.667	12.033	14.767
	2	12.133	.498	11.113	13.153
	3	13.067	.503	12.036	14.097

報表 14-33 是以 A 因子為第一層變數，B 因子為第二層變數，所做的依變數描述統計。

在悲傷的音樂中，受試者在三種屬性的字詞回憶測驗平均數分別為 12.667、13.200，及 12.333，對於負面字詞的回憶較多。而在快樂的音樂中，三種屬性的字詞回憶測驗平均數分別為 13.400、12.133，及 13.067，對於正面字詞的回憶較多。兩個單純主要效果檢定是否顯著，要看報表 14-36 或報表 14-37 的結果。

報表 14-34　音樂類型*字詞類型之回憶平均數剖面圖

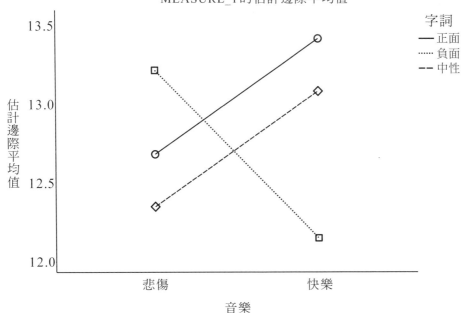

MEASURE_1的估計邊際平均值

報表 14-34 是配合報表 14-33 的平均數所繪製的剖面圖。在悲傷的音樂中，受試者對負面字詞的回憶力較佳；而在快樂的音樂中，受試者對正面字詞的回憶力較佳。

報表 14-35　配對比較

測量:MEASURE_1

音樂	(I) B	(J) B	平均差異 (I-J)	標準誤	顯著性 [b]	差異的 95%信賴區間 [b]	
						下界	上界
悲傷	1	2	-.533	.340	.385	-1.400	.333
		3	.333	.319	.914	-.478	1.145
	2	1	.533	.340	.385	-.333	1.400
		3	.867*	.187	.000	.391	1.343
	3	1	-.333	.319	.914	-1.145	.478
		2	-.867*	.187	.000	-1.343	-.391
快樂	1	2	1.267*	.340	.003	.400	2.133
		3	.333	.319	.914	-.478	1.145
	2	1	-1.267*	.340	.003	-2.133	-.400
		3	-.933*	.187	.000	-1.409	-.457
	3	1	-.333	.319	.914	-1.145	.478
		2	.933*	.187	.000	.457	1.409

根據估計的邊緣平均數而定。
*. 平均差異在 .050 水準是顯著的。
b. 調整多重比較：Bonferroni。

報表 14-35 是單純主要效果檢定之事後比較。在悲傷的音樂中，受試者對負面字詞的回憶較中性字詞多；而在快樂的音樂中，受試者對正面及中性字詞的回憶則較負面字詞多。

報表 14-36 多變量檢定

音樂		數值	F	假設 自由度	誤差 自由度	顯著性	偏 Eta 平方
悲傷	Pillai's Trace	.435	10.400a	2.000	27.000	.000	.435
	Wilks' Lambda	.565	10.400a	2.000	27.000	.000	.435
	Hotelling's Trace	.770	10.400a	2.000	27.000	.000	.435
	Roy 的最大平方根	.770	10.400a	2.000	27.000	.000	.435
快樂	Pillai's Trace	.506	13.843a	2.000	27.000	.000	.506
	Wilks' Lambda	.494	13.843a	2.000	27.000	.000	.506
	Hotelling's Trace	1.025	13.843a	2.000	27.000	.000	.506
	Roy 的最大平方根	1.025	13.843a	2.000	27.000	.000	.506

各 F 檢定所顯示其他效應項之各水準組合中的 B 多變量 簡單效果。這些檢定根據所估計邊緣平均數的線性獨立成對比較而定。

a. 精確的統計量

報表 14-36 是使用 GLM 程序進行的 B within A(1) 及 B within A(2) 單純主要效果的多變量檢定，兩個 p 值均小於 .001，都達 .05 顯著水準，因此接著檢視報表 14-35 的成對比較。

報表 14-37 Tests involving 'B' Within-Subject Effect.

AVERAGED Tests of Significance for B using UNIQUE sums of squares					
Source of Variation	SS	DF	MS	F	Sig of F
WITHIN+RESIDUAL	35.33	56	.63		
MWITHIN A(1) BY B	5.73	2	2.87	4.54	.015
MWITHIN A(2) BY B	12.93	2	6.47	10.25	.000

報表 14-37 是另外使用 MAMOVA 程序進行的 B within A(1) 及 B within A(2) 單純主要效果單變量檢定（報表由筆者加以表格化），都達 .05 顯著水準，因此接著檢視報表 14-35 的成對比較。

14.5 計算效果量

由於檢定後達到統計上的顯著，因此應計算效果量。

SPSS 只計算偏 η^2，公式是：

$$偏\,\eta^2 = \frac{效應SS}{效應SS + 誤差SS}$$

其中效應的平方和是研究者關心的某個因子的效應，在此，研究者關心的是兩個因子的交互作用，代入報表 14-23 的數值，其偏 η^2 為：

$$偏\,\eta^2_{B*A} = \frac{16.200}{16.200 + 35.333} = \frac{16.200}{51.533} = .314$$

這就等於報表 14-23 中 B*A 的**偏 Eta 平方**。偏 η^2 是排除主要效果或交互作用之後，某個因子或交互作用對依變數的解釋量，由於不具可加性，因此偏 η^2 的總和可能會超過 1。

η^2 則具有可加性，可以計算每個效果的個別解釋量，公式為：

$$\eta^2 = \frac{效應SS}{總和SS}$$

將報表 14-23 及報表 14-25 中的 SS 相加，可以得到總和的 SS，代入公式後得到：

$$\eta^2 = \frac{16.200}{2.467 + 16.200 + 35.333 + 0.400 + 362.000} = \frac{16.200}{416.400} = .039$$

圖示如圖 14-14。

圖 14-14　二因子混合設計變異數分析效果量

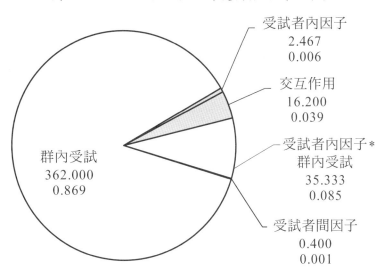

依據 Cohen（1988）的經驗法則，η^2 值之小、中、大的效果量分別是.01、.06，及.14。因此，本範例中二因子交互作用為小的效果量。

14.6　以 APA 格式撰寫結果

研究者使用 2 × 3 二因子混合設計變異數分析，以字詞回憶測驗成績為依變數，音樂風格與字詞屬性為自變數。分析結果顯示，音樂風格與字詞屬性具有顯著的交互作用，$F(1.480, 41.428) = 12.838$，$p < .001$，$\eta^2 = .039$。經單純主要效果檢定，在悲傷的音樂中，三種字詞屬性的回憶成績有顯著差異，$F(2,56) = 4.54$，$p = .015$，負面字詞的回憶量（$M = 13.20$）較中性字詞多（$M = 12.33$）。在快樂的音樂中，三種字詞屬性的回憶成績也有顯著差異，$F(2,56) = 6.47$，$p < .001$，正面字詞（$M = 13.40$）及中性字詞（$M = 13.07$）的回憶量都比負面字詞（$M = 12.13$）來得多。

14.7　二因子混合設計變異數分析的假定

二因子混合設計變異數分析因為兼有受試者間及受試者內因子，因此應同時符合它們各自的統計假定。

14.7.1 獨立性

觀察體獨立代表各個樣本在「受試者間因子」不會相互影響，假使觀察體間不獨立，計算所得的 p 值就不準確。如果有證據支持違反了這項假定，就不應使用二因子混合設計變異數分析。

由於受試者重複接受多次的測驗，因此在「受試者內因子」並不需要符合獨立假定。

14.7.2 常態性

在二因子混合設計變異數分析中，常態性應符合兩項假定。一是受試者內因子每個水準中的依變數須為常態分配，在本範例中是指三種字詞回憶測驗的分數都要呈常態分配。二是在受試者間因子每個水準的平均分數須為常態分配，在本範例中是指兩種音樂風格中，受試者在三種字詞測驗的平均分數都要呈常態分配。如果不是常態分配，會降低檢定的統計考驗力。不過，當每一組的樣本數在 15 以上，即使違反了這項假定，對於二因子混合設計變異數分析的影響也不大。

14.7.3 變異數同質性

此假定是指在受試者間因子的每個水準中依變數的變異數要相等。在本範例中，首先計算每個受試者在受試者內因子三種字詞測驗的平均得分，接著分別計算兩種音樂風格中平均得分的變異數，而這兩個變異數要相等。

如果受試者間因子各水準的樣本相等（平衡設計），則違反此項假定，並不嚴重；如果樣本相差太多，而又違反此項假定，則不應使用二因子混合設計變異數分析。

14.7.4 球形性

球形性是指母群中，受試者內因子各成對差異分數的變異數要具有同質性（相等）。SPSS 使用 Mauchly 的球形檢定來考驗是否違反這個假定，如果不符合此項假定，就要使用 Greenhouse-Geisser 及 Huynh-Feldt 兩種 ε 值對自由度加以校正。如果 Greenhouse-Geisser 的 $\varepsilon > 0.75$ 時，最好改採 Huynh-Feldt 的方法；$\varepsilon \leq 0.75$，則仍使用 Greenhouse-Geisser 的方法。

如果違反球形性假定，也可以將受試者內因子各水準的得分當成依變數，進行單

因子多變量變異數分析，此部分請參見本書第 15 章之說明。

14.7.5　變異數—共變數矩陣的同質性

　　此假定是指受試者間各水準中，變數的變異數—共變數矩陣要相等。在本範例中，三種字詞測驗有各自的變異數，而三種字詞測驗兩兩間有共變數，變異數—共變數矩陣的對角線為變異數，對角線外則為共變數，在兩種音樂風格中的變異數—共變數矩陣要相等。SPSS 使用 Box 的 M 進行此項檢定。

　　如果受試者間因子各水準的樣本相等，即使違反此項假定，也不太嚴重；如果樣本相差太多，而又違反此項假定，則不應使用二因子混合設計變異數分析。

15 單因子獨立樣本共變數分析

單因子獨立樣本共變數分析（analysis of covariance, ANCOVA）旨在排除一個量的共變量（covariate，或稱為共變項）後，分析一個質的自變數對一個量的依變數的效果，適用的情境如下：

自變數：一個自變數，為**質的變數**。

依變數：一個依變數，為**量的變數**。

共變量：**量的變數**，通常為一個，也可以是兩個以上。

本章先介紹單因子獨立樣本共變數分析的迴歸線同質性檢定，接著進行整體檢定，並說明後續分析的方法。

15.1 基本統計概念

15.1.1 目的

如果使用實驗法進行研究，最重要的是要確保各組一開始的條件是相同的，因此隨機分派的程序便非常重要（為了減少抽樣誤差，隨機抽樣的程序也很重要）。有時候，基於一些限制而不能隨機分派，只好採用**原樣團體**（intact group）進行實驗，此稱為**準實驗設計**（quasi-experimental design）。

由於無法隨機分派，因此受試者在實驗前的差異就會影響依變數，使得自變數的效果有所混淆。因此，在進行準實驗設計之前，一般會先實施前測，以了解實驗前各組的基準點，在經過一段時間的實驗後，再實施後測。進行統計分析時，會將前測當成共變量，而用後測為依變數，自變數則是不同的組別。

此外，共變數分析也可以適用於以下的研究設計（Green & Salkind, 2014）：

1. 進行前測，再隨機分派到自變數的各個組別，接受不同處理，最後測得後測數值。

2. 進行前測，再根據前測結果分派至自變數的各個組別中，接受不同處理，最後測得後測數值。

3. 進行前測，利用前測結果將參與者配對，再隨機分派至自變數的各個組別中，接受不同處理，最後測得後測數值。

4. 分析潛在的混淆變數。例如：要研究有無出國旅遊經驗的學生，在經過教學後，英文成績是否有差異，此時，家庭社經背景是可能的混淆變數，因為有出國旅遊經驗的學生其家庭社經地位可能較高，使得英文成績較高。

如果依變數與共變量的性質相同（如分別為數學的後測成績及前測成績），要排除共變量的影響，然後比較依變數是否會因為自變數不同而有差異，可以有兩種方法：一是將依變數減去共變量（例如：將後測成績減去前測成績）以得到**實得分數**（gain score），然後用實得分數當新的依變數，再進行變異數分析。

如果依變數與共變量的性質不同，則可以先用**共變量當預測變數**，以**依變數當效標變數**，進行迴歸分析，然後再用迴歸分析的殘差當依變數，使用原來的自變數進行變異數分析，這種方法實際上就是共變數分析。所以**共變數分析是結合迴歸分析及變異數分析的一種統計方法**。

15.1.2　分析示例

以下的研究問題都可以使用單因子獨立樣本共變數分析：

1. 排除智力影響後，三種教學法對學生之教學效果。

2. 排除高中入學成績影響後，就讀不同高中對大學學測成績之效果。

3. 排除年齡影響後，不同藥物在增加高密度膽固醇之效果。

15.1.3　共變數分析圖示

單因子變異數分析在分析一個質的自變數對量的依變數的效果（圖 15-1），整個圓形面積（區域 6＋區域 7）代表依變數的總變異量，變異數分析關心的是區域 6 的面積（自變數可以解釋依變數的部分）與區域 7（依變數不能被自變數解釋的部分，也就是誤差項）的比率。而效果量 η^2 就是區域 6 的面積與依變數之整個圓形面積（區域 6＋區域 7）的比率。

圖 15-2 及圖 15-3 是理想的共變數分析示意圖，此時自變數與共變量沒有關聯，

也就是在自變數的各組中，共變量的平均數沒有差異。研究者如果能找到與依變數有關的共變量加以排除（區域 4），那麼不能解釋的部分就剩下區域 6＋區域 7'，雖然自變數可以解釋依變數的部分還是區域 6，但是因為分母部分（區域 7'）已經比圖 15-1 的區域 7 小，使得 F 值變大，所以相同的自變數及依變數，如果使用共變數分析，一般來說會比變異數分析容易顯著（參見圖 15-3）。

圖 15-1　單因子變異數分析示意圖

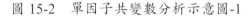

圖 15-2　單因子共變數分析示意圖-1

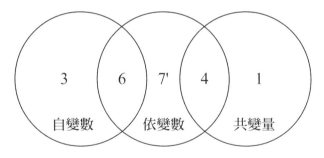

圖 15-3　單因子共變數分析示意圖-2

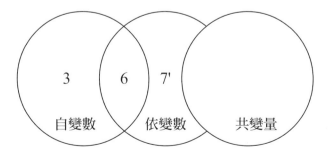

不過由於自變數與共變量常會有關聯，所以共變數分析以圖 15-4 的情形居多。在圖中，自變數可以解釋依變數的部分是區域 5＋區域 6'（等於圖 15-3 的區域 6），但是其中區域 2 及區域 5 因為與共變量重疊而被排除，所以真正單獨可以解釋的部分只剩區域 6'，不能解釋的部分則為區域 7"。

圖 15-4　單因子共變數分析示意圖-3

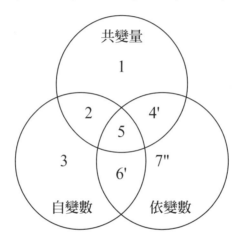

綜言之，共變數分析在於排除共變量的效果後，分析自變數對依變數的效果。然而，由於自變數與共變量常有關聯，所以在排除共變量時，也把自變數的效果排除了，使得自變數的效果變得不明顯（參見圖 15-5）。

圖 15-5　單因子共變數分析示意圖-4

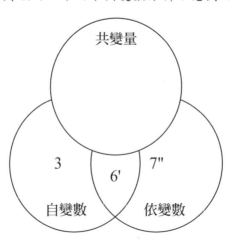

因此，要進行共變數分析，**共變量應與依變數有較高的直線相關**，而**共變量與自變數又不能有關聯**，如此才能將依變數中不能由自變數解釋的部分減少，相對地，也就可以增加統計檢定力。假如共變量與自變數的相關很高，而與依變數相關很低，使用共變數分析就沒有意義。因此，Owen 及 Froman（1998）建議，共變數分析仍應使用於隨機分派的設計中，如果使用原樣團體或無法隨機分派，則應報告自變數與共變量的相關。

15.1.4　分析流程

單因子共變數分析的流程可以用圖 15-6 表示。在分析時，要先留意是否符合迴歸線同質的假定。如果符合假定，則接著進行共變數分析；如果不符合假定，則應使用其他替代方法。共變數分析的整體檢定如果顯著，則接著進行事後比較；如果不顯著，則停止分析。

圖 15-6　單因子獨立樣本共變數分析流程

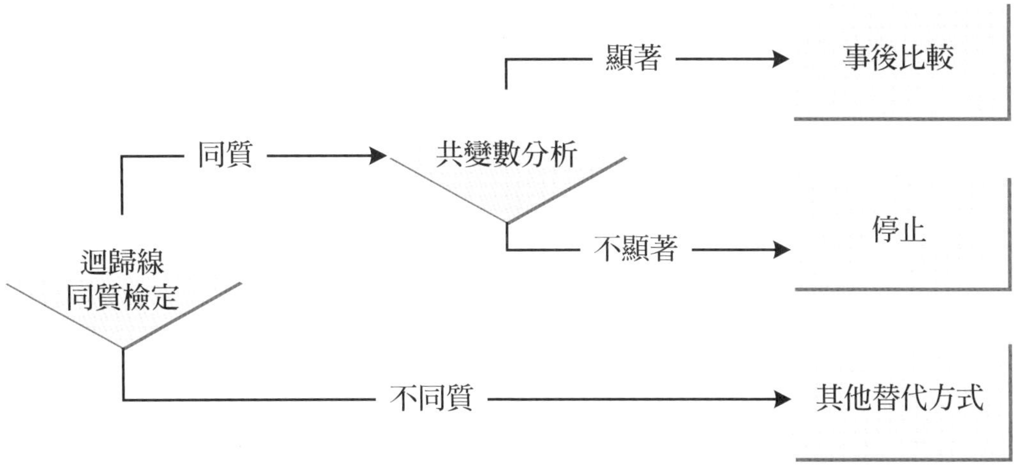

以表 15-1 為例，研究者想要了解三種不同教學法，對學生數學成績是否有影響。因此分別找了三個班級的學生各 4 名（總計 12 名），先測得初始數學成績，經過一學期後，再測得學生的期末數學成績。在此例中，有一個自變數，為教學法，學生的數學後測成績是依變數，共變數是數學前測成績。

表 15-1　12 名學生之學業成績

教法	教法一		教法二		教法三	
學生	前測	後測	前測	後測	前測	後測
1	7	9	3	7	3	5
2	6	8	2	7	4	7
3	5	7	3	9	2	4
4	6	8	4	9	3	4
平均數	6	8	3	8	3	5

15.1.5　迴歸線同質性檢定

由於共變數分析是以共變量（前測成績）為預測變數，依變數（後測成績）為效標變數進行迴歸分析，因此在自變數（教學法）的各個水準中，迴歸線不能有顯著的交叉（大致平行）。圖 15-7 中三條迴歸線雖然不完全平行，但是報表 15-1 中網底部分，自變數與共變量的交互作用並未達 .05 顯著水準〔$F(2, 6) = .286$，$p = .761$〕，因此並未違反迴歸線同質假定，此時即可進行共變數分析。

圖 15-7　符合迴歸線同質假定

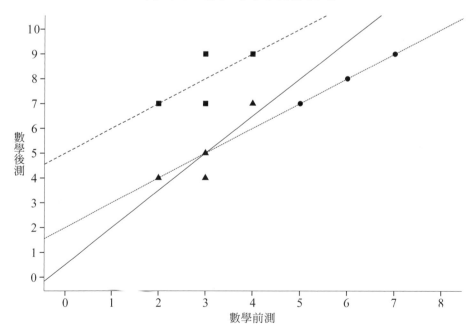

報表 15-1　受試者間效應項的檢定

依變數: 數學後測					
來源	型 III 平方和	df	平均平方和	F	顯著性
校正後的模式	32.500ᵃ	5	6.500	11.143	.005
截距	2.027	1	2.027	3.475	.112
數學前測	8.167	1	8.167	14.000	.010
教學法	2.159	2	1.079	1.850	.237
數學前測* 教學法	.333	2	.167	.286	.761
誤差	3.500	6	.583		
總數	624.000	12			
校正後的總數	36.000	11			
a. R 平方 = .903 (調過後的 R 平方 = .822)					

　　如果像圖 15-8 的情形，三條迴歸線明顯不平行，其中一個斜率為負數，而報表 15-2 中「數學前測*教學法」的 $F(2, 6) = 6.000$，$p = .037$，已經小於 .05，因此應拒絕 $H_0 : \beta_1 = \beta_2 = \beta_3$，也就是至少有一條迴歸線的斜率與其他斜率不同，此時就不應進行共變數分析，而應改用其他替代方法。

圖 15-8　不符合迴歸線同質假定

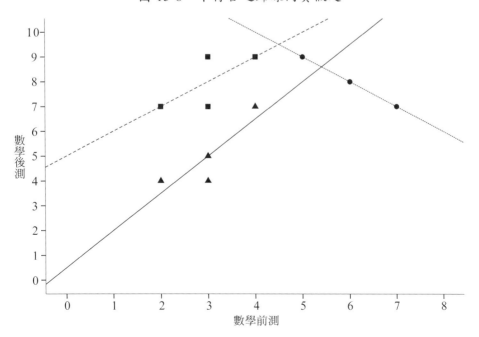

報表 15-2　受試者間效應項的檢定

依變數：數學後測

來源	型 III 平方和	df	平均平方和	F	顯著性
校正後的模式	32.500ª	5	6.500	11.143	.005
截距	13.703	1	13.703	23.490	.003
數學前測	1.500	1	1.500	2.571	.160
教學法	8.268	2	4.134	7.087	.026
數學前測* 教學法	7.000	2	3.500	6.000	.037
誤差	3.500	6	.583		
總數	624.000	12			
校正後的總數	36.000	11			
a. R 平方 ＝.903 (調過後的 R 平方 ＝.822)					

15.1.6　整體檢定

15.1.6.1　虛無假設與對立假設

在本範例中，研究者想要了解的問題可以陳述如下：

　　依據前測成績而調整的數學後測成績是否因教學法而有差異？

根據研究問題，虛無假設宣稱「依據前測成績而調整的數學後測成績不因教學法而有差異」：

$$H_0 : \mu'_{教法一} = \mu'_{教法二} = \mu'_{教法三}$$

而對立假設則宣稱「依據前測成績而調整的數學後測成績因教學法而有差異」：

$$H_1 : \mu'_i \neq \mu'_j，存在一些 \ i \ 與 \ j$$

15.1.6.2　SS 拆解與檢定

在說明相關理論前，先以圖 15-9 呈現單因子獨立樣本共變數分析的 SS 拆解，以利讀者對整體概念的掌握。

圖 15-9　單因子獨立樣本共變數分析之 SS 拆解

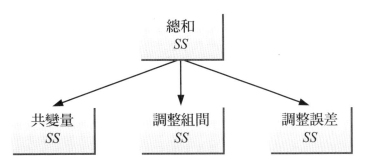

　　報表 15-3 是共變數分析的整體檢定，報表中數學前測的 $F(1, 8) = 17.043$，$p = .003$，表示前測成績的確可以預測後測成績。教學法的 $F(1, 8) = 21.009$，$p = .001$，表示排除了前測成績的影響後，不同教學法的數學後測成績的確有差異。

　　教學法的 F 值公式為：

$$F = \frac{教學法 MS}{誤差 MS} = \frac{10.067}{0.479} = 21.009$$

報表 15-3　受試者間效應項的檢定

依變數: 數學後測					
來源	型 III 平方和	df	平均平方和	F	顯著性
校正後的模式	32.167a	3	10.722	22.377	.000
截距	1.980	1	1.980	4.132	.077
數學前測	8.167	1	8.167	17.043	.003
教學法	20.133	2	10.067	21.009	.001
誤差	3.833	8	.479		
總數	624.000	12			
校正後的總數	36.000	11			
a. R 平方 = .894 (調過後的 R 平方 = .854)					

15.1.7 調整平均數

由於整體檢定顯著,研究者通常會進行事後成對比較。此時,需要依據前測成績對後測成績加以調整,以得到調整的後測平均數。調整平均數的公式為:

調整平均數 = 後測平均數 − 迴歸係數 ×(前測平均數 − 前測總平均數)

報表 15-4 及報表 15-5 分別為三種教學法的後測及前測平均數。報表 15-6 中網底部分迴歸係數為 1.167。代入數值後,得到:

$$\overline{Y}_1' = 8 - 1.167 \times (6-4) = 5.667$$
$$\overline{Y}_2' = 8 - 1.167 \times (3-4) = 9.167$$
$$\overline{Y}_3' = 5 - 1.167 \times (3-4) = 6.167$$

所得結果與報表 15-7 平均數相同。

報表 15-4　敘述統計

依變數: 數學後測			
教學法	平均數	標準差	個數
教法一	8.00	.816	4
教法二	8.00	1.155	4
教法三	5.00	1.414	4
總數	7.00	1.809	12

報表 15-5　敘述統計

依變數: 數學前測			
教學法	平均數	標準差	個數
教法一	6.00	.816	4
教法二	3.00	.816	4
教法三	3.00	.816	4
總數	4.00	1.651	12

報表 15-6　參數估計值

依變數: 數學後測

參數	B 之估計值	標準誤	t	顯著性	95% 信賴區間 下界	95% 信賴區間 上界
截距	1.500	.916	1.638	.140	-.612	3.612
C(數學前測)	1.167	.283	4.128	.003	.515	1.818
[X=1]	-.500	.979	-.511	.623	-2.757	1.757
[X=2]	3.000	.489	6.129	.000	1.871	4.129
[X=3]	0[a]	.	.	.	.	.
a. 由於這個參數重複，所以把它設成零。						

報表 15-7　估計值

依變數: 數學後測

教學法	平均數	標準誤	95% 信賴區間 下界	95% 信賴區間 上界
教法一	5.667[a]	.663	4.138	7.195
教法二	9.167[a]	.447	8.136	10.197
教法三	6.167[a]	.447	5.136	7.197
a. 使用下列值估計出現在模式的共變量:數學前測=4.00。				

　　由報表 15-4 來看，接受第一種教學法的數學後測平均數是 8 分，而接受第三種教學法的後測平均數為 5 分，看來似乎第一種教學法的效果比第三種好。然而，由報表 15-5 來看，第一組的前測平均成績是 6 分，第三組只有 3 分。所以，第一組的前測成績較佳，是因為前測成績也較好的關係。經過調整之後，第一組的調整平均數為 5.667，第三組的調整平均數為 6.167，第三組的平均數反而比第一組高 0.5 分。至於 0.5 分，是否顯著不等於 0，則需要進行成對比較。

　　附帶說明，報表 15-6 中 [X=1] 係數-0.5，代表第 1 組的調整平均數 5.667 比第 3 組調整平均數 6.167，低 0.5 分；而 [X=2] 係數 3，代表第 2 組的調整平均數 9.167 比第 3 組調整平均數 6.167，高 3 分。

15.1.8 事後成對比較

共變數分析的事後比較，可以使用 Tukey 法，並以 Bonferroni 或 Sidâk 法加以校正。LSD 採取 t 檢定，公式為：

$$t = \frac{\overline{Y}_i' - \overline{Y}_j'}{\sqrt{MS_{adj}\left(\frac{1}{n_i} + \frac{1}{n_j}\right)}} = \frac{平均數差異}{標準誤} \tag{15-1}$$

如果使用 Tukey 法，是採取 q 檢定，公式為：

$$q = \frac{\overline{Y}_i' - \overline{Y}_j'}{\sqrt{\frac{MS_{adj}}{2}\left(\frac{1}{n_i} + \frac{1}{n_j}\right)}} \tag{15-2}$$

分母中 MS_{adj} 的公式是：

$$MS_{adj} = MS_{error}\left(1 + \frac{F'}{df'_{error}}\right) \tag{15-3}$$

其中 F' 及 df'_{error}，是把共變量（數學前測）當成依變數，另外進行的單因子變異數分析，所得到的 F 值及誤差 MS（如報表 15-8）。 MS_{error} 則是報表 15-3 中誤差的 MS。代入數值後，得到：

$$MS_{adj} = 0.479\left(1 + \frac{18}{9}\right) = 0.479 \times 3 = 1.437$$

報表 15-8　受試者間效應項的檢定

依變數: 數學前測					
來源	型 III 平方和	df	平均平方和	F	顯著性
校正後的模式	24.000a	2	12.000	18.000	.001
截距	192.000	1	192.000	288.000	.000
X	24.000	2	12.000	18.000	.001
誤差	6.000	9	.667		
總數	222.000	12			
校正後的總數	30.000	11			
a. R 平方 = .800 (調過後的 R 平方 = .756)					

不過，SPSS 並未使用上述計算整體標準誤的方法，而是分別計算成對間（在此有三對）的標準誤，結果如報表 15-9。由結果來看，第二種教學的效果顯著比第一、三種教學好，第一種教學法與第三種教學法的效果沒有顯著差異。

報表 15-9　成對比較

依變數: 數學後測					差異的 95%信賴區間 [b]	
(I)教學法	(J)教學法	平均差異(I-J)	標準誤	顯著性 [b]	下界	上界
教法一	教法二	-3.500*	.979	.022	-6.452	-.548
	教法三	-.500	.979	1.000	-3.452	2.452
教法二	教法一	3.500*	.979	.022	.548	6.452
	教法三	3.000*	.489	.001	1.524	4.476
教法三	教法一	.500	.979	1.000	-2.452	3.452
	教法二	-3.000*	.489	.001	-4.476	-1.524
根據估計的邊緣平均數而定						
*. 平均差異在 .05 水準是顯著的。						
b. 調整多重比較：Bonferroni。						

15.1.9　效果量

SPSS 報表只提供偏 η^2 效果量，它的公式是：

$$偏\ \eta^2 = \frac{調整組間SS}{調整組間SS + 調整誤差SS} \tag{15-4}$$

其中調整組間的 SS 是研究者關心的某個因子的效應，在此，研究者關心的是「教學法」的效果，代入報表 15-3 或報表 15-10 的數值，教學法的偏 η^2 為：

$$偏\ \eta^2 = \frac{20.133}{20.133 + 3.833} = \frac{20.133}{23.967} = .840$$

結果與報表 15-10 一致。如果要計算 η^2，公式為：

$$\eta^2 = \frac{調整組間SS}{全體SS} \qquad (15\text{-}5)$$

代入數值後，得到：

$$\eta^2 = \frac{20.133}{36} = .559$$

由於 η^2 是有偏誤的估計值，可以改用 ω^2，公式為：

$$\omega^2 = \frac{調整組間SS - 組間自由度 \times 調整誤差MS}{全體SS + 調整誤差MS}$$

$$= \frac{20.133 - 2 \times 0.4792}{36 + 0.4792} = .526$$

依據 Cohen（1988）的經驗法則，η^2 及 ω^2 值之小、中、大的效果量分別是 .01、.06、.14。因此，本範例為大的效果量。

報表 15-10　受試者間效應項的檢定

依變數: 數學後測						
來源	型 III 平方和	df	平均平方和	F	顯著性	淨相關 Eta 平方
校正後的模式	32.167[a]	3	10.722	22.377	.000	.894
截距	1.980	1	1.980	4.132	.077	.341
C (前測成績)	8.167	1	8.167	17.043	.003	.681
X (教學法)	20.133	2	10.067	21.009	.001	.840
誤差	3.833	8	.479			
總數	624.000	12				
校正後的總數	36.000	11				
a. R 平方 = .894 (調過後的 R 平方 = .854)						

15.2　範例

研究者想要了解兩種抗生素對於治療泌尿道感染的效果。因此分別找了 30 名參與者，先檢驗尿中細菌數，接著分別服用兩種抗生素及一種安慰劑（控制組），經過

一星期的治療後，再次檢驗尿中細菌數，數據表 15-2（資料修改自 SAS 9.2 版範例 39.4）。請問：不同抗生素的治療效果是否有差異？

表 15-2　30 名參與者的資料

參與者	抗生素	治療前	治療後	參與者	抗生素	治療前	治療後	參與者	抗生素	治療前	治療後
1	1	11	6	11	2	6	0	21	3	14	13
2	1	6	4	12	2	8	4	22	3	14	12
3	1	8	0	13	2	6	2	23	3	11	10
4	1	10	13	14	2	19	14	24	3	10	7
5	1	5	2	15	2	7	3	25	3	9	14
6	1	6	1	16	2	8	9	26	3	10	13
7	1	14	8	17	2	8	1	27	3	7	5
8	1	11	8	18	2	5	1	28	3	5	2
9	1	19	11	19	2	18	18	29	3	19	22
10	1	3	0	20	2	15	9	30	3	10	19

15.2.1　變數與資料

表 15-2 中有 4 個變數，但是參與者代號並不需要輸入 SPSS 中，因此分析時使用 1 個自變數（抗生素）、1 個依變數（治療後尿中細菌數），及 1 個共變量（治療前尿中細菌數）。

15.2.2　研究問題

在本範例中，研究者想要了解的問題可以陳述如下：

排除了治療前的細菌數，不同抗生素的治療效果是否有差異？

15.2.3　統計假設

根據研究問題，虛無假設一宣稱「排除了治療前的細菌數，不同抗生素的治療效果沒有差異」：

$$H_0 : \mu'_A = \mu'_D = \mu'_P$$

而對立假設則宣稱「排除了治療前的細菌數，不同抗生素的治療效果有差異」：

$H_1 : \mu'_i \neq \mu'_j$，存在一些 i 與 j

15.3 使用 SPSS 進行分析

1. 完整的 SPSS 資料檔，如圖 15-10。

圖 15-10 單因子共變數分析資料檔

	drug	pre	post	變數	變數	變數	變數	變數	變數	變數
1	1	11	6							
2	1	6	4							
3	1	8	0							
4	1	10	13							
5	1	5	2							
6	1	6	1							
7	1	14	8							
8	1	11	8							
9	1	19	11							
10	1	3	0							
11	2	6	0							
12	2	8	4							
13	2	6	2							
14	2	19	14							
15	2	7	3							
16	2	8	9							
17	2	8	1							
18	2	5	1							
19	2	18	18							
20	2	15	9							
21	3	14	13							
22	3	14	12							
23	3	11	10							
24	3	10	7							
25	3	9	14							
26	3	10	13							
27	3	7	5							
28	3	5	2							
29	3	19	22							
30	3	10	19							

資料視圖　變數視圖

2. 在【統計圖】中的【舊式對話框】選擇【散點圖/點狀圖】（圖 15-11）。

圖 15-11　散點圖/點狀圖選單

圖形(G)	公用程式(U)	延伸(X)	視窗(W)	說明(H)

- 📊 圖表建置器(C)...
- 🖼 圖表板範本選擇器(G)...
- 🗺 關係對映(R)...
- ➕ Weibull 圖...
- ➕ 比較子群組
- ➕ 迴歸變數圖
- 舊式對話框(L)　　　　▶
  - 📊 長條圖(B)...
  - 🏤 立體長條圖(3)...
  - 📈 線形圖(L)...
  - 📊 區域圖(A)...
  - 🥧 圓餅圖(E)...
  - 📊 股價圖(H)...
  - 📊 箱型圖(X)...
  - 📊 錯誤長條圖(O)...
  - 🏯 人口金字塔圖(Y)...
  - 📊 散點圖/點狀圖(S)...
  - 📊 直方圖(I)...

3. 選擇【簡式散佈圖】（或【簡單散佈圖】），再點擊【定義】（圖 15-12）。

圖 15-12　散佈圖/點狀圖對話框

4. 選擇依變數（治療後細菌數）至【Y 軸】，共變量（治療前細菌數）至【X 軸】，
    自變數（藥物）至【設定標記方式】，以繪製各組之迴歸線（圖 15-13）。

圖 15-13　簡式散佈圖對話框

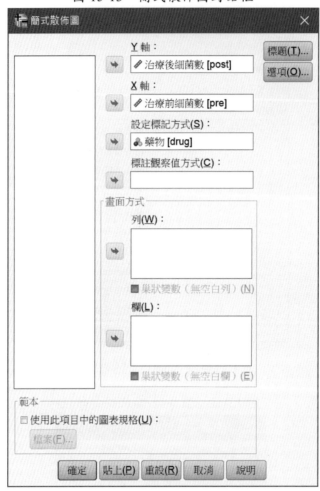

5. 圖形繪製完成後，雙擊圖形進入【圖表編輯器】，在【元素】中選擇【於子群組繪出配適直線】（圖 15-14）。

圖 15-14　圖表編輯器

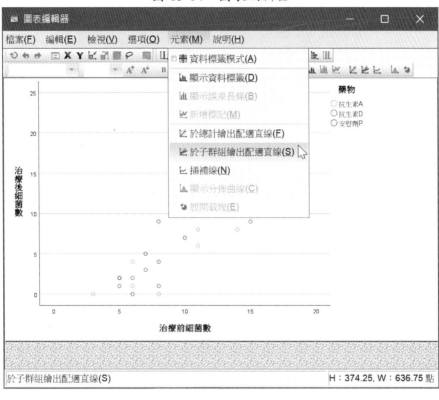

6. 在【分析】選單中的【一般線性模型】選擇【單變異數】（或【單變量】）（圖 15-15）。

圖 15-15　單變異數選單

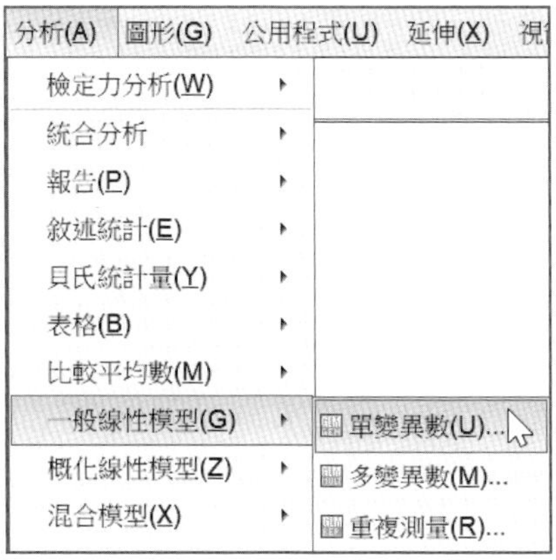

7. 把想要檢定的依變數（治療後細菌數[post]）點選到右邊的【應變數】（或【依變數】）對話框中，自變數（藥物[drug]）點選到【固定因子】，共變量（治療前細菌數[pre]）點選到【共變數】（或【共變量】）（圖 15-16）。

圖 15-16 單變量對話框

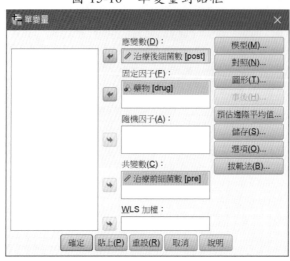

8. 第一次先在【模型】對話框下選擇【建置項目】（或【自訂】）模型（在此為 pre、drug，及 drug*pre），以檢定各組迴歸線同質性（圖 15-17）。到此步驟先行分析一次。

圖 15-17 單變量：模型對話框

9. 第二次在【模型】下改選擇【全因數】（或【完全因子設計】）。

圖 15-18　單變量：模型對話框

10. 在【選項】下勾選【敘述性統計量】、【效應大小的估計值】、【參數估計值】，及【同質性檢定】（圖 15-19）。

11. 如果要進行事後比較，在圖 15-16【預估邊際平均值】中，先將自變數（drug）點選到右邊的【顯示此項目的平均值】框中，接著勾選【比較主效應】，並在【信賴區間調整】中選擇【Bonferroni 法】（圖 15-20）。（注：舊版 SPSS，此分析項目在【選項】下。）

圖 15-19 單變量：選項對話框

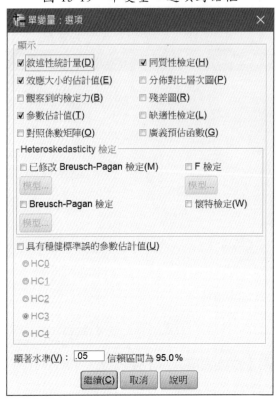

圖 15-20 單變量：估計邊際平均值對話框

12. 在【圖形】中將【因子】中的 drug 點選到【水平軸】，再點選【新增】。此時在
【圖形】框中會出現 drug。【圖表類型】可選擇【長條圖】，並在【誤差長條】中
依研究需要選擇【信賴區間（95%）】或【標準誤】（圖 15-21）。

圖 15-21　單變量：剖面圖對話框

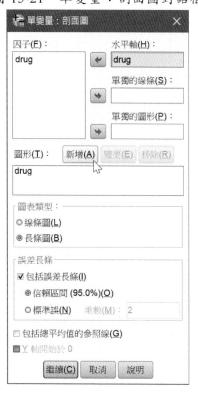

13. 如果要進行事前比較，在【對照】（或【對比】）對話框下的【對照】選擇【簡式】。
此時預設的【參照種類】是【最後一個】組（圖 15-22）。（注：「對照」、「比對」，
或「對比」都是同一個英文，contrast。）

圖 15-22　單變量：對比對話框

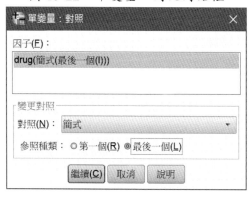

14. 完成選擇後，回到圖 15-16 畫面，點擊【確定】按鈕，進行分析。

15.4 報表解讀

分析後得到以下的報表,分別加以概要說明。

15.4.1 迴歸線同質性檢定

報表 15-11 各組迴歸線

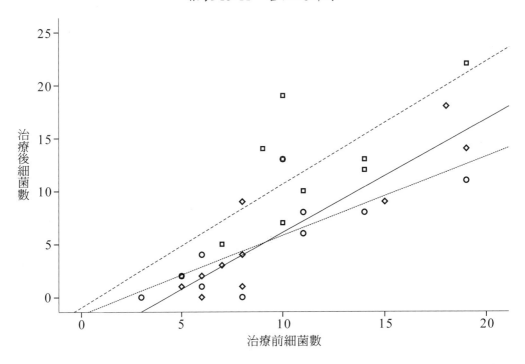

報表 15-11 是以藥物為分組變數,再以治療前細菌數為自變數,治療後細菌數為依變數所繪之迴歸線。為了確定這三條迴歸線是否具有同質性,應先進行考驗,結果如報表 15-12。

報表 15-12　受試者間效應項的檢定

依變數: 治療後細菌數

來源	型 III 平方和	df	平均平方和	F	顯著性
校正後的模式	829.903a	5	165.981	14.207	<.001
截距	26.165	1	26.165	2.240	.148
pre	552.380	1	552.380	47.280	<.001
drug	12.440	2	6.220	.532	.594
drug * pre	17.852	2	8.926	.764	.477
誤差	280.397	24	11.683		
總數	2889.000	30			
校正後的總數	1110.300	29			
a. R 平方 = .747 (調過後的 R 平方 = .695)					

報表 15-12 主要在檢定各組之間的迴歸線是否具有同質性。drug*pre 的 $F_{(2, 24)}$ = 0.764，p = .477，表示上圖三組間治療前細菌數對治療後細菌數的迴歸線，交叉情形並不嚴重，仍然具有同質性，所以可以進行共變數分析。

如果違反迴歸線同質性假設，可以將共變量轉成質的變數，然後當成另一個自變數，進行第 13 章的獨立樣本二因子變異數分析。如果共變量與依變數是同一性質的變數，也可以改用第 14 章的二因子混合設計變異數分析。

15.4.2　整體檢定

報表 15-13　受試者間因子

		數值註解	個數
藥物	1	抗生素 A	10
	2	抗生素 D	10
	3	安慰劑 P	10

各組樣本數均為 10 人，是獨立樣本，因此是受試者間因子（報表 15-13）。

報表 15-14　敘述統計

依變數: 治療後細菌數			
藥物	平均數	標準差	個數
抗生素 A	5.30	4.644	10
抗生素 D	6.10	6.154	10
安慰劑 P	11.70	6.075	10
總數	7.70	6.188	30

報表 15-14 是未調整的**平均數**、**標準差**，及**個數**（樣本數）。接受安慰劑治療的平均細菌數最多。

報表 15-15　Levene's 同質性變異數檢定 [a]

依變數: 治療後細菌數			
F	df1	df2	顯著性
1.817	2	27	.182
檢定依變數的誤差變異數在群組內相等的虛無假設。			
a. Design: 截距 + pre + drug			

報表 15-15 是變異數同質性考驗，$F(2, 27) = 1.817$，$p = .182$，因此應接受虛無假設：各組依變數之變異數相同，具有同質性，未違反共變數分析之假設。

報表 15-16　受試者間效應項的檢定

依變數: 治療後細菌數						
來源	型 III 平方和	df	平均平方和	F	顯著性	淨相關 Eta 平方
校正後的模式	812.051[a]	3	270.684	23.597	<.001	.731
截距	22.836	1	22.836	1.991	.170	.071
pre	568.851	1	568.851	49.590	<.001	.656
drug	149.448	2	74.724	6.514	.005	.334
誤差	298.249	26	11.471			
總數	2889.000	30				
校正後的總數	1110.300	29				
a. R 平方 = .731 (調過後的 R 平方 = .700)						

報表 15-16 是共變數分析摘要表，採用型 III 的 SS，此時 SS 不具可加性，因此 pre 加 drug 加誤差的 SS 並不等於校正後的總數 SS。表中 pre（治療前細菌數）效果的 $F(1, 26) = 49.590$，$p < .001$，表示治療前細菌數的確對治療後細菌數有顯著影響。有些學者認為：如果共變量效果不顯著，則不需要進行共變數分析，只要進行變異數分析即可。不過范德鑫（1992）認為即使共變量效果不顯著，進行共變數分析仍然有所助益。

藥物（drug）的 $F(2, 26) = 6.514$，$p = .005$，表示排除治療前細菌數的效果後，服用的抗生素不同，治療後細菌數仍有差異。偏 η^2 為 .334。

報表 15-17　參數估計值

依變數: 治療後細菌數							
參數	B 之估計值	標準誤	t	顯著性	95%信賴區間 下界	上界	淨相關 Eta 平方
截距	1.024	1.856	.552	.586	-2.791	4.840	.012
pre	.979	.139	7.042	<.001	.694	1.265	.656
[drug=1]	-4.833	1.531	-3.157	.004	-7.980	-1.686	.277
[drug=2]	-4.719	1.520	-3.105	.005	-7.843	-1.594	.270
[drug=3]	0[a]	.	.	.	.	.	.
a. 由於這個參數重複，所以把它設成零。							

報表 15-17 是使用迴歸分析進行共變數分析所得係數。**參數**一欄中的 pre 代表治療前細菌數對治療後細菌數的迴歸係數，為 0.979。[drug=1] 是第一種藥物與第三種藥物（參照組）的調整平均數差異，係數為-4.833，表示接受第一種藥物（抗生素 A）治療的平均細菌數，比接受第三種藥物（安慰劑 P）治療的平均細菌數少 4.833，$p = .004$，平均數差異達顯著。[drug=2] 是第二種藥物與第三種藥物的調整平均數差異，係數為-4.719，表示接受第二種藥物（抗生素 D）治療的平均細菌數，比接受第三種藥物治療的平均細菌數少 4.719，$p = .005$，平均數差異達顯著。此結果與報表 15-18 一致。

15.4.3 事前比較

報表 15-18　對比結果（K 矩陣）

藥物 簡單對比[a]	依變數						
	治療後細菌數						
		假設的 數值	差異 (估計-假設的)	標準誤	顯著性	差異的 95%信賴區間	
	對比估計					下界	上界
水準 1 vs. 水準 3	-4.833	0	-4.833	1.531	.004	-7.980	-1.686
水準 2 vs. 水準 3	-4.719	0	-4.719	1.520	.005	-7.843	-1.594
a. 參考類別 = 3							

　　報表 15-18 是事前比較（對比）結果。因為第三組是控制組，所以將它當成參照組進行簡單對比，結果與報表 15-17 中 [drug=1] 及 [drug=2] 的結果一致。兩個 p 值都小於 .05，且差異的 95%信賴區間都不包含 0，因此兩個對比都達 .05 顯著水準。服用第一種或第二種藥物的效果都比第三種藥物好（細菌數較少）。

報表 15-19　檢定結果

依變數: 治療後細菌數						
來源	平方和	df	平均平方和	F	顯著性	淨相關 Eta 平方
對比	149.448	2	74.724	6.514	.005	.334
誤差	298.249	26	11.471			

　　兩個事前對比的整體檢定，與報表 15-16 一致。

15.4.4 事後比較

報表 15-20　估計值

依變數: 治療後細菌數				
藥物	平均數	標準誤	95% 信賴區間	
			下界	上界
抗生素 A	6.051[a]	1.076	3.838	8.263
抗生素 D	6.165[a]	1.071	3.964	8.367
安慰劑 P	10.884[a]	1.077	8.669	13.098
a. 使用下列值估計出現在模式的共變量: 治療前細菌數 = 10.07。				

報表 15-20 是調整後的後測平均數。其中服用安慰劑 P 的細菌數較多，服用抗生素 A 及抗生素 D 的平均數相差無幾。

為了計算調整平均數，需要另外求得共變量（治療前細菌數）的平均數（如報表 15-21）。

報表 15-21　敘述統計

依變數: 治療前細菌數			
藥物	平均數	標準差	個數
抗生素 A	9.30	4.762	10
抗生素 D	10.00	5.249	10
安慰劑 P	10.90	3.957	10
總數	10.07	4.571	30

由報表 15-17 得到迴歸係數是 0.979，分別代入報表 15-14 及報表 15-21 的平均數，得到三組的調整平均數為：

$$\overline{Y}_1' = 5.3 - 0.979 \times (9.3 - 10.07) = 6.051$$

$$\overline{Y}_2' = 6.1 - 0.979 \times (10.0 - 10.07) = 6.165$$

$$\overline{Y}_3' = 11.7 - 0.979 \times (10.9 - 10.07) = 10.884$$

報表 15-22　成對比較

依變數: 治療後細菌數						
(I)藥物	(J)藥物	平均差異(I-J)	標準誤	顯著性 [b]	差異的 95%信賴區間 [b]	
					下界	上界
抗生素 A	抗生素 D	-.114	1.518	1.000	-3.998	3.770
	安慰劑 P	-4.833[*]	1.531	.012	-8.750	-.915
抗生素 D	抗生素 A	.114	1.518	1.000	-3.770	3.998
	安慰劑 P	-4.719[*]	1.520	.014	-8.608	-.829
安慰劑 P	抗生素 A	4.833[*]	1.531	.012	.915	8.750
	抗生素 D	4.719[*]	1.520	.014	.829	8.608
根據估計的邊緣平均數而定。 *. 平均差異在 .05 水準是顯著的。 b. 調整多重比較：Bonferroni。						

報表 15-22 是三個調整平均數的兩兩成對比較,以抗生素 A 與安慰劑 P 的比較為例,第一組的調整平均數為 6.051,第三組的調整平均數為 10.884,6.051−10.884 = −4.883。檢定後 p = .012(等於報表 15-18 中 p 值乘上 3),小於 .05。平均數差異的 95% 信賴區間為 [−8.750, −.915],不包含 0。因此,−4.883 顯著不等於 0,表示第一組及第三組的調整平均數有顯著差異。

整體來看,安慰劑 P 組的調整平均數顯著高於抗生素 A 組及抗生素 D 組。因此服用抗生素 A 或 D 的效果,都比服用安慰劑來得好。

報表 15-23 單變量檢定

依變數: 治療後細菌數

	平方和	df	平均平方和	F	顯著性	淨相關 Eta 平方
對比	149.448	2	74.724	6.514	.005	.334
誤差	298.249	26	11.471			
F 檢定藥物的效果。這個檢定是根據所估計邊緣平均數的線性獨立成對比較而定。						

報表 15-23 是整體檢定結果,與報表 15-16 一致。

報表 15-24 調整之平均數剖繪圖

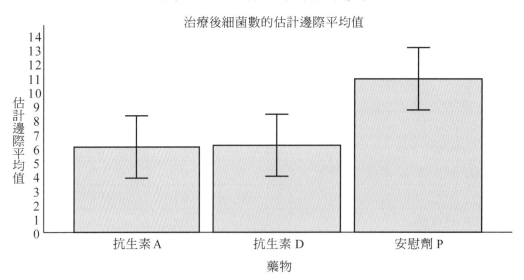

治療後細菌數的估計邊際平均值

會在下列值上估計在模型中出現的共變數:治療前細菌數 = 10.07

誤差長條:95%CI

報表 15-24 是由報表 15-20 之調整平均數所繪的剖繪圖。安慰劑 P 組的調整平均數高於抗生素 A 組及抗生素 D 組,且其 95%信賴區間的下限高於前兩組的上限,因此服用抗生素 A 或 D 的效果都比服用安慰劑 P 來得好。抗生素 A 與抗生素 D 的效果則沒有顯著差異。

15.5 計算效果量

由於檢定後達到統計上的顯著,因此應計算效果量。代入報表 15-16 的數值,得到偏 η^2 為:

$$偏 \eta^2 = \frac{調整組間 SS}{調整組間 SS + 調整誤差 SS}$$

$$= \frac{149.4}{149.4 + 298.2} = \frac{149.4}{447.6} = .334$$

這就等於報表 15-16 的**淨相關 Eta 平方**。如果自行計算 η^2,分母代入報表 15-16 的**校正後的總數**,結果為:

$$\eta^2 = \frac{調整組間 SS}{全體 SS} = \frac{149.448}{1110.3} = .135$$

以圖 15-23 示之,其中共變量之 SS 使用型 I 的 SS,並將共變量設定先於自變數進入模型(報表 15-25)。

圖 15-23 單因子獨立樣本變異數分析效果量

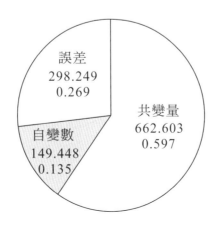

報表 15-25　受試者間效應項檢定

依變數: 治療後細菌數					
來源	第 I 類平方和	df	均方	F	顯著性
修正的模型	812.051ᵃ	3	270.684	23.597	<.001
截距	1778.700	1	1778.700	155.059	<.001
pre	662.603	1	662.603	57.763	<.001
drug	149.448	2	74.724	6.514	.005
誤差	298.249	26	11.471		
總計	2889.000	30			
校正後總計	1110.300	29			
a. R 平方 = .731（調整的 R 平方 = .700）					

$$\omega^2 = \frac{調整組間SS - 組間自由度 \times 調整誤差MS}{全體SS + 調整誤差MS}$$

$$= \frac{149.448 - 2 \times 11.471}{1110.3 + 11.471} = .113$$

依據 Cohen（1988）的經驗法則，η^2 值之小、中、大的效果量分別是 .01、.06，及 .14。因此，本範例為中度的效果量。

15.6　以 APA 格式撰寫結果

研究者使用單因子獨立樣本共變數分析，以抗生素為自變數，治療後細菌數為依變數，並用治療前細菌數為共變量。分析前先就迴歸線同質性進行檢定，$F(2, 24) = 0.76$，$p = .477$，並未違反假定。共變數分析結果顯示，控制了治療前細菌數之後，抗生素對治療後細菌數有顯著效果，$F(2, 26) = 6.51$，$p = .005$，$\eta^2 = .135$。經事後比較，抗生素 A（$M' = 6.051$）及抗生素 D（$M' = 6.165$）的治療效果顯著優於安慰劑（$M' = 10.884$）。

15.7　單因子獨立樣本共變數分析的假定

單因子獨立樣本共變數分析應除了符合第 11 章中的假定外，還需要符合以下三個假定。

15.7.1　共變量與依變數須為雙變數常態分配

此項假定有兩個意涵：一是兩個變數在各自的母群中須為常態分配；二是在某個變數的任何一個數值中，另一個變數也要呈常態分配。

如果兩個變數間符合雙變數常態分配，則它們之間也會是線性關係（Green & Salkind, 2014）。當兩個變數是直線關係時，才適合使用迴歸分析，也才可以進行共變數分析。

如果樣本數增加到 30 或 40 以上，則雙變數常態分配的假設就變得比較不重要（Cohen, 2007）。

15.7.2　迴歸線同質性

此項假定是在自變數的各個組別中，以共變量為預測變數，依變數為效標變數所做的迴歸分析中，各個斜率要大致相等，不可以有明顯的交叉。如果違反迴歸線同質性，就無法以共同的斜率進行共變數分析。此時可以改採 Johnson-Neyman 的方法（林清山，1992；Kim, 2010）。或是將共變量加以分組，視為另一個自變數，再改用第 13 章的二因子獨立樣本變異數分析。或是將共變量及依變數視為重複量數，再使用二因子混合設計變異數分析。

15.7.3　共變量沒有測量誤差

如果是隨機分派的實驗法，共變量即使有測量誤差，對分析的影響並不大。但是，如果未經隨機分派，而共變量又存有測量誤差，就會導致依變數的結果出現錯誤（Cohen, 2007）。例如：以三個班級學生上學期的數學成績當共變量，或許其中一個班級的數學老師評分偏嚴，而另一班的評分又太鬆，此時即存在了系統的測量誤差，可能使得共變量與依變數相關係數太低，也導致共變量分析結果不正確。即使三個班是由同一位老師任教，如果自編數學測驗的信度太低，也會出現同樣的問題。

SPSS 與統計分析

Tabachnick 及 Fidell（2007）建議，在非實驗的研究中，共變量的信度最好在 .80 以上。

15.8 無母數共變數分析

如果違反常態分配假設或依變數為次序變數，可以改用 Quade 的等級共變數分析法。其步驟如下：

1. 不管自變數組別，將共變量及依變數分別由小到大排序，得到各自的等級。
2. 以共變量之等級為自變數，依變數之等級為新的依變數，進行迴歸分析，並儲存未標準化殘差。
3. 以自變數為自變數，未標準化殘差為依變數，進行單因子變異數分析。所得結果即為無母數共變數分析。

表 15-2 分析結果如報表 15-26，$F(2, 27) = 4.935$，$p = .015$，如果改用無母數共變數分析，則控制治療前細菌數之後，抗生素對治療後細菌數仍有顯著效果，與母數共變數分析結論相同。

報表 15-26　變異數分析

未標準化殘差				
	平方和	df	均方	F	顯著性
組間	224.753	2	112.377	4.935	.015
組內	614.792	27	22.770		
總計	839.546	29			

另一種是 McSweeney 及 Porter 的方法，先將共變量及依變數分別化為等級後，取代原始分數；再以 15.3 節母數共變數分析的方法，進行等級共變數分析。分析所得 $F(2, 26) = 4.996$，$p = .015$，結論與母數統計結果相同。此方法也可以進行迴歸線同質性檢定（Cangür, Sungur, & Ankarali, 2018）。

16 單因子多變量變異數分析

單因子獨立樣本多變量變異數分析（multivariate analysis of variance, MANOVA）旨在比較兩群以上沒有關聯之樣本在兩個以上變數的平均數是否有差異，適用的情境如下：

自變數：兩個以上獨立而沒有關聯的組別，為質的變數。自變數又稱因子（或因素），而單因子就是只有一個自變數。

依變數：兩個以上量的變數。

進行多變量變異數分析時，依變數間不能有太高的相關（大於 0.9），以免有多元共線性（multicollinearity）問題，但是也不能完全無關。如果依變數之間的相關太低，則直接進行單變量變異數分析即可。

本章先介紹單因子獨立樣本多變量變異數分析的整體檢定，接著說明後續分析方法。

16.1 基本統計概念

16.1.1 目的

單因子獨立樣本多變量變異數分析是單因子獨立樣本變異數分析（ANOVA）的擴展。ANOVA 適用於一個量的依變數，而 MANOVA 則適用於兩個以上量的依變數。

當依變數有兩個以上時，如果仍舊使用 ANOVA，則會使得 α 膨脹。例如：當有四個依變數，如果分別進行四次 ANOVA，而每次都設定 $\alpha = 0.05$，則所犯的第一類型錯誤機率為：

$$\alpha = 1 - (1 - .05)^4 = .185$$

概略計算，大約等於：

$$\alpha = .05 \times 4 = .20$$

使用 MANOVA 則可以在控制整體的 α 水準下，進行檢定。

另一方面，MANOVA 不只關心單獨的依變數，還考量依變數間的相關。MANOVA 是同時檢定依變數聯合的差異，有時，進行多次 ANOVA 可能都不顯著，但是進行一次 MANOVA 就達顯著。

16.1.2 分析示例

以下的研究問題都可以使用單因子獨立樣本多變量變異數分析：

1. 三家公司員工對所屬公司的滿意度（含工作環境、薪資、升遷機會，及主管領導）。

2. 不同職務等級（委任、薦任、簡任）公務員的公民素養（含尊重關懷及理性溝通）。

3. 四種品牌日光燈的使用壽命及耗電量。

4. 不同學業成績（分為低、中、高）學生的自我概念（含家庭、學校、外貌、身體，及情緒等自我概念）。

5. 隨機分派後的幼魚，各自接受四種餵食量，一星期後的換肉率及健康情形。

16.1.3 整體檢定

以表 16-1 為例，研究者想要了解三種不同訓練方法，對學生的體適能是否有不同的效果。因此隨機找了 15 名參與者，並以隨機分派方式分為三組，經過三個月的訓練之後，測得參與者在心肺耐力、肌耐力，及柔軟性的成績（數值愈大代表該項表現愈好）。試問：不同訓練方式下的體適能是否有差異。

表 16-1　三組參與者的體適能成績

	方法一			方法二			方法三		
	心肺耐力	肌耐力	柔軟性	心肺耐力	肌耐力	柔軟性	心肺耐力	肌耐力	柔軟性
參與者 1	4	4	5	4	5	7	8	8	11
參與者 2	6	4	5	6	6	8	8	7	10
參與者 3	4	4	4	5	8	9	6	6	11
參與者 4	2	3	5	4	5	8	7	8	9
參與者 5	4	5	6	6	6	8	6	6	9
平均數	4	4	5	5	6	8	7	7	10

　　單因子 MANOVA 除了計算各變數的離均差平方和（SS），還需要計算變數間兩兩的交叉乘積和（CP），公式分別為：

$$SS = \Sigma(Y_i - \overline{Y}_i)^2$$
$$CP = \Sigma(Y_i - \overline{Y}_i)(Y_j - \overline{Y}_j)$$

　　由 SS 及 CP 所組成的矩陣稱為 $SSCP$ 矩陣：

$$\begin{bmatrix} SS_1 & CP_{12} & CP_{13} \\ CP_{12} & SS_2 & CP_{23} \\ CP_{13} & CP_{23} & SS_3 \end{bmatrix}$$

　　在單因子的 MANOVA 中，全體的 $SSCP$ 矩陣（以下稱為 **T** 矩陣）可以拆解為組間 $SSCP$（**B** 矩陣）及組內 $SSCP$（**W** 矩陣）（圖 16-1）。

圖 16-1　單因子 MANOVA 之 SSCP 拆解

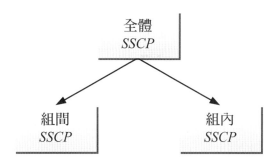

計算之後，得到：

$$\mathbf{T} = \begin{bmatrix} 39.33 & 28.67 & 38.67 \\ 28.67 & 35.33 & 42.33 \\ 38.67 & 42.33 & 71.33 \end{bmatrix}$$

$$\mathbf{B} = \begin{bmatrix} 23.33 & 21.67 & 36.67 \\ 21.67 & 23.33 & 38.33 \\ 36.67 & 38.33 & 63.33 \end{bmatrix}$$

$$\mathbf{W} = \begin{bmatrix} 16.00 & 7.00 & 2.00 \\ 7.00 & 12.00 & 4.00 \\ 2.00 & 4.00 & 8.00 \end{bmatrix}$$

常用的 MANOVA 整體效果考驗有四種，分別是 Wilks 的 Λ、Roy 的最大根、Pillai-Bartlett 的跡（V），及 Hotelling-Lawley 的跡（T）等統計量。各項統計量的求法如下列公式所示：

$$\text{Wilks 的 } \Lambda = \frac{|\mathbf{W}|}{|\mathbf{B} + \mathbf{W}|} = \frac{|\mathbf{W}|}{|\mathbf{T}|} \tag{16-1}$$

$$\text{Roy 的最大根，是 } \mathbf{W}^{-1}\mathbf{B} \text{ 矩陣的最大特徵值 } \lambda_1 \tag{16-2}$$

$$\text{Pillai-Bartlett 的 } V = \sum_{i=1}^{s} \frac{\lambda_i}{1 + \lambda_i} \tag{16-3}$$

$$\text{Hotelling-Lawley 的 } T = \sum_{i=1}^{s} \lambda_i \tag{16-4}$$

計算之後，$\mathbf{W}$ 及 $\mathbf{T}$ 的行列式值分別為 952 及 11048.67，因此：

$$\Lambda = \frac{952}{11048.67} = 0.08616$$

$\mathbf{W}^{-1}\mathbf{B}$ 矩陣為：

$$\mathbf{W}^{-1}\mathbf{B} = \begin{bmatrix} 1.022 & 0.805 & 1.415 \\ -0.280 & -0.067 & -0.182 \\ 4.468 & 4.624 & 7.654 \end{bmatrix}$$

以上矩陣，可以使用 R 統計軟體，解得特徵值：

```
B <- matrix(c(23.33, 21.67, 36.67, 21.67, 23.33, 38.33, 36.67, 38.33, 63.33),
    3, 3)
W <- matrix(c(16, 7, 2, 7, 12, 4, 2, 4, 8), 3, 3)
ev <- eigen(solve(W)%*%B)
ev$values
```

求解後，得到三個特徵值分別為 8.372、0.238，及 0，因此 Roy 的最大根為 8.372。而 V 及 T 分別為：

$$V = \frac{8.372}{1+8.372} + \frac{0.238}{1+0.238} + \frac{0}{1+0} = 1.086$$

$$T = 8.372 + 0.238 + 0 = 8.610$$

上述的 Wilks 的 Λ，也可以使用以下公式求得：

$$\Lambda = \frac{1}{1+8.372} \times \frac{1}{1+0.238} \times \frac{1}{1+0} = 0.086$$

以 SPSS 進行分析的結果如報表 16-1 及報表 16-2。由報表 16-2 可看出，A 因子四種統計量的 p 值都小於 .05，因此應拒絕虛無假設，所以訓練方法不同，體適能有差異。

報表 16-1　受試者間 SSCP 矩陣

			心肺耐力	肌耐力	柔軟性
假設	截距	心肺耐力	426.667	453.333	613.333
		肌耐力	453.333	481.667	651.667
		柔軟性	613.333	651.667	881.667
	A	心肺耐力	23.333	21.667	36.667
		肌耐力	21.667	23.333	38.333
		柔軟性	36.667	38.333	63.333
誤差		心肺耐力	16.000	7.000	2.000
		肌耐力	7.000	12.000	4.000
		柔軟性	2.000	4.000	8.000
以型 III 的平方和為基礎。					

報表 16-2　多變數檢定 [a]

效果		數值	F	假設自由度	誤差自由度	顯著性
截距	Pillai's 跡	.992	406.717[b]	3.000	10.000	.000
	Wilks' Lambda (λ)	.008	406.717[b]	3.000	10.000	.000
	Hotelling's 跡	122.015	406.717[b]	3.000	10.000	.000
	Roy's 最大根	122.015	406.717[b]	3.000	10.000	.000
A	Pillai's 跡	1.086	4.355	6.000	22.000	.005
	Wilks' Lambda (λ)	.086	8.022[b]	6.000	20.000	.000
	Hotelling's 跡	8.610	12.915	6.000	18.000	.000
	Roy's 最大根	8.372	30.696[c]	3.000	11.000	.000

a. 設計：截距 + A
b. 確切的統計資料
c. 統計資料是 F 的上限，其會產生顯著層次上的下限。

16.1.3.1　虛無假設與對立假設

在此例中，待答問題是：

體適能是否因訓練方法而有不同？

虛無假設是假定母群中三種訓練方法的參與者體適能相同：

$$H_0 : \begin{bmatrix} \mu_{11} \\ \mu_{21} \\ \mu_{31} \end{bmatrix} = \begin{bmatrix} \mu_{12} \\ \mu_{22} \\ \mu_{32} \end{bmatrix} = \begin{bmatrix} \mu_{13} \\ \mu_{23} \\ \mu_{33} \end{bmatrix}$$

對立假設可以簡單寫成：

$H_1 : H_0$ 為假

16.1.4　後續分析

整體檢定顯著之後，有許多可用的後續分析（程炳林、陳正昌，2011），在此僅說明三種方法。

16.1.4.1　單變量變異數分析

單變量變異數分析是針對個別的依變數進行單因子變異數分析，此時應採 Bonferroni 法將 α 除以依變數進行校正。整體檢定顯著後，再使用第 11 章的事後比較法進行成對比較。

SPSS 在 MANOVA 的分析後，就直接進行 ANOVA，結果如報表 16-3。報表中 A 因子的三個 SS，與報表 16-1 組間 SSCP 矩陣的對角線相同。三個 F 值分別為 8.750、11.667，及 47.500，p 值均小於 .0167（為 .05/3）。因此三種訓練方法對心肺耐力、肌耐力，及柔軟度都有不同的效果。

報表 16-3　受試者間效應項的檢定

來源	依變數	型 III 平方和	df	平均平方和	F	顯著性
校正後的模式	心肺耐力	23.333[a]	2	11.667	8.750	.005
	肌耐力	23.333[b]	2	11.667	11.667	.002
	柔軟性	63.333[c]	2	31.667	47.500	.000
截距	心肺耐力	426.667	1	426.667	320.000	.000
	肌耐力	481.667	1	481.667	481.667	.000
	柔軟性	881.667	1	881.667	1322.500	.000
A	心肺耐力	23.333	2	11.667	8.750	.005
	肌耐力	23.333	2	11.667	11.667	.002
	柔軟性	63.333	2	31.667	47.500	.000
誤差	心肺耐力	16.000	12	1.333		
	肌耐力	12.000	12	1.000		
	柔軟性	8.000	12	.667		
總數	心肺耐力	466.000	15			
	肌耐力	517.000	15			
	柔軟性	953.000	15			

（續下頁）

報表 16-3　受試者間效應項的檢定（續）

來源	依變數	型 III 平方和	df	平均平方和	F	顯著性
校正後的總數	心肺耐力	39.333	14			
	肌耐力	35.333	14			
	柔軟性	71.333	14			

a. R 平方 = .593 (調過後的 R 平方 = .525)
b. R 平方 = .660 (調過後的 R 平方 = .604)
c. R 平方 = .888 (調過後的 R 平方 = .869)

　　報表 16-4 是使用單因子變異數分析程序所進行的 Tukey 法事後比較，α 設為 .05 / 3 = .0167，因此 95%信賴區間顯示為「98.33%信賴區間」。由報表 16-4 可看出：

1.　對於心肺耐力，第三種方法比第一種方法好，其他方法沒有顯著差異。

2.　對於肌耐力，同樣是第三種方法比第一種方法好，其他方法沒有顯著差異。

3.　對於柔軟度，三種方法都有顯著差異，第三種方法最好，第一種方法的效果最不佳。

報表 16-4　多重比較

Tukey HSD							
依變數	(I)訓練法	(J)訓練法	平均差異 (I-J)	標準誤	顯著性	98.33% 信賴區間 下界	上界
心肺耐力	方法一	方法二	-1.000	.730	.387	-3.40	1.40
		方法三	-3.000*	.730	.004	-5.40	-.60
	方法二	方法一	1.000	.730	.387	-1.40	3.40
		方法三	-2.000	.730	.044	-4.40	.40
	方法三	方法一	3.000*	.730	.004	.60	5.40
		方法二	2.000	.730	.044	-.40	4.40
肌耐力	方法一	方法二	-2.000	.632	.021	-4.08	.08
		方法三	-3.000*	.632	.001	-5.08	-.92
	方法二	方法一	2.000	.632	.021	-.08	4.08
		方法三	-1.000	.632	.291	-3.08	1.08
	方法三	方法一	3.000*	.632	.001	.92	5.08
		方法二	1.000	.632	.291	-1.08	3.08

（續下頁）

報表 16-4 多重比較（續）

Tukey HSD						98.33% 信賴區間	
依變數	(I)訓練法	(J)訓練法	平均差異 (I-J)	標準誤	顯著性	下界	上界
柔軟性	方法一	方法二	-3.000*	.516	.000	-4.70	-1.30
		方法三	-5.000*	.516	.000	-6.70	-3.30
	方法二	方法一	3.000*	.516	.000	1.30	4.70
		方法三	-2.000*	.516	.006	-3.70	-.30
	方法三	方法一	5.000*	.516	.000	3.30	6.70
		方法二	2.000*	.516	.006	.30	3.70
*. 平均差異在 0.0167 水準是顯著的。							

16.1.4.2 同時信賴區間法

同時信賴區間法是在控制整個檢定的 α 值之下，計算各個差異平均數的 $1 - \alpha$ 信賴區間，如果區間不含 0，表示兩組之間的平均數有顯著差異。在 SPSS 中，可以使用單因子變異數分析的 LSD 法進行檢定，並將 α 值調整為：

$$\frac{\alpha}{(組數 - 1) \times 依變項數}$$

在本範例中，校正的 α 值設為：

$$\frac{0.05}{(3-1) \times 3} = \frac{0.05}{6} = 0.00833 = 0.833\%$$

報表 16-5 是使用 LSD 法配合 Bonferroni 校正所做的同時信賴區間，結論與報表 16-4 相同。

報表 16-5　多重比較

LSD							
依變數	(I)訓練法	(J)訓練法	平均差異 (I-J)	標準誤	顯著性	99.167% 信賴區間	
						下界	上界
心肺耐力	方法一	方法二	-1.000	.730	.196	-3.30	1.30
		方法三	-3.000*	.730	.001	-5.30	-.70
	方法二	方法一	1.000	.730	.196	-1.30	3.30
		方法三	-2.000	.730	.018	-4.30	.30
	方法三	方法一	3.000*	.730	.001	.70	5.30
		方法二	2.000	.730	.018	-.30	4.30
肌耐力	方法一	方法二	-2.000*	.632	.008	-3.99	-.01
		方法三	-3.000*	.632	.000	-4.99	-1.01
	方法二	方法一	2.000*	.632	.008	.01	3.99
		方法三	-1.000	.632	.140	-2.99	.99
	方法三	方法一	3.000*	.632	.000	1.01	4.99
		方法二	1.000	.632	.140	-.99	2.99
柔軟性	方法一	方法二	-3.000*	.516	.000	-4.63	-1.37
		方法三	-5.000*	.516	.000	-6.63	-3.37
	方法二	方法一	3.000*	.516	.000	1.37	4.63
		方法三	-2.000*	.516	.002	-3.63	-.37
	方法三	方法一	5.000*	.516	.000	3.37	6.63
		方法二	2.000*	.516	.002	.37	3.63
*. 平均差異在 0.00833 水準是顯著的。							

16.1.4.3　區別分析法

　　區別分析的自變數是多個量的變數，依變數是質的變數，正好與 MANOVA 相反。許多教科書都建議在 MANOVA 整體檢定之後，應進行區別分析。有關區別分析的說明，請參見陳正昌（2011b）專章的介紹。

16.1.5 效果量

MANOVA 常用的效果量（偏 η^2）有四種，它們分別由整體檢定的四種統計量數計算而得，公式分別為：

$$偏 \eta^2_{(Pillai)} = \frac{V}{s} \tag{16-5}$$

$$偏 \eta^2_{(Wilks)} = 1 - \Lambda^{1/s} \tag{16-6}$$

$$偏 \eta^2_{(Hotelling)} = \frac{T/s}{T/s+1} \tag{16-7}$$

$$偏 \eta^2_{(Roy)} = \frac{\lambda_1}{1 + \lambda_1} \tag{16-8}$$

公式中的 s 等於非 0 的特徵值，個數是組數減 1 或依變數，兩個數字中較小者，在本範例中是 2（等於組數減 1）。代入報表 16-2 的數值後，得到：

$$偏 \eta^2_{(Pillai)} = \frac{1.086}{2} = .543$$

$$偏 \eta^2_{(Wilks)} = 1 - 0.086^{1/2} = .706$$

$$偏 \eta^2_{(Hotelling)} = \frac{8.610/2}{8.610/2+1} = .811$$

$$偏 \eta^2_{(Roy)} = \frac{8.372}{1+8.372} = .893$$

單因子 MANOVA 只有一個自變數，因此偏 η^2 值會等於 η^2 值（報表 16-6 中之淨 Eta 平方，省略截距部分）。

依據 Cohen（1988）的經驗法則，η^2 值之小、中、大的效果量分別是 .01、.06，及 .14。因此，本範例為大的效果量。

報表 16-6　多變量檢定 [a]

效果		數值	F	假設自由度	誤差自由度	顯著性	淨 Eta 平方
A	Pillai's 跡	1.086	4.355	6.000	22.000	.005	.543
	Wilks' Lambda (λ)	.086	8.022[b]	6.000	20.000	.000	.706
	Hotelling's 跡	8.610	12.915	6.000	18.000	.000	.811
	Roy's 最大根	8.372	30.696[c]	3.000	11.000	.000	.893
a. Design: 截距 ＋A							
b. 精確的統計量							
c. 統計量為在顯著水準上，產生下限之 F 的上限。							

16.2 範例

　　某研究者想要了解三種不同品種的鳶尾花（山鳶尾 Setosa、變色鳶尾 Versicolor、維吉尼亞鳶尾 Virginica），於是各找了 10 株花，測量了它們的花萼及花瓣的長寬，得到表 16-2 的數據。請問：不同品種的鳶尾花，花萼及花瓣的長寬是否有差異？（資料取自 Anderson 的鳶尾花數據）

表 16-2　三種鳶尾花的資料

植株	品種	花萼長	花萼寬	花瓣長	花瓣寬	植株	品種	花萼長	花萼寬	花瓣長	花瓣寬	植株	品種	花萼長	花萼寬	花瓣長	花瓣寬
1	1	4.3	3.0	1.1	0.1	11	2	5.2	2.7	3.9	1.4	21	3	5.7	2.5	5.0	2.0
2	1	4.8	3.0	1.4	0.1	12	2	5.5	2.6	4.4	1.2	22	3	6.2	2.8	4.8	1.8
3	1	4.8	3.1	1.6	0.2	13	2	5.6	2.5	3.9	1.1	23	3	6.3	2.7	4.9	1.8
4	1	5.0	3.5	1.3	0.3	14	2	5.9	3.0	4.2	1.5	24	3	6.3	2.9	5.6	1.8
5	1	5.0	3.5	1.6	0.6	15	2	5.9	3.2	4.8	1.8	25	3	6.4	2.7	5.3	1.9
6	1	5.1	3.7	1.5	0.4	16	2	6.0	2.7	5.1	1.6	26	3	6.4	2.8	5.6	2.1
7	1	5.2	3.4	1.4	0.2	17	2	6.0	3.4	4.5	1.6	27	3	6.9	3.1	5.4	2.1
8	1	5.3	3.7	1.5	0.2	18	2	6.7	3.1	4.7	1.5	28	3	7.2	3.2	6.0	1.8
9	1	5.4	3.4	1.7	0.2	19	2	6.9	3.1	4.9	1.5	29	3	7.7	2.6	6.9	2.3
10	1	5.7	4.4	1.5	0.4	20	2	7.0	3.2	4.7	1.4	30	3	7.7	3.8	6.7	2.2

16.2.1　變數與資料

　　表 16-2 中有 6 個變數，但是植株的代號並不需要輸入 SPSS 中，因此分析時只使用品種與花萼及花瓣的長寬等 5 個變數。其中，自變數是品種，依變數為花萼及花瓣的長寬（單位：公分）。

16.2.2　研究問題

　　在本範例中，研究者想要了解的問題可以陳述如下：

　　　　鳶尾花花萼及花瓣的長寬是否因品種不同而有差異？

16.2.3 統計假設

根據研究問題，虛無假設宣稱「在母群中鳶尾花花萼及花瓣的長寬不因品種不同而有差異」：

$$H_0: \begin{bmatrix} \mu_{11} \\ \mu_{21} \\ \mu_{31} \\ \mu_{41} \end{bmatrix} = \begin{bmatrix} \mu_{12} \\ \mu_{22} \\ \mu_{32} \\ \mu_{42} \end{bmatrix} = \begin{bmatrix} \mu_{13} \\ \mu_{23} \\ \mu_{33} \\ \mu_{43} \end{bmatrix}$$

而對立假設則宣稱「在母群中鳶尾花花萼及花瓣的長寬會因品種不同而有差異」：

$H_1 : H_0$ 為假

16.3 使用 SPSS 進行分析

1. 完整的 SPSS 資料檔，如圖 16-2。

圖 16-2　單因子 MANOVA 資料檔

單因子獨立樣本多變量變異數分析.sav [資料集1] - IBM SPSS Statistics 資料編輯器

檔案(F) 編輯(E) 檢視(V) 資料(D) 轉換(T) 分析(A) 圖形(G) 公用程式(U) 延伸(X) 視窗(W) 說明(H)

	iris	sepal_l	sepal_w	petal_l	petal_w	變數	變數	變數	變數	變數
1	1	4.3	3.0	1.1	.1					
2	1	4.8	3.0	1.4	.1					
3	1	4.8	3.1	1.6	.2					
4	1	5.0	3.5	1.3	.3					
5	1	5.0	3.5	1.6	.6					
6	1	5.1	3.7	1.5	.4					
7	1	5.2	3.4	1.4	.2					
8	1	5.3	3.7	1.5	.2					
9	1	5.4	3.4	1.7	.2					
10	1	5.7	4.4	1.5	.4					
11	2	5.2	2.7	3.9	1.4					
12	2	5.5	2.6	4.4	1.2					
13	2	5.6	2.5	3.9	1.1					
14	2	5.9	3.0	4.2	1.5					
15	2	5.9	3.2	4.8	1.8					
16	2	6.0	2.7	5.1	1.6					
17	2	6.0	3.4	4.5	1.6					
18	2	6.7	3.1	4.7	1.5					
19	2	6.9	3.1	4.9	1.5					
20	2	7.0	3.2	4.7	1.4					
21	3	5.7	2.5	5.0	2.0					
22	3	6.2	2.8	4.8	1.8					
23	3	6.3	2.7	4.9	1.8					
24	3	6.3	2.9	5.6	1.8					
25	3	6.4	2.7	5.3	1.9					
26	3	6.4	2.8	5.6	2.1					
27	3	6.9	3.1	5.4	2.1					
28	3	7.2	3.2	6.0	1.8					
29	3	7.7	2.6	6.9	2.3					
30	3	7.7	3.8	6.7	2.2					

資料視圖 變數視圖

2. 在【分析】選單中的【一般線性模型】選擇【多變異數】（或【多變量】）（圖 16-3）。

圖 16-3　多變量選單

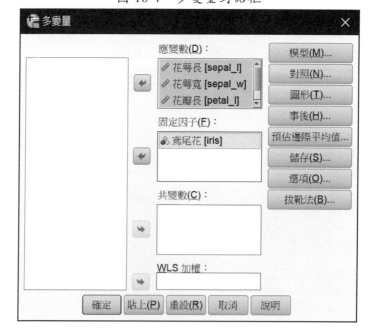

3. 把想要檢定的依變數點選到右邊的【應變數】對話框中（或【依變數】、【因變數】），再把自變數點選到右邊的【固定因子】對話框中（圖 16-4）。

圖 16-4　多變量對話框

4.　在【選項】下勾選【敘述性統計量】、【效應大小的估計值】、【SSCP 矩陣】，及
　　【同質性檢定】（圖 16-5）。接著點擊【繼續】及【確定】進行整體檢定。

圖 16-5　多變量：選項對話框

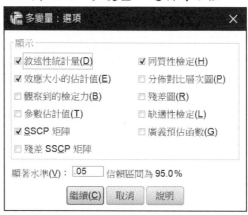

5.　如果要進行單變量事後比較，在【分析】選單中的【比較平均數法】選擇【單因
　　數變異數分析】（或【單因子變異數分析】）（圖 16-6）。

圖 16-6　單因子變異數分析選單

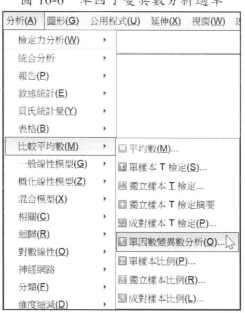

6. 將依變數及自變數分別點選到右邊的【應變數清單】(或【依變數清單】) 及【因數】(或【因素】、【因子】) 框中 (圖 16-7)。

圖 16-7 單因數變異數分析對話框

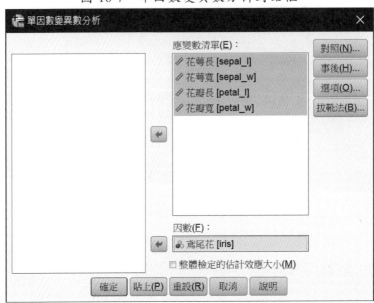

7. 在【事後多重比較】對話框，勾選【Tukey】，顯著【水準】設為 0.0125 (等於.05/4) (圖 16-8)。

圖 16-8 單因子變異數分析：事後多重比較對話框

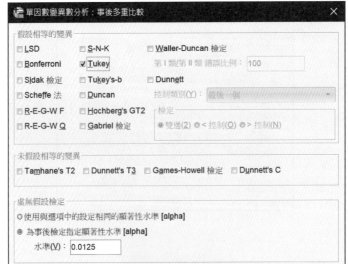

8. 如果要進行同時信賴區間估計，則勾選【LSD】，【顯著水準】設為 0.00625（等於 .05 / [(3−1)×4]）（圖 16-9）。

圖 16-9　單因子變異數分析：事後多重比較對話框 (續)

16.4　報表解讀

分析後得到以下的報表，分別加以概要說明。

16.4.1　整體檢定

報表 16-7　受試者間因子

		數值註解	個數
鳶尾花	1	山鳶尾	10
	2	變色鳶尾	10
	3	維吉尼亞鳶尾	10

三個品種的鳶尾花，個數都是 10（報表 16-7）。

報表 16-8　敘述統計

鳶尾花		平均數	標準差	個數
花萼長	山鳶尾	5.060	.3836	10
	變色鳶尾	6.070	.6075	10
	維吉尼亞鳶尾	6.680	.6697	10
	總數	5.937	.8724	30
花萼寬	山鳶尾	3.470	.4165	10
	變色鳶尾	2.950	.3028	10
	維吉尼亞鳶尾	2.910	.3784	10
	總數	3.110	.4405	30
花瓣長	山鳶尾	1.460	.1713	10
	變色鳶尾	4.510	.4095	10
	維吉尼亞鳶尾	5.620	.7208	10
	總數	3.863	1.8500	30
花瓣寬	山鳶尾	.270	.1567	10
	變色鳶尾	1.460	.2011	10
	維吉尼亞鳶尾	1.980	.1874	10
	總數	1.237	.7490	30

報表 16-8 是三種鳶尾花的花萼及花瓣之長寬的敘述統計，包含平均數、標準差，及個數。

報表 16-9　Box's 共變數矩陣等式檢定 [a]

Box's M	40.929
F	1.596
df1	20
df2	2616.788
顯著性	.045
檢定依變數的觀察共變量矩陣之虛無假設，等於交叉組別。	
a. Design: 截距 + iris	

報表 16-9 是多變量的共變異數矩陣等式（同質性）檢定。由此處可知，Box 的 $M = 40.929$，$p = .045$，達 .05 顯著水準，表示違反變異數－共變數同質的假設。當各細格的樣本數相等時，即使違反此項假定，MANOVA 仍然是相當強韌（robust）的工具。

報表 16-10　多變量檢定 [a]

效果		數值	F	假設自由度	誤差自由度	顯著性	淨 Eta 平方
截距	Pillai's 跡	.993	800.424[b]	4.000	24.000	.000	.993
	Wilks' Lambda (λ)	.007	800.424[b]	4.000	24.000	.000	.993
	Hotelling's 跡	133.404	800.424[b]	4.000	24.000	.000	.993
	Roy's 最大根	133.404	800.424[b]	4.000	24.000	.000	.993
iris	Pillai's 跡	1.068	7.169	8.000	50.000	.000	.534
	Wilks' Lambda (λ)	.028	29.804[b]	8.000	48.000	.000	.832
	Hotelling's 跡	31.172	89.620	8.000	46.000	.000	.940
	Roy's 最大根	31.062	194.135[c]	4.000	25.000	.000	.969

a. Design: 截距 + iris
b. 精確的統計量
c. 統計量為在顯著水準上產生下限之 F 的上限。

報表 16-10 是整體檢定結果，多數研究者採用 Wilks 的 Λ 值，為 .028，$p < .001$。然而，由於報表 16-9 中顯示已經違反變異數－共變數矩陣同質性假定，此時最好採用比較保守的 Pillai 之 V 值，為 1.068，$p < .001$，效果量為 .534，代表品種的差異，可以解釋鳶尾花之花萼及花瓣的長寬 53.4%的變異量。

報表 16-11　Levene's 同質性變異數檢定 [a]

		Levene 統計量	df1	df2	顯著性
花萼長	根據平均數	2.168	2	27	.134
	根據中位數	.835	2	27	.445
	根據中位數，且含調整的自由度	.835	2	21.486	.448
	根據修整的平均數	2.142	2	27	.137

（續下頁）

報表 16-11　Levene's 同質性變異數檢定 [a]（續）

		Levene 統計量	df1	df2	顯著性
花萼寬	根據平均數	.043	2	27	.958
	根據中位數	.080	2	27	.924
	根據中位數，且含調整的自由度	.080	2	23.937	.924
	根據修整的平均數	.046	2	27	.955
花瓣長	根據平均數	5.432	2	27	.010
	根據中位數	4.686	2	27	.018
	根據中位數，且含調整的自由度	4.686	2	14.920	.026
	根據修整的平均數	5.035	2	27	.014
花瓣寬	根據平均數	.333	2	27	.719
	根據中位數	.425	2	27	.658
	根據中位數，且含調整的自由度	.425	2	23.915	.658
	根據修整的平均數	.360	2	27	.701
檢定依變數的誤差變異數在群組內相等的虛無假設。					
a. 設計：截距 + iris					

　　報表 16-11 是單變量的變異數同質性檢定，新版 SPSS 增加了三種修正方式，此處以「根據平均數」為準。三種鳶尾花在花瓣長度的變異數有顯著差異，$F(2, 27) = 5.432$，$p = .010$。其他三個依變數的變異數符合同質性假定。

報表 16-12　受試者間效應項檢定

來源	依變數	第 III 類平方和	df	均方	F	顯著性	淨 Eta 平方
修正的模型	花萼長	13.389[a]	2	6.694	20.821	<.001	.607
	花萼寬	1.952[b]	2	.976	7.171	.003	.347
	花瓣長	92.801[c]	2	46.400	194.264	<.001	.935
	花瓣寬	15.369[d]	2	7.684	230.274	<.001	.945

（續下頁）

報表 16-12 受試者間效應項檢定（續）

來源	依變數	第 III 類平方和	df	均方	F	顯著性	淨 Eta 平方
截距	花萼長	1057.320	1	1057.320	3288.521	<.001	.992
	花萼寬	290.163	1	290.163	2131.810	<.001	.987
	花瓣長	447.760	1	447.760	1874.636	<.001	.986
	花瓣寬	45.880	1	45.880	1374.882	<.001	.981
iris	花萼長	13.389	2	6.694	20.821	<.001	.607
	花萼寬	1.952	2	.976	7.171	.003	.347
	花瓣長	92.801	2	46.400	194.264	<.001	.935
	花瓣寬	15.369	2	7.684	230.274	<.001	.945
殘差	花萼長	8.681	27	.322			
	花萼寬	3.675	27	.136			
	花瓣長	6.449	27	.239			
	花瓣寬	.901	27	.033			
總計	花萼長	1079.390	30				
	花萼寬	295.790	30				
	花瓣長	547.010	30				
	花瓣寬	62.150	30				
校正後總計	花萼長	22.070	29				
	花萼寬	5.627	29				
	花瓣長	99.250	29				
	花瓣寬	16.270	29				

a. R 平方 =.607（調整的 R 平方 =.578）
b. R 平方 =.347（調整的 R 平方 =.299）
c. R 平方 =.935（調整的 R 平方 =.930）
d. R 平方 =.945（調整的 R 平方 =.941）

　　報表 16-12 是單變量變異數分析結果。由 iris（鳶尾花）或修正的模型這兩大列來看，四個 p 值都小於.0125（等於.05/4），因此三種不同品種的鳶尾花，在花萼的長度與寬度，及花瓣的長度與寬度都有顯著不同。

報表 16-13　受試者間 SSCP 矩陣

			花萼長	花萼寬	花瓣長	花瓣寬
假設	截距	花萼長	1057.320	553.891	688.060	220.250
		花萼寬	553.891	290.163	360.449	115.381
		花瓣長	688.060	360.449	447.760	143.330
		花瓣寬	220.250	115.381	143.330	45.880
	iris	花萼長	13.389	-4.856	34.989	14.298
		花萼寬	-4.856	1.952	-13.200	-5.324
		花瓣長	34.989	-13.200	92.801	37.734
		花瓣寬	14.298	-5.324	37.734	15.369
誤差		花萼長	8.681	3.625	5.761	1.172
		花萼寬	3.625	3.675	1.891	.843
		花瓣長	5.761	1.891	6.449	1.406
		花瓣寬	1.172	.843	1.406	.901
以型 III 的平方和為基礎						

　　報表 16-13 是組間及誤差的 *SSCP* 矩陣，對角線上為 *SS*，對角線外為兩變數間的 *CP*。組間的 *SS* 分別為 13.389、1.952、92.801，及 15.369，等於報表 16-12 中 iris 的第 III 類平方和（*SS*，部分版本稱為型 III 平方和）。

16.4.2　單變量事後比較

報表 16-14　多重比較

Tukey HSD							
依變數	(I)鳶尾花	(J)鳶尾花	平均差異 (I-J)	標準誤	顯著性	98.75%信賴區間 下界	上界
花萼長	山鳶尾	變色鳶尾	-1.0100*	.2536	.001	-1.793	-.227
		維吉尼亞鳶尾	-1.6200*	.2536	.000	-2.403	-.837
	變色鳶尾	山鳶尾	1.0100*	.2536	.001	.227	1.793
		維吉尼亞鳶尾	-.6100	.2536	.059	-1.393	.173
	維吉尼亞鳶尾	山鳶尾	1.6200*	.2536	.000	.837	2.403
		變色鳶尾	.6100	.2536	.059	-.173	1.393

報表 16-14　多重比較（續）

Tukey HSD								
依變數	(I)鳶尾花	(J)鳶尾花	平均差異 (I-J)	標準誤	顯著性	98.75%信賴區間		
						下界	上界	
花萼寬	山鳶尾	變色鳶尾	.5200*	.1650	.011	.011	1.029	
		維吉尼亞鳶尾	.5600*	.1650	.006	.051	1.069	
	變色鳶尾	山鳶尾	-.5200*	.1650	.011	-1.029	-.011	
		維吉尼亞鳶尾	.0400	.1650	.968	-.469	.549	
	維吉尼亞鳶尾	山鳶尾	-.5600*	.1650	.006	-1.069	-.051	
		變色鳶尾	-.0400	.1650	.968	-.549	.469	
花瓣長	山鳶尾	變色鳶尾	-3.0500*	.2186	.000	-3.724	-2.376	
		維吉尼亞鳶尾	-4.1600*	.2186	.000	-4.834	-3.486	
	變色鳶尾	山鳶尾	3.0500*	.2186	.000	2.376	3.724	
		維吉尼亞鳶尾	-1.1100*	.2186	.000	-1.784	-.436	
	維吉尼亞鳶尾	山鳶尾	4.1600*	.2186	.000	3.486	4.834	
		變色鳶尾	1.1100*	.2186	.000	.436	1.784	
花瓣寬	山鳶尾	變色鳶尾	-1.1900*	.0817	.000	-1.442	-.938	
		維吉尼亞鳶尾	-1.7100*	.0817	.000	-1.962	-1.458	
	變色鳶尾	山鳶尾	1.1900*	.0817	.000	.938	1.442	
		維吉尼亞鳶尾	-.5200*	.0817	.000	-.772	-.268	
	維吉尼亞鳶尾	山鳶尾	1.7100*	.0817	.000	1.458	1.962	
		變色鳶尾	.5200*	.0817	.000	.268	.772	
*. 平均差異在 0.0125 水準是顯著的。								

　　由於報表 16-12 中四個依變數都達 .0125 顯著水準，因此報表 16-14 接著以 Tukey 法進行事後比較。在**平均差異(I-J)**一欄的平均數右上角如果標上 * 號，或是**顯著性**一欄的 p 值小於.0125，或是 **98.75% 信賴區間**一欄不含 0，就代表兩個品種之間的平均數差異達 .05 顯著水準。

　　由花萼長度及寬度這兩個變數來看：山鳶尾與其他兩個品種都有顯著差異，而變色鳶尾則與維吉尼亞鳶尾沒有顯著差異。由花瓣長度及寬度這兩個變數來看：三個品種間都有顯著差異。

　　如果是 Tukey HSD 事後比較，接續還有 4 個同質子集報表，由於結果與本處一致，且為節省篇幅，因此後面省略 4 個報表。同質子集的說明，請見第 11 章報表 11-19。

16.4.3 同時信賴區間

報表 16-15　多重比較

LSD							
依變數	(I)鳶尾花	(J)鳶尾花	平均差異 (I-J)	標準誤	顯著性	99.375%信賴區間	
						下界	上界
花萼長	山鳶尾	變色鳶尾	-1.0100*	.2536	.000	-1.762	-.258
		維吉尼亞鳶尾	-1.6200*	.2536	.000	-2.372	-.868
	變色鳶尾	山鳶尾	1.0100*	.2536	.000	.258	1.762
		維吉尼亞鳶尾	-.6100	.2536	.023	-1.362	.142
	維吉尼亞鳶尾	山鳶尾	1.6200*	.2536	.000	.868	2.372
		變色鳶尾	.6100	.2536	.023	-.142	1.362
花萼寬	山鳶尾	變色鳶尾	.5200*	.1650	.004	.031	1.009
		維吉尼亞鳶尾	.5600*	.1650	.002	.071	1.049
	變色鳶尾	山鳶尾	-.5200*	.1650	.004	-1.009	-.031
		維吉尼亞鳶尾	.0400	.1650	.810	-.449	.529
	維吉尼亞鳶尾	山鳶尾	-.5600*	.1650	.002	-1.049	-.071
		變色鳶尾	-.0400	.1650	.810	-.529	.449
花瓣長	山鳶尾	變色鳶尾	-3.0500*	.2186	.000	-3.698	-2.402
		維吉尼亞鳶尾	-4.1600*	.2186	.000	-4.808	-3.512
	變色鳶尾	山鳶尾	3.0500*	.2186	.000	2.402	3.698
		維吉尼亞鳶尾	-1.1100*	.2186	.000	-1.758	-.462
	維吉尼亞鳶尾	山鳶尾	4.1600*	.2186	.000	3.512	4.808
		變色鳶尾	1.1100*	.2186	.000	.462	1.758
花瓣寬	山鳶尾	變色鳶尾	-1.1900*	.0817	.000	-1.432	-.948
		維吉尼亞鳶尾	-1.7100*	.0817	.000	-1.952	-1.468
	變色鳶尾	山鳶尾	1.1900*	.0817	.000	.948	1.432
		維吉尼亞鳶尾	-.5200*	.0817	.000	-.762	-.278
	維吉尼亞鳶尾	山鳶尾	1.7100*	.0817	.000	1.468	1.952
		變色鳶尾	.5200*	.0817	.000	.278	.762
*. 平均差異在 0.00625 水準是顯著的。							

報表 16-15 是以 Bonferroni 法調整之後所得的 95%同時信賴區間,如果在 **99.375% 信賴區間**(等於 $1-.05/[(3-1)\times4]$)這一欄不包含 0,就代表兩個平均數有顯著差異。此處的結論與報表 16-14 一致。

16.5　計算效果量

由於整體檢定後達到統計上的顯著，在此可以計算偏 η^2 值，解 $\mathbf{W}^{-1}\mathbf{B}$ 矩陣之後，得到非 0 的特徵值有 2 個（因此 s = 2），分別為 31.0615 及 0.1107（使用 R 求得），再從報表 16-10 找到相對應的數值，代入公式後得到：

$$偏 \eta^2_{(Pillai)} = \frac{1.06845}{2} = .5342$$

$$偏 \eta^2_{(Wilks)} = 1 - 0.02808^{1/2} = .8324$$

$$偏 \eta^2_{(Hotelling)} = \frac{31.1722 / 2}{31.1722 / 2 + 1} = .9397$$

$$偏 \eta^2_{(Roy)} = \frac{31.0615}{1 + 31.0615} = .9688$$

本範例採用較保守的 Pillai 偏 η^2 值，為 .5342。

16.6　以 APA 格式撰寫結果

鳶尾花之花萼及花瓣的長度和寬度會因為品種而有差異，Pillai 的 $V = 1.06845$，$F(8, 50) = 7.169$，$p < .001$，偏 $\eta^2 = .5342$。使用 Bonferroni 同時信賴區間進行後續分析，山鳶尾花的花萼較短且較寬，維吉尼亞鳶尾花的花瓣最長且最寬。

16.7　單因子獨立樣本多變量變異數分析的假定

單因子獨立樣本多變量變異數分析，應符合以下三個假定。

16.7.1　觀察體要能代表母群體，且彼此間獨立

觀察體獨立代表各個樣本不會相互影響，假使觀察體間不獨立，計算所得的 p 值就不準確。如果有證據支持違反了這項假定，就不應使用單因子獨立樣本多變量變異數分析。

16.7.2　多變量常態分配

此項假定有兩個意涵：一是每個變數在各自的母群中（自變數的各個組別中）須為常態分配；二是變數的所有可能組合也要呈常態分配。當最小組的樣本數在 20 以上時，即使違反了這項假定，對於多變量變異數分析的影響也不大（Tabachnick & Fidell, 2007）。

16.7.3　依變數的變異數—共變數矩陣在各個母群中須相等

此項假定是自變數的各組中，所有依變數的變異數—共變數矩陣相等（同質）。多數統計軟體在進行單因子多變量變異數分析程序，會採用 Box 的 M 來檢驗這個假定。當各組樣本數大致相等時（相差不到 50%），MANOVA 具有強韌性。如果樣本數不相等，而且違反此項假定時，建議可以採用 Pillai 的 V 值，而不使用 Wilks 的 Λ 值。

17　Pearson 積差相關

Pearson 積差相關係數（Pearson product-moment correlation coefficient）在分析兩個量的變數之線性相關；如果兩個變數都是次序變數，則可以使用 Spearman 等級相關。

Pearson 積差相關適用的情境如下：

自變數與**依變數**：均為**量的變數**，多數情形下並無自變數與依變數的分別，為互依變數（interdependent variable）。

Spearman 等級相關適用的情境如下：

自變數與**依變數**：均為**次序變數**。

本章主要說明 Pearson 積差相關，附帶介紹 Spearman 等級相關係數（Spearman rank correlation coefficient）。

17.1　基本統計概念

17.1.1　目的

Pearson 積差相關在分析量的變數之間的線性關係，可以用來分析：

1.　兩個變數之間的相關。如：行銷費用與營業額之關係。

2.　三個以上變數兩兩之間的相關。如：健康概念、每週運動時間，與體適能之間的關係。

3.　一組變數與另一組變數間的相關。如：自我概念（含家庭、學校、外貌、身體、情緒）與學業成就（含國文、數學、英文）之間的關係。假如研究者的興趣是在了解 15 個（5 × 3 = 15）相關係數，可以使用 Pearson 積差相關，但是，如果目的是在了解自我概念與學業成就完整的關係，則建議使用典型相關，請見第 19 章。

17.1.2　分析示例

以下的研究問題，都可以使用 Pearson 積差相關進行分析：

1.　員工薪資與工作滿意度的關聯。

2.　國家人均所得與國民幸福指數的關聯。

3.　創造力測驗中流暢性、變通性、獨創性，及精密性之間的關聯。

17.1.3　散布圖與相關

為了確定兩個量的變數間之關係，可以使用散布圖（scatter plot）加以判斷。於座標上標出觀察體在兩個變數上的位置，如果分散的點呈左下到右上的直線分布（圖 17-1），此時在 X 軸的變數增加，Y 軸的變數也隨之增加，兩變數間會有**完全正相關**；如果分散的點呈左上到右下的直線分布（圖 17-2），此時在 X 軸的變數增加，Y 軸的變數也隨之減少，因此兩變數間會有**完全負相關**；如果像圖 17-3 呈隨機分布，就是**零相關**，兩個變數間為零相關，此時沒有關聯。

圖 17-1　完全正相關

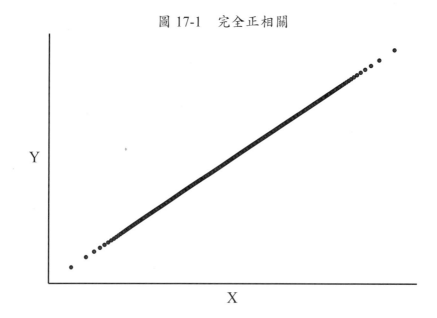

圖 17-2　完全負相關

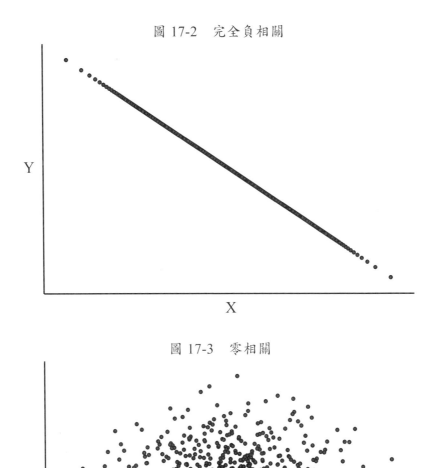

圖 17-3　零相關

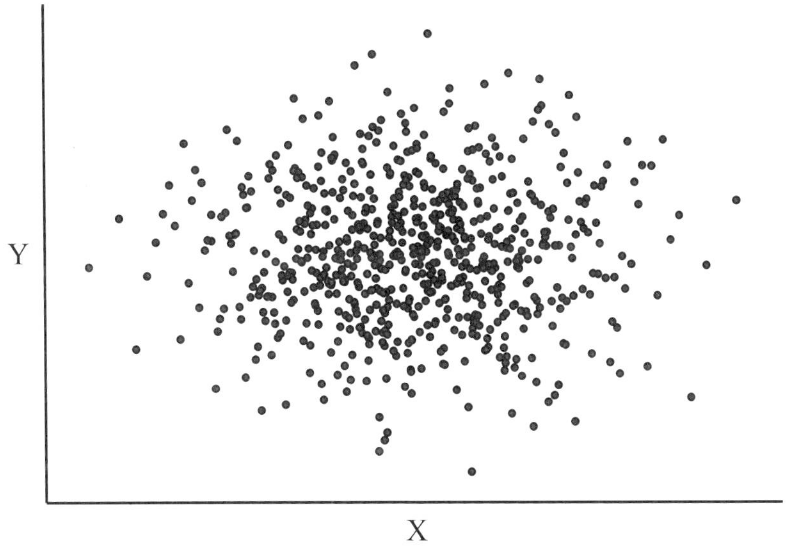

　　不過，像以下兩種情形，雖然兩變數也呈現完美的直線關係，但是圖 17-4 完全呈水平分布，表示 X 軸的變數無論是多少，Y 軸上的變數完全相同；反之圖 17-5 完全呈垂直分布，表示 Y 軸的變數無論是多少，X 軸上的變數完全相同。此時，兩個變數間也沒有關聯，為**零相關**。在這兩種情形中，都有一個變數的標準差是 0，因此並無法計算 Pearson 的 r（參見公式 17-6 的分母部分）。

圖 17-4　零相關

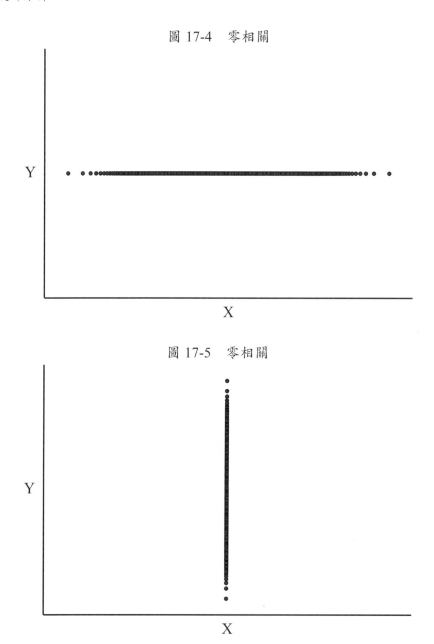

圖 17-5　零相關

　　不過，絕大多數情形下，兩變數經常不是呈現完美的直線關係，而是像下圖的兩種情形。圖 17-6 大略呈左下到右上分布，此為**正相關**。圖 17-7 則反之，呈現左上到右下的分布，此為**負相關**。關係強度與斜率無關（除非完全水平或垂直），而與散布圖是否接近直線有關。當散布的點愈接近一條直線時，兩變數的關係就會愈接近完全正相關或完全負相關。

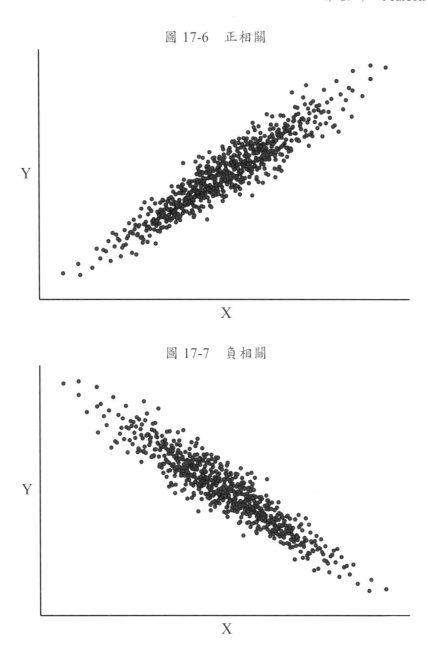

圖 17-6　正相關

圖 17-7　負相關

17.1.4 統計公式

17.1.4.1 Pearson 積差相關係數之統計公式

最常用來分析兩個量的變數之間直線關聯的統計量數是 Pearson 積差相關係數 (Pearson's product-moment correlation coefficient)。母群體積差相關的母群代號為 ρ，公式為：

$$\rho = \frac{\sum Z_X Z_Y}{N} \tag{17-1}$$

由於兩個變數的測量單位常常不一致，所以先把兩個變數都轉換為 Z 分數（平均數為 0，標準差為 1），公式為：

$$Z_X = \frac{X - \mu_X}{\sigma_X} \tag{17-2}$$

$$Z_Y = \frac{Y - \mu_Y}{\sigma_Y} \tag{17-3}$$

兩個 Z 分數乘積的平均數就是 ρ。將公式 17-2 及 17-3 代入公式 17-1，可以得到：

$$
\begin{aligned}
\rho &= \frac{\sum \left(\dfrac{X - \mu_X}{\sigma_X} \right)\left(\dfrac{Y - \mu_Y}{\sigma_Y} \right)}{N} \\
&= \frac{\sum (X - \mu_X)(Y - \mu_Y)}{N \sigma_X \sigma_Y} \\
&= \frac{\dfrac{\sum (X - \mu_X)(Y - \mu_Y)}{N}}{\sigma_X \sigma_Y}
\end{aligned}
\tag{17-4}
$$

其中，$\dfrac{\sum (X - \mu_X)(Y - \mu_Y)}{N} = \sigma(X, Y)$，是兩個變數的共變數（covariance），因此，母群的相關係數又可寫成：

$$\rho = \frac{\sigma_{XY}}{\sigma_X \sigma_Y} = \frac{\sigma_{XY}}{\sqrt{\sigma_X^2}\sqrt{\sigma_Y^2}} \tag{17-5}$$

公式中分子 σ_{XY} 是兩個變數的共變數，代表兩個變數共同變化的程度，為未標準化的關聯係數，而它的正負則與相關係數一致；分母則是兩個變數各自的標準差（標準差等於變異數的平方根），代表每個變數各自的分散情形。

在推論統計中，會用樣本積差相關 r 來估計 ρ，公式為：

$$r = \frac{s_{XY}}{s_X s_Y} = \frac{s_{XY}}{\sqrt{s_X^2}\sqrt{s_Y^2}} \tag{17-6}$$

把 r 的分子與分母同時乘上 $n-1$，得到：

$$r = \frac{s_{XY} \times (n-1)}{\sqrt{s_X^2}\sqrt{s_Y^2}(n-1)} = \frac{s_{XY} \times (n-1)}{\sqrt{s_X^2(n-1)}\sqrt{s_Y^2(n-1)}} \tag{17-7}$$

$s_X^2(n-1)$ 及 $s_Y^2(n-1)$ 分別是 X 變數及 Y 變數的離均差平方和 SS（sum of squares），而 s_{XY} 是 X 與 Y 的離均差交乘積和（sum of cross products of deviations），簡稱交乘積 CP。因此，樣本積差相關 r 的公式又可寫成：

$$r = \frac{CP}{\sqrt{SS_X}\sqrt{SS_Y}} \tag{17-8}$$

綜言之，Pearson 積差相關公式就是：

$$
\begin{aligned}
r &= \frac{交乘積和}{\sqrt{X的平方和}\sqrt{Y的平方和}} \\
&= \frac{共變數}{\sqrt{X的變異數}\sqrt{Y的變異數}} \\
&= \frac{共變數}{X的標準差 \times Y的標準差}
\end{aligned} \tag{17-9}
$$

17.1.4.2　Spearman 等級相關係數之統計公式

如果兩個變數都是次序變數（如名次、職業專業程度），則只要把變數各自依原始數值排序，賦予等級（rank），即可使用積差相關的公式計算變數的相關，此時就是 Spearman 等級相關。因此也可以說，Spearman 等級相關就是使用等級計算所得的 Pearson 積差相關。

Spearman 等級相關 ρ 也可以使用以下公式求得：

$$\rho = 1 - \frac{6\Sigma d^2}{n(n^2-1)} \tag{17-10}$$

其中 d 就是觀察體在兩個變數間等級的差異。

17.1.4.3　相關係數之顯著檢定

要檢定相關係數是否顯著不為 0，則虛無假設是：

$$H_0 : \rho = 0$$

對立假設則是：

$$H_1 : \rho \neq 0$$

檢定的公式類似單樣本 t 檢定，

$$t = \frac{r - \rho_0}{\sqrt{\dfrac{1-r^2}{n-2}}} = \frac{相關係數之差異}{相關係數的標準誤} \tag{17-11}$$

此時自由度為 $n-2$，而 ρ_0 通常設定為 0。

以報表 17-3 的相關係數 0.453 為例，代入公式後得到：

$$t = \frac{0.453 - 0}{\sqrt{\dfrac{1-0.453^2}{36-2}}} = 2.967$$

　　至於檢定結果是否顯著，可以使用兩種方法來判斷。首先可以看標準臨界值，在自由度是 34 的 t 分配中雙尾臨界值是 ±2.032，計算所得的 t 值 2.967 已經大於 2.032（見圖 17-8），應拒絕 $\rho = 0$ 的虛無假設，因此相關係數 0.453 顯著不等於 0。

　　其次，也可以直接求 $|t| \geq 2.967$ 的 p 值，在自由度為 34 的 t 分配中，$p = 0.00548$（見圖 17-9 中雙尾 p 值的和，此 p 值也會和報表 17-2 中的 p 值相同），已經小於 0.05，同樣拒絕 $\rho = 0$ 的虛無假設。

圖 17-8　自由度 34，$\alpha = 0.05$ 時，雙尾臨界值為 ±2.032

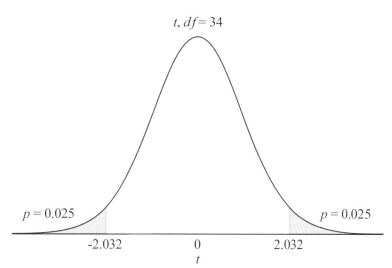

圖 17-9　自由度 34，$|t| \geq 2.967$ 的 $p = 0.00548$

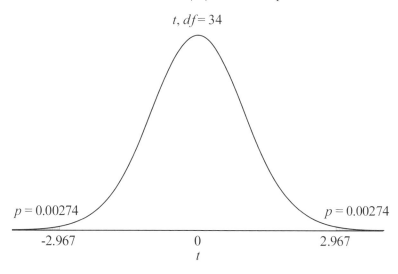

17.1.4.4　相關係數之信賴區間估計

由於樣本相關係數 r 的抽樣分配並不是常態分配，要計算母群相關係數 ρ 的信賴區間要經過三個步驟。

首先，將樣本相關係數 r 化為 z'，公式為：

$$z' = \frac{1}{2}\ln\left(\frac{1+r}{1-r}\right) \tag{17-12}$$

以報表 17-3 中的 $r = 0.453$ 為例，轉換後的 Fisher z' 為：

$$z' = \frac{1}{2}\ln\left(\frac{1+0.453}{1-0.453}\right) = 0.489$$

其次，計算 z' 的信賴區間。z' 服從 Z 分配，標準誤為：

$$\frac{1}{\sqrt{n-3}} = \frac{1}{\sqrt{36-3}} = 0.174$$

當 $\alpha = 0.05$ 時，雙尾臨界值等於 ± 1.960。因此 z' 的 95%信賴區間為：

下界 $= 0.489 - 1.960 \times 0.174 = 0.148$

上界 $= 0.489 + 1.960 \times 0.174 = 0.830$

最後，將 z' 的上下界再轉換為 r 值，公式為：

$$r = \frac{e^{(2z')} - 1}{e^{(2z')} + 1} \tag{17-13}$$

代入公式後分別得到：

下界 $= r = \dfrac{e^{(2 \times 0.1478633)} - 1}{e^{(2 \times 0.1478633)} + 1} = 0.147$

上界 $= r = \dfrac{e^{(2 \times 0.8302351)} - 1}{e^{(2 \times 0.8302351)} + 1} = 0.681$

上述的計算結果與報表 17-4 一致。

17.1.5 積差相關係數的解釋

積差相關係數可以顯示兩種訊息：

一是**關聯方向**。如果係數為正，稱為正相關，表示兩個變數呈現相同方向的變化。如果係數為負，稱為負相關，表示兩個變數呈現相反方向的變化。如果係數為 0，稱為零相關，表示兩變數間可能無關或為非線性相關。

二是**關聯程度**，積差相關係數介於 +1 與 −1 之間（依 APA 出版慣例，相關係數小數點前的 0 不寫），係數的絕對值愈大代表關聯程度愈大。$|r|$接近 1，表示兩者

有完全的關聯；|r|接近 0，表示兩者沒有線性的關聯（但也有可能是非線性的關聯）。

17.1.6　有相關不代表有因果關係

兩變數之間有相關，不代表就有因果關係（cause-and-effect relationship），因此不可做因果關係的推論。例如：夏季時用電量與中暑人數兩者間有正相關，但這絕對不是因為用電量提高，使得中暑人數增加（圖 17-10a）；或是中暑人數增加，使得大家需要用更多的電（圖 17-10b)。最可能的原因是因為氣溫上升，使得用電量（使用冷氣增加）與中暑人數同時增加所致（圖 17-10c）。在此關係中，用電量與中暑人數的相關是來自於氣溫影響，兩者的相關是一種**虛假相關**（spurious correlation），而「氣溫」稱為**混淆變數**（confounding variable）。如果控制溫度變化之後，再求用電量與中暑人數的偏相關，兩者可能就無關了。

圖 17-10　各種因果關係

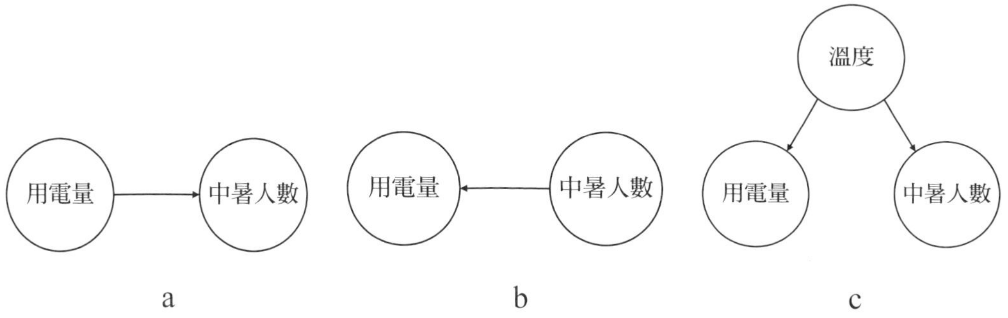

17.1.7　相關係數在信效度分析的應用

分析測驗或量表的重測信度、複本信度、折半信度，或是效標關聯效度，都是使用積差相關係數。重測信度是將受試者在兩次測驗的總分求積差相關，複本（平行）信度是兩個複本（平行測驗）得分的積差相關，效標關聯效度是某測驗與另一效標得分之積差相關。而折半信度則是將同一測驗分成兩部分（可用隨機方式、前後兩半，或奇偶數題各半），然後求兩部分得分之積差相關。不過，因為在相同條件下，題目數愈少，信度愈低，所以折半信度通常要使用其他公式加以校正。

如果有兩位評分者針對同一批受試或作品加以評分，也可以使用積差相關係數代表評分者信度。

17.1.8 效果量

Pearson 積差相關係數本身就是效果量,依 Cohen(1988)的經驗法則,r 的小、中、大效果量分別為 ±.10、±.30,及 ±.50。

積差相關係數的平方 r^2 稱為**決定係數**(coefficient of determination),代表兩個變數間的互相解釋量。如果 $r = .50$,表示 X 變數可以解釋 Y 變數總變異量的 25%(圖 17-11),反之亦然。但是,如果 $r = .25$ 時,則兩者的互相解釋量只有$(.25)^2 = 6.25\%$。前者的解釋量是後者的 4 倍。

圖 17-11　積差相關之文氏圖

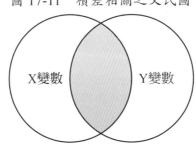

17.2　範例

研究者想要了解高中生家中的資源、母親受教年數,與科學素養是否有關聯,因此測得 36 名學生的家中資源與科學素養如表 17-1 之數據。請問:家中資源與科學素養是否有關聯?家中的資源、母親受教年數,與科學素養兩兩之間是否有關聯?

表 17-1　36 名受試者的科學素養

學生	家中資源	母親受教年數	科學素養	學生	家中資源	母親受教年數	科學素養
1	14	16	668.35	19	16	14	434.30
2	14	12	544.14	20	2	9	250.60
3	15	16	652.50	21	7	6	314.10
4	17	12	508.24	22	7	6	378.35
5	13	14	499.57	23	11	12	478.87

(續下頁)

表 17-1　36 名受試者的科學素養（續）

學生	家中資源	母親 受教年數	科學素養	學生	家中資源	母親 受教年數	科學素養
6	17	16	554.40	24	14	12	563.91
7	11	12	542.28	25	15	14	652.22
8	13	14	463.48	26	13	14	580.70
9	14	12	487.26	27	17	14	414.71
10	12	12	523.82	28	8	6	503.95
11	16	9	507.96	29	12	14	503.30
12	9	9	471.60	30	14	12	469.54
13	6	14	479.06	31	13	16	657.91
14	14	14	554.59	32	16	9	652.22
15	8	9	632.08	33	10	9	520.74
16	9	6	548.81	34	12	12	531.28
17	3	14	475.14	35	16	12	490.25
18	11	9	577.90	36	17	14	530.34

17.2.1　變數與資料

表 17-1 中有 4 個變數，但是受試者代號並不需要輸入 SPSS 中，因此分析時使用 3 個變數即可。其中家中資源是家中是否擁有某些物品，學生針對 17 種物品（如：書桌、自己的房間、網際網路等）回答是或否，最大值為 17，最小值為 0。母親受教年數最小值為 6（國小），最大值為 16（大學）。科學素養則是在 PISA 測驗的得分。

17.2.2　研究問題

在本範例中，研究者想要了解的問題可以陳述如下：

家中資源與科學素養是否有關聯？

家中資源、母親受教年數，與科學素養兩兩之間是否有關聯？

17.2.3 統計假設

根據研究問題，虛無假設一宣稱「家中資源與科學素養沒有關聯」：

$$H_0 : \rho_{家中資源 \bullet 科學素養} = 0$$

而對立假設一則宣稱「家中資源與科學素養有關聯」：

$$H_1 : \rho_{家中資源 \bullet 科學素養} \neq 0$$

虛無假設二宣稱「家中資源、母親受教年數，與科學素養兩兩之間沒有關聯」：

$$\begin{cases} H_0 : \rho_{家中資源 \bullet 母親受教年數} = 0 \\ H_0 : \rho_{家中資源 \bullet 科學素養} = 0 \\ H_0 : \rho_{母親受教年數 \bullet 科學素養} = 0 \end{cases}$$

而對立假設二則宣稱「家中資源、母親受教年數，與科學素養兩兩之間有關聯」：

$$\begin{cases} H_1 : \rho_{家中資源 \bullet 母親受教年數} \neq 0 \\ H_1 : \rho_{家中資源 \bullet 科學素養} \neq 0 \\ H_1 : \rho_{母親受教年數 \bullet 科學素養} \neq 0 \end{cases}$$

17.3 使用 SPSS 進行分析

1. 完整的 SPSS 資料檔，如圖 17-12。

圖 17-12　相關分析資料檔

	⌗POSSESS	⌗MAED	⌗SCIENCE	變數	變數	變數	變數	變數
1	14	16	668.35					
2	14	12	544.14					
3	15	16	652.50					
4	17	12	508.24					
5	13	14	499.57					
6	17	16	554.40					
7	11	12	542.28					
8	13	14	463.48					
9	14	12	487.26					
10	12	12	523.82					
11	16	9	507.96					
12	9	9	471.60					
13	6	14	479.06					
14	14	14	554.59					
15	8	9	632.08					
16	9	6	548.81					
17	3	14	475.14					
18	11	9	577.90					
19	16	14	434.30					
20	2	9	250.60					
21	7	6	314.10					
22	7	6	378.35					
23	11	12	478.87					
24	14	12	563.91					
25	15	14	652.22					
26	13	14	580.70					
27	17	14	414.71					
28	8	6	503.95					
29	12	14	503.30					
30	14	12	469.54					
31	13	16	657.91					
32	16	9	652.22					
33	10	9	520.74					
34	12	12	531.28					
35	16	12	490.25					
36	17	14	530.34					

2. 在【分析】選單的【相關】選擇【雙變異數】（早期版譯為【雙變數】，較正確）
（圖 17-13）。

圖 17-13　雙變異數選單

3. 先按住 Ctrl 鍵，再分別選擇家中資源[POSSESS]及科學素養[SCIENCE]變數（圖
17-14）。

圖 17-14　雙變量相關性對話框

4. 將兩個變數點選到右邊的【變數】框中，同時再勾選【Spearman】等級相關，點擊【確定】按鈕進行分析（圖 17-15）。SPSS 28 版增加了【僅顯示下半三角形】，也可以取消【顯示對角線】，更有利於研究報表的整理。

圖 17-15　雙變量相關性對話框

5. 如果需要比較詳細的訊息，可以在【選項】下勾選【平均值和標準差】及【交叉乘積偏差和共變數】（早期版譯為【叉積離差與共變異數矩陣】）（圖 17-16）。

圖 17-16　雙變量相關性：選項對話框

6. 如果要進行三個以上變數的相關分析，則將所要分析的變數點選到右邊【變數】框中，點擊【確定】按鈕進行分析（圖 17-17）。

圖 17-17　雙變量相關性對話框

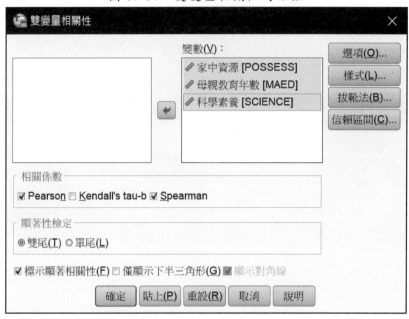

7. SPSS 自 28 版開始，增加相關係數的信賴區間估計。可在【分析】中的【相關】選擇【Bivariate with Confidence Intervals】（雙變數信賴區間）（圖 17-18）。

圖 17-18　Bivariate with Confidence Intervals 選單

8. 將要分析的變數點選到右邊的【Variables】（變數）框中，再點擊【確定】即可（圖 17-19）。

圖 17-19 Bivariate with Confidence Intervals 對話框

17.4 報表解讀

分析後得到以下的報表，分別加以概要說明。

報表 17-1 敘述統計

	平均值	標準差	個數
家中資源	12.11	3.904	36
母親教育年數	11.81	2.994	36
科學素養	517.1797	90.93957	36

報表 17-1 為描述性統計量，含**平均數**、**標準差**，及**個數**。

報表 17-2　相關性

		家中資源	科學素養
家中資源	皮爾森 (Pearson) 相關性	1	.453**
	顯著性（雙尾）		.005
	個數	36	36
科學素養	皮爾森 (Pearson) 相關性	.453**	1
	顯著性（雙尾）	.005	
	個數	36	36
**. 相關性在 0.01 層級上顯著（雙尾）。			

報表 17-3　相關性

		家中資源	科學素養
家中資源	皮爾森 (Pearson) 相關性	--	
	個數	36	
科學素養	皮爾森 (Pearson) 相關性	.453**	--
	顯著性（雙尾）	.005	
	個數	36	36
**. 相關性在 0.01 層級上顯著（雙尾）。			

報表 17-2 是兩個變數間的相關矩陣，由於相關是對稱的，因此可以改為報表 17-3。寫在論文中，通常為以下的形式：

$$\begin{bmatrix} 1.000 & \\ .453^* & 1.000 \end{bmatrix}$$

矩陣的對角線為變數自身的相關，為 1.000；對角線外的 .453，是家中資源與學生科學素養成績的 Pearson 相關係數 r。這個相關係數是否顯著不等於 0，可以由兩個地方來判斷。一是係數下的 p 值（在 SPSS 中稱為**顯著性(雙尾)**）是否小於或等於研究者設定的 α（通為設為 .05）。在報表中，$p = .005 \le .05$，應拒絕虛無假設，表

示 .453 已經顯著不等於 0。二是相關係數右上方是否有 * 號。報表中 .453 的右上方有 2 個 * 號，表示在自由度是 34（等於 $n-2$）時，|r| 要大於 .453 的機率已經小於 .01 了，因此應拒絕虛無假設。

在許多論文中，研究者在 $p < .05$ 時，會在相關係數 r 的右上方加上 1 個 * 號，而 $p < .01$ 時，則加上 2 個 * 號，如果加上 3 個 * 號，則表示 $p < .001$。不過，SPSS 最多加上 2 個 * 號。

報表中也顯示樣本數（**個數**）為 36，此時，自由度為 $N-2=34$。

Pearson 相關係數 r 會介於 −1 到 +1 之間。係數為正時，表示兩個變數呈現正向的共變關係，也就是某變數愈大時，另一個變數也愈大；而某個變數愈小時，另一個變數也愈小。係數為負時，表示兩個變數呈現負向的共變關係，某變數愈大時，另一個變數就愈小；某變數愈小時，另一個變數就愈大。

當係數接近 0，稱為零相關，此時兩個變數可能沒有共變關係。不過，也有可能兩個變數是曲線關係。例如，壓力與表現一般呈現倒 U 型的關係，壓力太小或太大，表現都不好，適度的壓力，會有比較好的表現。如果變數間是曲線關係，就不應使用 Pearson 相關係數 r。要了解兩個變數間是否為線性關係，可以使用散布圖來判斷。

報表 17-4　Correlations

Variable	Variable2	Statistic				
		Correlation	Count	Lower C.I.	Upper C.I.	Notes
MAED	POSSESS	.481	36	.181	.699	
	MAED	1.000	36	--	--	
	SCIENCE	.380	36	.058	.630	
POSSESS	POSSESS	1.000	36	--	--	
	MAED	.481	36	.181	.699	
	SCIENCE	.453	36	.147	.681	
SCIENCE	POSSESS	.453	36	.147	.681	
	MAED	.380	36	.058	.630	
	SCIENCE	1.000	36	--	--	
Missing value handling: PAIRWISE, EXCLUDE.　　C.I. Level: 95.0						

報表 17-4 是三個變數間相關係數的 95%信賴區間，為 Bivariate with Confidence Intervals 分析所得結果，目前尚未中文化。

其中家中資源與科學素養成績的 $r = .453$，信賴區間為 [.147, .681]，與 17.1.4.4 計算結果一致。由於 95%信賴區間不包含 0，因此相關係數 .453，顯示不等於 0。母親受教年數與家中資源也有正相關，$r = .481$，95%信賴區間為 [.181, .699]。

報表 17-5　相關性

		家中資源	科學素養
家中資源	皮爾森 (Pearson) 相關性	1	.453**
	顯著性 （雙尾）		.005
	平方和及交叉乘積	533.556	5635.301
	共變數	15.244	161.009
	個數	36	36
科學素養	皮爾森 (Pearson) 相關性	.453**	1
	顯著性 （雙尾）	.005	
	平方和及交叉乘積	5635.301	289450.181
	共變數	161.009	8270.005
	個數	36	36
**. 相關性在 0.01 層級上顯著（雙尾）。			

報表 17-5 比報表 17-2 多了兩列統計量。第三列包含了兩個變數各自的平方和（分別為 533.556 及 289450.181）及兩變數的交乘積（5635.301）。它們構成的矩陣稱為 SSCP 矩陣，在多變量統計中經常會使用。SSCP 矩陣為：

$$\begin{bmatrix} 533.556 & 5635.301 \\ 5635.301 & 289450.181 \end{bmatrix}$$

將它們代入公式 17-8，可以計算 r 值：

$$r = \frac{CP}{\sqrt{SS_X}\sqrt{SS_Y}} = \frac{5635.301}{\sqrt{533.556}\sqrt{289450.181}} = .453$$

第四列包含了兩個變數各自的變異數（分別為 15.244 及 8270.005）及兩變數的

共變數（161.009）。它們構成的矩陣稱為變異數－共變數矩陣（簡稱共變數矩陣）。
第四列的數值是由第三列數值除以 $n-1$（在此為 35）而得。共變數矩陣為：

$$\begin{bmatrix} 15.244 & 161.009 \\ 161.009 & 8270.005 \end{bmatrix}$$

將它們代入公式 17-6，同樣可以計算 r 值：

$$r = \frac{s_{XY}}{\sqrt{s_X^2}\sqrt{s_Y^2}} = \frac{161.0086}{\sqrt{15.2444}\sqrt{8270.0045}} = 0.453$$

在報表 17-1 中有兩個變數的標準差，它們就是變異數的平方根，因此，代入公式 17-6，同樣可以計算 r 值：

$$r = \frac{s_{XY}}{s_X s_Y} = \frac{161.009}{3.904 \times 90.940} = .453$$

報表 17-6　相關性

		家中資源	母親教育年數	科學素養
家中資源	皮爾森 (Pearson) 相關性	1	.481**	.453**
	顯著性（雙尾）		.003	.005
	個數	36	36	36
母親教育年數	皮爾森 (Pearson) 相關性	.481**	1	.380*
	顯著性（雙尾）	.003		.022
	個數	36	36	36
科學素養	皮爾森 (Pearson) 相關性	.453**	.380*	1
	顯著性（雙尾）	.005	.022	
	個數	36	36	36
**. 相關性在 0.01 層級上顯著（雙尾）。				
*. 相關性在 0.05 層級上顯著（雙尾）。				

報表 17-6 可以簡化為以下的相關矩陣：

$$\begin{bmatrix} 1.000 & & \\ .481^* & 1.000 & \\ .453^* & .380 & 1.000 \end{bmatrix}$$

由於同時檢定 3 個相關係數（$C_2^3 = \dfrac{3 \times 2}{2} = 3$），依理論應使用 Bonferroni 調整（Green & Salkind, 2011），將型一錯誤機率除以 3（$.05 / 3 = .0167$）。此時，母親受教育年數與科學素養的 $r = .380$，$p = .022$，p 值並未小於 $.0167$，因此相關係數 $.380$ 與 0 並無顯著差異。家中資源與母親受教育年數的相關係數 $r = .481$，$p = .003$，家中資源與科學素養分數的相關係數 $r = .453$，$p = .005$，p 值均小於 $.0167$，因此相關係數與 0 有顯著差異。

不過，在實際使用中，研究者通常未進行 Bonferroni 調整。

報表 17-7　相關性

			家中資源	母親教育年數	科學素養
Spearman 的 rho	家中資源	相關係數	1.000	.463**	.289
		顯著性（雙尾）	.	.004	.087
		個數	36	36	36
	母親教育年數	相關係數	.463**	1.000	.277
		顯著性（雙尾）	.004	.	.101
		個數	36	36	36
	科學素養	相關係數	.289	.277	1.000
		顯著性（雙尾）	.087	.101	.
		個數	36	36	36
**. 相關性在 0.01 層級上顯著（雙尾）。					

如果將三個變數視為次序變數，則計算所得的相關係數稱為 Spearman 等級相關 ρ。報表 17-7 顯示：家中資源與母親受教育年數的等級相關 $\rho = .463$，$p = .004$，小於 $.0167$，因此應拒絕虛無假設，表示 $.463$ 顯著不等於 0。

在本範例中，三個變數都是量的變數，因此分析結果以 Pearson 的 r 為準。

17.5　計算效果量

Pearson 的 r 或是 Spearman 的 ρ 本身就是效果量，依據 Cohen（1988）的經驗法則，r 值之小、中、大的效果量分別是 $\pm.10$、$\pm.30$，及 $\pm.50$。本範例中的相關係數介於 0.380–0.481，均為中度的效果量。

當以家中資源為預測變數（predictor），科學素養為效標變數（criterion）時，其 $r^2 = (0.453)^2 = 0.205$，表示科學素養的變異量，可以被家中資源解釋的比例為 20.5%。圖 17-20 中，科學素養中灰色部分占全體面積的百分比為 20.5%。

圖 17-20　家中資源對科學素養的解釋量

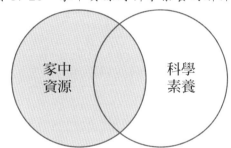

17.6　以 APA 格式撰寫結果

計算 36 名受試者的家中資源與科學素養成績，兩個變數的 Pearson 相關係數 $r(34) = .453$，95%信賴區間為 [.147, .681]，$p = .005$，為中度的效果量，兩者有顯著的正相關。母親受教年數與家中資源也有正相關，$r(34) = .481$，95%信賴區間為 [.181, .699]，$p = .003$。

17.7　Pearson 積差相關的假定

17.7.1　觀察體要能代表母群體，且彼此間獨立

觀察體獨立代表各個樣本不會相互影響，假使觀察體間不獨立，計算所得的 p 值就不準確。如果有證據支持違反了這項假定，就不應使用 Pearson 積差相關。

17.7.2 雙變數常態性

此項假定有兩個意涵:一是兩個變數在各自的母群中須為常態分配;二是在某個變數的任何一個數值中,另一個變數也要呈常態分配。如果違反此項假定,在 SPSS 中可以改用 Spearman 等級相關。

如果兩個變數間符合雙變數常態分配,則它們之間也會是線性關係 (Green & Salkind, 2014)。當兩個變數是直線關係時,才適合使用 Pearson 積差相關,如果是曲線關係,則不應使用 Pearson 積差相關。

如果樣本數增加到 30 或 40 以上,則雙變數常態分配的假設就變得比較不重要 (Cohen, 2007)。

17.7.3 沒有離異值

離異值 (outlier) 是與其他觀察體有明顯不同的觀察體。在計算相關係數時,如果出現離異值,就有可能影響相關的方向及強度。在圖 17-21 中,沒有離異值出現,此時相關係數 $r = .805$。如果將圖 17-21 右上角的觀察值改變到右下角成為離異值 (如圖 17-22),此時相關係數便改變為 .563。如果再將左下角的觀察值移到左上角 (如圖 17-23),則此時 r 為 .157,已經不顯著了。

使用散布圖可以快速檢視是否有離異值,如果有離異值出現,最好詳細檢查資料是否有誤,以免影響分析的正確性。即使資料登錄無誤,最好也要說明如何處理離異值。

圖 17-21　沒有離異值的散布圖

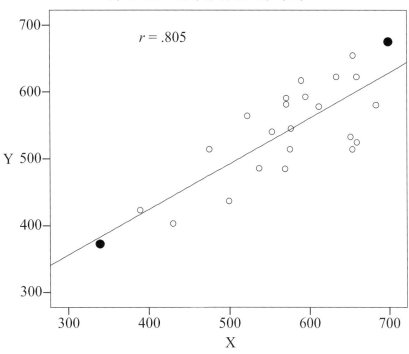

圖 17-22　有一個離異值的散布圖

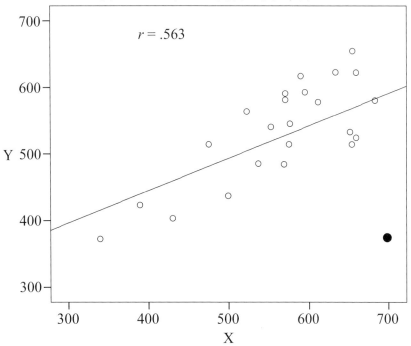

圖 17-23　有兩個離異值的散布圖

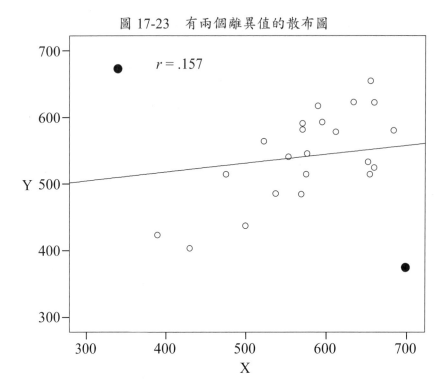

18 偏相關

偏相關（partial correlation）又稱為**淨相關**，旨在分析兩個量的變數，在控制（排除）其他量的變數之影響後的相關，適用的情境如下：

自變數與**依變數**：均為**量的變數**，多數情形下並無自變數與依變數的分別，為互依變數。

控制變數或共變量：一個或一個以上量的變數。

18.1 基本統計概念

18.1.1 目的

偏相關是一種統計控制的技術，目的在於將一個**額外變數**（extraneous）保持恆定，而分析另外兩個變數的相關。以下兩種情形，都可以使用偏相關。

兩個變數間有相關時，不代表它們之間有因果關係，有可能是某個共同的原因變數影響，使得它們有關聯。在圖 18-1 中，變數 A 與變數 B 有關聯，而它們是由共同原因變數 C 所影響，如果排除了變數 C 的影響，而變數 A 與變數 B 的相關係數變為 0，此稱為**虛假相關**（spurious relationship）（Green & Salkind, 2014）。

圖 18-1　C 為 A、B 的共同原因

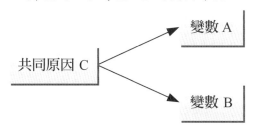

圖 18-2 中，變數 A 透過中介變數 M 影響變數 B，如果控制了變數 M 之後，變數 A 與變數 B 的相關程度降低或變為 0，則變數 M 就具有**中介效果**（Green & Salkind, 2014），變數 A 對變數 B 就是間接的影響效果。

圖 18-2　M 為 A、B 的中介變數

| 變數 A | → | 中介變數 M | → | 變數 B |

18.1.2　分析示例

以下的研究問題，都可以使用偏相關：

1.　控制了年齡之後，憂鬱分數與空腹血糖值的關聯。

2.　控制了教育期望之後，母親受教年數與子女學業成績的關係。

3.　控制了居民人數後，寺廟數與重大犯罪案件的關係。

18.1.3　統計概念

第 17 章分析了家中資源（物品）與學生科學素養的關聯，發現兩者的 Pearson 積差相關 $r = .453$，達 0.05 顯著水準（報表 17-2 與報表 18-1）。在報表 17-6 中也顯示，母親受教年數與這兩個變數的相關分別為 .481 及 .380（如圖 18-3 所示）。由於母親受教年數較多，收入通常也較高，所以家中資源會較多；而母親教育程度高，也比較有能力教育孩子，所以孩子的科學素養也較高。因此，母親受教年數很可能是兩個變數的共同原因。如果排除了母親受教年數的影響之後，再分析家中資源與孩子的科學素養的關聯，就是兩者的偏相關。

如果只將家中資源的變異排除母親受教年數的影響，但是科學素養維持完整的變異，此時因為只排除一半（部分）的變異，所以稱為**半淨相關**（semi-partial correlation）或**部分相關**（part correlation）。

另一方面，母親受教年數不會對子女的科學素養有直接影響，而會透過教育期望、教養態度，或提供的各項資源產生間接效果。所以，家中資源也可能是母親受教年數與子女科學素養的中介變數（母親受教年數→家中資源→科學素養）。這兩種模型似乎都正確，也都可以使用偏相關分析，至於何者較合理，則最好能夠參考相關理論及研究，再決定是否使用偏相關分析。

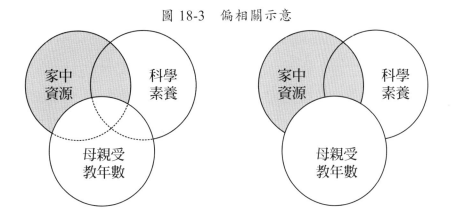

圖 18-3　偏相關示意

　　偏相關的概念與迴歸分析有密切的關係（迴歸分析請見本書第 20、21 章）。在圖 18-3，先以母親受教年數對家中資源進行簡單迴歸分析，在家中資源的變異中，如果可以被母親受教年數解釋的部分就加以排除，留下無法被解釋的部分（稱為殘差，residual）。接著再以母親受教年數對子女科學素養進行簡單迴歸分析，同樣留下殘差部分。最後，求兩個殘差的簡單相關，這就是控制母親受教年數後，家中資源與科學素養的偏相關。有些軟體並無偏相關的分析程序，可以透過前述的分析步驟，間接求得偏相關，只是顯著性檢定要另外自行計算。

18.1.4　統計公式

　　報表 18-1 為三個變數兩兩之間的 Pearson 相關係數。要計算排除母親受教年數（X_3）影響後，家中資源（X_1）與科學素養（X_2）的偏相關，公式為：

$$r_{12\cdot3} = \frac{r_{12} - r_{13}r_{23}}{\sqrt{1-r_{13}^2}\sqrt{1-r_{23}^2}} \tag{18-1}$$

將報表 18-1 的數值代入之後，得到：

$$r_{12\cdot3} = \frac{0.453 - (0.481)(0.380)}{\sqrt{1-0.481^2}\sqrt{1-0.380^2}} = \frac{0.2708}{0.8111} = 0.334$$

計算結果與報表 18-2 一致。

報表 18-1　相關性

		家中資源	母親教育年數	科學素養
家中資源	皮爾森 (Pearson) 相關性	1	.481	.453
	顯著性（雙尾）		.003	.005
	個數	36	36	36
母親教育年數	皮爾森 (Pearson) 相關性	.481	1	.380
	顯著性（雙尾）	.003		.022
	個數	36	36	36
科學素養	皮爾森 (Pearson) 相關性	.453	.380	1
	顯著性（雙尾）	.005	.022	
	個數	36	36	36

報表 18-2　相關性

控制變數			家中資源	科學素養
母親教育年數	家中資源	相關性	1.000	.334
		顯著性（雙尾）	.	.050
		自由度	0	33
	科學素養	相關性	.334	1.000
		顯著性（雙尾）	.050	.
		自由度	33	0

18.1.5　顯著性檢定

偏相關同樣也使用 t 考驗，不過自由度改為 $n - 3$，公式為：

$$t = \frac{r}{\sqrt{\dfrac{1 - r^2}{n - 3}}} \tag{18-2}$$

將表 18-2 中的偏相關係數代入，計算之後得到：

$$t = \frac{0.334}{\sqrt{\dfrac{1-(0.334)^2}{36-3}}} = \frac{0.334}{0.164} = 2.035$$

　　判斷標準同樣有二：一是在自由度為 33 的 t 分配中，$\alpha = 0.05$ 的臨界值為 2.0345（見圖 18-4），計算所得 t 值 2.035 稍大於 2.0345，因此應拒絕虛無假設。二是在自由度為 33 的 t 分配中，$|t|$ 要大於 2.035 的 $p = 0.04994$（見圖 18-5），已經小於 0.05，因此應拒絕虛無假設。總之，排除母親受教年數的影響後，家中資源與科學素養的偏相關 $r_p = 2.035$，$p < 0.05$，兩者仍有顯著正相關。

圖 18-4　自由度為 33，$\alpha = 0.05$ 的雙尾臨界值為 ±2.0345

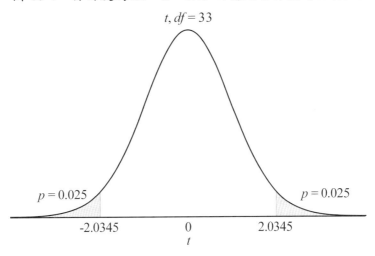

圖 18-5　自由度為 33，$|t| \geq 2.035$ 的 $p = 0.04994$

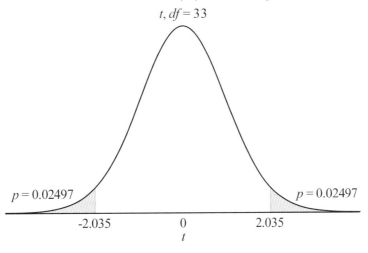

18.1.6 偏相關係數之信賴區間估計

偏相關的信賴區間估計與 Pearson r 的步驟類似，只是標準誤的計算稍有不同，分別說明如下。

首先，將樣本偏相關係數 r 化為 z'，公式為：

$$z' = \frac{1}{2}\ln\left(\frac{1+r}{1-r}\right) \tag{18-3}$$

以報表 18-2 中的 $r = 0.334$ 為例，轉換後的 Fisher z' 為：

$$z' = \frac{1}{2}\ln\left(\frac{1+0.334}{1-0.334}\right) = 0.347$$

其次，計算 z' 的信賴區間。z' 服從 Z 分配，標準誤如下，其中 k 是控制的變項數目，此範例中為 1：

$$\frac{1}{\sqrt{n-3-k}} = \frac{1}{\sqrt{36-3-1}} = 0.177$$

當 $\alpha = 0.05$ 時，雙尾臨界值等於 ± 1.960。因此 z' 的 95% 信賴區間為：

$$下界 = 0.347 - 1.960 \times 0.177 = 0.000776$$
$$上界 = 0.347 + 1.960 \times 0.177 = 0.693728$$

最後，將 z' 的上下界再轉換為 r 值，公式為：

$$r = \frac{e^{(2z')}-1}{e^{(2z')}+1} \tag{18-4}$$

代入公式後分別得到：

$$下界 = r = \frac{e^{(2\times 0.000776)}-1}{e^{(2\times 0.000776)}+1} = 0.000776$$

$$上界 = r = \frac{e^{(2\times 0.693728)}-1}{e^{(2\times 0.693728)}+1} = 0.600371$$

SPSS 本身並未提供偏相關的信賴區間估計，如有需要，可以自行撰寫語法計算，或是使用 SPSS 的 Bootstrap（譯為拔靴法或自助法）進行。

18.2　範例

　　研究者想要了解，當母親的受教年數保持恆定時，高中生家中的資源與科學素養是否有關聯，因此測得 36 名學生的家中資源與科學素養如表 18-1 之數據。請問：排除了母親受教年數的影響之後，家中的資源與科學素養兩兩之間是否有關聯？

表 18-1　36 名受試者的科學素養

學生	家中資源	母親受教年數	科學素養	學生	家中資源	母親受教年數	科學素養
1	14	16	668.35	19	16	14	434.30
2	14	12	544.14	20	2	9	250.60
3	15	16	652.50	21	7	6	314.10
4	17	12	508.24	22	7	6	378.35
5	13	14	499.57	23	11	12	478.87
6	17	16	554.40	24	14	12	563.91
7	11	12	542.28	25	15	14	652.22
8	13	14	463.48	26	13	14	580.70
9	14	12	487.26	27	17	14	414.71
10	12	12	523.82	28	8	6	503.95
11	16	9	507.96	29	12	14	503.30
12	9	9	471.60	30	14	12	469.54
13	6	14	479.06	31	13	16	657.91
14	14	14	554.59	32	16	9	652.22
15	8	9	632.08	33	10	9	520.74
16	9	6	548.81	34	12	12	531.28
17	3	14	475.14	35	16	12	490.25
18	11	9	577.90	36	17	14	530.34

18.2.1 變數與資料

表 18-1 中有 4 個變數，但是受試者代號並不需要輸入 SPSS 中，因此分析時使用 3 個變數即可。其中家中資源是家裡是否擁有某些物品，學生針對 17 種物品（如：書桌、自己的房間、網際網路等）回答是或否，最大值為 17，最小值為 0。母親受教年數最小值為 6（國小），最大值為 16（大學）。科學素養則是在 PISA 測驗的得分。

18.2.2 研究問題

在本範例中，研究者想要了解的問題可以陳述如下：

控制母親受教年數後，家中資源與科學素養是否有關聯？

18.2.3 統計假設

根據研究問題，虛無假設宣稱「控制母親受教年數後，家中資源與科學素養沒有關聯」：

$$H_0 : \rho_{(家中資源 \bullet 科學素養) \bullet 母親受教年數} = 0$$

而對立假設則宣稱「控制母親受教年數後，家中資源與科學素養仍有關聯」：

$$H_1 : \rho_{(家中資源 \bullet 科學素養) \bullet 母親受教年數} \neq 0$$

18.3 使用 SPSS 進行分析

1. 完整的 SPSS 資料檔，如圖 18-6。

圖 18-6　偏相關分析資料檔

	POSSESS	MAED	SCIENCE	變數	變數	變數	變數	變數
1	14	16	668.35					
2	14	12	544.14					
3	15	16	652.50					
4	17	12	508.24					
5	13	14	499.57					
6	17	16	554.40					
7	11	12	542.28					
8	13	14	463.48					
9	14	12	487.26					
10	12	12	523.82					
11	16	9	507.96					
12	9	9	471.60					
13	6	14	479.06					
14	14	14	554.59					
15	8	9	632.08					
16	9	6	548.81					
17	3	14	475.14					
18	11	9	577.90					
19	16	14	434.30					
20	2	9	250.60					
21	7	6	314.10					
22	7	6	378.35					
23	11	12	478.87					
24	14	12	563.91					
25	15	14	652.22					
26	13	14	580.70					
27	17	14	414.71					
28	8	6	503.95					
29	12	14	503.30					
30	14	12	469.54					
31	13	16	657.91					
32	16	9	652.22					
33	10	9	520.74					
34	12	12	531.28					
35	16	12	490.25					
36	17	14	530.34					

資料視圖　變數視圖

2. 在【分析】選單中的【相關】選擇【偏相關】（圖 18-7）。

圖 18-7　偏相關選單

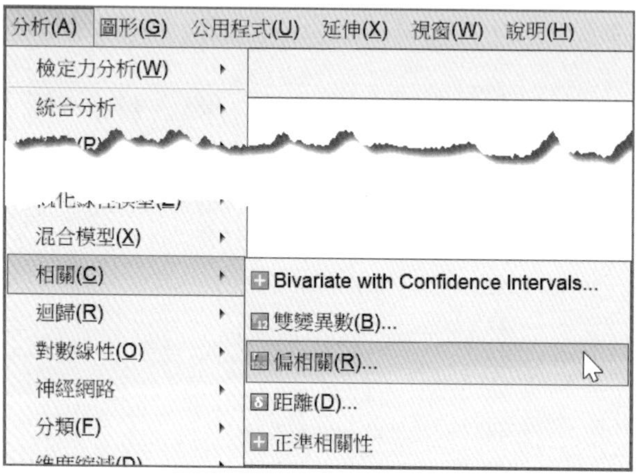

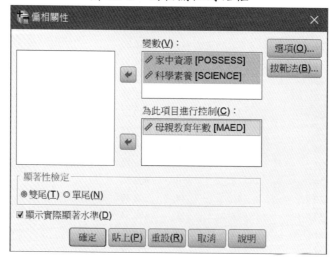

3. 分別選擇家中資源[POSSESS]及科學素養[SCIENCE]變數，將它們移到右上角的【變數】框中，並將母親教育年數[MAED]移到右下角【為此項目進行控制】框中（舊版譯為【控制的變數】）（圖 18-8）。

圖 18-8　偏相關性對話框

4. 在【選項】下勾選【零階相關性】，並依次點擊【繼續】、【確定】按鈕，進行分析（圖 18-9）。

圖 18-9　偏相關性：選項對話框

18.4　報表解讀

報表 18-3　相關性

控制變數			家中資源	科學素養	母親教育年數
-無-a	家中資源	相關性	1.000	.453	.481
		顯著性（雙尾）	.	.005	.003
		自由度	0	34	34
	科學素養	相關性	.453	1.000	.380
		顯著性（雙尾）	.005	.	.022
		自由度	34	0	34
	母親教育年數	相關性	.481	.380	1.000
		顯著性（雙尾）	.003	.022	.
		自由度	34	34	0
母親教育年數	家中資源	相關性	1.000	.334	
		顯著性（雙尾）	.	.050	
		自由度	0	33	
	科學素養	相關性	.334	1.000	
		顯著性（雙尾）	.050	.	
		自由度	33	0	
a. 單元包含零階皮爾森 (Pearson) 相關。					

報表 18-3 有兩大列，第一大列為變數間的零階相關（也就是第 17 章的 Pearson 相關係數），此時沒有控制任何變數，自由度為 $N - 2 = 34$。第二大列為偏相關，控制變數為母親受教育年數。將母親受教育年數保持恆定之後，家中資源與科學素養的偏相關（一階）$r_p = .334$，$p = .050$（比較精確為 .04993），雖然仍達到 .05 顯著水準，但是關聯程度已經降低了。多數時候，偏相關會比零階相關小（Cohen, 2007）。

18.5　計算效果量

偏相關係數介於 -1 及 $+1$ 之間，係數的絕對值愈大，關聯強度愈高，效果量愈大。不過，偏相關係數的平方不代表某個變數對另一個變數的解釋量。如果要計算解釋量，可以改用部分相關（part correlation，或稱為半偏相關，semi-partial correlation）。

18.6　以 APA 格式撰寫結果

控制了母親的受教年數之後，計算 36 名受試者的家中資源與科學素養成績的偏相關，兩個變數的一階偏相關係數 $r_p(33) = .334$，95% 信賴區間為 [.000, .600]，$p = .05$，仍有顯著的關聯。

18.7　偏相關的假定

18.7.1　觀察體要能代表母群體，且彼此間獨立

觀察體獨立代表各個樣本不會相互影響，假使觀察體間不獨立，計算所得的 p 值就不準確。如果有證據支持違反了這項假定，就不應使用偏相關。

18.7.2　多變量常態性

此項假定有兩個意涵：一是每個變數在各自的母群中須為常態分配；二是某一個變數在其他變數的組合數值中，也要呈常態分配。如果變數間符合多變量常態分配，則它們之間也會是線性關係（Green & Salkind, 2014）。如果樣本數夠大，則違反此項假定就不算太嚴重。

19 典型相關

典型相關（canonical correlation，或譯為正準相關）是 Pearson 積差相關的擴展，它在分析兩群量的變數之線性相關，適用的情境如下：

自變數與**依變數**：均為兩個以上**量的變數**。

19.1 基本統計概念

19.1.1 目的

第 17 章的 Pearson r 在於分析兩個量的變數之相關。如果是一組量的變數與一個量的變數之相關，可使用**多元相關**（multiple correlation）。典型相關則在於分析兩組量的變數間之關聯程度。假設有 3 個 X 變數與 4 個 Y 變數，要計算它們之間的關係，最常使用的統計方法就是典型相關。

在典型相關中，有 6 種係數（或量數）要特別留意，它們分別是：**典型加權係數**（又含未標準化及標準化）、**典型相關係數**、**典型結構係數**、**交叉結構係數**、**平均解釋量**，及**重疊係數**。掌握了以上的係數（或量數），就能了解典型相關的重要概念。

19.1.2 分析示例

以下的研究問題，都可以使用典型相關進行分析：

1. 自我概念（含家庭、學校、外貌、身體、情緒）與學業成就（含國文、數學、英文）之間的關係。

2. 社會結構（含工業化、高等教育人口率、第三產業人口率、就業率）與經濟發展（含 GDP 成長率、人均所得、GINI 係數）之間的關係。

3. 體適能（含心肺耐力、肌力與耐力、柔軟度）與代謝症候群因子（血壓、血糖、三酸甘油脂、高密度脂蛋白膽固醇）之間的關係。

19.1.3 典型加權係數及典型相關係數

典型相關的主要過程，在於將兩組變數乘上各自的**典型加權係數**，以得到線性組合後的**典型變量**（canonical variate，或稱**典型因素、典型變數**），並計算典型變量間的相關。如同迴歸分析一樣，加權係數有未標準化與標準化兩種，前者可以直接由原始分數求得典型變量，後者可以比較變數對典型變量的相對貢獻。

在圖 19-1 中，計算第一組 X 變數加權係數 b 以求得第 1 個典型變量 W_1，

$$W_1 = b_{11}X_1 + b_{12}X_2 + b_{13}X_3$$

並計算第二組 Y 變數加權係數 c 以求得第 1 個典型變量 V_1，

$$V_1 = c_{11}Y_1 + c_{12}Y_2 + c_{13}Y_3 + c_{14}Y_4$$

再計算 W_1 及 V_1 這兩個典型變量間的簡單相關 $r_{W_1V_1}$，它就是 3 個 X 變數與 4 個 Y 變數間的第一對典型相關係數 ρ_1，

$$\rho_1 = r_{W_1V_1}$$

而且，加權係數 b 及 c 要限定在 $r_{W_1V_1}$ 達到最大的條件下求解。

圖 19-1　第一對典型相關

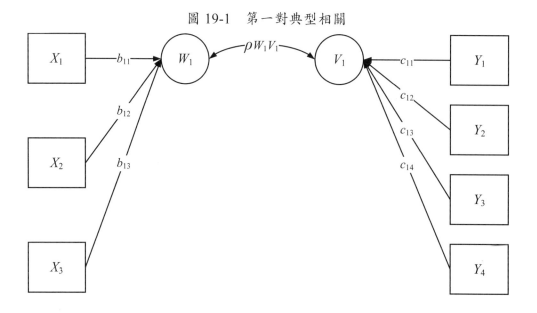

接著，再以同樣的方式計算 W_2 及 V_2（圖 19-2），

$$W_2 = b_{21}X_1 + b_{22}X_2 + b_{23}X_3$$

$$V_2 = c_{21}Y_1 + c_{22}Y_2 + c_{23}Y_3 + c_{24}Y_4$$

此時要限定 $r_{W_1W_2} = 0$、$r_{V_1V_2} = 0$、$r_{W_1V_2} = 0$、$r_{W_2V_1} = 0$，且 $r_{W_2V_2}$ 為最大。

圖 19-2　第二對典型相關

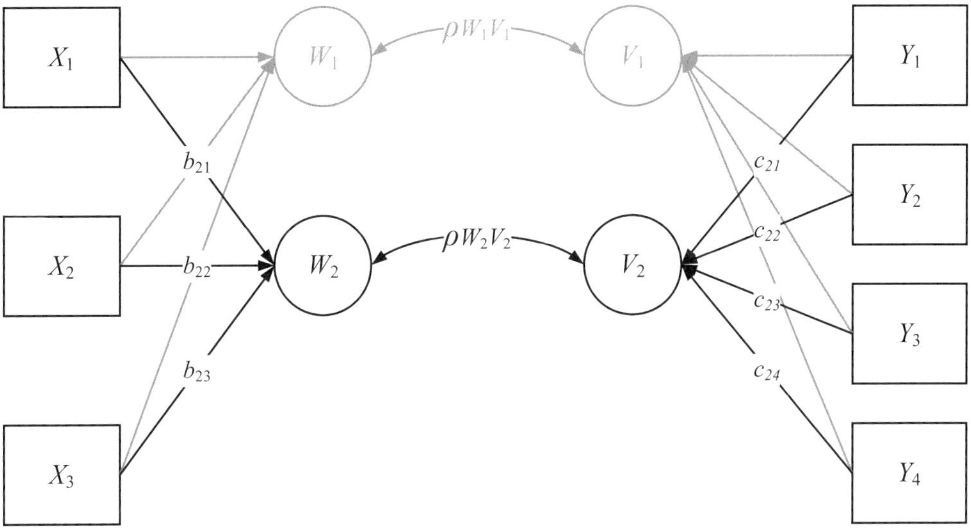

最後，再以同樣的方式計算 W_3 及 V_3（圖 19-3），

$$W_3 = b_{31}X_1 + b_{32}X_2 + b_{33}X_3$$

$$V_3 = c_{31}Y_1 + c_{32}Y_2 + c_{33}Y_3 + c_{34}Y_4$$

此時還要再限定 $r_{W_1W_3} = 0$、$r_{W_2W_3} = 0$、$r_{V_1V_3} = 0$、$r_{V_2V_3} = 0$、$r_{W_3V_1} = 0$、$r_{W_3V_2} = 0$、$r_{W_1V_3} = 0$、$r_{W_2V_3} = 0$，且 $r_{W_3V_3}$ 為最大。

兩組變數間，可以求得的典型相關數目是 X 變數數目與 Y 變數數目中較少者。上述的例子中，有 3 個 X，4 個 Y，因此可以求得 3 個典型相關係數 ρ。將典型相關係數取平方（ρ^2），就是兩個典型變量間互相的解釋量。

圖 19-3　第三對典型相關

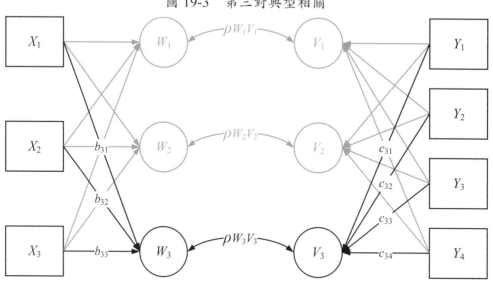

19.1.4　典型負荷量與平均解釋量

變數與本身典型變量間的 Pearson 相關係數稱為**典型負荷量**（canonical loading，又稱為**典型結構係數**，或**典型載荷量**），圖 19-4 在呈現 W_1 變量與 3 個 X 變數的相關，及 V_1 變量與 4 個 Y 變數的相關，它們都是典型負荷量。

將 Pearson 相關係數取平方，是變數間的相互解釋量；而典型負荷量的平均平方和，就是典型變量對變數的平均解釋量（又稱為**適切性係數**，adequacy coefficient）。變量 W_1 對 3 個 X 變數的平均解釋量為：

$$\frac{r_{W_1X_1}^2 + r_{W_1X_2}^2 + r_{W_1X_3}^2}{3}$$

變量 V_1 對 4 個 Y 變數的平均解釋量為：

$$\frac{r_{V_1Y_1}^2 + r_{V_1Y_2}^2 + r_{V_1Y_3}^2 + r_{V_1Y_4}^2}{4}$$

圖 19-4　典型結構係數

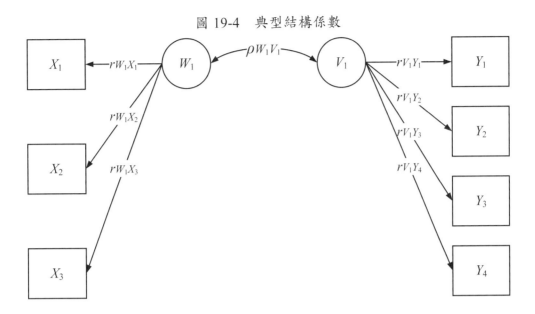

由於圖 19-4 中有 3 個 X 變數與 4 個 Y 變數，因此可以求得 3 對典型變量（W_1 與 V_1、W_2 與 V_2、W_3 與 V_3），其他兩對典型變量對各自變數的平均解釋量，也使用相同的計算方法。

19.1.5　交叉負荷量與重疊係數

變數與另一側典型變量間的 Pearson 相關係數稱為**交叉負荷量**（cross loading，又稱為 index 係數），圖 19-5 在呈現 W_1 變量與 4 個 Y 變數的相關，及 V_1 變量與 3 個 X 變數的相關，它們都是交叉負荷量。圖 19-5 中的交叉負荷量等於圖 19-4 中典型負荷量乘上典型相關係數，例如，

$$r_{W_1Y_1} = \rho_{W_1V_1} \times r_{V_1Y_1}$$

$$r_{V_1X_1} = \rho_{W_1V_1} \times r_{W_1X_1}$$

交叉負荷量的平均平方和，就是另一側典型變量對變數的平均解釋量（稱為**重疊係數**或**重疊量數**，redundancy coefficient）。變量 W_1 對 4 個 Y 變數的重疊係數為：

$$\frac{r_{W_1Y_1}^2 + r_{W_1Y_2}^2 + r_{W_1Y_3}^2 + r_{W_1Y_4}^2}{4}$$

而這也代表了 3 個 X 變數透過第 1 對典型變量對 4 個 Y 變數的平均解釋量。

變量 V_1 對 3 個 X 變數的重疊係數為：

$$\frac{r^2_{V_1 X_1} + r^2_{V_1 X_2} + r^2_{V_1 X_3}}{3}$$

這也代表了 4 個 Y 變數透過第 1 對典型變量對 3 個 X 變數的平均解釋量。

重疊係數也可以經由「平均解釋量」乘上「典型相關係數的平方」求得。由於典型變量對各自變數的平均解釋量不相等，因此重疊係數不是對稱的，也就是 X 變數對 Y 變數的解釋量，不等於 Y 變數對 X 變數的解釋量。

圖 19-5　交叉結構係數

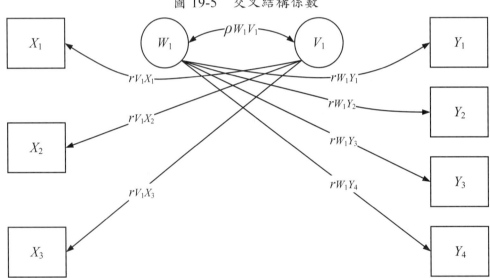

19.1.6　整體檢定與維度縮減檢定

典型相關的顯著性主要有兩種：整體檢定與個別檢定。

整體檢定在於檢定兩組變數（X 變數與 Y 變數）是否有關聯，如果顯著，則繼續進行後續分析；如果不顯著，則停止分析。

個別檢定在針對個別典型相關進行檢定。不過，SPSS 軟體並不是針對每個典型相關係數進行檢定，而是採用維度縮減的方式。前述的例子中，3 個 X 變數與 4 個 Y 變數，最多可以計算 3 個典型相關係數。SPSS 首先檢定第 1 - 3 個典型相關係數是否不為 0，如果拒絕虛無假設，一般就認為第 1 個典型相關係數顯著不等於 0；接著檢定第 2 - 3 個典型相關係數是否不為 0，如果拒絕虛無假設，表示第 2 個典型相關

係數顯著不等於 0；最後再單獨檢定第 3 個典型相關係數是否不為 0，如果拒絕虛無假設，表示第 3 個典型相關係數顯著不等於 0。其中第 1－3 個典型相關的檢定也就是整體檢定，且如果前一步驟的檢定不顯著，就不需要進行後一步驟的檢定。

19.1.7　效果量

典型相關的效果量有三種：

1.　典型相關 ρ 就是兩個典型變項（W 與 V）間的 Pearson 相關，本身就是效果量。

2.　ρ^2 代表兩個典型變量互相解釋變異量的百分比，概念上與 R^2 相同。

3.　重疊量數是平均解釋量乘上 ρ^2，代表 X 變數對 Y 變數的解釋量，或 Y 變數對 X 變數的解釋量，也是效果量。由於 W 對 X，或是 V 對 Y 的平均解釋量不相等，因此 Y 對 X，或 X 對 Y 的解釋量也不相等，所以重疊量數是不對稱的，分析時應多加留意。

依 J. Cohen（1988）的經驗法則，多元迴歸 R^2 的小、中、大效果量分別為 .02、.13、.26。個人建議，典型相關可比照此標準。

19.2　範例

研究者想要了解，大學新生的三種心理變項與四種學業成績是否有關聯，因此測得 40 名學生的資料如表 19-1。請問：心理特質與學業成績是否有關聯？

表 19-1　40 名受試者的科學素養

受試者	控制信念	自我概念	學習動機	閱讀	寫作	數學	科學
1	13	6	4	62.7	51.5	54.4	49.8
2	13	8	4	57.4	56.7	46.9	52.6
3	6	5	2	33.6	33.3	41.0	36.3
4	11	8	2	49.5	52.8	50.6	48.8
5	7	5	3	49.5	56.7	47.7	44.4
6	12	4	2	52.1	54.1	58.1	47.1
7	14	6	2	46.9	59.3	63.0	52.6

（續下頁）

表 19-1　40 名受試者的科學素養（續）

受試者	控制信念	自我概念	學習動機	閱讀	寫作	數學	科學
8	14	9	3	54.8	48.9	52.4	58.0
9	13	6	4	53.2	60.6	61.2	56.9
10	9	6	2	52.1	54.1	55.3	52.6
11	18	9	4	65.4	48.9	66.3	58.0
12	12	6	3	36.8	59.3	40.7	49.8
13	11	8	3	45.3	54.7	44.3	33.6
14	12	6	4	60.1	64.5	55.7	63.4
15	13	6	1	73.3	61.9	73.1	68.8
16	16	6	1	44.2	48.9	48.0	49.8
17	5	6	4	38.9	38.5	42.8	41.7
18	13	8	2	54.3	62.5	56.6	54.7
19	3	6	1	36.3	41.1	43.5	33.6
20	13	8	4	52.1	54.1	54.6	41.7
21	13	6	2	44.7	38.5	45.9	44.4
22	2	4	3	36.3	38.5	36.4	36.3
23	13	7	4	57.4	54.1	59.6	60.7
24	8	4	3	54.8	59.3	68.0	49.3
25	13	4	2	62.7	64.5	58.2	61.8
26	6	6	1	33.6	46.3	38.4	36.3
27	9	3	4	57.4	61.9	55.5	49.8
28	10	6	3	44.2	59.3	45.7	55.3
29	16	6	2	45.8	41.7	43.1	53.6
30	13	8	4	68.0	54.1	63.0	63.4
31	6	6	2	44.2	54.1	41.0	49.8
32	8	4	2	46.9	46.3	45.9	37.9
33	13	6	4	65.4	61.9	60.4	63.4
34	10	1	1	57.4	51.5	40.3	60.7
35	11	6	4	44.2	54.1	51.4	39.0
36	11	6	2	68.0	59.3	71.3	66.1
37	14	8	4	46.9	61.9	53.0	52.6
38	8	5	4	54.8	65.1	66.1	49.8
39	11	5	1	57.4	51.5	40.6	46.6
40	13	6	3	62.7	59.3	48.8	55.3

資料來源：http://www.ats.ucla.edu/stat/spss/dae/canonical.htm

19.2.1　變數與資料

表 19-1 有 8 個變數，但是受試者代號並不需要輸入 SPSS 中，因此分析時使用 7 個變數即可。控制信念為內控型信念，得分愈高愈傾向內控型，得分愈低愈傾向外控型。自我概念分數愈高，代表有愈正向的自我概念。學習動機得分愈多，代表有愈高的學習動機。四種素養得分愈高，代表愈有該領域的知識技能。

19.2.2　研究問題

在本範例中，研究者想要了解的問題可以陳述如下：

「心理特質與學業成績是否有關聯？」

19.2.3　統計假設

根據研究問題，虛無假設宣稱「心理特質與學業成績沒有關聯。」：

$$H_0 : \rho = 0$$

而對立假設則宣稱「心理特質與學業成績有關聯。」：

$$H_1 : \rho \neq 0$$

19.3　使用 SPSS 進行分析

在 SPSS 中有三種方式進行典型相關分析。一是使用正準相關性選單點選分析，此為 Python 的功能，在安裝 SPSS 時須選擇加載 Python。二是使用 "Canonical correlation.sps" 巨集檔。三是使用 MANOVA 語法。MANOVA 的報表未表格化，相對而言也比較不容易解讀，因此，本章只說明前兩種分析方法。報表則只呈現第一種分析結果，第二種分析報表，可以從本章找到相對應的解釋。

1. 完整的 SPSS 資料檔，如圖 19-6。

圖 19-6　典型相關分析資料檔

	Locus	Concept	Motivation	Read	Write	Math	Science	變數	變數	變數	變數	變數
1	13	6	4	62.7	51.5	54.4	49.8					
2	13	8	4	57.4	56.7	46.9	52.6					
3	6	5	2	33.6	33.3	41.0	36.3					
4	11	8	2	49.5	52.8	50.6	48.8					
5	7	5	3	49.5	56.7	47.7	44.4					
6	12	4	2	52.1	54.1	58.1	47.1					
7	14	6	2	46.9	59.3	63.0	52.6					
8	14	9	3	54.8	48.9	52.4	58.0					
9	13	6	4	53.2	60.6	61.2	56.9					
10	9	6	2	52.1	54.1	55.3	52.6					
11	18	9	4	65.4	48.9	66.3	58.0					
12	12	6	2	36.8	59.3	40.7	49.8					
13	11	8	3	45.3	54.7	44.3	33.6					
14	12	6	4	60.1	64.5	55.7	63.4					
15	13	6	1	73.3	61.9	73.1	68.8					
16	16	6	1	44.2	48.9	48.0	49.8					
17	5	6	4	38.9	38.5	42.8	41.7					
18	13	8	2	54.3	62.5	56.6	54.7					
19	3	6	1	36.3	41.1	43.5	33.6					
20	13	8	4	52.1	54.1	54.6	41.7					
21	13	6	2	44.7	38.5	45.9	44.4					
22	2	4	3	36.3	38.5	36.4	36.3					
23	13	7	4	57.4	54.1	59.6	60.7					
24	8	4	3	54.8	59.3	68.0	49.3					
25	13	4	2	62.7	64.5	58.2	61.8					
26	6	6	1	33.6	46.3	38.4	36.3					
27	9	3	4	57.4	61.9	55.5	49.8					
28	10	6	3	44.2	59.3	45.7	55.3					
29	16	6	2	45.8	41.7	43.1	53.6					
30	13	8	4	68.0	54.1	63.0	63.4					
31	6	6	2	44.2	54.1	41.0	49.8					
32	8	4	2	46.9	46.3	45.9	37.9					
33	13	6	4	65.4	61.9	60.4	63.4					
34	10	1	1	57.4	51.5	40.3	60.7					
35	11	6	4	44.2	54.1	51.4	39.0					
36	11	6	2	68.0	59.3	71.3	66.1					
37	14	8	4	46.9	61.9	53.0	52.6					
38	8	5	4	54.8	65.1	66.1	49.8					
39	11	5	1	57.4	51.5	40.6	46.6					
40	13	6	3	62.7	59.3	48.8	55.3					

2. 目前 SPSS 沒有直接分析典型相關的選單，不過，它可透過 Python 及 R 進行相同的分析。分析時，在【分析】中選擇【相關】下之【正準相關性】（也就是典型相關）（圖 19-7）。

圖 19-7　正準相關性選單

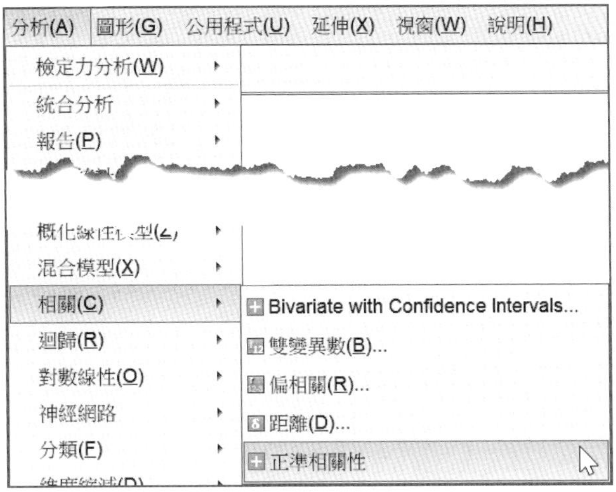

3. 接著，將兩組變數分別點選到【第 1 組】及【第 2 組】框中。如果有自變數與依變數的分別，則【第 1 組】建議為自變數，【第 2 組】則為依變數。不過，只要有清楚的統計概念，組別順序並不影響結果的解釋（圖 19-8）。

圖 19-8　正準相關性對話框

4. 在【選項】下可以再勾選【成對相關性】，完成後依序點擊【繼續】及【確定】按鈕，進行分析（圖 19-9）。（注：【載入】應譯為【載荷量】或【負荷量】。）

圖 19-9 選項對話框

5. SPSS 也內附了典型相關的巨集檔，不過，需要撰寫語法才能進行分析。分析前，先在【檔案】選單中的【開啟新檔】選擇【語法】。接著，撰寫圖 19-10 的語法檔，以下簡要說明之。

(1) INCLUDE 指令在叫出 "Canonical correlation.sps" 巨集檔，27 版的資料夾位置在 "C:\Program Files\IBM\SPSS\Statistics\27\Samples\English\"，28 的位置在 "C:\Program Files\IBM\SPSS Statistics\Samples\English\"。

(2) CANCORR 指令是執行巨集檔，SET1 是第一組變數，SET2 為第二組變數。此巨集檔不只存在於 "English" 資料夾，在 "Traditional Chinese" 或其他語言的資料夾也都有。

圖 19-10 典型相關分析語法檔

6. 選取全部的語法，點擊 ▶ 按鈕，執行選取範圍的語法（見圖 19-11）。

圖 19-11 執行選取範圍語法

19.4 報表解讀

以下的報表是使用 Python 分析所得。由於 SPSS 中文版翻譯有些與常用統計學名詞不同也不精準，因此筆者稍微修改了部分名詞，讀者在實際分析時應多加留意。

報表 19-1 相關性 [a]

		控制信念	自我概念	動機	閱讀	寫作	數學	科學
控制信念	皮爾森相關	1	.447	.178	.536	.359	.438	.589
	顯著性（雙尾）		.004	.272	<.001	.023	.005	<.001
自我概念	皮爾森相關	.447	1	.322	.088	.038	.177	.100
	顯著性（雙尾）	.004		.043	.589	.818	.274	.541
動機	皮爾森相關	.178	.322	1	.223	.290	.278	.130
	顯著性（雙尾）	.272	.043		.167	.069	.083	.425

（續下頁）

報表 19-1　相關性 [a]（續）

		控制信念	自我概念	動機	閱讀	寫作	數學	科學
閱讀	皮爾森相關	.536	.088	.223	1	.579	.733	.798
	顯著性（雙尾）	<.001	.589	.167		<.001	<.001	<.001
寫作	皮爾森相關	.359	.038	.290	.579	1	.594	.590
	顯著性（雙尾）	.023	.818	.069	<.001		<.001	<.001
數學	皮爾森相關	.438	.177	.278	.733	.594	1	.631
	顯著性（雙尾）	.005	.274	.083	<.001	<.001		<.001
科學	皮爾森相關	.589	.100	.130	.798	.590	.631	1
	顯著性（雙尾）	<.001	.541	.425	<.001	<.001	<.001	
a. 成對　N=40								

報表 19-1 在計算兩組變數間的三種相關係數矩陣，包含第 1 組變數間的相關矩陣、第 2 組變數間的相關矩陣、第 1 組變數與第 2 組變數的相關矩陣。

淺色網底是第一組變數間的 Pearson 相關矩陣，都在 .50 以下，屬於中低度的相關。可能原因有二：一是這三個心理變數的相關原本就不高，二是心理特質的測量信效度較低，以至於相關係數較低。

深色網底是第二組變數之間的 Pearson 相關矩陣，都在 .50 以上，有高度的相關。

白色部分是第一組變數與第二組變數之間的 Pearson 相關矩陣。由右上角的橫列來看，控制信念與四科成績的相關程度最高，其次為學習動機，自我概念與四科成績的相關最低。

報表 19-2　正準相關

	相關	特徵值	Wilks 統計量	F	分子 D.F	分母 D.F.	顯著性
1	.641	.697	.515	2.083	12.000	87.601	.026
2	.310	.106	.873	.795	6.000	68.000	.577
3	.184	.035	.966	.	.	.	.
H0 for Wilks 檢定是現行及隨後列中的相關為零							

報表 19-2 共有八欄，以下分別說明之。第 1 欄有 1–3 共 3 個數字，由於兩組變數各有 3 及 4 個變數，因此最多可以求得 3 個典型相關係數。第 1 個檢定的虛無假設是「第 1 到第 3 個典型相關係數為 0」，第 2 個檢定的虛無假設是「第 2 到第 3 個典型相關係數為 0」，第 3 個檢定的虛無假設則是「第 3 個典型相關係數為 0」。

　　第 2 欄是典型相關係數，代表第 1 組典型變量與第 2 組典型變量之間的 Pearson 相關，分別為 .641、.310，及 .184。相關係數的平方就是典型變量 W 與 V 相互的解釋變異量，分別為 .411、.096，及 .034。

　　第 3 欄的特徵值，由 $\rho^2 / (1-\rho^2)$ 計算而得，例如，$.641^2 / (1 - .641^2) = .697$。由特徵值可以計算 3 對典型相關的解釋百分比，第 1 對典型相關所占百分比為 .697 / (.697 + .106 + .035) = .832 = 83.2%。

　　第 4 – 8 欄是 3 次檢定結果，第 1 個 Wilks' Λ 值為 .515，轉換為 $F(12, 87.6) = 2.083$，$p = .026$，因此 1 – 3 個典型相關係數是否不為 0（這同時也是整體檢定，表示兩組變數間有顯著的關聯）。1 – Λ 可以代表效果量，1 – .515 = .485。第 2 個 Λ 值為 .873，在於檢定第 2 – 3 個典型相關係數是否不為 0，檢定結果 $p = .577$，不能拒絕虛無假設，因此第 2 個典型相關係數與 0 沒有顯著差異。第 3 個 Λ 值為 .966，在於檢定第 3 個典型相關係數是否不為 0，不列出轉換後 F 值。

　　總之，檢定後只有第 1 個典型相關係數顯著不等於 0，因此後續的報表只要著重第一對典型變量的解釋即可。圖示如圖 19-12。

圖 19-12　第一對典型相關

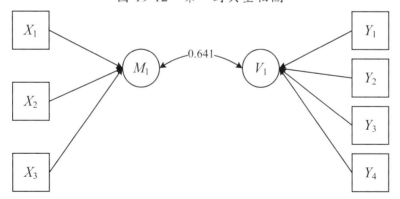

報表 19-3　第 1 組標準化正準相關係數

變數	1	2	3
Locus	-1.064	.308	.155
Concept	.402	.164	-1.079
Motivation	-.243	-1.027	.068

報表 19-3 是第 1 組變數對典型變量 W 的標準化加權係數。由第 2 欄（第 1 個典型變量 W_1）的係數來看，控制信念係數的絕對值最大，其次為自我概念（但是正負與其他兩個變數相反）。要計算每個受試者的標準化 W_1 分數，可以使用以下公式：

$$Z_{W_1} = (-1.064) \times Z_{控制信念} + (0.402) \times Z_{自我概念} + (-0.243) \times Z_{學習動機}$$

由於報表 19-4 中第 2 組變數對其第 1 個典型變量 W_1 的加權係數都是負數，因此報表 19-3 與報表 19-4 可以同時改變正負號，並不會影響分析的結果。事實上，如果使用 SPSS 傳統之 MANOVA 程序所做的分析，前 2 個典型變量的加權係數就與本報表正負號相反。MANOVA 分析簡要語法為 "MANOVA Locus Concept Motivation WITH Read Write Math Science."。

報表 19-4　第 2 組標準化正準相關係數

變數	1	2	3
Read	-.375	-.380	.870
Write	-.109	-.887	.689
Math	-.004	-.396	-1.489
Science	-.599	1.284	-.202

報表 19-4 是第 2 組變數對典型變量 V 的標準化加權係數。由第 2 欄（第 1 個典型變量 V_1）的係數來看，科學成績係數的絕對值最大，其次為語文成績。要計算每個受試者的標準化 V_1 分數，可以使用以下公式：

$$Z_{V_1} = (-0.375) \times Z_{閱讀} + (-0.109) \times Z_{寫作} + (-0.004) \times Z_{數學} + (-0.599) \times Z_{科學}$$

由於係數都是負數，所以得到的 V_1 分數與四科的成績呈負相關（由報表 19-8 可看出）。因為另一組變數的加權係數也都是負數居多，所以可以同時改變所有的正負號，不會影響分析的結果。上述兩個報表可以圖示如圖 19-13。

值得留意的是，自我概念的加權係數與典型結構係數正負相反，因此它是**抑制變數**（suppressor variable）。

圖 19-13　標準化加權係數

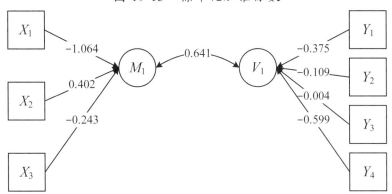

報表 19-5　第 1 組非標準化正準相關係數

變數	1	2	3
Locus	-.302	.087	.044
Concept	.245	.100	-.658
Motivation	-.220	-.930	.061

報表 19-5 是第 1 組變數對典型變量 W 的未標準化加權係數，要計算每個受試者的未標準化 W_1 分數，可以使用以下公式：

$$W_1 = (-0.302) \times 控制信念 + 0.245 \times 自我概念 + (-0.220) \times 學習動機$$

由於測量的單位不同，因此無法由未標準化係數看出變數對典型變量的重要性，而應以標準化係數為準。

報表 19-6　第 2 組非標準化正準相關係數

變數	1	2	3
Read	-.037	-.038	.086
Write	-.013	-.109	.085
Math	.000	-.041	-.154
Science	-.064	.138	-.022

報表 19-6 是第 2 組變數對典型變量 V 的未標準化加權係數，要計算每個受試者的未標準化 V_1 分數，可以使用以下公式：

$$V_1 = (-0.037) \times 閱讀 + (-0.013) \times 寫作 + (-0.0004) \times 數學 + (-0.064) \times 科學$$

上述兩個報表可以圖示如圖 19-14。由於測量的單位不同，因此無法由未標準化係數看出變數對典型變量的重要性，而應以標準化係數為準。

圖 19-14　原始加權係數

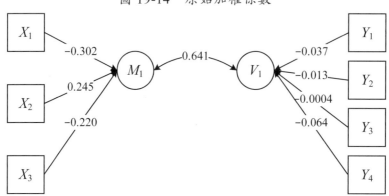

報表 19-7　第 1 組正準負荷量

變數	1	2	3
Locus	-.928	.199	-.315
Concept	-.152	-.029	-.988
Motivation	-.303	-.919	-.252

報表 19-7 是第 1 組典型變量 W 對第 1 組變數的典型負荷量（相關係數），把每一欄係數加以平方再求平均數，就可以得到報表 19-11 中第 2 欄「第 1 組被自己」的平均解釋量。由係數來看，第一個典型變量 W_1 與控制信念的相關為 .928，與學習動機的相關為 .303（可以全部改為正數），因此可命名為「內在動機」。

報表 19-8　第 2 組正準負荷量

變數	1	2	3
Read	-.919	-.159	.016
Write	-.682	-.584	.188
Math	-.721	-.391	-.570
Science	-.965	.208	-.041

　　報表 19-8 是第 2 組典型變量 V 對第 2 組變數的典型負荷量（相關係數），同樣地，把每一欄係數加以平方再求平均數，就可以得到報表 19-11 第 4 欄「第 2 組被自己」的平均解釋量。由係數來看，第一個典型變量 V_1 與四科成績都有超過 $-.680$ 的相關（可以全部改為正數），因此可命名為「學業成就」。

　　上述兩個報表可以圖示如圖 19-15。

圖 19-15　典型負荷量

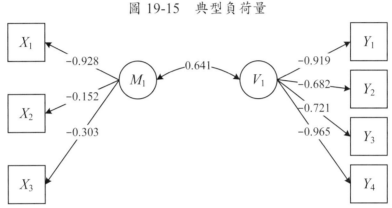

報表 19-9　第 1 組交叉負荷量

變數	1	2	3
Locus	-.595	.062	-.058
Concept	-.097	-.009	-.182
Motivation	-.194	-.285	-.046

　　報表 19-9 是第 2 組典型變量 V 對第 1 組變數的交叉負荷量（也等於相關係數），每一欄的係數平方和之平均數就是報表 19-11 中第 3 欄的「第 1 組被第 2 組」平均解釋量（也就是重疊係數）。交叉負荷量可由報表 19-7 典型負荷量（結構係數）乘以報表 19-2 的典型相關係數而得，例如：

$$-0.928 \times 0.641 = -0.595$$

報表 19-10　第 2 組交叉負荷量

變數	1	2	3
Read	-.589	-.049	.003
Write	-.437	-.181	.035
Math	-.462	-.121	-.105
Science	-.618	.065	-.007

　　報表 19-10 是第 1 組典型變量 W 對第 2 組變數的交叉負荷量，每一欄的係數平方和之平均數就是報表 19-11 中第 5 欄的「第 2 組被第 1 組」平均解釋量（重疊係數）。

　　上述兩個報表可以圖示如圖 19-16。

圖 19-16　交叉負荷量

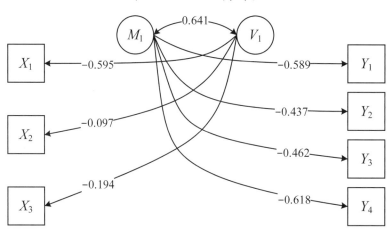

報表 19-11　已解釋變異的比例

正準變數	第 1 組被自己	第 1 組被第 2 組	第 2 組被自己	第 2 組被第 1 組
1	.325	.134	.691	.284
2	.295	.028	.141	.014
3	.380	.013	.090	.003

　　報表 19-11 包含平均解釋量及重疊係數。第 2 欄是第 1 組變數被第 1 組典型變量（自己）W 解釋的變異量，其中 W_1 可以解釋三個心理特質 32.5% 的變異量，它是報

表 19-7 第 2 欄的平均平方和，

$$\frac{(-0.928)^2 + (-0.152)^2 + (-0.303)^2}{3} = 0.325$$

此處的平均解釋量並不一定由小到大排列，第 3 個典型變量對本身變數的平均解釋量 .380 就大於前 2 個典型變量。

第 3 欄是第 1 組變數被第 2 組（對方）典型變量 V 解釋的變異量，其中 V_1 可以解釋三個心理特質 13.4%的變異量。它有兩種計算方法，一是將報表 19-9 的交叉負荷量求平均平方和：

$$\frac{(-0.595)^2 + (-0.097)^2 + (-0.194)^2}{3} = 0.134$$

二是將本報表第 2 欄的平均解釋量乘以報表 19-2 的典型相關平方：

$$0.325 \times 0.641^2 = 0.134 = 13.4\%$$

因此，第 2 組變數透過第 1 對典型變量，可以解釋第 1 組變數 13.4%的變異量。

第 4 欄是第 2 組變數被第 2 組典型變量（自己）V 解釋的變異量，其中 V_1 可以解釋四科成績 69.1%的變異量，它是報表 19-8 第 2 欄的平均平方和，

$$\frac{(-0.919)^2 + (-0.682)^2 + (-0.721)^2 + (-0.965)^2}{4} = 0.691$$

第 5 欄是第 2 組變數被第 1 組典型變量（對方）W 解釋的變異量，其中 W_1 可以解釋四科成績 28.4%的變異量，計算方法與第 3 欄類似，不再重述。

總之，第 1 組變數透過第 1 對典型變量，可以解釋第 2 組變數 28.4%的變異量。

要再度提醒讀者：第 1 組變數透過 1 對典型變量可以解釋第 2 組變數 28.4%的變異量；而第 2 組變數透過 1 對典型變量可以解釋第 1 組變數 13.4%的變異量。兩者並不相等。

19.5　計算效果量

　　由報表 19-2 可找出，第 1 對典型相關（W_1 與 V_1）為 .641，互相解釋量為 .411。由報表 19-11 第 5 欄可找出，三個心理變數透過第 1 對典型變量，可以平均解釋四個學業成績 28.4% 的變異量。

　　依 J. Cohen（1988）的經驗法則，R^2 的小、中、大效果量分別為 .02、.13、.26，本範例為大的效果量。

19.6　以 APA 格式撰寫結果

　　以 40 名大學新生所做的研究，心理特質與學業成績有顯著相關，Wilks' Λ = .515，p = .026，其中第一個典型相關 ρ = .641，ρ^2 = .411。心理特質透過第一對典型變量可以解釋學業成績 28.4% 的變異量。

19.7　典型相關的假定

19.7.1　變數間須為線性關係

　　典型相關與 Pearson 積差相關相同，都適用於線性的關係，如果變數為非線性關係，就不適用一般的典型相關分析。

19.7.2　低的多元共線性

　　同一組變數的相關不可太高，如果相關太高就會有多元共變性（multicollinearity），典型加權及負荷量係數就會不穩定。

19.7.3　多變量常態分配

　　此項假定有兩個意涵：一是每個變數在各自的母群中須為常態分配；二是某一個變數在其他變數的組合數值中，也要呈常態分配。如果變數間符合多變量常態分配，則它們之間也會是線性關係（Green & Salkind, 2014）。如果樣本數夠大，則違反此項假定就不算太嚴重。

19.8　以 PLS-SEM 進行典型相關分析

　　隨著統計技術及軟體發展，目前使用典型相關分析已可改用第二代統計方法的結構方程模型替代。其中偏最小平方結構方程模型（PLS-SEM）可以使用反映性指標（模式 B）進行分析，結果會與典型相關分析一致。

　　以下是使用 SmartPLS 3.3.5 版所做的分析，其中圖 19-17 是外部權重，係數與圖 19-13，只是正負相反。圖 19-18 是外部負荷量，係數也與圖 19-15 一致。W 對 V 的解釋量為 0.411，與報表 19-2 一致。

　　有關 PLS-SEM 統計方法，可參考陳正昌與林曉芳（2020）的著作。

圖 19-17　SmartPLS 之外部權重及內部路徑係數

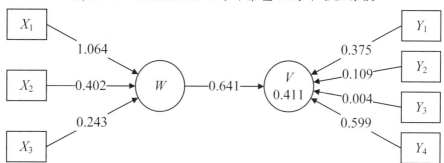

圖 19-18　SmartPLS 之外部負荷量及內部路徑係數

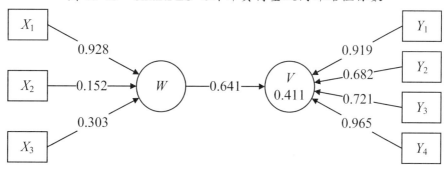

20 簡單迴歸分析

簡單迴歸分析（regression analysis）旨在使用一個量的變數預測另一個量的變數，適用的情境如下：

預測變數（自變數）：一個量的變數，如果為質的變數，應轉換為**虛擬變數**（dummy variable）。

效標變數（依變數、應變數）：一個量的變數。

20.1 簡單迴歸分析的適用情境

20.1.1 目的

迴歸分析的功能有二：一為**解釋**，二為**預測**。解釋的功能主要在於說明兩變數間的關聯強度及關聯方向；預測的功能則是使用迴歸方程式（模型），**利用已知的自變數來預測未知的依變數**。

20.1.2 分析示例

以下的研究問題，都可以使用簡單迴歸分析：

1. 行銷費用是否能預測營業額。
2. 壓力是否能預測血糖值。
3. 高等教育人口率是否能預測國家人均所得。
4. 科技的易用性是否能預測使用意願。

20.1.3 統計公式

在介紹簡單相關的概念時，曾說明經由繪製散布圖以了解兩個變數之間是否為直線關係。如果能找到一條最適合的直線（稱為迴歸線），以代表兩個變數的關係，此時就可以透過此直線的方程式，以進行預測。

簡單迴歸方程式（模型）為：

$$\hat{Y} = bX + a \tag{20-1}$$

其中 b 是迴歸的**原始加權係數**，又稱為**斜率**（slope），是 X 變數每改變 1 個單位，Y 變數的變化量。a 是**常數項**（constant），又稱為**截距**（intercept），是迴歸線與 Y 軸相交之處，是 $X = 0$ 時，Y 的平均數。$\hat{Y}$ 是由 X 所預測的數值，與真正的 Y 變數有差距（稱為**殘差**，residual），殘差 $e = Y - \hat{Y}$。迴歸分析常使用**最小平方法**（least squares method, LSM）求解，其目的在使 Σe^2 為最小〔$\Sigma e^2 = \Sigma(Y - \hat{Y})^2$〕。求解後，

$$b = \frac{CP_{XY}}{SS_X} = \frac{s_{XY}}{s_X^2} \tag{20-2}$$

$$a = \bar{Y} - b\bar{X} \tag{20-3}$$

而真正的 Y 等於：

$$Y = \hat{Y} - e = 模型 + 殘差$$

X、Y 變數通常是不同的單位，如果分別將它們化為 Z 分數，求得的迴歸方程式為：

$$Z_{\hat{Y}} = \beta Z_X \tag{20-4}$$

β 為迴歸之**標準化加權係數**。在簡單迴歸中，標準化迴歸係數會等於 Pearson 相關係數，

$$\beta = r$$

以圖 20-1 為例，陳正昌（1994）以 1391 名國小學生為受試者（本範例隨機抽取 200 名學生），測得了他們的智商及學業成績，求得迴歸方程式為 $\hat{Y} = 1.27X + 29.01$，其中截距為 29.01，而斜率為 1.27，是 $\dfrac{對邊}{鄰邊}$ 的比率，代表智商每多 1 分，成績就會多 1.27 分。

圖 20-2 是將兩個變數都化成 Z 分數後的迴歸分析，此時，截距等於 0，斜率變為 0.82（等於兩個變數的積差相關係數 r）。圖中的 R^2 為 0.67，稱為決定係數，將在後面說明。

圖 20-1　原始迴歸係數

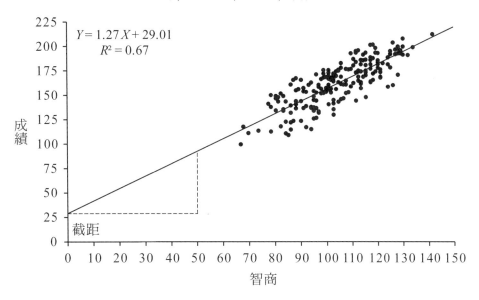

圖 20-2　標準化迴歸係數

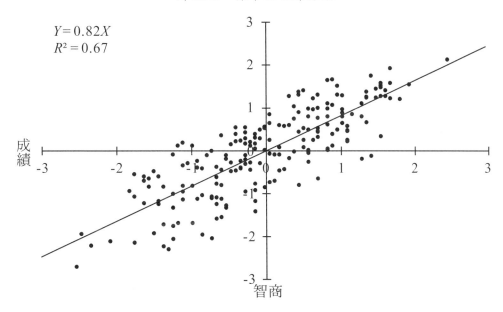

　　假設學生的智商為 100，代入 $\hat{Y} = 1.27 \times 100 + 29.01 = 156.01 \approx 156$，則研究者會預測其成績為 156 分。然而，從圖 20-3 可看出，同樣是智商 100，有些學生的成績會高於 156 分，有些學生則低於 156 分，所以會有殘差。

　　　　殘差 ＝ 實際值 － 預測值　　　　　　　　　　　　　　　　　　　　(20-5)

圖 20-3　以迴歸模型進行預測

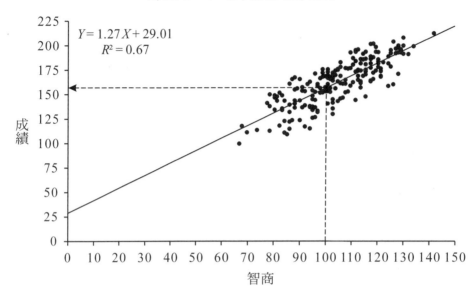

20.1.4　整體檢定

迴歸分析的檢定主要有兩種,一是整體檢定,以 F 檢定進行;二是個別檢定,以 t 檢定進行。

整體檢定在考驗:所有的自變數是否可以共同預測依變數。統計假設可寫為:

$$\begin{cases} H_0 : R^2 = 0 \\ H_1 : R^2 > 0 \end{cases}$$

或是:

$$\begin{cases} H_0 : R = 0 \\ H_1 : R > 0 \end{cases}$$

也就是在檢定:所有自變數對依變數的預測力是否大於 0。如果整體檢定不顯著,就不需要進行後續的個別檢定。

在說明 F 檢定之前,要先說明變異數分析的概念。迴歸分析也可以比照變異數分析的方式,將離均差平方和(SS)進行拆解,如圖 20-4 所示:

圖 20-4　迴歸分析平方和的拆解

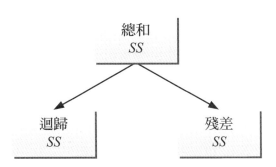

當研究者不知道有 X 變數，而想預測個別的 Y 變數時，最好的方法就是使用平均數 $\overline{Y}$。平均數有兩個特性，一是 $\Sigma(Y-\overline{Y})=0$，二是 $\Sigma(Y-\overline{Y})^2$ 為最小。$\Sigma(Y-\overline{Y})^2$ 就是 Y 變數的離均差平方和（SS_Y），一般稱為 SS_{total}。

如果知道 X 變數而想預測 Y 變數，最好的方法就是使用 $\hat{Y}$（因為 $\hat{Y}=bX+a$），$\Sigma(\hat{Y}-\overline{Y})^2$ 代表使用 $\hat{Y}$ 取代 $\overline{Y}$ 來預測 Y 而減少的錯誤，$SS_{reg}=\Sigma(\hat{Y}-\overline{Y})^2$。

前面說過：$\Sigma e^2=\Sigma(Y-\hat{Y})^2$，這是使用迴歸方程式不能預測到 Y 的部分，也就是知道 X 而預測 Y 但仍不能減少的錯誤，$SS_{res}=\Sigma(Y-\hat{Y})^2$。

總之：

1.　SS_{total} 是依變數 Y 的總變異。

2.　SS_{reg} 是使用迴歸模型 $\hat{Y}=bX+a$ 預測 Y，可減少的錯誤。

3.　SS_{res} 是使用迴歸模型仍然不能減少的錯誤，是殘差的變異。

圖 20-1 的資料，以 SPSS 分析可以整理成表 20-1：

表 20-1　SPSS 之變異數分析摘要表

變異來源	平方和	自由度	平均平方和	F	顯著性
迴歸	6901.779	1	6901.779	255.790	.000
殘差	2644.261	98	26.982		
總和	9546.040	99			

在表 20-1 中，平方和的計算方法如前所述。自由度部分，總和為 $N-1$，因為總人數為 100，所以總和的自由度為 $100-1=99$；迴歸的自由度為自變數（預測變數）

的數目 k（在簡單迴歸中為 1）；殘差的自由度為 $N - 1 - k = N - 2 = 98$。平均平方和（簡稱均方，MS）為平方和除以自由度。其中，總和的均方並未計算，如果以公式來看，它等於 $\dfrac{\Sigma(Y - \bar{Y})^2}{N - 1}$，就是 Y 變數的變異數，因此，均方也就等於變異數。將迴歸的 MS 除以殘差的 MS，就是 F 值，亦即：

$$F = \frac{MS_{reg}}{MS_{res}} = \frac{SS_{reg}/df_{reg}}{SS_{res}/df_{res}} \tag{20-6}$$

在自由度為 1, 98 的 F 分配中，要大於 208.322 的機率小於 0.001，如果 α 設為 .05，此時應拒絕虛無假設，也就是用所有的自變數可以顯著預測依變數。

由表 20-1 中也可以算出：

$$SS_{total} = SS_{reg} + SS_{res} \tag{20-7}$$

亦即：

$$SS_{reg} = SS_{total} - SS_{res} \tag{20-8}$$

在計算變數間的關聯時，一般會選用具有**消減錯誤比例** (proportional reduction in error, PRE) 功能的統計量數：

$$PRE = \frac{E_1 - E_2}{E_1} \tag{20-9}$$

在迴歸分析中，E_1 是不知道 X 變數而直接預測 Y 變數時的錯誤，也就是 SS_{total}；E_2 是知道 X 而預測 Y 的錯誤，也就是 SS_{res}，因此迴歸分析的 PRE 就是：

$$PRE = \frac{SS_{total} - SS_{res}}{SS_{total}} = \frac{SS_{reg}}{SS_{total}} = R^2 \tag{20-10}$$

R^2 稱為**決定係數** (coefficient of determination)，代表 X 變數對 Y 變數的解釋力，也是迴歸分析的效果量。在此例中，$R^2 = \dfrac{78530.986}{115473.890} = .68$，表示用智商可以解釋成績變異量的 68%。$\sqrt{R^2} = R$，稱為**多元相關係數**，它是預測值 $\hat{Y}$ 與 Y 的 Pearson r。

不過，迴歸方程式應用在不同樣本時，解釋力通常都會降低，因此一般會使用調

整後的 $\hat{R}^2$：

$$\hat{R}^2 = 1 - (1 - R^2)\frac{N-1}{N-k-1} \tag{20-11}$$

代入數值，得到：

$$\hat{R}^2 = 1 - (1 - .68)\frac{100-1}{100-1-1} = .677$$

20.1.5　個別檢定

　　個別檢定在考驗：迴歸模型中的每個自變數是否都可以預測依變數。在簡單迴歸分析中，因為只有一個自變數，所以整體檢定的結果會與個別檢定一致。統計假設寫為：

$$\begin{cases} H_0 : \beta = 0 \\ H_1 : \beta \neq 0 \end{cases}$$

　　個別檢定採取 t 檢定，方式是將未標準化（原始）迴歸係數除以標準誤：

$$t = \frac{未標準化係數}{標準誤} \tag{20-12}$$

　　由 SPSS 的報表可看出，智商的原始迴歸係數為 1.271，$t = \dfrac{1.271}{0.088} = 14.433$（有誤差是因四捨五入的關係），$p < 0.001$，達到 0.05 顯著水準，表示用智商可以顯著預測學生的成績。且當只有一個自變數時，此 t 值的平方就會等於前述的 F 值（也就是 $14.433^2 = 208.322$）。

　　常數（截距）的 $t = \dfrac{28.985}{8.889} = 3.261$，$p = 0.002$，也小於 0.05，表示常數項不為 0。在此應留意：

1. 常數項是當 $X = 0$ 時，Y 的平均數，然而，X 變數經常不會等於 0。在此例中，智商為 0 是不可能發生的事，因此迴歸分析中，研究者通常比較關心斜率的檢定，相對比較不關心截距的檢定。

2. 除非有特別的理由，否則即使 t 檢定的結果不顯著，截距 a 仍不設定為 0。

3. 以同樣的變數進行分析，如果迴歸方程式不包含常數項，R^2 通常會大幅增加，斜率也會改變。

表 20-2　係數

| | 未標準化係數 | | 標準化係數 | t | 顯著性 |
	B	標準誤	Beta		
常數	28.985	8.889		3.261	.002
智商	1.271	088	.825	14.433	.000

由表 20-2 可看出：

1. 原始迴歸方程式為：

   成績 ＝1.271*智商 ＋28.985

2. b（1.271）顯著不為 0，智商多 1 分，成績就多 1.271 分。

20.1.6　效果量

整體檢定後達到統計上的顯著，接著計算效果量。

因為簡單迴歸分析只有一個自變數與依變數，此時，多元相關 R 等於 Pearson r 的絕對值（$R=|r|$），而 $R^2=r^2$。如果使用 R 當效果量，依據 Cohen (1988) 的經驗法則，R 值之小、中、大的效果量分別是 .10、.30，及 .50。

不過，一般常用的效果量是 R^2，它代表預測變數可以解釋效標變數變異量的比例，依據 Cohen（1988）的經驗法則，R^2 值之小、中、大的效果量分別是 .01、.09，及 .25。在本範例中，$R^2 = .23$，調整後 $R^2 = .20$，接近大的效果量。

20.2　範例

研究者想要了解學生的閱讀態度是否可以預測他的閱讀素養，由 PISA 資料庫中隨機選取 30 個樣本，得到表 20-3 之數據。請問：閱讀態度是否可以預測閱讀素養？

表 20-3　30 名受試者的閱讀素養成績

受試者	閱讀態度	閱讀素養	受試者	閱讀態度	閱讀素養
1	34	635.98	16	30	509.59
2	33	588.48	17	16	431.19
3	33	585.75	18	23	513.28
4	35	541.34	19	34	374.43
5	33	381.57	20	29	531.48
6	28	592.49	21	27	463.12
7	34	499.98	22	29	468.71
8	36	652.90	23	30	493.56
9	40	560.35	24	36	629.07
10	27	506.33	25	29	572.66
11	43	473.60	26	32	639.24
12	15	384.23	27	27	465.50
13	24	470.39	28	42	645.99
14	20	472.16	29	32	409.73
15	35	535.25	30	20	454.44

20.2.1　變數與資料

表 20-3 中有 3 個變數，但是受試者代號並不需要輸入 SPSS 中，因此分析時使用 1 個預測變數及 1 個效標變數。預測變數是受試者的閱讀態度，由 11 個題目組成（如：必要時我才閱讀、閱讀是我喜愛的嗜好之一、我覺得讀完一本書很難等），為 4 點量表形式（1 為非常不同意、2 為不同意、3 為同意、4 為非常同意），反向題重新轉碼後再加總，總分最低為 11 分，最高為 44 分。效標變數為 PISA 閱讀測驗分數。2 個變數都屬於量的變數。

20.2.2　研究問題

在本範例中，研究者想要了解的問題可以陳述如下：

閱讀態度是否可以預測閱讀素養成績？

20.2.3 統計假設

根據研究問題，虛無假設宣稱「閱讀態度不能預測閱讀素養成績」：

$$H_0 : \beta_{閱讀態度} = 0$$

而對立假設則宣稱「閱讀態度可以預測閱讀素養成績」：

$$H_1 : \beta_{閱讀態度} \neq 0$$

20.3 使用 SPSS 進行分析

1. 完整的 SPSS 資料檔，如圖 20-5。

圖 20-5 簡單迴歸分析資料檔

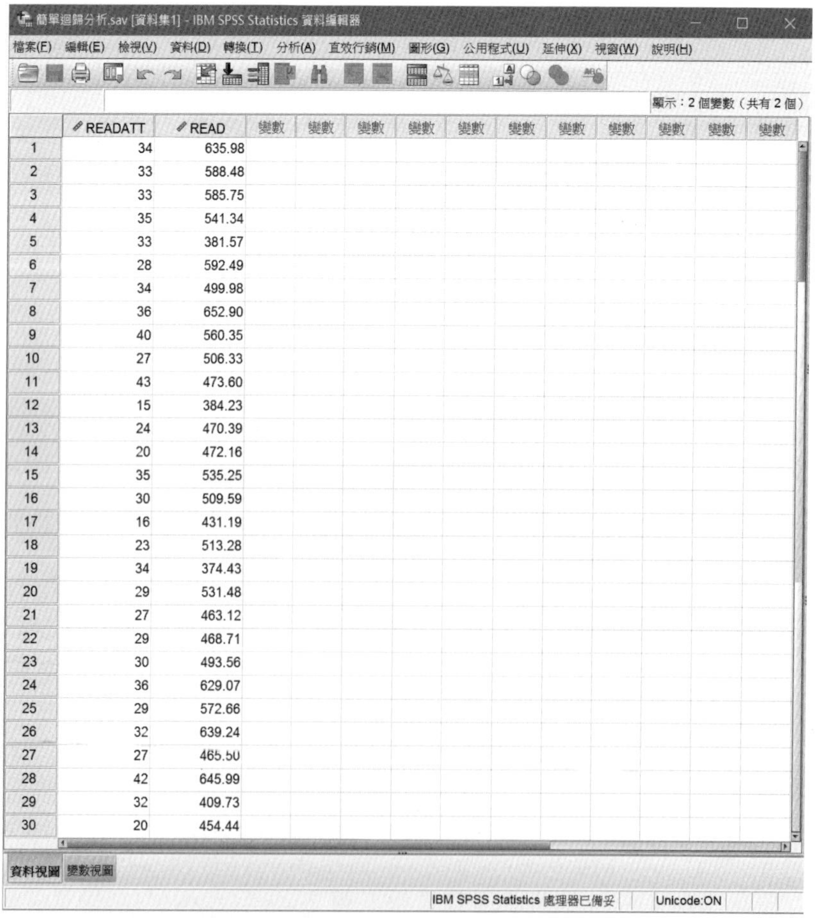

	READATT	READ
1	34	635.98
2	33	588.48
3	33	585.75
4	35	541.34
5	33	381.57
6	28	592.49
7	34	499.98
8	36	652.90
9	40	560.35
10	27	506.33
11	43	473.60
12	15	384.23
13	24	470.39
14	20	472.16
15	35	535.25
16	30	509.59
17	16	431.19
18	23	513.28
19	34	374.43
20	29	531.48
21	27	463.12
22	29	468.71
23	30	493.56
24	36	629.07
25	29	572.66
26	32	639.24
27	27	465.50
28	42	645.99
29	32	409.73
30	20	454.44

2. 在【分析】選單中的【迴歸】中選擇【線性】（圖 20-6）。

圖 20-6　線性選單

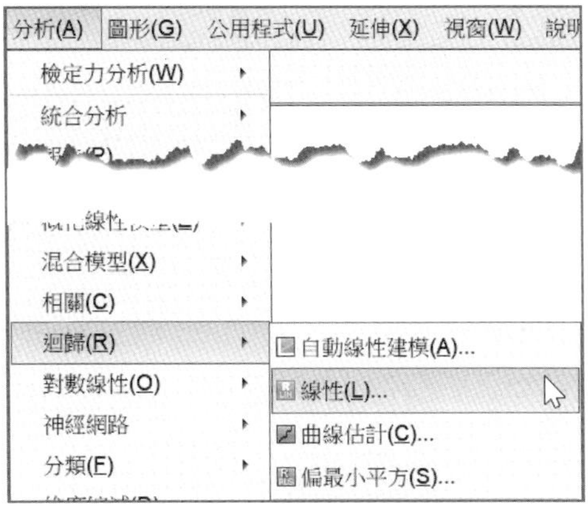

3. 把閱讀素養[READ]點選到右上角的【應變數】（依變數）框中，再將閱讀態度 [READATT]點選到右邊的【自變數】框中（圖 20-7）。

圖 20-7　線性迴歸對話框

4. 在【統計量】下另外再勾選【敘述統計】及【迴歸係數】的 95%【信賴區間】（圖 20-8）。選擇完成，依序點擊【繼續】、【確定】按鈕進行分析。

圖 20-8　線性迴歸：統計量對話框

5.　如果要對預測值及殘差值加以分析，可以在【儲存】下勾選【未標準化預測值】
　　及【未標準化殘差】（圖 20-9）。（注：一般情形下，不需要勾選。）

圖 20-9　線性迴歸：儲存對話框

20.4　報表解讀

分析後得到以下報表，分別說明之。

報表 20-1　敘述統計

	平均數	標準偏差	個數
閱讀素養	516.0930	81.46147	30
閱讀態度	30.20	6.840	30

報表 20-1 為敘述統計量，含**平均數**、標準差（SPSS 不同版本會譯為**標準偏差**或**標準離差**），及樣本數（**個數**）。

報表 20-2　相關

		閱讀素養	閱讀態度
皮爾森 (Pearson) 相關	閱讀素養	1.000	.480
	閱讀態度	.480	1.000
顯著性（單尾）	閱讀素養	.	.004
	閱讀態度	.004	.
N	閱讀素養	30	30
	閱讀態度	30	30

報表 20-2 有三大列。第一列為兩個變數間的 Pearson 相關係數，$r = .480$。第二列為 p 值，在此為單尾的機率值，如果要計算雙尾機率，則要將此處的 p 值乘以 2（$.004 \times 2 = .008$，由於 SPSS 四捨五入到小數第 3 位，較精確的值應為 $.00365 \times 2 = .00730 \approx .007$），所得的 $p = .007$，會與報表 20-5 及報表 20-6 的 p 值相同。由於 $p \leq .05$，因此閱讀態度與閱讀素養成績有顯著相關。如果 $p > .05$，表示閱讀態度與閱讀素養成績的相關係數與 0 沒有顯著差異，也就不需要進行迴歸分析。第三列為樣本數，有 30 名受試者，自由度為 $N - 2 = 28$。

報表 20-3　選入/刪除的變數 [a]

模型	已輸入的變數	已移除的變數	方法
1	閱讀態度 [b]	.	輸入(Enter)
a. 應變數: 閱讀素養			
b. 已輸入所有要求的變數。			

報表 20-3 在說明迴歸分析的自變數（閱讀態度）、應變數（或譯為依變數，閱讀素養），及變數選擇的方法（輸入法是將所有自變數都投入分析）。

報表 20-4　模型摘要 [b]

模型	R	R 平方	調整後 R 平方	估計的標準誤
1	.480[a]	.230	.203	72.7370
a. 解釋變數：（常數），閱讀態度				
b. 應變數: 閱讀素養				

報表 20-4 中 R^2 的計算方法為：

$$R^2 = \frac{\text{迴歸} SS}{\text{總和} SS}$$

代入報表 20-5 的數值，得到：

$$R^2 = \frac{44304.349}{192443.154} = .230$$

R^2 代表效標變數（閱讀素養）的變異量，可以由預測變數（閱讀態度）解釋的比例。將 R^2 取平方根，可以得到多元相關係數 R。當只有一個預測變數時，多元相關係數 R 等於簡單相關的絕對值 $|r|$。

由於 R^2 會高估母群中預測變數對效標變數的解釋量，此時可以使用調過後的 R^2 加以修正。它的公式是：

$$\hat{R}^2 = 1 - (1 - R^2)\frac{N-1}{N-k-1}$$

代入數值後得到：

$$\hat{R}^2 = 1 - (1 - .230)\frac{30 - 1}{30 - 1 - 1} = .203$$

估計的標準誤等於報表 20-5 中殘差平均平方和的平方根，代入數值，得到：

$$\sqrt{5290.672} = 72.737$$

估計的標準誤是使用預測變數所不能預測部分（殘差）的標準差（分母為 $N -$ 2），表示使用閱讀態度來預測閱讀素養，平均會有 72.737 分的誤差。

報表 20-5　變異數分析[a]

模型		平方和	自由度	均方	F	顯著性
1	迴歸	44304.349	1	44304.349	8.374	.007[b]
	殘差	148138.805	28	5290.672		
	總計	192443.154	29			
a. 應變數: 閱讀素養						
b. 解釋變數：（常數），閱讀態度						

　　報表 20-5 在進行迴歸分析的整體檢定（也就是在檢定「所有的預測變數是否可以聯合預測效標變數」）。報表中，總和的平方和（SS）是效標變數的總變異量（閱讀素養的離均差平方和），迴歸的平方和是可以使用迴歸方程式預測到的變異量（也就是未標準化預測值的離均差平方和），而殘差的平方和則是無法由迴歸方程式預測到的變異量（也就是未標準化殘差值的離均差平方和）。總和的自由度為樣本數減 1（N － 1），迴歸的自由度等於自變數數目（此處為 1），殘差的自由度為 $N - k - 1 = 30 -$ 1 － 1 = 28 。SS 除以各自的自由度，就是平均平方和（MS）。F 的公式為：

$$F = \frac{迴歸均方}{殘差均方}$$

代入數值，得到：

$$F = \frac{44304.349}{5290.672} = 8.374$$

　　在自由度是 1 及 28 的 F 分配中，要大於 8.374 的機率值（p）為 .007，已經小於.05，表示「所有的」預測變數可以聯合預測效標變數。由於簡單迴歸中「只有一

個」預測變數，所以此處的 p 值會等於報表 20-6 中閱讀態度 p 值，也會等於報表 20-2 中 p 值乘以 2。

報表 20-6　係數 ᵃ

模型		非標準化係數		標準化係數	T	顯著性	B 的 95%信賴區間	
		B	標準誤	β			下限	上限
1	（常數）	343.520	61.096		5.623	<.001	218.370	468.670
	閱讀態度	5.714	1.975	.480	2.894	.007	1.669	9.759
a. 應變數: 閱讀素養								

　　報表 20-6 在分別檢定個別變數的顯著性，並列出迴歸係數及其 95.0% 信賴區間。由未標準化係數可得知，本範例的迴歸方程式為：

$$\hat{Y}_{閱讀素養}=343.520+5.714\times 閱讀態度$$

　　當閱讀態度每增加 1 分，閱讀素養測驗成績就增加 5.714 分。以第 1 個受試者為例，由表 20-3 可看出，他的閱讀態度是 34 分，代入公式可得到未標準化預測值 $\hat{Y}$（以下的計算均有捨入誤差，結果見圖 20-10）：

$$\hat{Y}_{閱讀素養}=343.520+5.714\times 34 = 537.8075$$

　　未標準化的殘差公式為：

$$殘差 = 實際值 - 預測值$$

　　再由表 20-3 可看出，第 1 個受試者的閱讀素養是 635.98 分，因此未標準化的殘差就是：

$$殘差 = 635.98 - 537.8075 = 98.1725$$

　　圖 20-12 是使用迴歸方程式計算所得的預測值（PRE_1）及殘差值（RES_1）。由圖中可以看出，第 2、3、5 位受試者的閱讀態度分數都相同，因此預測所得的閱讀素養預測值也都是 532.0931，然而實際他們的閱讀素養分數都不相同，殘差值也有差異。第 5 位受試者的殘差值為-150.5231，使用迴歸公式預測，會高估了他的閱讀素養。

圖 20-10　前 5 名受試者的預測值及殘差值

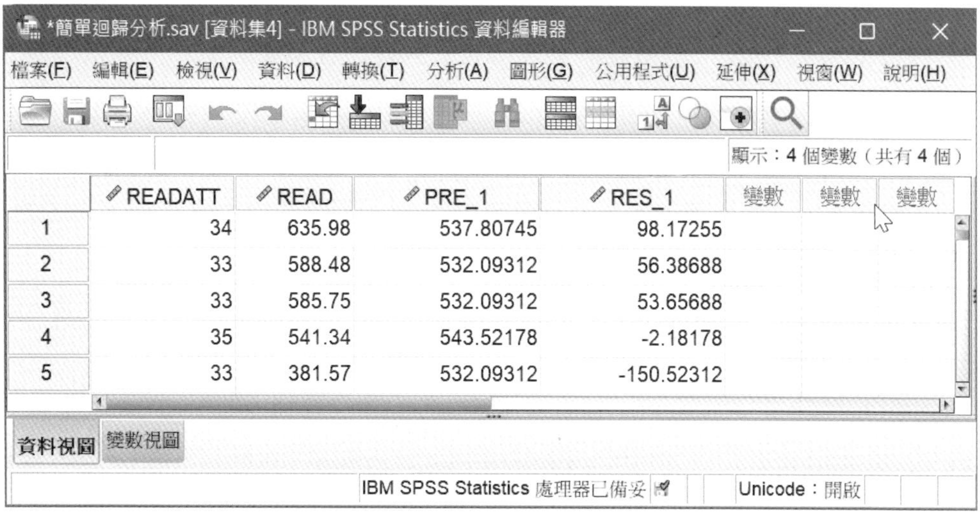

	READATT	READ	PRE_1	RES_1	變數	變數	變數
1	34	635.98	537.80745	98.17255			
2	33	588.48	532.09312	56.38688			
3	33	585.75	532.09312	53.65688			
4	35	541.34	543.52178	-2.18178			
5	33	381.57	532.09312	-150.52312			

至於迴歸係數是否顯著不等於 0，可以檢視三項統計量數。一是使用 t 檢定：

$$t = \frac{\text{未標準化係數}}{\text{係數標準誤}}$$

閱讀態度迴歸係數的 t 值，即為：

$$t = \frac{5.714}{1.975} = 2.894$$

在自由度是 28（見報表 20-5 殘差的自由度）的 t 分配中，臨界值為±0.248。在 SPSS 中，可以使用以下的語法計算臨界值：

```
COMPUTE t1 = IDF.T (0.975,28).
COMPUTE t2 = IDF.T (0.025,28).
EXECUTE.
```

報表中 T 值分別為 5.623 及 2.894，都大於 2.048，因此都達 .05 顯著水準。

第二種方法是由 T 的 p 值來判斷，如果 $p \le \alpha$（α 稱為顯著水準，由研究者設定，通常為 .05）。表中顯著性（也就是 p 值）分別為 <.001 及 .007。因為 $p \le .05$，要拒絕虛無假設，所以迴歸係數 5.714 顯著不等於 0。當只有一個預測變數時，t^2 會等於報表 20-5 的 F 值（$2.894^2 = 8.374$），兩者的 p 值也會相同（都是.007）。常數項為 343.520，

代表閱讀態度為 0 時，學生的平均閱讀素養測驗分數為 343.520。然而，在本範例中，閱讀態度最低為 11 分，常數項並無太大意義。因此，在迴歸分析中，研究者通常對常數項的檢定較不關心。

第三種方法是由未標準化迴歸係數的 95.0%信賴區間判斷，如果信賴區間不包含 0，則表示迴歸係數顯著不等於 0。報表 20-6 中，閱讀態度未標準化係數 5.714 的 95% 信賴區間為 [1.669, 9.759]，不含 0，表示 5.714 與 0 有顯著差異。

報表中的標準化係數 .480，是將預測變數及效標變數都標準化（化為 Z 分數）之後計算所得的迴歸係數，在簡單迴歸中，它會等於預測變數及效標變數的相關係數 r（報表 20-2 中 r = .480）。常數項的標準化係數為 0。

20.5   計算效果量

由於檢定後達到統計上的顯著，因此應計算效果量。一般常用的效果量是 R^2，它代表預測變數可以解釋效標變數變異量的比例，依據 Cohen（1988）的經驗法則，R^2 值之小、中、大的效果量分別是 .01、.09，及 .25。在本範例中，R^2 = .23，調整後 R^2 = .20，接近大的效果量。

20.6   以 APA 格式撰寫結果

研究者進行簡單迴歸分析，以閱讀素養為效標變數，閱讀態度為預測變數，標準化係數 β = 0.48，t = 2.89，p = .007，因此閱讀態度是閱讀素養顯著的預測變數，並能解釋 23%的變異量。

20.7   簡單迴歸分析的假定

20.7.1   獨立性

觀察體獨立代表各個樣本不會相互影響，假使觀察體不獨立，計算所得的 p 值

就不準確。如果有證據支持違反了這項假定，就不應使用簡單迴歸分析。

　　如果使用縱貫資料進行迴歸分析（如：以前一年的公共建設經費預測下一年的經濟成長率），由於後一年的公共建設經費及經濟成長率，常會受到前一年數值的影響，就有可能違反獨立性假定。

20.7.2　雙變數常態分配

　　此項假定有兩個意涵：一是兩個變數在各自的母群中須為常態分配；二是在某個變數的任何一個數值中，另一個變數也要呈常態分配。如果變數不是常態分配，會降低檢定的統計考驗力。不過，當樣本數在中等以上規模時，即使違反了這項假定，對於簡單迴歸分析的影響也不大。

20.7.3　等分散性

　　在自變數的每個水準中，依變數都要呈常態分配，而這些常態分配的變異數也要相等，此稱為等分散性（homoscedasticity）。如果違反此項假定，則分析所得的 F 及 p 值就不精確。幸好，如果不是嚴重違反此項假定，則仍然可以使用簡單迴歸分析。

21 多元迴歸分析

多元迴歸分析旨在使用兩個以上量的變數預測另一個量的變數，適用的情境如下：

預測變數（自變數）：兩個以上量的變數，如果為質的變數，應轉換為**虛擬變數**。

效標變數（依變數）：一個量的變數。

本章只另外補充虛擬變數的轉換及變數的選擇方法，其他統計概念請見第 20 章的說明，更詳細的解說請參見陳正昌（2011a）的另一著作。

21.1 基本統計概念

21.1.1 目的

建立迴歸模型時，很少只用一個預測變數，而會使用兩個以上的預測變數，以更準確預測效標變數，此時稱為**多元迴歸分析**（multiple regression analysis, 或稱**複迴歸**）。

21.1.2 分析示例

以下的研究問題，都可以使用多元迴歸分析：

1.   人口密度、離婚率、觀光客數，是否可以預測犯罪率。
2.   社會支持、家庭社經地位、學習動機、補習時數，是否可以預測學業成績。
3.   吸菸量、BMI（身體質量指數）、每週運動時間，是否可以預測收縮壓。

21.1.3 統計公式

多元迴歸分析主要在建立以下的模型：

$$\hat{Y} = b_1 X_1 + b_2 X_2 + \cdots + b_k X_k + b_0 \tag{21-1}$$

一般統計軟體在進行多元迴歸分析時，是以矩陣形式運算，其解為：

$$\mathbf{b} = (\mathbf{X'X})^{-1}\mathbf{X'y} \tag{21-2}$$

如果將 $\mathbf{X}$ 矩陣、$\mathbf{y}$ 向量化為 Z 分數，分別稱之為 $\mathbf{X}_z$ 矩陣、$\mathbf{y}_z$ 行向量，則其解為：

$$\boldsymbol{\beta} = (\mathbf{X}_z'\mathbf{X}_z)^{-1}\mathbf{X}_z'\mathbf{y}_z \tag{21-3}$$

因為 $\mathbf{X'X}$ 矩陣要計算反矩陣，所以 $\mathbf{X}$ 必須是**非特異矩陣**（nonsingular matrix），也就是說各行的向量必須**線性獨立**（linearly independent），某一行向量不可以是其他行向量的線性組合。換言之，在進行多元迴歸分析時，預測變數間不可以有線性組合的情形，也就是某一個變數不可以等於其他自變數經由某種加權（係數可以為正負之整數、小數，或 0）後的總和。

21.1.4 虛擬變數

當預測變數是質的變數時，切記不可直接投入分析，必須轉換成虛擬變數，以 0、1 代表。假設研究者想使用「性別」、「家庭社經水準」及「智力」三變數為預測變數，以預測學生的「閱讀素養成績」。此時智力一般視為「等距變數」，可直接投入迴歸分析，不必轉換。性別為「名義變數」，在登錄資料時最好直接以 0、1 代表，例如：以 0 代表男性、1 代表女性，就可以直接投入迴歸分析；但是如果以 1、2 代表男、女，通常就需要經過轉換。家庭社經水準為「次序變數」，假使分別以 1、2、3 代表高、中、低社經水準，必須轉換成虛擬變數，才可以投入迴歸分析。

轉換成虛擬變數時，虛擬變數的數目必須是類別數減 1，以避免線性相依的情形。由於社經水準有高、中、低 3 個水準，因此只要以 2 個虛擬變數（高、中）代表即可，茲以表 21-1 說明之。

表 21-1　虛擬變數之轉換

虛擬變數

原變數		高	中
	高：1	1	0
	中：2	0	1
	低：3	0	0

由表 21-1 可看出：原來以 1 代表高社經水準，經轉換後以 10（讀為壹零）代表之。其中 1 可視為「是」，0 為「不是」，因此 10 即表示「『是』高社經水準，『不是』中社經水準」；01 表示「『不是』高社經水準，『是』中社經水準」；00 表示「『不是』高社經水準，也『不是』中社經水準」，因此是低社經水準。經過這樣的轉換後，即可將社經水準當成預測變數。

假如有一位學生是低家庭社經地位者，在原始變數中（假設為 SES）的編碼是 1，轉換後產生 SES1 及 SES2 兩個虛擬變數，編碼分別是 1 及 0；如果原來的編碼是 3，則新的編碼是 0 及 0（如圖 21-1）。轉換後要以新的變數 SES1 及 SES2 投入迴歸分析，不可再使用原來的 SES 變數。

圖 21-1　原變數及虛擬變數

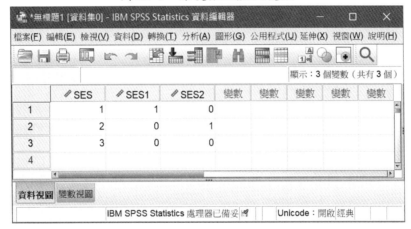

21.1.5　選取變數的方法

如何選取重要的預測變數，常用的方法有六：

1.　**強迫進入法**（enter method）。強迫進入法是強迫所有預測變數一次進入迴歸方程式，而不考慮個別變數是否顯著，此為**同時迴歸分析**（simultaneous regression analysis）。

2.　**前向選取法**（forward method）。依次放入淨進入 F 值最大的變數，一直到沒有符合條件的變數為止。

3.　**後向選取法**（backward method）。先將所有變數放入迴歸方程式，然後依次剔除淨退出 F 值最大的變數，一直到沒有符合條件的變數為止。

4.　**逐步法**（stepwise method）。以前向選取法為主，當變數進入後，則改採後向選取

法，將不重要的變數剔除，如果沒有可剔除的變數，就繼續採用前向選取法，如此反覆進行，一直到沒有變數被選取或剔除為止。

5. **所有可能法**。將所有變數加以組合（組合的數目為 $2^k - 1$），然後選取一組調整 $\hat{R}^2$ 最高的變數當成最後的預測變數。

6. **階層迴歸**（hierarchical regression）。依據理論，依序投入預測變項，並計算增加的 R^2。

　　許多研究者常使用逐步法進行多元迴歸分析，並誤以為變數進入模型的順序代表變數的重要性，此應多加留心（陳正昌，2011a）。學者建議，最好能根據理論，使用階層迴歸法（Cohen, 2007），此部分請參考陳正昌（2011a）的著作。

21.2 範例

　　研究者想要了解學生的性別、對「覺得讀完一本書很難」（以下簡稱「讀書很難」）的感覺，及父親的受教育年數是否可以預測他的閱讀素養，由 PISA 資料庫中隨機選取 40 個樣本，得到表 21-2 之數據。請問：三個預測變數是否可以預測閱讀素養？

表 21-2　40 名受試者的閱讀素養成績

受試者	性別	讀書很難	父親教育	閱讀素養	受試者	性別	讀書很難	父親教育	閱讀素養
1	0	2	14	559.86	21	1	2	9	480.04
2	1	1	12	436.11	22	0	2	9	396.56
3	1	3	14	584.98	23	0	2	12	377.24
4	1	1	16	679.19	24	1	1	12	533.50
5	0	1	14	629.28	25	1	2	9	396.55
6	0	2	14	499.65	26	1	1	12	415.77
7	1	1	14	582.75	27	0	4	6	250.33
8	0	2	12	613.73	28	1	1	14	502.36
9	1	1	16	718.36	29	0	2	12	519.69

（續下頁）

表 21-2　40 名受試者的閱讀素養成績（續）

受試者	性別	讀書很難	父親教育	閱讀素養	受試者	性別	讀書很難	父親教育	閱讀素養
10	1	1	12	684.99	30	1	1	14	577.51
11	1	2	16	591.97	31	0	1	18	569.96
12	0	3	9	525.63	32	1	3	18	488.38
13	1	2	18	606.11	33	1	2	6	514.51
14	0	3	12	468.79	34	1	2	14	485.04
15	0	3	9	411.47	35	1	1	14	575.76
16	0	2	14	514.48	36	0	2	9	425.90
17	0	2	14	494.52	37	1	3	9	420.22
18	0	1	12	425.50	38	0	3	6	420.69
19	1	1	6	526.99	39	1	3	12	416.56
20	0	3	9	517.05	40	0	3	12	445.94

21.2.1　變數與資料

表 21-2 中有 5 個變數，但是受試者代號並不需要輸入 SPSS 中，因此分析時使用 1 個預測變數及 3 個效標變數。預測變數是受試者的性別（男性為 0，女性為 1）、讀書很難，及父親受教育年數。效標變數為 PISA 閱讀測驗分數。性別已轉為虛擬變數，其他 4 個變數屬於量的變數。

21.2.2　研究問題

在本範例中，研究者想要了解的問題陳述如下：

三個預測變數是否可以聯合預測閱讀素養成績？

性別是否可以預測閱讀素養成績？

讀書很難是否可以預測閱讀素養成績？

父親教育是否可以預測閱讀素養成績？

21.2.3 統計假設

根據研究問題，虛無假設一宣稱「三個預測變數無法聯合預測閱讀素養成績」：

$$H_0: R^2 = 0$$

而對立假設則宣稱「三個預測變數可以聯合預測閱讀素養成績」：

$$H_1: R^2 > 0$$

虛無假設二宣稱「性別無法預測閱讀素養成績」：

$$H_0: \beta_{性別} = 0$$

而對立假設則宣稱「性別可以預測閱讀素養成績」：

$$H_1: \beta_{性別} \neq 0$$

虛無假設三宣稱「讀書很難無法預測閱讀素養成績」：

$$H_0: \beta_{讀書很難} = 0$$

而對立假設則宣稱「讀書很難可以預測閱讀素養成績」：

$$H_1: \beta_{讀書很難} \neq 0$$

虛無假設四宣稱「父親教育無法預測閱讀素養成績」：

$$H_0: \beta_{父親教育} = 0$$

而對立假設則宣稱「父親教育可以預測閱讀素養成績」：

$$H_1: \beta_{父親教育} \neq 0$$

21.3　使用 SPSS 進行分析

1. 完整的 SPSS 資料檔，如圖 21-2。

圖 21-2　多元迴歸分析資料檔

	GENDER	HARD	FAED	READ	變數	變數	變數	變數
1	0	2	14	559.86				
2	1	1	12	436.11				
3	1	3	14	584.98				
4	1	1	16	679.19				
5	0	1	14	629.28				
6	0	2	14	499.65				
7	1	1	14	582.75				
8	0	2	12	613.73				
9	1	1	16	718.36				
10	1	1	12	684.99				
11	1	2	16	591.97				
12	0	3	9	525.63				
13	1	2	18	606.11				
14	0	3	12	468.79				
15	0	3	9	411.47				
16	0	2	14	514.48				
17	0	2	14	494.52				
18	0	1	12	425.50				
19	1	1	6	526.99				
20	0	3	9	517.05				
21	1	2	9	480.04				
22	0	2	9	396.56				
23	0	2	12	377.24				
24	1	1	12	533.50				
25	1	2	9	396.55				
26	1	1	12	415.77				
27	0	4	6	250.33				
28	1	1	14	502.36				
29	0	2	12	519.69				
30	1	1	14	577.51				
31	0	1	18	569.96				
32	1	3	18	488.38				
33	1	2	6	514.51				
34	1	2	14	485.04				
35	1	1	14	575.76				
36	0	2	9	425.90				
37	1	3	9	420.22				
38	0	2	6	420.69				
39	1	3	12	416.56				
40	0	3	12	445.94				

2. 在【分析】選單中的【迴歸】選擇【線性】（圖 21-3）。

圖 21-3　線性選單

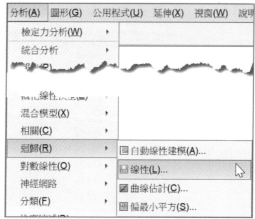

3. 把閱讀素養[READ]點選到右上角的【應變數】（依變數）框中，再將性別 [GENDER]、讀完一本書很難[HARD]，及父親教育年數[FAED]點選到右邊的【自 變數】框中（圖 21-4）。

圖 21-4　線性迴歸對話框

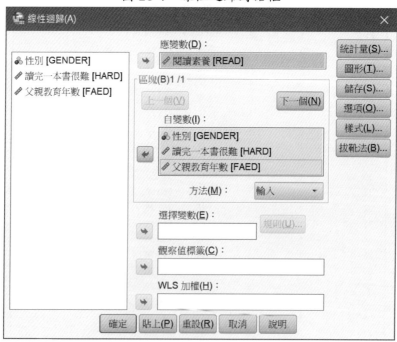

4. 在【統計量】下另外再勾選【敘述統計】及迴歸係數的 95%【信賴區間】（圖 21-5）。接著，依序點擊【繼續】、【確定】進行分析。

圖 21-5　線性迴歸：統計量對話框

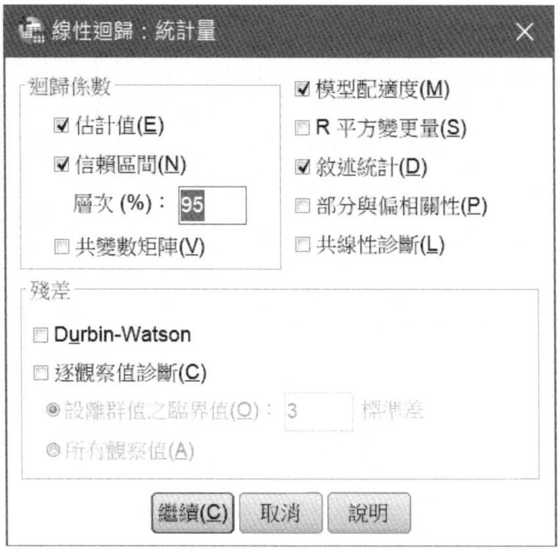

21.4　報表解讀

分析後得到以下的報表，分別概要說明。

報表 21-1　敘述統計

	平均數	標準偏差	個數
閱讀素養	507.0980	95.06151	40
性別	.53	.506	40
讀完一本書很難	1.95	.846	40
父親教育年數	12.10	3.264	40

報表 21-1 為敘述統計量，含平均數、標準差（標準偏差或標準離差），及樣本數（個數）。其中性別的平均數為 0.53，由於編碼時 1 代表女性，0 為男性，因此平均數代表女性的比例為 0.53（53%）。

報表 21-2　相關

		閱讀素養	性別	讀完一本書很難	父親教育年數
皮爾森 (Pearson) 相關	閱讀素養	1.000	.303	-.524	.573
	性別	.303	1.000	-.357	.200
	讀完一本書很難	-.524	-.357	1.000	-.370
	父親教育年數	.573	.200	-.370	1.000
顯著性（單尾）	閱讀素養	.	.029	<.001	<.001
	性別	.029	.	.012	.108
	讀完一本書很難	.000	.012	.	.009
	父親教育年數	.000	.108	.009	.
個數	閱讀素養	40	40	40	40
	性別	40	40	40	40
	讀完一本書很難	40	40	40	40
	父親教育年數	40	40	40	40

　　報表 21-2 是所有變數的相關矩陣。在相關矩陣中，第一大列的第一行為 3 個預測變數與效標變數間的相關係數（分別為 .303、-.524，及 .573），它們要達到 .05 顯著水準，且係數要大些，以便有較佳的解釋力。而預測變數間的相關係數最好小些，且不顯著，以免有多元共線性（multi-collinearity）問題，且較容易計算個別變數的解釋量。

　　由於性別已轉換為 0 與 1 之虛擬變數，所以與其他變數的相關係數稱為點二系列相關（point-biserial correlation）；它與閱讀素養成績為正相關，表示代碼較大者（1 為女性）的閱讀素養成績較高。

報表 21-3　選入/刪除的變數 [a]

模型	已輸入的變數	已移除的變數	方法
1	父親教育年數, 性別, 讀完一本書很難 [b]	.	輸入(Enter)
a. 應變數: 閱讀素養			
b. 已輸入所有要求的變數。			

報表 21-3 在說明迴歸分析的自變數（父親教育年數、性別、讀完一本書很難）、依變數（閱讀素養），及變數選擇的方法（輸入法是將所有自變數都投入分析）

報表 21-4　模型摘要

模型	R	R 平方	調整後 R 平方	估計標準誤
1	.671[a]	.450	.404	73.39264
a. 解釋變數：（常數），父親教育年數, 性別, 讀完一本書很難				

報表 21-4 是模式整體的摘要。代入報表 21-5 的數值，得到 R^2 為：

$$R^2 = \frac{迴歸平方和}{總和平方和} = \frac{158517.712}{352430.968} = .450$$

表示由 3 個預測變數可以解釋閱讀素養變異量的 45%。$\sqrt{.450} = .671$，稱為多元相關係數 R，它是閱讀素養預測值 $\hat{Y}$ 與實際值 Y 的 Pearson r（$r_{\hat{Y}Y}$）。R 介於 0 – 1 之間，係數愈大，則預測值與實際值就愈接近，殘差也就比較小。

調整後 R^2 為：

$$\hat{R}^2 = 1 - (1 - .450)\frac{40 - 1}{40 - 3 - 1} = .404$$

估計標準誤是由報表 21-5 之殘差均方開根號而得，

$$\sqrt{5386.479} = 73.39264$$

代表使用 3 個自變數預測閱讀素養，殘差的標準差為 73.39 分。

報表 21-5　變異數分析[a]

模型		平方和	自由度	均方	F	顯著性
1	迴歸	158517.712	3	52839.237	9.810	<.001[b]
	殘差	193913.257	36	5386.479		
	總計	352430.968	39			
a. 應變數: 閱讀素養						
b. 解釋變數：（常數），父親教育年數, 性別, 讀完一本書很難						

報表 21-5 在進行整體檢定，本部分詳細的解說請見第 20 章，在此僅說明 F 的算法。F 值為：

$$F = \frac{迴歸均方}{殘差均方}$$

代入數值，得到：

$$F = \frac{52839.237}{5386.479} = 9.810$$

在自由度是 3 及 36 的 F 分配中，要大於 9.810 的機率值（p）小於 .001，達 .05 顯著水準，應拒絕 $R^2 = 0$ 的虛無假設，表示「所有的」預測變數可以聯合預測效標變數。至於個別變數是否能顯著預測效標變數，則要看報表 21-6 的 t 檢定。

自由度部分，總和的自由度等於樣本數減 1（$N-1=39$），迴歸的自由度等於預測變數數目（3），殘差自由度則為 $N-3-1=36$。

報表 21-6　係數 [a]

模型		非標準化係數		標準化係數	T	顯著性	B 的 95%信賴區間	
		B	標準誤	Beta			下限	上限
1	（常數）	417.481	67.460		6.189	<.001	280.665	554.297
	性別	18.687	24.952	.099	.749	.459	-31.917	69.291
	讀完一本書很難	-37.004	15.731	-.329	-2.352	.024	-68.908	-5.101
	父親教育年數	12.559	3.887	.431	3.231	.003	4.677	20.441
a. 應變數: 閱讀素養								

報表 21-6 在分別檢定個別變數的顯著性，並列出迴歸係數及其 95.0%信賴區間。由未標準化係數可得知，本範例的迴歸方程式為：

$$\hat{Y}_{閱讀素養} = 417.481 + 18.687 \times 性別 + (-37.004) \times 讀完一本書很難$$

$$+ 12.559 \times 父親教育年數$$

由未標準化係數來看，在其他變數保持恆定的情形下：

1.　如果受試者覺得「讀完一本書很難」的程度每增加 1 分，則閱讀素養成績就降低 37.004 分。愈覺得讀完一本書很難的學生，閱讀素養就愈低。

2.　父親受教育年數每增加 1 年，則子女的閱讀素養成績就提高 12.559 分。父親受教年數愈多，子女的閱讀素養就愈佳。

3.　性別的未標準化加權係數為 18.687，表示性別代碼為 1 者（女性）比代碼為 0 者（男性）的閱讀素養成績高 18.687 分，不過，由 t 的 p 值（顯著性）來看，此差異並未達 .05 顯著水準。

4.　常數項的 t 值為 6.189，雖然也達到 .05 顯著水準，不過，研究者多半較不關心常數項的檢定。

以第 1 個受試者為例，由表 21-2 可看出，他在 3 個預測變數的數值分別是 0、2、14，代入公式可得到未標準化預測值（以下的計算會有捨入誤差）：

$$\hat{Y}_{\text{閱讀素養}} = 417.481 + 18.687×0 + (−37.004) × 2 + 12.559×14 = 519.2993$$

再由表 21-2 可看出，第 1 個受試者的閱讀素養是 559.86 分，因此未標準化的殘差就是：

$$殘差 = 559.86 − 519.2993 = 40.5608$$

再以第 2 個受試者為例，由表 21-2 可看出，她在 3 個預測變數的數值分別是 1、1、12，代入公式可得到未標準化預測值　　：

$$\hat{Y}_{\text{閱讀素養}} = 417.481 + 18.687×1 + (−37.004)×1 + 12.559×12 = 549.8727$$

由表 21-2 可看出，第 2 個受試者的閱讀素養是 436.11 分，因此未標準化的殘差就是：

$$殘差 = 436.11 − 549.8727 = −113.7627$$

以迴歸方程式對第 1 個受試者進行預測，會低估他的閱讀素養成績（實際值大於預測值，殘差為正）；對第 2 個受試者進行預測，則會高估她的閱讀素養成績（實際值小於預測值，殘差為負）。圖 21-6 是使用迴歸方程式計算所得的預測值（PRE_1）及殘差值（RES_1）。

圖 21-6　前 5 名受試者的預測值及殘差值

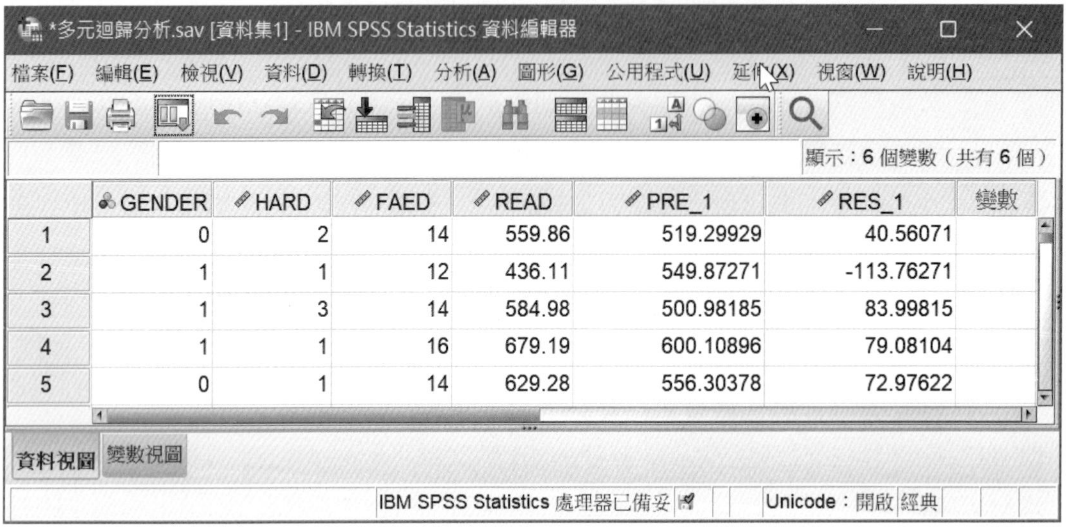

	GENDER	HARD	FAED	READ	PRE_1	RES_1	變數
1	0	2	14	559.86	519.29929	40.56071	
2	1	1	12	436.11	549.87271	-113.76271	
3	1	3	14	584.98	500.98185	83.99815	
4	1	1	16	679.19	600.10896	79.08104	
5	0	1	14	629.28	556.30378	72.97622	

至於迴歸係數是否顯著不等於 0，除了臨界值法外，常用的方法有二。一是使用 t 檢定：

$$t=\frac{\text{未標準化係數}}{\text{係數之標準誤}}$$

性別迴歸係數的 t 值，即為：

$$t=\frac{18.687}{24.952}=.749$$

在自由度是 36（見報表 21-5 殘差的自由度）的 t 分配中，t 的絕對值要大於 0.749 的 p 值為 .459，未小於 .05，因此，不能拒絕虛無假設，所以，迴歸係數 18.687 與 0 並沒有顯著差異。

其次，由未標準化迴歸係數的 95.0% 信賴區間也可以看出，性別未標準化係數 18.687 的 95% 信賴區間為 [−31.917, 69.291]，包含 0，表示 18.687 與 0 沒有顯著差異。因此，在同時加入其他兩個預測變數時，性別無法預測閱讀素養成績。其餘兩個預測變數的 p 值分別為.024 及.003，都小於 .05，因此可以顯著預測閱讀素養成績。

標準化係數是將預測變數及效標變數都標準化（化為 Z 分數）之後計算所得的迴歸係數，當預測變數之間沒有太高的相關時，它可以大略表示對效標變數的重要性。性別變數是虛擬變數，因此一般只看未標準化係數，標準化係數並無意義。

　　未標準化的係數主要用來直接代入迴歸模型進行預測，在實際應用時比較實用；標準化迴歸係數主要用來比較變數的相對重要性，在建立理論時比較適用。

報表 21-7　模型摘要

模型	R	R 平方	調整後 R 平方	標準標準誤
1	.664a	.441	.411	72.95584
a. 解釋變數：（常數），父親教育年數, 讀完一本書很難				

　　最後，另外補充個別變項效果量 f^2 的計算。利用以下公式可以計算個別變數的效果量 f^2：

$$f^2 = \frac{R^2_{包含該變數} - R^2_{不含該變數}}{1 - R^2_{包含該變數}}$$

　　由報表 21-4 可得知，三個自變數全部投入時，R^2 為 .450。報表 21-7 是將性別變數刪除之後另外分析所得的 R^2，為 .441，因此性別變數的 f^2 為：

$$f^2_{性別} = \frac{.450 - .441}{1 - .450} = .016$$

報表 21-8　模型摘要

模型	R	R 平方	調整後 R 平方	標準標準誤
1	.604a	.365	.331	77.75908
a. 解釋變數：（常數），父親教育年數, 性別				

　　報表 21-8 是將讀完一本書很難變數刪除之後另外分析所得的 R^2，為 .365，因此讀完一本書很難變數的 f^2 為：

$$f^2_{讀完一本書很難} = \frac{.450 - .365}{1 - .450} = .154$$

報表 21-9　模型摘要

模型	R	R 平方	調整後 R 平方	標準標準誤
1	.539a	.290	.252	82.22546
a. 解釋變數：（常數），讀完一本書很難, 性別				

報表 21-9 是將父親教育年數變數刪除之後另外分析所得的 R^2，為 .290，因此父親教育年數變數的 f^2 為：

$$f^2_{父親教育年數} = \frac{.450 - .290}{1 - .450} = .290$$

綜言之，三個預測變數的效果量 f^2 分別為 .016、.154、.290。依據 Cohen（1988）的經驗法則，f^2 的小中大標準分別為 .02、.15、.35。性別的效果量幾乎為 0，另外兩個變數為中度的效果量。

21.5　計算效果量

在多元迴歸分析中，一般常用的效果量是 R^2，它代表預測變數可以解釋效標變數變異量的比例，依據 Cohen (1988) 的經驗法則，f^2 的小、中、大標準分別為 .02、.15、.35，由此反算，多元迴歸分析 R^2 值之小、中、大的效果量應分別是 .02、.13、.26。在本範例中，$R^2 = .45$，調整後 $R^2 = .40$，為大的效果量。三個預測變數的 f^2 分別為 .02、.15、.29，計算過程見報表 21-7 至報表 21-9 之說明。

21.6　以 APA 格式撰寫結果

以性別、讀書很難、父親教育年數對閱讀素養成績進行多元迴歸分析。整體效果是顯著的，$F(3, 36) = 9.81$，$p < .001$，$R^2 = .45$。個別變數分析，讀書很難〔$\beta = -.329$，$t(36) = -2.35$，$p = .024$，$f^2 = .15$〕及父親教育年數〔$\beta = .431$，$t(36) = 3.23$，$p = .003$，$f^2 = .29$〕可顯著預測閱讀素養成績。性別則無法顯著預測閱讀素養成績，$b = 18.69$，$t(36) = 0.75$，$p = .459$，$f^2 = .02$。

21.7　多元迴歸分析的假定

21.7.1　獨立性

　　觀察體獨立代表各個樣本不會相互影響，假使觀察體不獨立，計算所得的 p 值就不準確。如果有證據支持違反了這項假定，就不應使用多元迴歸分析。

21.7.2　多變量常態分配

　　此項假定有兩個意涵：一是每個變數在各自的母群中須為常態分配；二是變數的所有可能組合也要呈常態分配。當樣本數在中等以上規模時，即使違反了這項假定，對於多元迴歸分析的影響也不大。

21.7.3　等分散性

　　在自變數的每個水準之所有可能組合中，依變數都要呈常態分配，而這些常態分配的變異數也要相等。如果違反此項假定，則分析所得的 F 及 p 值就不精確。幸好，如果不是嚴重違反此項假定，則仍然可以使用多元迴歸分析。

21.8　多元迴歸分析與變異數分析

　　前面 21.1.4 節說明類別變數如果要當成預測變數，須先轉換為虛擬變數；本節則要說明，虛擬變數的多元迴歸分析與變異數分析結果相同。

　　本處使用第 11 章單因子變數分析的資料，自變數是睡眠剝奪時間，共有 4 組，以第 4 組為參照組，產生 3 個虛擬變數，SPSS 語法為：

```
COUNT a1=a(1).      /*計算 a 變數，如為 1，則 a1=1，其他各組轉為 0。
COUNT a2=a(2).      /*計算 a 變數，如為 1，則 a2=1，其他各組轉為 0。
COUNT a3=a(3).      /*計算 a 變數，如為 1，則 a3=1，其他各組轉為 0。
EXECUTE.            /*執行計算。
```

　　接著再以 a1、a2、a3 當做預測變數，效標變數是手部穩定性（y），進行多元迴歸分析。其次，以睡眠剝奪時間（a）為自變數，手部穩定性（y）為依變數，進行單

因子變異數分析，事後比較採 LSD 法。

兩次分析的報表對照如下：

報表 21-10　變異數分析 [a]

模型		平方和	自由度	均方	F	顯著性
1	迴歸	49.000	3	16.333	7.497	.001[b]
	殘差	61.000	28	2.179		
	總計	110.000	31			
a. 應變數: 手部穩定						
b. 解釋變數：（常數），24 小時對 36 小時, 18 小時對 36 小時, 12 小時對 36 小時						

報表 21-10 是多元迴歸分析的摘要表，與報表 21-11 一致。迴歸的自由度為 3，是因為有 3 個虛擬變數 a1、a2、a3。

報表 21-11　變異數分析

手部穩定	平方和	自由度	均方	F	顯著性
組間	49.000	3	16.333	7.497	<.001
組內	61.000	28	2.179		
總計	110.000	31			

報表 21-11 是單因子變異數分析的摘要表。組間自由度等於組數 4 減 1。

報表 21-12　係數 [a]

模型		非標準化係數		標準化係數	T	顯著性	B 的 95%信賴區間	
		B	標準誤	Beta			下限	上限
1	（常數）	6.250	.522		11.977	.000	5.181	7.319
	a1 12 小時對 36 小時	-3.250	.738	-.759	-4.404	.000	-4.762	-1.738
	a2 18 小時對 36 小時	-2.750	.738	-.642	-3.726	.001	-4.262	-1.238
	a3 24 小時對 36 小時	-2.000	.738	-.467	-2.710	.011	-3.512	-.488
a. 應變數: 手部穩定								

報表 21-12 是迴歸分析所得的係數，分別說明如下：

1. 常數 6.25，代表參照組（第 4 組）的平均數，此可以報表 21-13 中 30 小時的平均數 6.25 得到映證。

2. a1（12 小時對 36 小時）的係數為 −3.25，代表與第 4 組（參照組）相比，第 2 組的出錯次數平均少 3.25 次。報表 21-13 中的 3.00 − 6.25 = −3.25。在報表 21-14 也可以找到同樣的數值（以灰底表示）。$p = .000$，代表兩組之間的平均數有顯著差異。

3. a2（18 小時對 36 小時）的係數為 −2.75，代表與第 4 組（參照組）相比，第 1 組的出錯次數平均少 2.75 次。報表 21-13 中的 3.50 − 6.25 = −2.75。在報表 21-14 也可以找到同樣的數值。$p = .001$，代表兩組之間的平均數有顯著差異。

4. a3（24 小時對 36 小時）的係數為 −2.00，代表與第 4 組（參照組）相比，第 3 組的出錯次數平均少 2 次。報表 21-13 中的 4.25 − 6.25 = −2.00。在報表 21-14 也可以找到同樣的數值。$p = .011$，代表兩組之間的平均數有顯著差異。

5. 報表 21-12 中各係數的 95%信賴區間，也與報表 21-14 中灰底部分相同。

報表 21-13　敘述統計

依變數:　手部穩定			
睡眠剝奪	平均值	標準差	個數
12 小時	3.00	1.512	8
18 小時	3.50	.926	8
24 小時	4.25	1.035	8
30 小時	6.25	2.121	8
總計	4.25	1.884	32

報表 21-13 是自變項 4 個組中，手部穩定的平均數、標準差、個數。用來與報表 21-12 迴歸分析的係數及報表 21-14 事後多重比較的平均數差異對照。

報表 21-14　多重比較

依變數:	手部穩定					
LSD						
(I) 睡眠剝奪	(J) 睡眠剝奪	平均值差異 (I-J)	標準誤	顯著性	95% 信賴區間	
					下界	上界
12 小時	18 小時	-.500	.738	.504	-2.012	1.012
	24 小時	-1.250	.738	.101	-2.762	.262
	30 小時	-3.250*	.738	.000	-4.762	-1.738
18 小時	12 小時	.500	.738	.504	-1.012	2.012
	24 小時	-.750	.738	.318	-2.262	.762
	30 小時	-2.750*	.738	.001	-4.262	-1.238
24 小時	12 小時	1.250	.738	.101	-.262	2.762
	18 小時	.750	.738	.318	-.762	2.262
	30 小時	-2.000*	.738	.011	-3.512	-.488
30 小時	12 小時	3.250*	.738	.000	1.738	4.762
	18 小時	2.750*	.738	.001	1.238	4.262
	24 小時	2.000*	.738	.011	.488	3.512
*. 平均值差異在 0.05 層級顯著。						

　　報表 21-14 是採用 LSD 法的事後多重比較，灰底部分與迴歸分析的係數一致。不過，LSD 多重比較比迴歸分析多 3 個比較，此可透過分別將第 2、3 組當成參照組，再另外進行兩次迴歸分析獲得。

　　總之，變異數分析是迴歸分析的特例，第 11 章的變異數分析也可以使用本章的多元迴歸分析，結果會一致。分析的方法取決於研究者的興趣，當依變數是定量變數時，如果自變數都是類別變數，而又想了解變數間的交互作用，一般會進行變異數分析；如果自變數有類別變數及定量變數，或是全為定量變數，一般會進行多元迴歸分析。多元迴歸分析也可以透過將預測變數相乘，得到交互作用，不過，一般主要用來分析調節作用。

22 卡方適合度檢定

卡方（χ^2, chi-square）適合度檢定在考驗一個變數中，每個類別所占的比例（或人數）是否符合某種比例，適用的情境如下：

變數：一個包含兩個或更多類別的變數，為質的變數。

22.1 基本統計概念

22.1.1 目的

卡方適合度檢定只有一個變數，是單因子的卡方檢定，可以用來檢定實際觀測的比例（或次數）與理論或母群比例的適配度（goodness-of-fit）。常用的檢定值有以下四種（Cohen, 2007）：

1. **各類別都相同**。例如：要小朋友從四種顏色不同但外形相同的玩具中任意挑選一種，此時我們通常會假定選擇各種顏色的人數相等。

2. **已知的母群比例**。例如：不經人為控制，那麼新生嬰兒男性與女性的比例大約是 105：100。我們可以依此檢定某個國家新生嬰兒是否符合這個比例。

3. **某種分配形狀**。例如：標準常態分配各部分的比例如圖 22-1，我們可以依此檢定臺灣成年男性的身高是否符合這個比例。

4. **理論模型**。在驗證性因素分析中，我們可以檢定觀察的共變數矩陣與理論的模型是否適配，此時，我們通常期望接受虛無假設。

22.1.2 分析示例

以下的研究問題，可以使用卡方適合度檢定：

1. 臺灣患某種疾病的比例是否與先進國家相同。

2. 某所大學新生的居住縣市，是否符合各縣市 18 歲人口的母群比例。

3. 三家公司的茶飲市占率是否符合某一特定比例。

4. 某件產品的使用壽命是否符合常態分配。

圖 22-1 標準常態分配

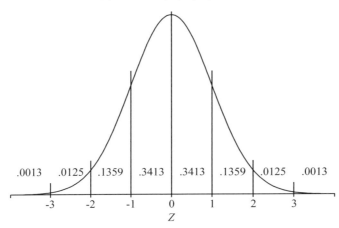

22.1.3 統計公式

研究者想要了解一般人對數字是否有特別的偏好，於是找了 40 名受訪者，請他們從 1－4 的數字中選擇一個號碼，整理後得到表 22-1。試問：民眾對數字是否有特別偏好？

表 22-1 40 名受訪者實際選擇的數字

數字	1	2	3	4
觀察次數	7	9	18	6

22.1.3.1 虛無假設與對立假設

在此例中，待答問題是：

　　民眾對數字是否有特別偏好？

虛無假設是假定母群中選擇每個數字的比例相等：

$$H_0 : P_1 : P_2 : P_3 : P_4 = 0.25 : 0.25 : 0.25 : 0.25$$

取整數，則寫成：

$$H_0 : P_1 : P_2 : P_3 : P_4 = 1 : 1 : 1 : 1$$

對立假設寫成：

$$H_1 : P_1 : P_2 : P_3 : P_4 \neq 1 : 1 : 1 : 1$$

綜言之，統計假設寫成：

$$\begin{cases} H_0 : P_1 : P_2 : P_3 : P_4 = 1 : 1 : 1 : 1 \\ H_1 : P_1 : P_2 : P_3 : P_4 \neq 1 : 1 : 1 : 1 \end{cases}$$

22.1.3.2　計算卡方值

卡方檢定的定義公式為：

$$\chi^2 = \sum \frac{(f_o - f_e)^2}{f_e} \tag{22-1}$$

其中 f_o 是實際觀察次數，f_e 是期望次數。

在表 22-1 中，由於有 4 個數字，受訪者有 40 人，假設大家對數字沒有偏好，則選擇每一種數字的期望次數就是：

$$40 \times \frac{1}{4} = 10$$

結果如表 22-2。

表 22-2　40 名受訪者選擇的數字之期望次數

數字	1	2	3	4
期望次數	10	10	10	10

將表 22-1 及表 22-2 的數值代入公式，得到：

$$\chi^2 = \frac{(7-10)^2}{10} + \frac{(9-10)^2}{10} + \frac{(18-10)^2}{10} + \frac{(6-10)^2}{10}$$

$$= \frac{9}{10} + \frac{1}{10} + \frac{64}{10} + \frac{16}{10} = \frac{90}{10} = 9$$

計算後得到 χ^2 值為 9。至於能否拒絕虛無假設，有兩種判斷方法。第一種是傳

統取向的做法，找出在自由度為 3（等於類別數減 1）的 χ^2 分配中，$\alpha = 0.05$ 的臨界值。由圖 22-2 可看出，此時臨界值為 7.815（留意：χ^2 檢定的拒絕區在右尾），計算所得的 9 已經大於 7.815，要拒絕虛無假設，所以民眾對數字有特別的偏好。

圖 22-2　自由度為 3 的 χ^2 分配中，$\alpha = 0.05$ 的臨界值是 7.815

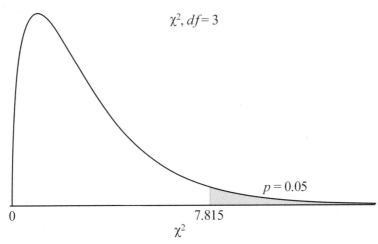

第二種是現代取向的做法，找出在自由度為 3 的 χ^2 分配中，χ^2 要大於 9 的機率值。由圖 22-3 可看出，此時的 $p = 0.029$，小於 0.05，應拒絕虛無假設，所以民眾對數字有特別的偏好。

細格中的觀察次數減期望次數稱為殘差，由殘差來看，受訪者選 3 的人數較多（$18 - 10 = 8$）。

圖 22-3　自由度為 3 的 χ^2 分配中，$\chi^2 \geq 9$ 的機率值是 0.029

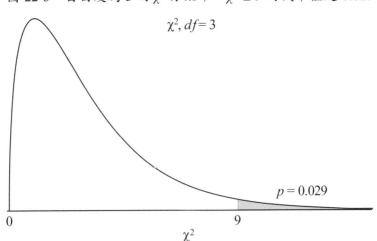

22.1.3.3　效果量

卡方適合度的效果量公式為：

$$w = \sqrt{\frac{\chi^2}{N(k-1)}} \tag{22-2}$$

其中 k 是類別數。

代入前面的數值：

$$w = \sqrt{\frac{9}{40(4-1)}} = .274$$

依據 Cohen（1988）的經驗法則，w 的小、中、大效果量為 .10、.30、.50，本範例為中度的效果量。

22.1.4　在 SPSS 中輸入資料的方法

要使用 SPSS 分析表 22-1 的資料，可以使用兩種輸入方法，一是使用觀察值加權，二是使用原始數值。

22.1.4.1　觀察值加權

如果研究者獲得的數據是已經彙整好的資料（他人研究或報章雜誌），則應使用此種方法輸入。此時，需要界定兩個變數，其中一個用來輸入變數的類別，另一個變數則用來輸入觀察次數。表 22-1 的資料輸入如圖 22-4，由於提供 4 個數字讓受訪者選擇，因此總共輸入 4 列數值，no 變數表示 4 種數字，freq 則是選擇該數字的受訪者數（分別為 7、9、18、6 人）。畫面的右下角有「加權於」字樣，表示使用 freq 變數當加權（操作過程見 22.4 節之說明）。

22.1.4.2　原始數值

如果是未經彙整的原始數據（通常來自實驗或調查所得），則應使用此種方法輸入。此時，只需要界定一個變數，用來依序輸入每位受訪者選擇的數字。由於有 40 位受訪者，所以需要輸入 40 列資料，其中有 7 個 1，9 個 2，18 個 3，及 6 個 4。圖

22-5 僅顯示前 10 位受訪者的回答情形。此時，畫面的右下角沒有「加權於」字樣，未進行加權。

圖 22-4　觀察值加權資料檔

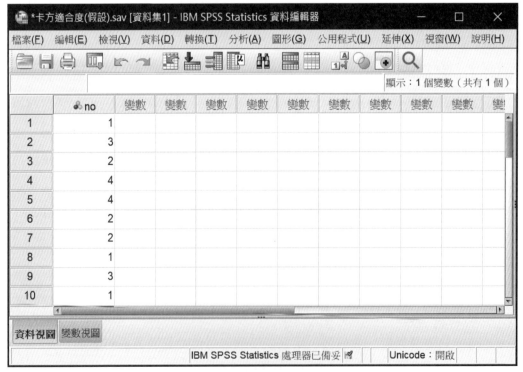

圖 22-5　原始數值資料檔

22.2　範例

某研究者調查了歐洲兩個地區 762 位居民的頭髮顏色，得到表 22-3 之數據。請問：該比例是否符合 30：12：30：25：3？

表 22-3　762 名受訪者的髮色

髮色	金 (fair)	紅 (red)	中棕 (medium)	深棕 (dark)	黑 (black)
人數	228	113	217	182	22

資料來源：Base SAS 9.2 Procedures Guide: Statistical Procedures, Third Edition.

22.2.1　變數與資料

表 22-3 是彙整好的資料，有二個變數，一個是頭髮顏色，另一個是實際調查到的人數。在 SPSS 中，應設定兩個變數，一個名為 hair，另一個名稱 freq。

22.2.2　研究問題

在本範例中，研究者想要了解的問題可以陳述如下：

居民的五種髮色是否符合 30：12：30：25：3？

22.2.3　統計假設

根據研究問題，虛無假設宣稱「居民的五種髮色符合 30：12：30：25：3」：

$$H_0 : P_金 : P_紅 : P_{中棕} : P_{深棕} : P_黑 = 30:12:30:25:3$$

而對立假設則宣稱「居民的五種髮色不符合 30：12：30：25：3」：

$$H_1 : P_金 : P_紅 : P_{中棕} : P_{深棕} : P_黑 \neq 30:12:30:25:3$$

22.3　使用 SPSS 進行分析

1. 完整的 SPSS 資料檔如圖 22-6，此時右下角未出現【加權於】字樣。

圖 22-6　卡方適合度檢定資料檔

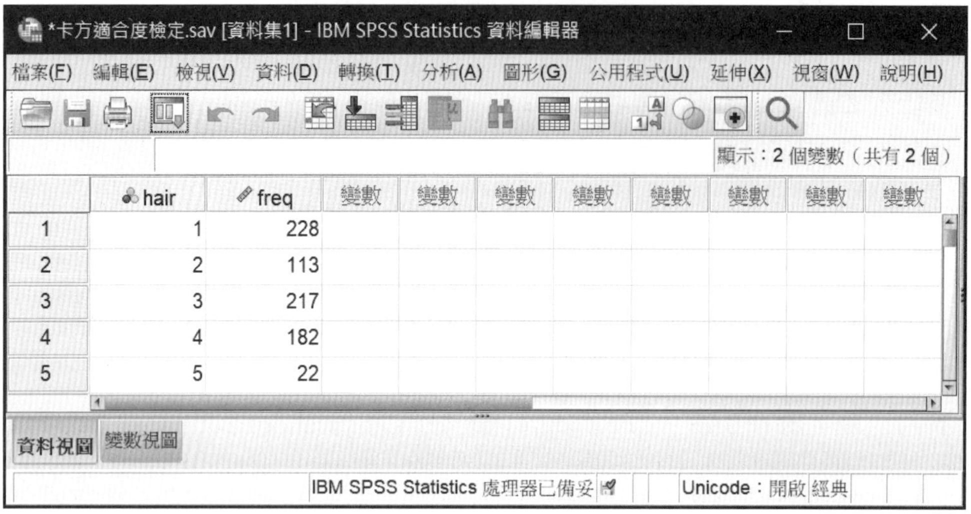

	♣ hair	✐ freq	變數	變數	變數	變數	變數	變數	變數	變數
1	1	228								
2	2	113								
3	3	217								
4	4	182								
5	5	22								

2. 由於是彙整好的資料,因此在【資料】選單中選擇【加權觀察值】(圖 22-7)。

圖 22-7　加權觀察值選單

3. 選擇【加權觀察值方式】,並將次數變數(人數[freq])點選右邊的【次數變數】框中(圖 22-8)。

圖 22-8　加權觀察值對話框

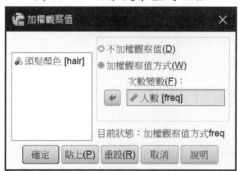

4.　設定完成後，在資料視窗的右下角會顯示【加權於】字樣（圖 22-9）。

圖 22-9　觀察值加權資料檔

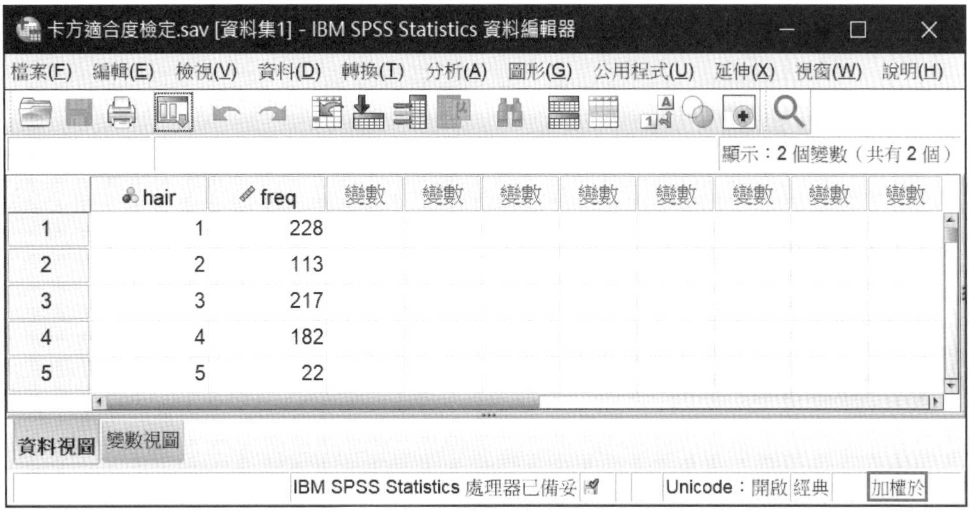

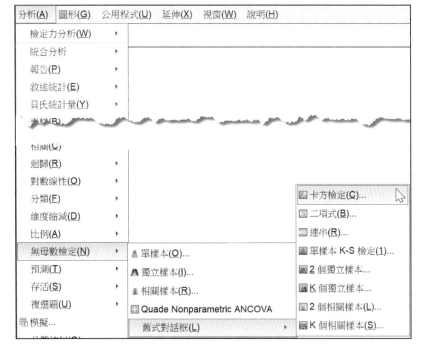

5.　接著進行正式分析，如果是原始資料檔，則直接由此步驟開始。在【分析】選單中的【無母數檢定】之【舊式對話框】選擇【卡方檢定】（圖 22-10）。

圖 22-10　卡方選單

6. 把要檢定的變數（頭髮顏色[hair]）點選到右邊的【檢定變數清單】中。此時，
   【期望值】中內定是【所有類別相等】，如果沒有特定的比例，則直接點擊【確
   定】按鈕進行分析（圖 22-11）。

圖 22-11　卡方檢定對話框

7. 輸入"30"，再點擊【新增】按鈕，接著依序輸入 "12"、"30"、"25"，及 "3"
   並隨後點擊【新增】按鈕。完成輸入後，點擊【確定】按鈕進行分析（圖 22-12）。

圖 22-12　卡方檢定對話框（續）

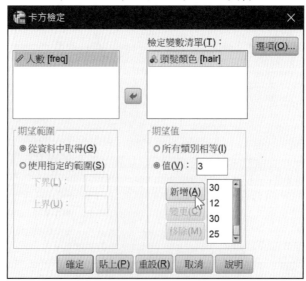

22.4 報表解讀

分析後得到以下的報表，分別加以說明之。

報表 22-1 頭髮顏色

	觀察個數	期望個數	殘差
金	228	228.6	-.6
紅	113	91.4	21.6
中棕	217	228.6	-11.6
深棕	182	190.5	-8.5
黑	22	22.9	-.9
總和	762		

報表 22-1 中提供了計算 χ^2 所需要的統計量，其中**觀察個數**就是實際調查所得的數據，**期望個數**則是依據母群比例計算所得的數值。因為母群的比例是 30：12：30：25：3，而調查到的居民有 762 位，所以各種髮色的期望個數為：

紅：$762 \times \dfrac{30}{100} = 228.6$

紅：$762 \times \dfrac{12}{100} = 91.4$

中棕：$762 \times \dfrac{30}{100} = 228.6$

深棕：$762 \times \dfrac{25}{100} = 190.5$

黑：$762 \times \dfrac{3}{100} = 22.9$

殘差是由觀察個數減期望次數而得，所以金色的殘差值為：

$$228 - 228.6 = -0.6$$

其他的殘差值依此類推。由殘差來看，實際調查到髮色為紅色的居民，比預期的人數多 22 人（應為 21.6）；髮色為中棕色的居民，比預期的人數少 12 人（應為 11.6）。大概而言，這兩個地區的民眾，紅髮的比例比較高，而棕髮（含中棕及深棕）的比例

比較低。至於這樣的差異是否達到顯著，應看報表 22-2 的結果。

報表 22-2　檢定統計量

	頭髮顏色
卡方	6.085[a]
自由度	4
漸近顯著性	.193
a. 0 個格 (0.0%) 的期望次數少於 5。最小的期望格次數為 22.9。	

將報表 22-1 中的數值代入公式，得到：

$$\chi^2 = \frac{(228-228.6)^2}{228.6} + \frac{(113-91.4)^2}{91.4} + \frac{(217-228.6)^2}{228.6} + \frac{(182-190.5)^2}{190.5}$$
$$+ \frac{(22-22.9)^2}{22.9}$$
$$= \frac{(-0.6)^2}{228.6} + \frac{(21.6)^2}{91.4} + \frac{(-11.6)^2}{228.6} + \frac{(-8.5)^2}{190.5} + \frac{(-0.9)^2}{22.9}$$
$$= 6.085$$

計算所得 $\chi^2 = 6.085$，在自由度 4（5 種髮色減 1）的卡方分配中，$p = .193$，並未小於 .05，不能拒絕虛無假設，因此，該地區居民的髮色比例，與 30：12：30：25：3 並無顯著不同。

22.5　計算效果量

將前述的數值代入公式 22-2，得到：

$$w = \sqrt{\frac{6.085}{762(5-1)}} = .045$$

由於 w 值小於 .10，因此效果量非常小。

22.6　以 APA 格式撰寫結果

研究者調查了歐洲兩個地區居民的髮色，經卡方適合度檢定，五種髮色比例與整個歐洲並無顯著差異，$\chi^2 (4, N = 762) = 6.085$，$p = .193$，效果量 $w = .045$。

22.7　卡方適合度檢定的假定

卡方適合度檢定，應符合以下兩個假定。

22.7.1　觀察體要隨機抽樣且獨立

觀察體獨立代表各個細格間的觀察體不會相互影響。如果受訪者同時被歸類在兩個類別中（如：既是金髮又是黑髮），則違反獨立的假定。

觀察體不獨立，計算所得的 p 值就不準確，如果有證據支持違反了這項假定，就不應使用卡方適合度檢定。

22.7.2　期望值大小

當只有兩個類別（自由度為 1），而且期望次數少於 5 時，所得的 χ^2 值就不是真正的 χ^2 分配，最好使用以下公式校正，以獲得更精確的 χ^2 值。

$$\chi^2 = \sum \frac{(|f_o - f_e| - 0.5)^2}{f_e} \tag{22-3}$$

23 卡方同質性與獨立性檢定

卡方同質性與獨立性檢定都在考驗兩個質的變數之間的關聯，為雙因子的分析，適用的情境如下：

自變數與**依變數**：各自包含兩個或更多類別的變數，均為**質的變數**。

23.1 基本統計概念

23.1.1 目的

前一章的卡方適合度檢定只分析一個變數，但是在實際的研究中，很少只關注一個變數，而會更關心兩個（或以上）變數之間的關聯。

當兩個變數都是量的變數時，研究者通常使用 Pearson 積差相關（本書第 17 章）或簡單迴歸分析（第 20 章）。如果自變數是質的變數，依變數是量的變數，則會進行 *t* 檢定或變異數分析（第 9 到 12 章）。如果兩個變數都是質的變數，則可以做成列聯表（contingency table），進行同質性或獨立性檢定。

同質性檢定旨在分析一個變數在不同母群間的分配是否相同（同質），而獨立性檢定則在分析兩個變數是否有關聯。兩者在概念上有差異，但是計算方法仍相同，所以本章並不嚴格加以區分。

23.1.2 分析示例

以下的研究問題，可以使用卡方同質性與獨立性檢定：

1.　四家超商的消費者年齡層（分為五個類別）是否有差異（同質性）。
2.　三所大學學生的住宿情形（住校、賃居、在家）是否有差異（同質性）。
3.　父母的婚姻狀況（離婚與否）與孩子的婚姻狀況是否有關聯（獨立性）。
4.　選民籍貫與支持的總統候選人是否有關聯（獨立性）。

23.1.3 統計公式

某大學想要了解學生對「導師經常與同學溝通互動」的意見，於是請各學院學生填答問卷，整理後得到表 23-1。試問：不同學院學生的意見是否有差異？

表 23-1 790 名大學生的意見

	理學院	工學院	文學院	教育學院	列總數
非常同意	53	20	30	77	180
同意	77	74	61	103	315
普通	97	45	42	51	235
不同意	29	13	7	11	60
行總數	256	152	140	242	790

23.1.3.1 虛無假設與對立假設

在此例中，待答問題是：

不同學院學生的意見是否有差異？

虛無假設是假定四個學院學生的意見沒有差異：

H_0：不同學院學生的意見沒有差異。

對立假設寫成：

H_1：不同學院學生的意見有差異。

23.1.3.2 使用定義公式計算卡方值

卡方檢定的定義公式為：

$$\chi^2 = \sum \frac{(f_o - f_e)^2}{f_e} \tag{23-1}$$

如果使用定義公式來計算 χ^2 值，則需要算出每個細格的期望次數。以下用理學院回答「非常同意」這個細格為例，說明期望值的計算方法。

如果不考慮學生來自什麼學院，則全校學生非常同意「導師經常與同學溝通互

動」的比例是：

$$\frac{180}{790} = 0.228$$

理學院回答的學生有 256 名，依據 0.228 的比例，則理學院學生持「非常同意」意見的人數應有：

$$256 \times \frac{180}{790} = \frac{256 \times 180}{790} = 58.329$$

因此，某個細格的期望次數等於：

$$fe_{ij} = \frac{第\,i\,列總數 \times 第\,j\,行總數}{總人數} = \frac{F_i \times F_j}{N} \tag{23-2}$$

計算後，表 23-1 的期望次數如表 23-2。

表 23-2　期望次數

	理學院	工學院	文學院	教育學院	列總數
非常同意	58.329	34.633	31.899	55.139	180
同意	102.076	60.608	55.823	96.494	315
普通	76.152	45.215	41.646	71.987	235
不同意	19.443	11.544	10.633	18.380	60
欄總數	256	152	140	242	790

將表 23-1 及表 23-2 的數值代入公式 23-1，得到：

$$\chi^2 = \frac{(53 - 58.329)^2}{58.329} + \frac{(20 - 34.633)^2}{34.633} + \cdots + \frac{(7 - 10.633)^2}{10.633} + \frac{(11 - 18.380)^2}{18.380}$$
$$= 64.404$$

計算後得到 χ^2 值為 64.404。

自由度的公式是：

$$df = (行數{-}1) * (列數{-}1) = (4{-}1) * (4{-}1) = 9 \tag{23-3}$$

至於能否拒絕虛無假設，有兩種判斷方法。第一種是傳統取向的做法，找出在

自由度為 9 的 χ^2 分配中，$\alpha = .05$ 的臨界值。由圖 23-1 可看出，此時臨界值為 16.919，計算所得的 64.404 已經大於 16.919，要拒絕虛無假設，所以四個學院學生的意見有顯著不同。

圖 23-1　自由度為 9 的 χ^2 分配中，$\alpha = .05$ 的臨界值是 16.919

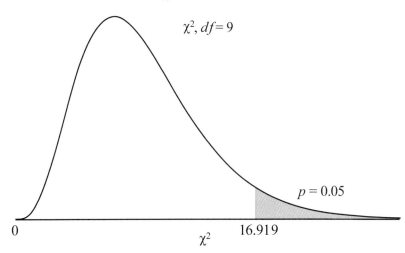

第二種是現代取向的做法，找出在自由度為 9 的 χ^2 分配中，χ^2 值要大於 64.404 的機率。由圖 23-2 可看出，此時的 $p = 5.067 \times 10^{-7} < .001$，已經小於 .05，應拒絕虛無假設，所以四個學院學生的意見有顯著不同。

圖 23-2　自由度為 9 的 χ^2 分配中，$\chi^2 \geq 64.404$ 的機率值小於 .001

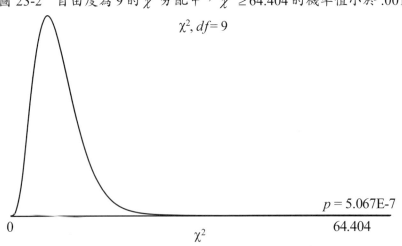

23.1.3.3　使用運算公式計算卡方值

使用定義公式計算 χ^2 值雖然可行，但是因為要計算各細格的期望次數，因此並不方便。此時，我們可以改用運算公式，直接使用各細格的觀察次數加計算 χ^2，它的公式是：

$$\chi^2 = \left(\sum \frac{fo_{ij}^2}{F_i \times F_j} - 1 \right) \times N \tag{23-4}$$

代入表 23-1 的數值，得到：

$$\chi^2 = \left(\frac{53^2}{180 \times 256} + \frac{20^2}{180 \times 152} + \cdots + \frac{7^2}{60 \times 140} + \frac{11^2}{60 \times 242} - 1 \right) \times 790$$
$$= (1.05874 - 1) \times 790 = 64.404$$

使用兩個公式的計算結果相同。

23.1.4　標準化殘差值

整體檢定顯著後，可以進一步分析細格的殘差，以了解學生意見的差異情形。殘差的公式為：

殘差 = 觀察次數 − 期望次數

計算後得到表 23-3。細格中殘差值為正數者，代表觀察次數高於期望次數，也就是受訪者的意見比較偏向此細格；反之，殘差值為負數，代表觀察次數低於期望次數，代表受訪者比較不傾向細格的意見。由報表可看出：理學院學生比較傾向回答「普通」及「不同意」，工學院與文學院學生比較傾向回答「同意」，教育學院學生比較傾向回答「非常同意」。

表 23-3　原始殘差

	理學院	工學院	文學院	教育學院
非常同意	-5.329	-14.633	-1.899	21.861
同意	-25.076	13.392	5.177	6.506
普通	20.848	-0.215	0.354	-20.987
不同意	9.557	1.456	-3.633	-7.380

然而，原始殘差值並無法反映差距的大小。例如，6 與 1 的差異是 5，100 與 95 的差異也是 5，但是 $\frac{6-1}{1}=5$，而 $\frac{100-95}{95}=0.053$，兩者的相對差異是不相等的。此時，我們會將殘差值標準化，公式為：

$$標準化殘差 = \frac{觀察次數 - 期望次數}{\sqrt{期望次數}} = \frac{殘差}{\sqrt{期望次數}} \tag{23-5}$$

計算後得到表 23-4。

表 23-4　標準化殘差

	理學院	工學院	文學院	教育學院
非常同意	-0.698	-2.486	-0.336	2.944
同意	-2.482	1.720	0.693	0.662
普通	2.389	-0.032	0.055	-2.474
不同意	2.167	0.428	-1.114	-1.721

SPSS 又另外提供了調整標準化殘差，它以行與列的比例加以校正，公式為：

$$調整標準化殘差 = \frac{觀察次數 - 期望次數}{\sqrt{期望次數\left(1-\frac{第i列總數}{總人數}\right)\left(1-\frac{第j行總數}{總人數}\right)}} \tag{23-6}$$

$$= \frac{殘差}{\sqrt{期望次數\left(1-第i列比例\right)\left(1-第j行比例\right)}}$$

表 23-5　調整後標準化殘差

	理學院	工學院	文學院	教育學院
非常同意	-0.966	-3.149	-0.422	4.023
同意	-3.893	2.469	0.985	1.026
普通	3.467	-0.042	0.072	-3.543
不同意	2.742	0.496	-1.278	-2.150

標準化殘差成 Z 分配，因此可以使用 ±1.96 為臨界值。由表 23-5 可看出，理學院學生比較傾向回答「普通」及「不同意」，工學院學生比較傾向回答「同意」，教育學院學生比較傾向回答「非常同意」。

23.1.5　事後比較

新版 SPSS 提供欄（行）比例的成對比較，以下就報表 23-1 加以說明。

報表 23-1　意見 * 學院 交叉表

在學院之內的		學院				總和
		理學院	工學院	文學院	教育學院	
意見	非常同意	20.7%$_a$	13.2%$_a$	21.4%$_{a, b}$	31.8%$_b$	22.8%
	同意	30.1%$_a$	48.7%$_b$	43.6%$_b$	42.6%$_b$	39.9%
	普通	37.9%$_a$	29.6%$_{a, b}$	30.0%$_{a, b}$	21.1%$_b$	29.7%
	不同意	11.3%$_a$	8.6%$_{a, b}$	5.0%$_{a, b}$	4.5%$_b$	7.6%
總和		100.0%	100.0%	100.0%	100.0%	100.0%
每個下標字母都代表 學院 類別的子集，其行比例在 .05 水準上，彼此差異不大。						

　　報表中顯示了以行（欄）為主的百分比，由理學院這一直行來看，20.7%的理學院學生回答「非常同意」、30.1%回答「同意」、37.9%回答「普通」、11.3%回答「不同意」，合計為 100%。教育學院學生回答四個選項的百分比，分別為 31.8%、42.6%、21.1%，及 4.5%。

　　由橫列來看，百分比右下方標註了 a、b 英文字母，如果是同一字母，表示兩組之間的百分比沒有顯著差異。由「非常同意」這一橫列的百分比來看，可發現：

1. 理學院與工學院，都標註 a，因此兩學院在「非常同意」的百分比沒有顯著差異。

2. 理學院與文學院，都有標註 a（教育學院的 b 此時可不看），因此兩學院在「非常同意」的百分比沒有顯著差異。

3. 理學院與教育學院，前者標註 a，後者標註 b，因此兩學院在「非常同意」的百分比有顯著差異。教育學院回答「非常同意」的百分比高了 11.1%。

4. 工學院與文學院，都有標註a（文學院的b此時可不看），因此兩學院在「非常同意」的百分比沒有顯著差異。

5. 工學院與教育學院，前者標註 a，後者標註 b，因此兩學院在「非常同意」的百分比有顯著差異。教育學院回答「非常同意」的百分比高了 18.6%。

6. 文學院與教育學院，都有標註 b（教育學院的 a 此時可不看），因此兩學院在「非常同意」的百分比沒有顯著差異。

因此，教育學院學生回答「非常同意」的百分比顯著高於理學院及工學院。

由第二橫列來看，理學院回答「同意」的百分比與其他三個學院都有顯著差異，而且比較低。由第三、四橫列來看，理學院回答「普通」及「不同意」的百分比，比教育學院高。

總之，教育學院學生持「非常同意」的百分比高於理學院及工學院，理學院學生持「普通」及「不同意」的百分比則高於教育學院。整體而言，理學院學生傾向回答「普通」及「不同意」，教育學院學生傾向回答「非常同意」。

23.1.6 卡方同質性檢定與卡方獨立性檢定

在前述的例子中，由於是從各學院學生中抽取一定的樣本，學生的學院別及人數已經知道，所以「學院」這一變數為**設計變數**（design variable），是自變數，而對「導師經常與同學溝通互動」的意見則為**反應變數**（response variable），是依變數，其主要目的在了解四個學院的學生對「導師經常與同學溝通互動」意見是否有不同。因此虛無假設為：四個學院的學生對「導師經常與同學溝通互動」意見沒有不同。此時，稱為**卡方同質性檢定**。

如果是隨機從教育學院選取一些學生，然後詢問他們的「學院」及對「導師經常與同學溝通互動」的看法，此時兩個變數都是**反應變數**，沒有自變數與依變數的分別，行與列的次數（或人數）都不是事前先決定的，需要等到實際調查後才能得知，就適用**卡方獨立性考驗**。此時，研究目的在於了解「學生學院別與對導師制的看法是否有關」，虛無假設為：學生學院別與對導師制的看法無關（也就是兩者獨立）。

總之，如果一個變數在調查前就已知，只調查另一個變數，就適用同質性檢定；如果兩個變數都是由調查而得，則適用獨立性檢定。雖然研究目的有所差別，但是計算 χ^2 值及自由度公式都相同，使用 SPSS 分析的過程也一樣。

23.1.7　效果量

如果是 2×2 的列聯表，則 χ^2 檢定的效果量可用 ϕ 表示，

$$\phi = \sqrt{\frac{\chi^2}{N}} \tag{23-7}$$

如果不是 2×2 的列聯表，則可以改用 Cramér 的 V 係數，它是比較廣泛用途的 ϕ 係數，公式為：

$$V = \sqrt{\frac{\chi^2}{N(k-1)}} = \sqrt{\frac{\phi}{k-1}} \tag{23-8}$$

其中 k 是行數與列數中較小者，如果行或列其中一個變數只有兩類時，則 $V = \phi$。

代入前面的數值，

$$V = \sqrt{\frac{46.404}{790(4-1)}} = 0.140$$

依據 Cohen（1988）的經驗法則，ϕ 與 V 的小、中、大效果量為 .10、.30、.50，本範例為小的效果量。

23.2　範例

美國 2012 年綜合社會調查（general social survey），得到表 23-6 之數據。請問：教育程度與年收入是否有關？

表 23-6　690 名美國受訪者的資料

	收入	12999 以下	13000-29999	30000-59999	60000 以上	列總數
教育程度	初中以下	21	16	9	4	50
	高中	80	118	103	40	341
	學院、大學	33	35	65	71	204
	研究所	8	6	32	49	95
行總數		142	175	209	164	690

23.2.1 變數與資料

表 23-6 是由原始數據（見圖 23-3）彙整好的資料，有二個變數，一個是教育程度，分為四個等級，另一個是每年收入，同樣分為四個等級。由於使用原始資料，因此在 SPSS 中只要定兩個變數即可，一個名為教育程度（ed），另一個名為收入（income）。

23.2.2 研究問題

在本範例中，研究者想要了解的問題可以陳述如下：

  教育程度與年收入是否有關？

23.2.3 統計假設

根據研究問題，虛無假設宣稱「兩個變數沒有關聯」：

  H_0：教育程度與年收入無關

而對立假設則宣稱「兩個變數有關聯」：

  H_1：教育程度與年收入有關

23.3　使用 SPSS 進行分析

1.　部分的 SPSS 資料檔如圖 23-3，由於是原始資料，因此可以直接進行分析。

圖 23-3　卡方適合度檢定資料檔（部分）

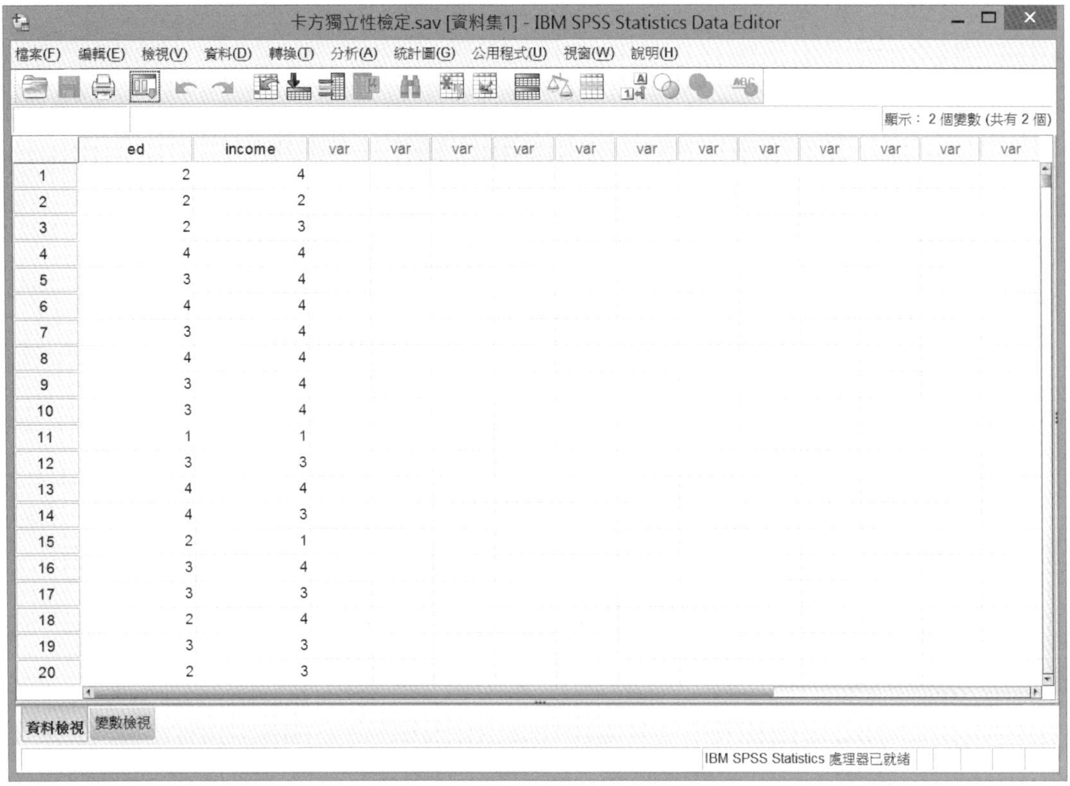

2. 在【分析】選單中的【敘述統計】選擇【交叉資料表】（圖 23-4）。

圖 23-4　交叉資料表選單

3. 把要檢定的變數分別點選到【列】與【欄】（行）。筆者建議，如果有自變數及依變數之分時，最好將自變數點選到【欄】，依變數則點選到【列】，以便進行

事後比較。如果要繪製集群長條圖，可以勾選左下角的【顯示集群長條圖】（圖
23-5）。

圖 23-5　交叉資料表對話框

4.　在【統計量】項下，勾選【卡方檢定】、【Phi 和 Cramer's V】，及【相關
性】（圖 23-6）。

圖 23-6　交叉資料表：統計量對話框

5. 在【單元】（儲存格）項下，【計數】中勾選【觀察值】、【期望值】，【百分比】中勾選【欄】（行），【殘差】中勾選【未標準化】、【調整標準化】，【z 檢定】下勾選【比較欄比例】，並選擇【調整 p 值】。完成選擇後點擊【繼續】及【確定】按鈕進行分析（圖 23-7）。

圖 23-7　交叉表：儲存格顯示對話框

23.4　報表解讀

分析後得到以下的報表，分別加以詳細說明。為了簡化細格中的數值，筆者將表格分成報表 23-2 至 23-4 說明。

報表 23-2　收入 * 教育程度 交叉表

個數

		教育程度				總和
		初中以下	高中	學院、大學	研究所	
收入	12999 以下	21	80	33	8	142
	13000-29999	16	118	35	6	175
	30000-59999	9	103	65	32	209
	60000 以上	4	40	71	49	164
總和		50	341	204	95	690

報表 23-2 為各細格的觀察次數，表中對角線網底部分的人數總和為 253 人，占所有樣本的 36.7%（$\frac{253}{690} \times 100\% = 36.7\%$），三分之一以上美國民眾的教育等級與收入等級是相同的。從直行來看，網底部分幾乎都是同一行當中數字最大者（除了「學院、大學」這一行例外），由此大略可看出：教育等級與收入等級有正向關聯，至於是否顯著，則要看報表 23-5 的卡方檢定。

報表 23-3　收入 * 教育程度 交叉表

			教育程度				總和
			初中以下	高中	學院、大學	研究所	
收入	12999 以下	個數	21	80	33	8	142
		期望個數	10.3	70.2	42.0	19.6	142.0
		殘差	10.7	9.8	-9.0	-11.6	
		調整後殘差	3.9	1.9	-1.9	-3.2	
	13000-29999	個數	16	118	35	6	175
		期望個數	12.7	86.5	51.7	24.1	175.0
		殘差	3.3	31.5	-16.7	-18.1	
		調整後殘差	1.1	5.5	-3.2	-4.6	

（續下頁）

報表 23-3　收入 * 教育程度 交叉表（續）

			教育程度				總和
			初中以下	高中	學院、大學	研究所	
	30000-59999	個數	9	103	65	32	209
		期望個數	15.1	103.3	61.8	28.8	209.0
		殘差	-6.1	-.3	3.2	3.2	
		調整後殘差	-2.0	.0	.6	.8	
	60000 以上	個數	4	40	71	49	164
		期望個數	11.9	81.0	48.5	22.6	164.0
		殘差	-7.9	-41.0	22.5	26.4	
		調整後殘差	-2.7	-7.3	4.4	6.9	
總和		個數	50	341	204	95	690
		期望個數	50.0	341.0	204.0	95.0	690.0

報表 23-3 中每個細格共有四個數據，其意義說明如後。

第一列為**觀察個數**，第二列為**期望個數**，前者減去後者就是**殘差**（第三列），第四列為**調整後殘差**。

網底標示部分是調整後的標準化殘差大於 1.96 的細格，表示觀察次數顯著高於期望次數。由直行來看：

1. 初中以下民眾的年所得比較多是在 12999 元以下。

2. 高中學歷者的年所得多數在 13000-29999 元之間。

3. 學院以上者（含研究所）年所得多數在 60000 元以上。

此結果可以由報表 23-7 的集群長條圖佐證之。

報表 23-4　收入 * 教育程度 交叉表

			教育程度				
			初中以下	高中	學院、大學	研究所	總和
收入	12999 以下	個數	21_a	80_b	$33_{b,c}$	8_c	142
		教育程度之的%	42.0%	23.5%	16.2%	8.4%	20.6%
	13000-29999	個數	$16_{a,b}$	118_b	$35_{a,c}$	6_c	175
		教育程度之的%	32.0%	34.6%	17.2%	6.3%	25.4%
	30000-59999	個數	9_a	103_a	65_a	32_a	209
		教育程度之的%	18.0%	30.2%	31.9%	33.7%	30.3%
	60000 以上	個數	4_a	40_a	71_b	49_c	164
		教育程度之的%	8.0%	11.7%	34.8%	51.6%	23.8%
總和		個數	50	341	204	95	690
		教育程度之的%	100.0%	100.0%	100.0%	100.0%	100.0%

每個下標字母都代表 教育程度 類別的子集，其行比例在 .05 水準上，彼此差異不大。

報表23-4是行（欄）百分比的成對比較。由收入為60000元以上這一橫列來看，初中學歷以下者只有 8.0%年收入在 6 萬以上，高中學歷有 11.7%可以獲得此收入，但是有研究所學歷，則有半數以上（51.6%）年收入在 6 萬以上。其中初中以下與高中這兩欄的下標都是 a，因此兩組的百分比沒有顯著差異，學院、大學的下標為 b，研究所的下標為 c，因此各欄的百分比為研究所＞大學＞高中＝初中以下。

再由 12999 以下這一橫列來看，42.0%初中以下學歷者只能獲得這個收入，但是研究所學歷者則只有 8.4%的年收入在 12999 元以下。由這一列的下標可看出，百分比成對比較的結果為：

1. 初中以下＞高中。
2. 初中以下＞學院、大學。
3. 初中以下＞研究所。
4. 高中＝學院、大學。
5. 高中＞研究所。
6. 學院、大學＞研究所。

綜言之，教育程度與年收入有關，教育程度愈高者，年收入也愈高。

報表 23-5　卡方檢定

	數值	自由度	漸近顯著性 (雙尾)
Pearson 卡方	123.035[a]	9	<.001
概似比	125.773	9	<.001
線性對線性關聯	96.643	1	<.001
有效觀察值的個數	690		
a. 0 格 (0.0%) 的預期個數少於 5。 最小的預期個數為 10.29。			

報表 23-5 是卡方檢定結果。Pearson 的卡方值為 123.035，自由度為 9，$p <.001$，因此應拒絕虛無假設，表示受訪者的教育程度與其收入等級是不獨立的（也就是有關聯）。而由報表 23-4 及報表 23-6 可知，兩者為正向關聯。

報表 23-6　對稱性量數

		數值	漸近標準誤[a]	近似 T 分配[b]	顯著性近似值
名義變數對名義變數	Phi	.422			<.001
	Cramer's V	.244			<.001
等距對等距	Pearson R	.375	.034	10.595	<.001[c]
次序對次序	Spearman	.380	.034	10.786	<.001[c]
有效觀察值的個數		690			
a. 未假定虛無假設為真。					
b. 使用假定虛無假設為真時之漸近標準誤。					
c. 以一般近似值為準。					

效果量 Cramér 的 V 係數為：

$$V = \sqrt{\frac{123.035}{690(4-1)}} = 0.244$$

由於兩個變數都是次序變數，因此可以使用 Spearman 等級相關表示兩者的關聯程度，$\rho = .380$，$p < .001$，係數為正，代表兩個變數有正相關。

報表 23-7　集群長條圖

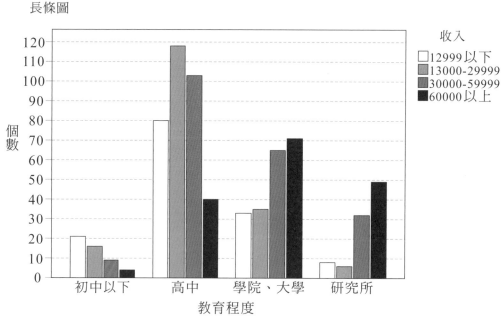

報表 23-7 是以「教育程度」為橫列，「收入」為直行所繪的集群長條圖（與圖 23-5 交叉表的設定相反）。由圖中看出：初中以下者，收入多在 12999 以下；學院、大學與研究所者，收入多在 60000 以上。

報表 23-8　堆疊長條圖

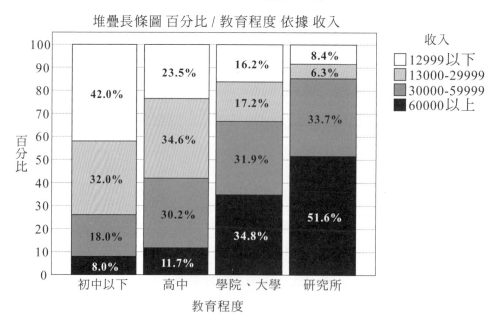

　　報表 23-8 是另外繪製的堆疊長條圖，方法已在第 4 章中說明。此圖與報表 23-4 的直欄百分比一致。

23.5　計算效果量

　　由於檢定後達到統計上的顯著，由報表 23-6 得到 Cramér 的 V 係數：

$$V = \sqrt{\frac{123.035}{690(4-1)}} = 0.244$$

依據 Cohen（1988）的經驗法則，本範例為小的效果量。

23.6　以 APA 格式撰寫結果

　　對美國民眾所做的調查發現，教育程度與收入有關，教育程度愈高，年收入也愈多，$\chi^2(9, N = 690) = 123.035$，$p < .05$，Cramér 的 $V = .244$。經進一步分析發現：初中以下學歷者年收入在 12999 元以下者較多；高中學歷者多數年收入在 13000-29999 之間；初級學院以上學歷者年收入在 60000 元以上者較多；具有研究所學歷者，半數以上年收入在 60000 元以上。

23.7　卡方同質性與獨立性的假定

　　卡方同質性與獨立性，應符合以下三個假定。

23.7.1　互斥且完整

　　受訪者在兩個變數的所有類別中，一定都可以歸屬其中一類，而又只能歸於一個類別。假設受訪者回答他的「最高學歷」既是「高中」又是「研究所」，或是年收入資料不詳，無法歸類，則違反互斥且完整原則。如果題目是複選題，則選項就不是互斥，此時就不應使用本章的統計方法。

23.7.2　觀察體獨立

觀察體獨立代表各個細格間的觀察體不會相互影響，如果受訪者同時被歸類在兩個類別中（可以複選），則違反獨立的假定。

觀察體不獨立，計算所得的 p 值就不準確，如果有證據支持違反了這項假定，就不應使用卡方同質性或獨立性檢定。

23.7.3　期望值大小

當兩個變數都只有兩個類別（細格數 2×2，自由度為 1），而且期望次數少於 5 時，最好使用以下公式校正，以獲得更精確的 χ^2 值。

$$\chi^2 = \sum \frac{(|f_o - f_e| - 0.5)^2}{f_e}$$

不過，即使自由度大於 1，但是如果 20% 細格的期望值小於 5，最好就要更謹慎使用卡方檢定。如果類別數很少，而且大部分的類別中次數又太少，就要考慮合併類別（Cohen, 2007）。例如，回答「不同意」或「非常不同意」的人數如果太少，可以把兩者合併為「不同意」。

24 單一樣本比例檢定

單一樣本比例 Z 檢定用於比較樣本在某個質的變數之比例與一個常數是否有差異，此常數在 SPSS 中稱為**檢定值**（test value），在 Minitab 中稱為**假定的比例**（hypothesized proportion）。單一樣本比例 Z 檢定也可以使用本書第 22 章的卡方適合度檢定，由於自由度是 1，此時 $Z^2 = \chi^2$，機率值 p 也會相同，分析的結論是一致的。

24.1 基本統計概念

24.1.1 目的

單一樣本比例 Z 檢定旨在檢定一個比例與特定的常數（檢定值）是否有差異，這個研究者關心的常數可以是以下幾種數值：

1. **現行法令規定的標準**。如：進口豬肉（肌肉部分）的萊克多巴胺（瘦肉精）殘餘不得高於 10ppb（一億分之一）。

2. **以往相關研究發現的比例**。如：以往調查發現高中生吸菸比例為 11.3%。

3. **已知的母群比例**。如：全國原住民族比例為 2.5%。

4. **由機率獲得的某個數值**。如：4 個選項的選擇題測驗中，猜測答對率為 25%。

24.1.2 單一樣本的定義

單一樣本，指的是研究者從關心的母群體中抽樣而得的一組具代表性的樣本，他們可以是：

1. 學校中的某些學生。

2. 生產線的某些產品。

3. 罹患某種疾病的部分患者。

4. 某地區的部分地下水。

5. 市場或商店中的某些貨品。

抽取樣本之後，研究者會針對這些樣本的某種屬性或特性加以測量或調查，而所得的值須為質的變數（qualitative variable，含名義及次序尺度），例如：

1. 在某測驗未通過的比率。

2. 罹患某種疾病的五年存活率。

3. 某種行為或習慣（如嚼食檳榔或長期吸菸）的比例。

24.1.3　分析示例

依據上述說明，以下的研究問題都可以使用單一樣本比例（以下均為百分比）Z 檢定：

1. 某所學校全體學生需要學習扶助的比例與 20%是否有差異？

2. 某工廠生產的晶圓，良率與競爭對手的 80%是否有差異？

3. 某地區某項疾病患者的五年存活率是否低於 90%？（此為左尾檢定）

4. 某地區 18 歲以上男性民眾嚼食檳榔的比例是否超過 17%？（此為右尾檢定）

24.1.4　統計概念

24.1.4.1　比例的區間估計

如果分別以 1、0 來表示某種事件「是」、「否」發生（二項分配），則其**算術平均數**就會等於「有」發生的**比例** p。樣本比例一般以 $\hat{p}$ 表示，它是母群比例 p 的一致性估計值，公式為：

$$\hat{p} = \frac{r}{n}，其中 n 是樣本數，r 是事件發生數$$

比例的變異數等於 $p(1-p)$，標準差就是 $\sqrt{p(1-p)}$，在樣本中則為 $\sqrt{\hat{p}(1-\hat{p})}$。在大樣本的情形下（$n\hat{p} \geq 10$ 且 $n(1-\hat{p}) \geq 10$，也就是發生數及未發生數都大於或等於 10），依**中央極限定理**推定：樣本比例的抽樣會成為常態分配，而樣本**比例的平均數**會等於母群的比例 p，即：

$$\mu_{\hat{p}} = p \tag{24-1}$$

樣本比例的標準差（即比例的標準誤）會等於：

$$\sigma_{\hat{p}} = \sqrt{\frac{p(1-p)}{n}} \tag{24-2}$$

在常態分配中，平均數加減 1.960 倍的標準差這段範圍包含 95% 的數值，而平均數加減 2.576 倍的標準差這段範圍包含 99% 的數值。應用在大樣本的抽樣分配中，則每次抽樣所得的比例 $\hat{p} \pm 1.960 \times \sqrt{\frac{p(1-p)}{n}}$，在反覆進行 100 次後，會有 95 次（也就是 95%）包含母群體比例 p。如果 $\hat{p} \pm 2.576 \times \sqrt{\frac{p(1-p)}{n}}$ 則反覆進行 100 次後，會有 99 次（也就是 99%）包含 p。由於母群 p 未知，一般以 $\hat{p}$ 估計 p，所以 p 的 $1-\alpha$ 信賴區間為：

$$\hat{p} \pm Z_{(\alpha/2)} \times \sqrt{\frac{\hat{p}(1-\hat{p})}{n}} \tag{24-3}$$

以上的公式，以文字表示就是：

樣本比例 $\pm$ Z 臨界值 $\times$ 比例的標準誤 ＝ 樣本比例 $\pm$ 誤差界限

政治學常使用的民意調查或候選人支持率，其信賴區間的計算也是採用此種方法。例如：調查了 500 位公民，對某縣市長的施政滿意度是 60%，則母群比例的 95% 信賴區間是（在 SPSS 中稱為 Wald 法）：

$$0.60 \pm 1.960 \times \sqrt{\frac{(0.60)(1-0.60)}{500}} = 0.60 \pm 0.0429$$

不過，如果調查 500 位公民對 5 位候選人的支持率，其中某甲獲得 25% 的支持率，則其比例的 99% 信賴區間是：

$$0.25 \pm 2.576 \times \sqrt{\frac{(0.50)(1-0.50)}{500}} = 0.25 \pm 0.0576$$

這是因為 $p(1-p)$ 在 $0.5 \times (1-0.5)$ 時為最大，因此就以其代表母群比例的變異數。

SPSS 27 版 28 版提供 9 種比例信賴區間估計法，以下配合後面的範例說明 6 種常用的計算方法。

假設，訪問了 25 名消費者，其中有 14 人經常使用電子支付，求母群比例的 95% 信賴區間。

24.1.4.1.1　Wald 法

第一種方法是較容易理解的 Wald 法。其樣本的比例為：

$$\hat{p} = \frac{r}{n} = \frac{14}{25} = 0.56$$

比例信賴區間的下限為：

$$
\begin{aligned}
L &= \hat{p} - Z_{(1-\alpha/2)}\sqrt{\hat{p}(1-\hat{p})/n} \\
&= 0.560 - 1.960\sqrt{0.560(1-0.560)/25} = 0.560 - 0.195 = 0.365
\end{aligned}
\tag{24-4}
$$

上限為：

$$
\begin{aligned}
H &= \hat{p} - Z_{(1-\alpha/2)}\sqrt{\hat{p}(1-\hat{p})/n} \\
&= 0.560 + 1.960\sqrt{0.560(1-0.560)/25} = 0.560 + 0.195 = 0.755
\end{aligned}
\tag{24-5}
$$

Wald 法的上下限如果再加減 $1/2n$，就是連續性校正，結果為：

$$L = 0.365 - 1/50 = 0.345$$

$$H = 0.755 + 1/50 = 0.775$$

24.1.4.1.2　Clopper-Pearson 法

第二種方法為 Clopper-Pearson 法，或稱精確性信賴區間，公式為：

$$L = \frac{r \times F_1}{n - r + 1 + r \times F_1} \tag{24-6}$$

$$H = \frac{(r+1) \times F_2}{n - r + (r+1) \times F_2} \tag{24-7}$$

其中，$F_1 = F_{(\alpha/2, 2r, 2(n-r+1))}$ 的臨界值，$F_2 = F_{(1-\alpha/2, 2(r+1), 2(n-r))}$ 的臨界值

計算過程如下：

$$F_1 = F_{(0.025, 28, 24)} = 0.460 \quad （使用 “COMPUTE F1=IDF.F(0.025, 28, 24).” 計算）$$

$$F_2 = F_{(0.975, 30, 22)} = 2.272 \quad （使用 “COMPUTE F2=IDF.F(0.975, 30, 22).” 計算）$$

95%信賴區間的下限為：

$$L = \frac{14 \times 0.460}{25 - 14 + 1 + 14 \times 0.460} = 0.349$$

95%信賴區間的上限為：

$$\frac{(14 + 1) \times 2.272}{25 - 14 + (14 + 1) \times 2.272} = 0.756$$

然而，上面的計算過程較麻煩，在 SPSS 中可以直接使用以下函數計算：

$$L = IDF.BETA\ (\alpha/2, r, n - r + 1)$$

$$U = IDF.BETA\ (1 - \alpha/2, r + 1, n - r)$$

經使用語法計算得到：

COMPUTE L = IDF.BETA(0.025, 14, 12). ➔ 0.349

COMPUTE U = IDF.BETA(0.975, 15, 11). ➔ 0.756

兩種方法所得結果一致。

24.1.4.1.3 Agresti-Coull 法

第三種是 Agresti-Coull 法，適用於任意大小樣本，先以 $\tilde{n} = n + Z_{(\alpha/2)}^2$ 代替 n，以 $\tilde{p} = (r + Z_{(\alpha/2)}^2/2)/\tilde{n}$ 代替 $\hat{p}$，得到：

$$\tilde{n} = n + Z_{(\alpha/2)}^2 = 25 + (1.960)^2 = 28.841 \tag{24-8}$$

$$\tilde{p} = (r + Z_{(\alpha/2)}^2/2)/\tilde{n} = (14 + (1.960)^2/2)/28.841 = 0.552 \tag{24-9}$$

信賴區間為：

$$L = \tilde{p} - Z_{(1-\alpha/2)} \times \sqrt{\frac{\tilde{p}(1-\tilde{p})}{\tilde{n}}} \tag{24-10}$$

$$= 0.552 - 1.960 \times \sqrt{\frac{0.552(1-0.552)}{28.841}} = 0.552 - 0.181 = 0.371$$

$$H = \tilde{p} + Z_{(1-\alpha/2)} \times \sqrt{\frac{\tilde{p}(1-\tilde{p})}{\tilde{n}}} \tag{24-11}$$

$$= 0.552 + 1.960 \times \sqrt{\frac{0.552(1-0.552)}{28.841}} = 0.552 + 0.181 = 0.733$$

24.1.4.1.4　Jeffreys 法

第四種方法是 Jeffreys 法，直接以 SPSS 函數計算較方便。

$$L = IDF.BETA\,(\alpha/2, r + 0.5, n - r + 0.5)$$

$$U = IDF.BETA\,(1 - \alpha/2, r + 0.5, n - r + 0.5)$$

經使用函數計算得到：

COMPUTE L = IDF.BETA(0.025, 14.5, 11.5).　➔　0.368

COMPUTE U = IDF.BETA(0.975, 14.5, 11.5).　➔　0.7399

24.1.4.1.5　Wilson Score 法

第五種方法是 Wilson Score 法，信賴區間公式及計算結果如下：

$$L = \left(\hat{p} + \frac{Z^2_{(1-\alpha/2)}}{2n} - Z_{(1-\alpha/2)}\sqrt{\frac{\hat{p}(1-\hat{p})}{n} + \frac{Z^2_{(1-\alpha/2)}}{4n^2}} \right) \Bigg/ \left(1 + \frac{Z^2_{(1-\alpha/2)}}{n} \right)$$

$$= \left(0.560 + \frac{1.960^2}{50} - 1.960\sqrt{\frac{0.560(1-0.560)}{25} + \frac{1.960^2}{2500}} \right) \Bigg/ \left(1 + \frac{1.960^2}{50} \right) \tag{24-12}$$

$$= 0.371$$

$$H = \left(\hat{p} + \frac{Z^2_{(1-\alpha/2)}}{2n} + Z_{(1-\alpha/2)}\sqrt{\frac{\hat{p}(1-\hat{p})}{n} + \frac{Z^2_{(1-\alpha/2)}}{4n^2}} \right) \Bigg/ \left(1 + \frac{Z^2_{(1-\alpha/2)}}{n} \right)$$

$$= \left(0.560 + \frac{1.960^2}{50} + 1.960\sqrt{\frac{0.560(1-0.560)}{25} + \frac{1.960^2}{2500}} \right) \Bigg/ \left(1 + \frac{1.960^2}{50} \right) \tag{24-13}$$

$$= 0.733$$

　　Wilson 連續性校正公式更為複雜，不在此說明，有興趣的讀者，可以參閱 SPSS 的演算法手冊（IBM, 2021）。

24.1.4.2　單一樣本比例的 Z 檢定

　　因為 $Z = \dfrac{X - \mu}{\sigma}$，而由中央極限定理也可推斷：$\mu_{\hat{p}} = p$，$\sigma_{\hat{p}} = \sqrt{\dfrac{p(1-p)}{n}}$，如果應用大樣本且符合常態的比例抽樣分配，則：

$$Z = \frac{\hat{p} - p}{\sigma_{\hat{p}}} = \frac{\hat{p} - p}{\sqrt{\dfrac{p(1-p)}{n}}} \tag{24-14}$$

　　分母部分，有些文獻會以 $\hat{p}$ 代替 p，所以 Z 檢定改為：

$$Z = \frac{\hat{p} - p}{\sqrt{\dfrac{\hat{p}(1-\hat{p})}{n}}} \tag{24-15}$$

　　以上的公式，以文字表示就是：

$$Z = \frac{樣本比例 - 檢定值}{比例的標準誤}$$

　　SPSS 27 及 28 版提供 6 種單樣本比例檢定方式，以下配合後面的範例，說明常用的 4 種檢定方法。

　　假設，訪問了 25 名消費者，其中有 14 人經常使用電子支付，檢定母群比例與 0.5 是否不同。

24.1.4.2.1　Score 法

　　第一種是 Score 法，以檢定的比例計算標準誤，公式及計算過程為：

$$Z = \frac{\hat{p} - p}{\sqrt{\dfrac{p(1-p)}{n}}} = \frac{0.56 - 0.5}{\sqrt{\dfrac{0.50 \times (1 - 0.50)}{25}}} = 0.600$$

　　Score 法的連續性校正，是將分子配合 $\hat{p} - p$ 的正負，再加減 $1 / 2n$，計算結果為：

$$Z = \frac{(0.56 - 0.5) - 1/50}{\sqrt{\dfrac{0.50 \times (1 - 0.50)}{25}}} = 0.400$$

24.1.4.2.2　Wald 法

第二種是 Wald 法，以樣本的比例計算標準誤，公式及計算過程為：

$$Z = \frac{\hat{p} - p}{\sqrt{\dfrac{\hat{p}(1 - \hat{p})}{n}}} = \frac{0.56 - 0.5}{\sqrt{\dfrac{0.56 \times (1 - 0.56)}{25}}} = 0.604$$

Wald 的連續性校正與 Score 連續校正相同，分子再加減 $1/2n$，計算結果為：

$$Z = \frac{(0.56 - 0.5) - 1/50}{\sqrt{\dfrac{0.56 \times (1 - 0.56)}{25}}} = 0.403$$

24.1.4.2.3　精確二項式法

精確二項式的單側機率值 p 是：

min{CDF.BINOM(r, n, p_0), 1− CDF.BINOM($r - 1, n, p_0$)}

以 SPSS 語法執行後得到：

COMPUTE p1=CDF.BINOM (14, 25, 0.5). ➔　0.788，

COMPUTE p2=1−CDF.BINOM (13, 25, 0.5). ➔　0.345

後者較小，因此得到精確二項式的單側 p 值為 0.345，雙側 p 值則為 0.345*2 = 0.690。

24.1.4.2.4　Mid-p 調整後二項式法

Mid-p 調整後二項式的單側 p 值，須使用精確二項式法單側 p 值，公式為：

$$p_1 - .5 \binom{n}{r} p_0^r (1-p_0)^{n-r}$$

$$= 0.345 - .5 \times \frac{25!}{14!(25-14)!} \times 0.5^{14} \times (1-0.5)^{11} \tag{24-16}$$

$$= 0.345 - 0.066 = 0.279$$

雙側 p 值等於 0.279*2≈0.557（有捨入誤差）

24.1.5　效果量

如果檢定一個比例是否與 0.5 有所不同，可以用來計算效果量（Cohen, 1988）：

$$g = p - 0.5，樣本則為 g = \hat{p} - 0.5 \tag{24-17}$$

如果要檢定的比例不等 0.5，效果量可用以下公式（Cohen, 1988）：

$$h = \phi_1 - \phi_2 \tag{24-18}$$

$$其中 \phi_i = 2\arcsin\sqrt{p_i}$$

arcsin 可用 SPSS 的 ARSIN 或 Excel 的 asin 函數計算。

根據 Cohen（1988）的經驗法則，h 的小、中、大效果量，分別為 .20、.50，及 .80。依此準則可以歸納如下的原則：

1. $h < .20$ 時，效果量非常小，幾乎等於 0。
2. $.20 \le h < .50$，為小的效果量。
3. $.50 \le h < .80$，為中度的效果量。
4. $h \ge .80$，為大的效果量。

24.2　範例

某研究者想了解臺灣地區民眾使用電子支付的普及率，於是隨機訪問 25 名受訪者，詢問他們是否經常使用電子支付（是為1，否為0），得到表24-1的數據。請問：臺灣地區民眾經常使用電子支付的比例與 0.5（50%）是否有不同？

表 24-1　臺灣地區 25 名受訪者是否經常使用電子支付

受訪者	電子支付	受訪者	電子支付
1	1	14	0
2	0	15	1
3	1	16	0
4	0	17	1
5	1	18	0
6	1	19	1
7	1	20	0
8	0	21	1
9	0	22	0
10	1	23	1
11	1	24	0
12	0	25	1
13	1		

24.2.1　變數與資料

表 24-1 中，雖然有 2 個變數，但是受訪者的代號並不需要輸入 SPSS 中，因此分析時只使用「電子支付」這一變數，它的定義是：一半以上的消費使用電子支付（含行動支付、電子支付、第三方支付）為 1（是），未達一半為 0（否）。

24.2.2　研究問題

在本範例中，研究者想要了解的問題可以陳述如下：

臺灣地區民眾經常使用電子支付的比例與 0.5 是否有差異？

24.2.3　統計假設

根據研究問題，虛無假設宣稱「臺灣地區民眾經常使用電子支付的比例與 0.5 沒有差異」，以統計符號表示為：

$$H_0 : p = 0.5$$

而對立假設則宣稱「臺灣地區民眾經常使用電子支付的比例與 0.5 有差異」，以

統計符號表示為：

$$H_1 : p \neq 0.5$$

總之，統計假設寫為

$$\begin{cases} H_0 : p = 0.5 \\ H_1 : p \neq 0.5 \end{cases}$$

24.3　使用 SPSS 進行分析

1.　完整的 SPSS 資料檔如圖 24-1。

圖 24-1　單一樣本比例 Z 檢定資料檔

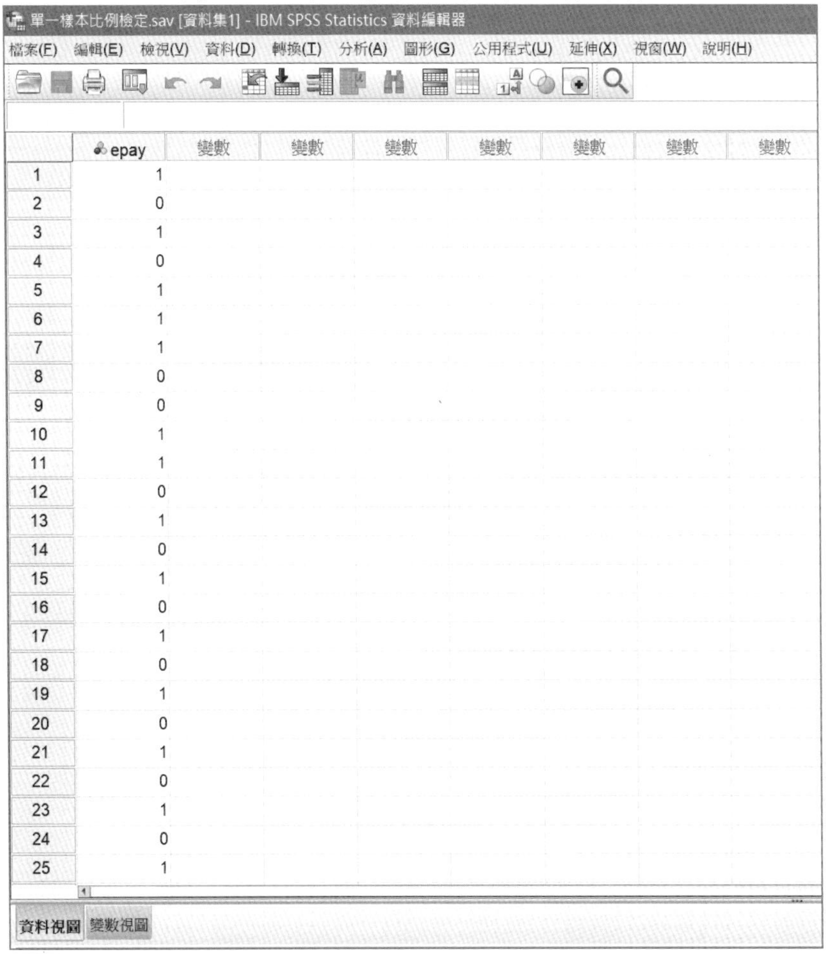

2. 在【分析】中的【比較平均數】中選擇【單樣本比例】（圖 24-2）。

圖 24-2 單樣本比例選單

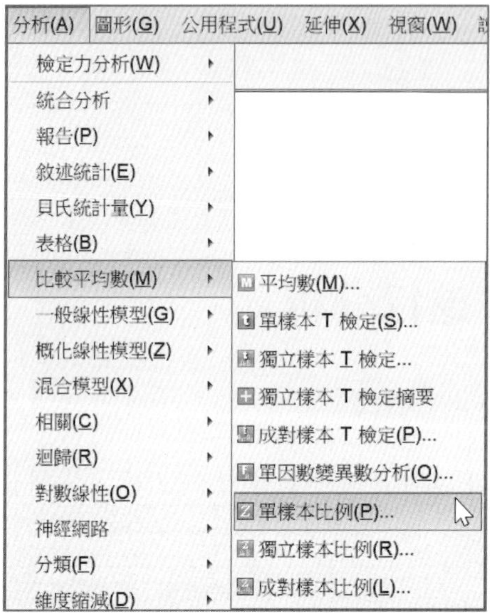

3. 將電子支付變數點擊到右邊【檢定變數】框中，【定義成功】值設定為 1（圖 24-3）。

圖 24-3 單樣本比例對話框

4. 在 SPSS 預設 3 種信賴區間計算方法，研究者可視需要另行勾選（圖 24-4）。

圖 24-4　信賴區間對話框

5. SPSS 預設的檢定方法有 2 種，同樣可視個人需要勾選，【檢定值】設定為 0.5（圖 24-5）。設定完成後，依序點擊【繼續】、【確定】，進行分析。

圖 24-5　檢定對話框

6. 單一樣本比例 Z 檢定也可以使用 χ^2 檢定。在【無母數檢定】中【卡方檢定】設定檢定變數，並設定【期望值】0 與 1 的比例（在此範例各 0.5）（圖 24-6）。

圖 24-6 卡方檢定對話框

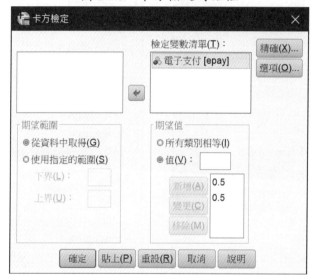

24.4 報表解讀

分析所得報表之統計量已於 24.1.4 節中詳細說明，以下僅簡要補充之。

報表 24-1 單樣本比例信賴區間

	區間類型	觀察值			漸近標準誤	95% 信賴區間	
		成功	試驗	比例		下限	上限
電子支付 = 有	Agresti-Coull	14	25	.560	.099	.371	.733
	Clopper-Pearson（「確切」）	14	25	.560	.099	.349	.756
	Jeffreys	14	25	.560	.099	.368	.739
	Wald	14	25	.560	.099	.365	.755
	Wald（連續性校正）	14	25	.560	.099	.345	.775
	Wilson 評分	14	25	.560	.099	.371	.733

報表 24-1 是 SPSS 預設的 3 種方法，外加 Clopper-Pearson 及 Wald 法的計算結果。其中「試驗」為總人數 25，「成功」為經常使用電子支付的 14 人，樣本比例為 14 / 25 = .560。比例的標準誤為 $\sqrt{0.560(1-0.560)/25} = 0.099$。

以上的方法，一般認為 Wald 法較不適合，Agresti-Coull 或 Wilson Score 法則較被推薦（Newcombe, 1998）。

六種方法計算所得的 95%信賴區間都包含 0.5，因此母群比例與 0.5 沒有顯著差異。

報表 24-2　單樣本比例檢定

	檢定類型	觀察值			已觀察−檢定值 a	漸近標準誤	Z	顯著性	
		成功	試驗	比例				單面 p	雙面 p
電子支付 =有	確切二項式	14	25	.560	.060	.099		.345	.690
	Mid-p 調整後二項式	14	25	.560	.060	.099		.279	.557
	評分	14	25	.560	.060	.099	.600	.274	.549
	評分（連續性校正）	14	25	.560	.060	.099	.400	.345	.689
	Wald	14	25	.560	.060	.099	.604	.273	.546
	Wald（連續性校正）	14	25	.560	.060	.099	.403	.344	.687
a. 檢定值 = .5									

報表 24-2 為 SPSS 全部 6 種檢定結果。所有的雙側 p 值都大於 0.05，因此不拒絕 H_0，所以臺灣地區民眾經常使用電子支付的比例與 0.5 沒有顯著差異。

報表 24-3　檢定統計量

	電子支付
卡方檢定	.360[a]
自由度	1
漸近顯著性	.549
a. 有 0 個單元 (0.0%) 其期望次數小於 5。最小期望單元次數為 12.5。	

報表 24-3 是使用無母數 χ^2 檢定的結果，$\chi^2(1, N = 25) = 0.360$，$p = 0.549$。與報表 24-2 對照，$\chi^2$ 值等於 Score Z 值 0.600 的平方，p 值則相同。因此，單一樣本比例 Z 檢定也可以使用 χ^2 適合度檢定，兩者的結論是一致的。

24.5　計算效果量

檢定後，APA 要求列出效果量（effect size），這是實質上的顯著性，代表差異的強度。在此，可以計算 Cohen 的 h 值，它的公式是：

$$h = \phi_1 - \phi_2 \, , \quad \phi_i = 2\arcsin\sqrt{p_i}$$

代入報表中數值，$\phi_1 = 2\arcsin\sqrt{0.56} = 1.691$，$\phi_2 = 2\arcsin\sqrt{0.50} = 1.571$，$h = 1.691 - 1.571 = 0.12$。

在 SPSS 中，可以使用以下語法計算效果量。

```
COMPUTE h = 2*ARSIN(SQRT(0.56)) − 2*ARSIN(SQRT(0.50)).
EXECUTE.
```

根據 Cohen（1988）的經驗法則，h 的小、中、大效果量，分別為 .20、.50，及 .80，研究效果幾乎等於 0。

24.6　以 APA 格式撰寫結果

研究者訪問 25 名臺灣地區民眾，是否經常使用電子支付，並進行單一樣本比例 Z 檢定，樣本的比例 0.56，95%信賴區間為 [0.37, 0.73]，與 0.5 沒有顯著差異，$Z = 0.60$，$p = .55$，效果量 $h = 0.12$（此處以 Wilson Score 法為主）。

25 獨立樣本比例檢定

獨立樣本比例 Z 檢定旨在比較兩群沒有關聯之樣本，在某個變數的比例是否有差異，適用的情境如下：

自變數：兩個獨立而沒有關聯的組別，為**質的變數**。

依變數：**質的變數**。

獨立樣本比例 Z 檢定也可以使用本書第 23 章的卡方同質性檢定，由於自由度是 1，此時 $Z^2 = \chi^2$，機率值 p 也會相同，分析的結論是一致的。

25.1 基本統計概念

25.1.1 目的

獨立樣本 t 檢定旨在檢定兩群獨立樣本（沒有關聯）在某一變數之比例是否有差異。兩個獨立的組別可以是：

1. **是否接受某種處理**。如：實驗設計中的實驗組與控制組。

2. **是否具有某種特質或經驗**。如：母親是否為外籍配偶（新住民），或是否有國外留學經驗。

3. **變數中的兩個類別**。如：高中與高職的學生，公立大學與私立大學的學生，或女性與男性。

4. **某種傾向的高低**。如：創造力的高低，或是外控型與內控型。

25.1.2 分析示例

以下的研究問題都可以使用獨立樣本比例 Z 檢定：

1. 兩家公司員工的年離職率。

2. 使用不同教學法之後，兩班學生的全民英文檢定中高級通過率。

3. 不同政黨支持者（泛綠或泛藍）對某位政治人物滿意度（以滿意與否表示）。

4. 不同運動程度者（分為多與少）某年度是否曾得流感的比例。

5. 接受兩種不同醫療方式之患者，五年後的存活率。

25.1.3 統計概念

獨立樣本比例差異的區間估計及檢定，方法非常多，無法一一臚列，本章僅說明 SPSS 提供的幾種方法。相較之下，區間估計方法會比檢定方法來得多。

25.1.3.1 獨立樣本比例的區間估計

獨立樣本母群比例差異區間估計的公式，以文字表示為：

$$樣本比例差異 \pm Z 臨界值 \times 比例差異之標準誤$$

SPSS 27 及 28 版提供 7 種獨立樣本比例差異的區間估計，以下以表 25-1（使用「交叉資料表」程序分析而得，並將單元格中之百分比改為比例）兩性是否常玩手機遊戲的比例說明比例差異的區間估計。計算過程中由於四捨五入的關係，會有些微捨入誤差。

表 25-1 性別*手機遊戲 交叉列表

			性別		
			男	女	總計
手機遊戲	否	計數	7	8	15
		性別內的比例	0.318	0.444	0.375
	是	計數	15	10	25
		性別內的比例	0.682	0.556	0.625
總計		計數	22	18	40
		性別內的比例	1	1	1

在表中，男性常玩手機遊戲的比例 $\hat{p}_1$ 為：

$$\hat{p}_1 = 15 / 22 = 0.682$$

女性常玩手機遊戲的比例 $\hat{p}_2$ 為：

$$\hat{p}_2 = 10 / 18 = 0.556$$

兩性的比例差異 $\hat{d}$ 為：

$$\hat{d} = \hat{p}_1 - \hat{p}_2 = 0.682 - 0.556 = 0.126$$

25.1.3.1.1　Wald 法

第一種方法是較簡單的 Wald 法，母群比例差異 $p_1 - p_2$ 的信賴區間為：

$$(\hat{p}_1 - \hat{p}_2) \pm 誤差界限 \tag{25-1}$$

其中誤差界限為：

$$Z_{(1-\alpha/2)} \times (p_1 - p_2) \text{ 的標準誤} \tag{25-2}$$

而 $p_1 - p_2$ 的標準誤為：

$$\sqrt{\frac{p_1(1-p_1)}{n_1} + \frac{p_2(1-p_2)}{n_2}} \tag{25-3}$$

由於母群 p_1 及 p_2 通常未知，因此分別以樣本 $\hat{p}_1$ 及 $\hat{p}_2$ 估計之。

所以，$p_1 - p_2$ 的 $1 - \alpha$ 信賴區間為：

$$(\hat{p}_1 - \hat{p}_2) \pm Z_{(1-\alpha/2)} \times \sqrt{\frac{\hat{p}_1(1-\hat{p}_1)}{n_1} + \frac{\hat{p}_2(1-\hat{p}_2)}{n_2}} \tag{25-4}$$

代入數值後得到 95% 信賴區間為 [−0.175, 0.427]：

$$\begin{aligned}
&(p_1 - p_2) \pm Z_{(1-\alpha/2)} \times \sqrt{\frac{\hat{p}_1(1-\hat{p}_1)}{n_1} + \frac{\hat{p}_2(1-\hat{p}_2)}{n_2}} \\
&= (0.682 - 0.556) \pm 1.960 \times \sqrt{\frac{0.682(1-0.682)}{22} + \frac{0.556(1-0.556)}{18}} \\
&= 0.126 \pm 0.301
\end{aligned}$$

Wald 的連續性校正公式為：

$$(\hat{p}_1 - \hat{p}_2) \pm \left[\frac{1}{2}\left(\frac{1}{n_1} + \frac{1}{n_2}\right) + Z_{(1-\alpha/2)} \times \sqrt{\frac{\hat{p}_1(1-\hat{p}_1)}{n_1} + \frac{\hat{p}_2(1-\hat{p}_2)}{n_2}} \right] \tag{25-5}$$

代入數值後，95% 信賴區間上下限分別為：

$$L = (\hat{p}_1 - \hat{p}_2) - \left[\frac{1}{2}\left(\frac{1}{n_1} + \frac{1}{n_2} \right) + Z_{(1-\alpha/2)} \times \sqrt{\frac{\hat{p}_1(1-\hat{p}_1)}{n_1} + \frac{\hat{p}_2(1-\hat{p}_2)}{n_2}} \right]$$

$$= (0.682 - 0.556) - \left[\frac{1}{2}\left(\frac{1}{22} + \frac{1}{18} \right) + 1.960 \times \sqrt{\frac{0.682(1-0.682)}{22} + \frac{0.556(1-0.556)}{18}} \right]$$

$$= 0.126 - (0.051 + 0.301) = -0.225$$

$$H = (\hat{p}_1 - \hat{p}_2) + \left[\frac{1}{2}\left(\frac{1}{n_1} + \frac{1}{n_2} \right) + Z_{(1-\alpha/2)} \times \sqrt{\frac{\hat{p}_1(1-\hat{p}_1)}{n_1} + \frac{\hat{p}_2(1-\hat{p}_2)}{n_2}} \right]$$

$$= (0.682 - 0.556) + \left[\frac{1}{2}\left(\frac{1}{22} + \frac{1}{18} \right) + 1.960 \times \sqrt{\frac{0.682(1-0.682)}{22} + \frac{0.556(1-0.556)}{18}} \right]$$

$$= 0.126 + (0.051 + 0.301) = 0.478$$

25.1.3.1.2 Agresti-Caffo 法

第二種方法，是 SPSS 預設的 Agresti-Caffo 法，計算時先將 Wald 法的試驗數（各組樣本數）各加 2，成功數各加 1，得到：

$$\tilde{n}_1 = 22 + 2 = 24$$

$$\tilde{n}_2 = 18 + 2 = 20$$

$$\tilde{p}_1 = (15+1)/(22+2) = 0.667$$

$$\tilde{p}_2 = (10+1)/(18+2) = 0.550$$

接著，再以類似 Wald 法公式，計算 95%信賴區間，結果為 [-0.171, 0.405]：

$$\left(\tilde{p}_1 - \tilde{p}_2 \right) \pm Z_{(1-\alpha/2)} \times \sqrt{\frac{\tilde{p}_1(1-\tilde{p}_1)}{\tilde{n}_1} + \frac{\tilde{p}_2(1-\tilde{p}_2)}{\tilde{n}_2}}$$

$$= (0.667 - 0.550) \pm 1.960 \times \sqrt{\frac{0.667(1-0.667)}{24} + \frac{0.550(1-0.550)}{20}} \qquad (25\text{-}6)$$

$$= 0.117 \pm 0.288$$

25.1.3.1.3 Brown-Li Jeffreys 法

第三種方法，是 Brown-Li Jeffreys 法，計算時先將試驗數各加 1，成功數各加 0.5，得到：

$$\overline{p}_1 = (15+0.5)/(22+1) = 0.674$$

$$\overline{p}_2 = (10+0.5)/(18+1) = 0.553$$

接著，再以類似 Wald 法公式，計算 95%信賴區間，結果為 [-0.181, 0.423]：

$$\left(\overline{p}_1 - \overline{p}_2\right) \pm Z_{(1-\alpha/2)} \times \sqrt{\frac{\overline{p}_1(1-\overline{p}_1)}{n_1} + \frac{\overline{p}_2(1-\overline{p}_2)}{n_2}}$$

$$= (0.674 - 0.553) \pm 1.960 \times \sqrt{\frac{0.664(1-0.664)}{22} + \frac{0.553(1-0.553)}{18}} \qquad (25\text{-}7)$$

$$= 0.121 \pm 0.302$$

25.1.3.1.4　Newcombe 法

第四種方法，也是 SPSS 預設的 Newcombe 法，計算時需要使用第 24 章的 Wilson-score 信賴區間上下限（以下之 l_1、l_2、u_1、u_2 均另外計算，不列出過程，數值見報表 25-2），Newcombe 信賴區間的公式及計算結果如下：

$$L = (\hat{p}_1 - \hat{p}_2) - \sqrt{(\hat{p}_1 - l_1)^2 + (u_2 - \hat{p}_2)^2}$$

$$= (0.682 - 0.556) - \sqrt{(0.682 - 0.473)^2 + (0.754 - 0.556)^2} \qquad (25\text{-}8)$$

$$= 0.126 - 0.288 = -0.162$$

$$H = (\hat{p}_1 - \hat{p}_2) + \sqrt{(u_1 - \hat{p}_1)^2 + (\hat{p}_2 - l_2)^2}$$

$$= (0.682 - 0.556) + \sqrt{(0.836 - 0.682)^2 + (0.556 - 0.337)^2} \qquad (25\text{-}9)$$

$$= 0.126 + 0.268 = 0.394$$

Newcombe 法也可以使用連續性校正，此時改用 Wilson-score 連續性校正信賴區間上下限（報表 25-2）。計算過程不再列出，結果在報表 25-3。

25.1.3.2　獨立樣本比例的 Z 檢定

獨立樣本比例的 Z 檢定，以文字表示為：

$$Z = \frac{樣本比例的差異 - 母群比例的差異}{母群比例差異的標準誤}$$

由於母群比例的差異通常設定為 0，而母群標準誤通常由樣本標準誤估計之，因

此公式可寫成：

$$Z = \frac{\text{樣本比例的差異}}{\text{樣本比例差異的標準誤}}$$

其實，檢定與信賴區間是一體兩面的，將分母加減 Z 臨界值乘以分子，就是雙側信賴區間公式：

母群樣本比例的差異信賴區間＝

樣本比例的差異 $\pm Z_{(1-2/\alpha)} \times$ 樣本比例差異的標準誤

以下說明 SPSS 提供的檢定方法，計算結果以 25.4 節的報表為準。

25.1.3.2.1　Wald 法及連續性校正

在大樣本（$n_1\hat{p}_1$、$n_1(1-\hat{p}_1)$、$n_2\hat{p}_2$、$n_2(1-\hat{p}_2)$ 均大於或等於 5）的抽樣中，可以使用 Z 檢定，公式為：

$$Z = \frac{(\hat{p}_1 - \hat{p}_2) - (p_1 - p_2)}{\sqrt{\dfrac{\hat{p}_1(1-\hat{p}_1)}{n_1} + \dfrac{\hat{p}_2(1-\hat{p}_2)}{n_2}}} \tag{25-10}$$

由於 $p_1 - p_2$ 通常假設為 0，因此公式寫為：

$$Z = \frac{\hat{p}_1 - \hat{p}_2}{\sqrt{\dfrac{\hat{p}_1(1-\hat{p}_1)}{n_1} + \dfrac{\hat{p}_2(1-\hat{p}_2)}{n_2}}} \tag{25-11}$$

代入數值，得到：

$$Z = \frac{0.682 - 0.556}{\sqrt{\dfrac{0.682(1-0.682)}{22} + \dfrac{0.556(1-0.556)}{18}}} = \frac{0.126}{0.154} = 0.822$$

Wald 連續性校正，在分子中增加 $(1/n_1 + 1/n_2)/2$，正負號與 $\hat{p}_1 - \hat{p}_2$ 結果相反：

$$Z = \frac{\hat{p}_1 - \hat{p}_2 \pm (1/n_1 + 1/n_2)/2}{\sqrt{\dfrac{\hat{p}_1(1-\hat{p}_1)}{n_1} + \dfrac{\hat{p}_2(1-\hat{p}_2)}{n_2}}} \qquad (25\text{-}12)$$

代入數值後得到：

$$Z = \frac{0.682 - 0.556 - (1/22 + 1/18)/2}{\sqrt{\dfrac{0.682(1-0.682)}{22} + \dfrac{0.556(1-0.556)}{18}}} = \frac{0.126 - 0.051}{0.154} = 0.493$$

25.1.3.2.2　Wald H0 法

如果假設 $p_1 = p_2 = p$，則合併計算兩組的成功比例 $\hat{p}$，公式為：

$$\hat{p} = \frac{r_1 + r_2}{n_1 + n_2} = \frac{15 + 10}{22 + 18} = \frac{25}{40} = 0.625$$

此時，Wald 公式改為：

$$\begin{aligned} Z &= \frac{\hat{p}_1 - \hat{p}_2}{\sqrt{\hat{p}(1-\hat{p})\left(\dfrac{1}{n_1} + \dfrac{1}{n_2}\right)}} \\[2mm] &= \frac{0.682 - 0.556}{\sqrt{0.625(1-0.625)\left(\dfrac{1}{22} + \dfrac{1}{18}\right)}} = \frac{0.126}{0.1539} = 0.821 \end{aligned} \qquad (25\text{-}13)$$

Wald H0 的連續性校正也與 Wald 法相同，在分子中增加 $(1/n_1 + 1/n_2)/2$，正負號與 $\hat{p}_1 - \hat{p}_2$ 結果相反：

$$Z = \frac{\hat{p}_1 - \hat{p}_2 \pm (1/n_1 + 1/n_2)/2}{\sqrt{\hat{p}(1-\hat{p})\left(\dfrac{1}{n_1} + \dfrac{1}{n_2}\right)}} \qquad (25\text{-}14)$$

代入數值後得到：

$$Z = \frac{0.682 - 0.556 - (1/22 + 1/18)/2}{\sqrt{0.625(1-0.625)\left(\dfrac{1}{22} + \dfrac{1}{18}\right)}} = \frac{0.126 - 0.051}{0.1539} = 0.492$$

25.1.3.2.3　Hauck-Anderson 法

Hauck-Anderson 法的公式及計算結果如下：

$$Z = \frac{\hat{p}_1 - \hat{p}_2 - 1/2\min(n_1, n_2)}{\sqrt{\dfrac{\hat{p}_1(1-\hat{p}_1)}{n_1 - 1} + \dfrac{\hat{p}_2(1-\hat{p}_2)}{n_2 - 1}}}$$

$$= \frac{0.682 - 0.556 - 1/2 \times 18}{\sqrt{\dfrac{0.682(1-0.682)}{22-1} + \dfrac{0.556(1-0.556)}{18-1}}} = \frac{0.0985}{0.1577} = 0.625$$

(25-15)

其中分子 $1/2\min(n_1, n_2)$ 的正負號與 $\hat{p}_1 - \hat{p}_2$ 的正負號相反。如果要計算信賴區間，只要將分母加減 Z 臨界值乘以分子即可，公式為：

$$\hat{p}_1 - \hat{p}_2 - 1/2\min(n_1, n_2) \pm Z_{(1-2/\alpha)}\sqrt{\frac{\hat{p}_1(1-\hat{p}_1)}{n_1 - 1} + \frac{\hat{p}_2(1-\hat{p}_2)}{n_2 - 1}}$$

(25-16)

25.1.4　效果量

要計算獨立樣本比例檢定的效果量，可用以下公式（Cohen, 1988）：

$$h = \phi_1 - \phi_2$$

(25-17)

$$\text{其中 } \phi_i = 2\arcsin\sqrt{p_i}$$

Arcsin 可用 SPSS 的 ARSIN 或 Excel 的 ASIN 函數計算。

根據 Cohen（1988）的經驗法則，h 的小、中、大效果量，分別為 .20、.50，及 .80。依此準則可以歸納如下的原則：

1. $h < .20$ 時，效果量非常小，幾乎等於 0。

2. $.20 \leq h < .50$，為小的效果量。

3. $.50 \leq h < .80$，為中度的效果量。

4. $h \geq .80$，為大的效果量。

25.2 範例

某研究者想了解某大學不同性別學生玩手機遊戲的情形，於是隨機訪問 40 名學生，詢問他們是否經常玩手機遊戲（是為 1，否為 0），得到表 25-2 的數據。請問：該大學不同性別學生玩手機遊戲的比例是否不同？

表 25-2 某大學 40 名大學生是否經常玩手機遊戲

受訪者	性別	手機遊戲	受訪者	性別	手機遊戲
1	1	1	21	1	1
2	1	1	22	1	1
3	1	1	23	2	1
4	1	1	24	2	0
5	1	0	25	2	1
6	1	1	26	2	0
7	1	0	27	2	1
8	1	1	28	2	1
9	1	0	29	2	1
10	1	1	30	2	0
11	1	0	31	2	0
12	1	1	32	2	1
13	1	0	33	2	1
14	1	1	34	2	0
15	1	1	35	2	1
16	1	1	36	2	0
17	1	0	37	2	0
18	1	1	38	2	0
19	1	1	39	2	1
20	1	0	40	2	1

25.2.1 變數與資料

表 25-2 中，雖然有 3 個變數，但是受訪者的代號並不需要輸入 SPSS 中，因此分析時只使用「性別」及「手機遊戲」兩個變數。性別的定義是：生理男性輸入為 1，

生理女性輸入為 2。經常玩手機遊戲的定義是：每週玩三次以上手機遊戲輸入為 1，兩次以下輸入為 0。

25.2.2 研究問題

在本範例中，研究者想要了解的問題可以陳述如下：

某大學不同性別學生經常玩手機遊戲的比例是否不同？

25.2.3 統計假設

根據研究問題，虛無假設宣稱「某大學不同性別學生經常玩手機遊戲的比例沒有不同」，以統計符號表示為：

$$H_0 : p_1 = p_2$$

而對立假設則宣稱「某大學不同性別學生經常玩手機遊戲的比例有不同」，以統計符號表示為：

$$H_1 : p_1 \neq p_2$$

總之，統計假設合寫為

$$\begin{cases} H_0 : p_1 = p_2 \\ H_1 : p_1 \neq p_2 \end{cases}$$

25.3 使用 SPSS 進行分析

1. 完整的 SPSS 資料檔如圖 25-1。

圖 25-1　獨立樣本 t 檢定資料檔

	♣ gender	♣ game	變數	變數	變數	變數	變數	變數	變數	變數
1	1	1								
2	1	1								
3	1	1								
4	1	1								
5	1	0								
6	1	1								
7	1	0								
8	1	1								
9	1	0								
10	1	1								
11	1	0								
12	1	1								
13	1	0								
14	1	1								
15	1	1								
16	1	1								
17	1	0								
18	1	1								
19	1	1								
20	1	0								
21	1	1								
22	1	1								
23	2	1								
24	2	0								
25	2	1								
26	2	0								
27	2	1								
28	2	1								
29	2	1								
30	2	0								
31	2	0								
32	2	1								
33	2	1								
34	2	0								
35	2	1								
36	2	0								
37	2	0								
38	2	0								
39	2	1								
40	2	1								

2. 分析時，在【分析】的【比較平均數】中選擇【獨立樣本比例】（圖 25-2）。

圖 25-2　獨立樣本比例選單

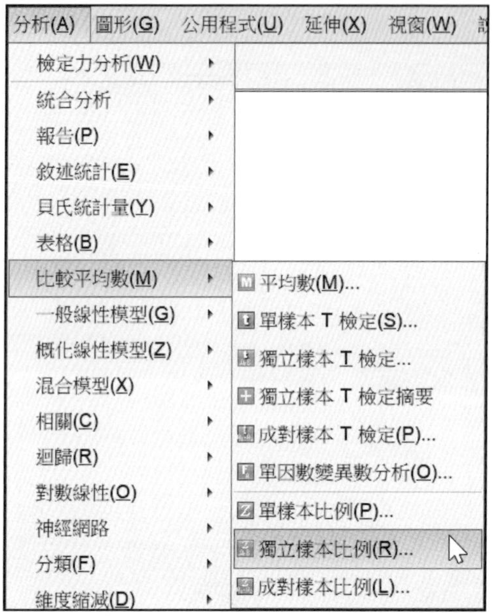

3. 將依變數手機遊戲選擇到【檢定變數】，【定義成功】設為 1。自變數性別選擇到【分組變數】，【定義群組】分別設為 1 與 2（圖 25-3）。

4. SPSS 預設 2 種信賴區間，讀者可自行勾選所需方法（圖 25-4）。

圖 25-3　獨立樣本比例對話框

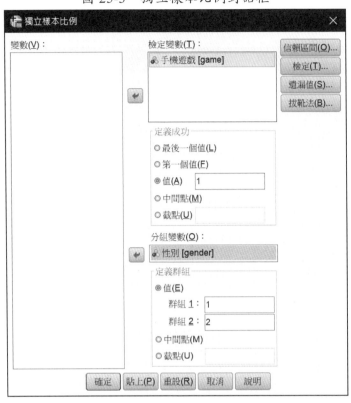

圖 25-4　信賴區間對話框

5. SPSS 預設 Wald H0 檢定方法，讀者可自行勾選所需方法（圖 25-5）。

圖 25-5 檢定對話框

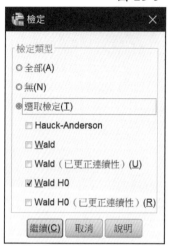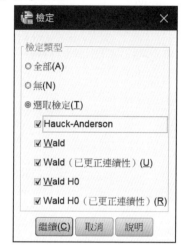

6. 獨立樣本比例檢定，也可以使用卡方檢定。在【分析】的【敘述統計】中選擇
【交叉資料表】。接著將自變數性別選擇到【欄】，依變數手機遊戲選擇到【列】
（圖 25-6）。

圖 25-6 交叉資料表對話框

7. 【統計量中】勾選【卡方檢定】(圖 25-7)，再依序點擊【繼續】、【確定】，即可進行分析。

圖 25-7　交叉資料表：統計量對話框

25.4　報表解讀

分析所得報表之統計量已於 25.1.3 節中詳細說明，以下僅簡要補充之。

報表 25-1　獨立樣本比例群組統計資料

	性別	成功	試驗	比例	漸近標準誤
手機遊戲 = 1	= 男	15	22	.682	.099
	= 女	10	18	.556	.117

報表 25-1 是兩性經常玩手機遊戲的比例及漸近標準誤，計算方法如下：

男：$\hat{p}_1 = 15/22 = .682$，$ase(\hat{p}_1) = \sqrt{.682(1-.682)/22} = .099$

女：$\hat{p}_2 = 10/10 = .556$，$ase(\hat{p}_2) = \sqrt{.556(1-.556)/18} = .117$

報表 25-2　單樣本比例信賴區間

性別		區間類型	觀察值			漸近標準誤	95% 信賴區間	
			成功	試驗	比例		下限	上限
男	手機遊戲 = 1	Wilson Score	15	22	.682	.099	.473	.836
		Wilson Score（連續性校正）	15	22	.682	.099	.451	.853
女	手機遊戲 = 1	Wilson Score	10	18	.556	.117	.337	.754
		Wilson Score（連續性模正）	10	18	.556	.117	.313	.776

　　報表 25-2 是另外以「分割檔案」方式，對兩性經常玩手機遊戲的比例，使用 Wilson Score 法進行 95% 信賴區間估計，分別是 [.473, .836] 及 [.337, .754]，由於兩個區間重疊，可知兩者的比例 .682 與 .556，未達 .05 顯著水準之差異。連續性校正的結果也一致。

　　此處的 95% 信賴區間，可用來計算報表 25-3 的 Newcomb 比例差異區間估計。

報表 25-3　獨立樣本比例信賴區間

	區間類型	比例差異	漸近標準誤	差異的 95% 信賴區間	
				下限	上限
手機遊戲 = 1	Agresti-Caffo	.126	.154	-.1716	.4049
	Brown-Li-Jeffreys	.126	.154	-.1806	.4232
	Hauck-Anderson	.126	.154	-.2105	.4630
	Newcombe	.126	.154	-.1620	.3938
	Newcombe（連續性校正）	.126	.154	-.1928	.4226
	Wald	.126	.154	-.1747	.4272
	Wald（連續性校正）	.126	.154	-.2252	.4777

　　報表 25-3 是以 7 種方法進行比例差異之信賴區間估計，計算方法在 25.1.3.1 節。由於 95% 信賴區間估計之上下限都包含 0，因此兩性經常玩手機遊戲的比例並無顯著差異。

Newcombe（1998a）建議使用 Mee，或是 Miettinen-Nurminen 的公式，不過，SPSS 並未提供此方法。在此，可使用 Newcombe 的方法，信賴區間為最小。

報表 25-4　獨立樣本比例檢定

	檢定類型	比例差異	漸近標準誤	Z	顯著性	
					單面 p	雙面 p
手機遊戲 = 1	Hauck-Anderson	.126	.154	.625	.266	.532
	Wald	.126	.154	.822	.205	.411
	Wald（連續性校正）	.126	.154	.493	.311	.622
	Wald H0	.126	.154	.821	.206	.412
	Wald H0（連續性校正）	.126	.154	.492	.311	.622

報表 25-4 是檢定的結果，如果使用 Wald H0 及其連續性校正，結果會與報表 25-2 的 χ^2 檢定一致。在此，所有雙尾 p 值均大於 .05，因此，兩性經常玩手機遊戲的比例並無不同。

報表 25-5　卡方檢定

	值	df	漸近顯著性（兩端）	精確顯著性（2 端）	精確顯著性（1 端）
Pearson 卡方檢定	.673[a]	1	.412		
連續校正 [b]	.242	1	.622		
概似比	.673	1	.412		
費雪 (Fisher) 精確檢定				.517	.311
線性對線性關聯	.657	1	.418		
有效觀察值的數目	40				
a. 0 單元 (0.0%) 預期計數小於 5。預期的計數下限為 6.75。 b. 只針對 2x2 表格進行計算					

報表 25-5 是 χ^2 檢定結果，Pearson 的 χ^2 (1, N = 40) = 0.673，p = 0.412。與報表

25-4 對照，χ^2 值等於 Wald H0 Z 值 0.821 的平方，p 值則相同。連續校正的 χ^2 (1, N = 40) = 0.242，p = 0.622，χ^2 值等於 Wald H0 連續性校正 Z 值 0.492 的平方，p 值也相同。因此，獨立樣本比例 Z 檢定也可以使用 χ^2 同質性檢定，兩者的結論是一致的。

25.5　計算效果量

檢定後，APA 要求列出效果量（effect size），這是實質上的顯著性，代表差異的強度。在此，可以計算 Cohen 的 h 值，它的公式是：

$$h = \phi_1 - \phi_2 \text{，} \quad \phi_i = 2\arcsin\sqrt{p_i}$$

代入報表中數值，$\phi_1 = 2\arcsin\sqrt{0.682} = 1.943$，$\phi_2 = 2\arcsin\sqrt{0.556} = 1.682$，$h$ = 1.943 − 1.682 = 0.261。

在 SPSS 中，可以使用以下語法計算效果量。

```
COMPUTE h = 2*ARSIN(SQRT(0.682)) − 2*ARSIN(SQRT(0.556)).
EXECUTE.
```

根據 Cohen（1988）的經驗法則，h 的小、中、大效果量，分別為 .20、.50，及 .80。本研究效果很小。

25.6　以 APA 格式撰寫結果

研究者訪問 40 名大學生（男性 22 人，女性 18 人），是否經常玩手機遊戲，其中經常玩的人數各為 15 人及 10 人，比例分別為 0.682 及 0.556，相差 0.126，沒有顯著差異。95% 信賴區間為 [−0.162, 0.394]，Z = 0.821，p = .412，效果量 h = 0.261。（信賴區間取自 Newcombe，檢定結果取自 Wald H0）

26　試探性因素分析

　　因素分析常被用來分析測驗或量表的**構念效度**（construct validity，或譯為**建構效度**），本章簡要說明試探性因素分析（exploratory factor analysis, EFA）的概念及報表，詳細的統計方法，請見程炳林與陳正昌（2011b）的另一著作。

26.1　基本統計概念

　　試探性因素分析主要用來分析題目（item，或稱項目）背後的構念（construct），以建立模式。如果研究者在編製量表時並無明確之理論依據或預設立場，或是以往僅有少數的相關研究，則使用試探取向的因素分析會較恰當。

　　進行試探性因素分析有以下四個步驟：

一、選擇抽取共同因素的方法（extraction）

　　在 SPSS 當中，有主成分法（principal components）、主軸法（principal axis），及最大概似法（maximum likelihood）等。如果是生手，一般建議使用主成分法（初始共同性設定為 1），會較容易分析；如果是專家，則使用主軸法（使用 SMC 法估計初始共同性）會較符合理論要求。不過，這兩種方法所得結果通常都極為類似。本章以主軸法抽取共同因素。

二、決定因素個數

　　一般常用的標準有：

1. 取特徵值大於 1 者，這是許多統計軟體內定的標準，也是研究者常採用的規準。

2. 採陡坡圖考驗（scree plot test）。

3. 保留一定累積變異數之因素數。在社會科學中，一般建議最少要達到 50% 以上的累積解釋變異量。

4. 使用統計考驗。

5. 如果相關研究可供參考，則在事前決定因素數目。

6. 使用**平行分析**（parallel analysis），比較模擬數據與真實資料，找出適當的因素個數。此部分請詳見程炳林與陳正昌（2011b）的著作。

三、因素轉軸（rotation）

在進行因素分析過程中，為了符合簡單結構原則，通常需要進行因素轉軸。轉軸的方法可分為**直交轉軸**（orthogonal rotations）及**斜交轉軸**（oblique rotations）兩種，前者設定因素間沒有關聯，後者則允許因素間有關聯性。直交轉軸後只會得到一種因素負荷量矩陣，斜交轉軸後則會得到**樣式矩陣**（pattern matrix）及**結構矩陣**（structure matrix）。樣式矩陣是因素對項目的加權係數，結構矩陣則是因素與項目的相關係數。

在 SPSS 中，直交轉軸有最大變異法（varimax）、四方最大法（quartimax）、均等最大法（equamax）等三種。其中四方最大法常會得到解釋量最大的因素（綜合因素），如果想要得到解釋量平均的因素，最好採用最大變異法或均等最大法。斜交轉軸則有直接斜交法（oblimin）及最優斜交法（promax）兩種。

轉軸時應採直交或斜交，學者有不同的意見。一般建議，以斜交轉軸為主，如果因素間的相關係數小於 ±.30，則改採直交轉軸。

四、因素命名

最後，根據因素負荷量將項目歸類，參酌因素負荷量之絕對值大於 .30 之項目，對因素加以命名。如果是直交轉軸，以轉軸後之因素負荷量矩陣為準；斜交轉軸，則建議以樣式矩陣為準。

26.2　範例

研究者依據科技接受模式（technology acceptance model, TAM）編製了一份 Likert 六點形式的智慧型手機使用量表（題目見本章最後之表 26-3），40 名受訪者的回答情形如表 26-1，請以此進行試探性因素分析，並對因素加以命名。

表 26-1　40 名受訪者的填答情形

受測者	A1	A2	A3	A4	B1	B2	B3	B4	C1	C2	C3	C4
1	5	5	4	4	4	4	5	5	4	4	5	5
2	4	4	4	4	4	4	4	4	3	3	4	4
3	6	4	4	4	4	4	4	4	5	5	5	5
4	5	5	4	4	5	5	5	5	5	5	4	5
5	6	6	6	5	5	5	5	5	5	5	5	6
6	6	6	6	6	6	6	6	6	6	6	6	6
7	5	5	4	4	5	5	5	6	5	5	5	5
8	6	6	6	6	4	4	4	4	4	4	4	4
9	5	5	4	4	5	5	5	6	5	5	5	5
10	6	6	4	5	5	5	5	5	5	5	5	5
11	6	6	6	6	6	6	6	6	6	6	6	6
12	6	6	5	5	6	6	6	6	6	6	6	6
13	6	6	5	5	3	3	3	3	6	6	6	6
14	5	4	3	3	2	3	2	2	3	3	4	4
15	5	5	3	4	3	3	3	3	4	4	6	4
16	5	4	4	3	3	4	4	1	4	4	4	4
17	6	6	6	6	6	6	6	6	6	6	6	6
18	6	6	6	6	5	5	5	5	5	5	5	5
19	6	6	4	6	6	6	6	6	6	6	6	6
20	6	6	4	5	4	4	4	4	5	5	5	5
21	6	5	1	6	6	6	6	3	6	6	5	6
22	6	6	6	6	5	5	4	4	5	5	5	4
23	6	6	5	6	6	6	6	5	6	5	5	6
24	6	6	6	6	5	5	5	5	5	5	4	6
25	6	6	4	5	6	6	6	6	6	6	6	6

（續下頁）

表 26-1　40 名受訪者的填答情形（續）

受測者	A1	A2	A3	A4	B1	B2	B3	B4	C1	C2	C3	C4
26	5	4	4	4	5	5	5	5	4	4	4	3
27	5	4	3	4	4	4	4	3	4	3	3	4
28	6	6	4	6	5	5	5	5	5	5	5	6
29	5	5	4	5	5	5	5	5	6	5	5	5
30	5	5	5	5	5	5	5	5	5	5	5	5
31	5	5	4	4	4	4	4	3	4	4	4	4
32	6	6	4	6	6	6	6	5	4	4	4	4
33	5	5	3	4	5	5	5	5	4	4	3	4
34	6	6	4	6	4	6	5	5	5	5	5	5
35	6	6	6	6	5	5	4	2	6	6	6	6
36	6	6	6	6	4	4	3	5	6	5	6	6
37	6	6	4	5	4	4	4	3	5	5	5	5
38	6	6	6	6	6	6	6	6	5	5	6	6
39	6	6	6	6	1	1	1	1	2	5	2	4
40	6	5	5	5	5	5	5	4	3	3	3	4

26.3　使用 SPSS 進行分析

1. 完整的 SPSS 資料檔，如圖 26-1。

圖 26-1　因素分析資料檔

試探性因素分析.sav [資料集1] - IBM SPSS Statistics 資料編輯器

檔案(F)　編輯(E)　檢視(V)　資料(D)　轉換(T)　分析(A)　圖形(G)　公用程式(U)　延伸(X)　視窗(W)　說明(H)

	a1	a2	a3	a4	b1	b2	b3	b4	c1	c2	c3	c4
1	5	5	4	4	4	4	5	5	4	4	5	5
2	4	4	4	4	4	4	4	4	3	3	4	4
3	6	4	4	4	4	4	4	4	5	5	5	5
4	5	5	4	4	5	5	5	5	5	5	4	5
5	6	6	6	5	5	5	5	5	5	5	5	6
6	6	6	6	6	6	6	6	6	6	6	6	6
7	5	5	4	4	5	5	5	6	5	5	5	5
8	6	6	6	6	4	4	4	4	4	4	4	4
9	5	5	4	4	5	5	5	6	5	5	5	5
10	6	6	4	5	5	5	5	5	5	5	5	5
11	6	6	6	6	6	6	6	6	6	6	6	6
12	6	6	5	5	6	6	6	6	6	6	6	6
13	6	6	5	5	3	3	3	3	6	6	6	6
14	5	4	3	3	2	3	2	2	3	3	4	4
15	5	5	3	4	3	3	3	3	4	4	6	4
16	5	4	4	3	3	4	4	1	4	4	4	4
17	6	6	6	6	6	6	6	6	6	6	6	6
18	6	6	6	5	5	5	5	5	5	5	5	5
19	6	6	4	6	6	6	6	6	6	6	6	6
20	6	6	4	5	4	4	4	4	5	5	5	5
21	6	5	1	6	6	6	6	3	6	6	5	6
22	6	6	6	6	5	5	4	4	5	5	5	4
23	6	6	5	6	6	6	6	5	6	5	6	6
24	6	6	6	6	5	5	5	5	5	6	4	6
25	6	6	4	5	6	6	6	6	6	6	6	6
26	5	4	4	4	5	5	5	5	4	4	4	3
27	5	4	3	4	4	4	4	3	4	3	3	4
28	6	6	4	6	5	5	5	5	5	5	5	5
29	5	5	4	5	5	5	5	5	6	5	5	5
30	5	5	5	5	5	5	5	5	5	5	5	5
31	5	5	4	4	4	4	4	3	4	4	4	4
32	5	6	4	6	6	6	5	4	4	4	4	4
33	5	5	3	4	5	5	5	5	4	4	3	4
34	6	6	4	6	4	6	5	5	5	5	5	5
35	6	6	6	6	5	5	4	2	6	6	6	6
36	6	6	6	6	4	4	3	5	6	5	6	6
37	6	6	4	5	4	4	4	3	5	5	5	5
38	6	6	6	6	6	6	6	6	5	5	6	6
39	6	6	6	6	1	1	1	1	2	5	2	4
40	6	5	5	5	5	5	5	4	3	3	3	4

資料視圖　變數視圖

2. 在【分析】選單中的【維度縮減】選擇【因數】（譯為【因素】或【因子】較恰當）（圖 26-2）。

圖 26-2　因數選單

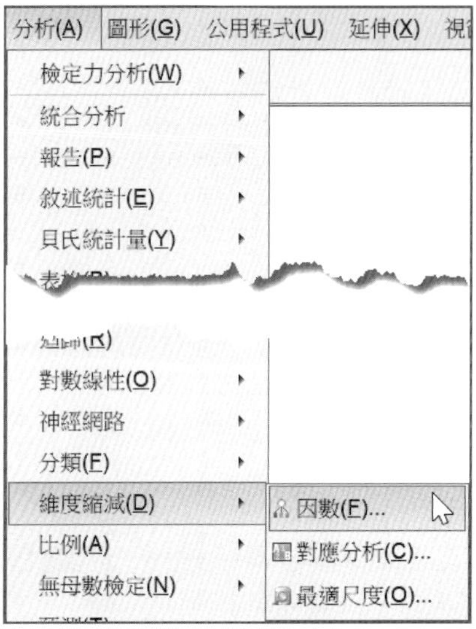

3. 把所有變數點選到右邊【變數】框中（圖 26-3）

圖 26-3　因數分析對話框

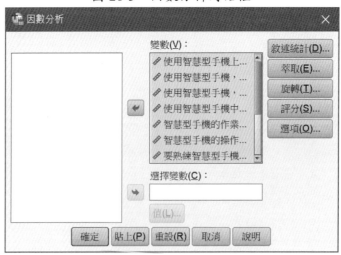

4. 在【敘述統計】下，勾選【初始解】與【KMO 與 Bartlett 的球形檢定】（圖 26-4）。

圖 26-4　因數分析：敘述統計對話框

5. 在【萃取】對話框中的【方法】使用的【主軸因子擷取】法，【顯示】中勾選【未旋轉因子解】及【碎石圖】（陡坡圖），【萃取】的標準則是【根據固有值】大於1（圖 26-5）。

圖 26-5　因數分析：擷取對話框

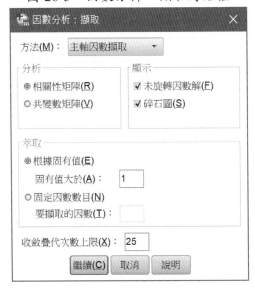

6. 因素分析通常都需要轉軸，因此直接在【轉軸】下，先選擇【最大變異】（此為直交轉軸）（圖 26-6）。

7. 如果要進行斜交轉軸，則在【轉軸】下改選擇【直接斜交】，其【差異】（Delta值）通常不加以更改（圖 26-7）

圖 26-6　因數分析：轉軸法對話框

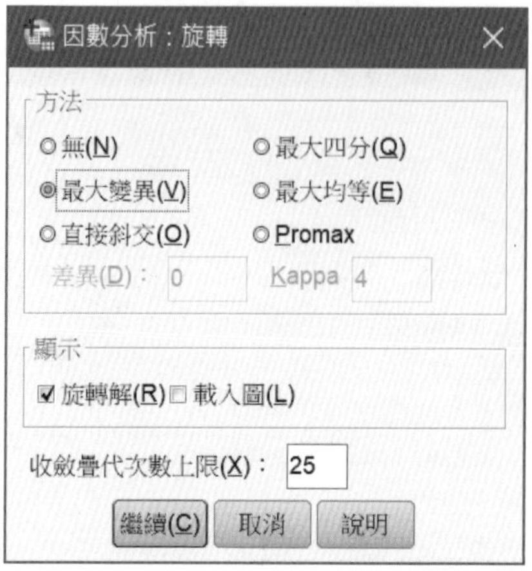

圖 26-7　因數分析：轉軸法對話框（續）

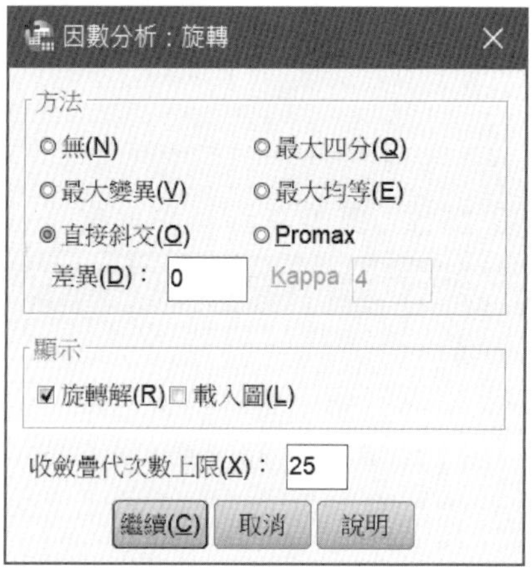

26.4　報表解讀

以下報表是進行多次因素分析及轉軸所得結果，不是一次分析所得。為了簡化報表，只列出變數名稱（a1……d4），不列出題目內容。詳細題目，請見表 26-3。

報表 26-1　KMO 與 Bartlett 檢定

Kaiser-Meyer-Olkin 取樣適切性量數。		.858
Bartlett 的球形檢定	近似卡方檢定	484.471
	自由度	66
	顯著性	.000

報表 26-1 是 KMO 取樣適切性量數，依據 Kaiser 及 Rice（1977）的建議，KMO 的判斷準則如表 26-2，本範例為 .858，算是相當理想。

Bartlett 球形檢定在檢驗矩陣是否為單元矩陣（identify matrix），也就是對角線為 1，其他元素為 0 的矩陣，亦即變數間的相關係數為 0，不適合進行因素分析。檢定所得 $\chi^2(66, N = 40) = 484.471$，$p < .001$，表示此 12 個題目間有相關，適合進行因素分析。

表 26-2　KMO 判斷準則

KMO	建　議
0.90 以上	極佳的（marvelous）
0.80 以上	良好（meritorious）
0.70 以上	中等（middling）
0.60 以上	普通（mediocre）
0.50 以上	欠佳（miserable）
0.50 以下	無法接受（unacceptable）

報表 26-2　共同性

	初始	萃取
a1	.716	.705
a2	.807	.866
a3	.455	.363
a4	.791	.856
b1	.937	.958
b2	.933	.932
b3	.943	.966
b4	.700	.602
c1	.895	.956
c2	.807	.786
c3	.739	.691
c4	.776	.803
擷取方法：主軸因子法。		

報表 26-2 的共同性（communality）代表每個題目被因素（在此有 3 個）解釋變異量的比例，最少應大於 .50（表示有一半的變異量被共同因素解釋）。本範例使用主軸因子法進行因素分析，其初始共同性為 SMC，也就是以其他 11 個變數對某個變數進行多元迴歸分析後，得到的 R^2。萃取之後的共同性除 a3 外均大於 .50，表示多數題目被 3 個因素所解釋的部分都大於**唯一性**（unique，唯一性等於 1 減共同性）。A3 的題目內容為「使用智慧型手機，能提升工作績效」，原設計屬於「有用性」向度，可能原因是智慧型手機主要被當成通訊或娛樂工具，較少用在工作上。如果要修改題目，建議可改成「智慧型手機有許多實用的功能」。

報表 26-3　解說總變異量

因子	初始固有值			擷取平方和負荷量			旋轉平方和負荷量		
	總計	變異的%	累加%	總計	變異的%	累加%	總計	變異的%	累加%
1	6.552	54.601	54.601	6.382	53.183	53.183	3.599	29.992	29.992
2	2.337	19.477	74.078	2.140	17.830	71.013	2.988	24.904	54.896
3	1.169	9.739	83.818	.963	8.025	79.038	2.897	24.142	79.038
4	.669	5.579	89.396						
5	.300	2.500	91.896						
6	.293	2.441	94.337						
7	.203	1.692	96.029						
8	.179	1.493	97.523						
9	.128	1.066	98.588						
10	.087	.721	99.309						
11	.050	.419	99.728						
12	.033	.272	100.000						

擷取方法：主軸因子法。

報表 26-3 主要在呈現固有值（或稱特徵值）及所解釋的變異百分比。本報表共分初始、萃取之後的平方和，及轉軸之後的平方和三大欄。初始特徵值所能解釋的變異百分比是將該特徵值除以變項數而得。例如，第一個因素的特徵值是 6.552，將它

除以變項數 12，可得 0.54601，等於 54.601%，這是第一個因素對 12 個題目的總解釋量。累積百分比，是將每個因素所能解釋的變異百分比累加而得，當抽取的因素數目等於變項數時，累加的變異百分比將是 100%。

第二大欄為擷取（萃取）因素負荷量平方和，是所有變項在某一因素上未轉軸的負荷量平方和（見報表 26-6）。由於初始固有值只有前 3 個因素的特徵值大於 1，因此 SPSS 自動保留 3 個因素，原始累積解釋量為 83.818%（使用主成分法），使用主軸法萃取因素後，前 3 個因素的累積解釋量減為 79.038%。

報表 26-6 中，直行的平方和等於萃取的因素負荷量平方和，例如，第一個因素萃取的因素負荷量平方和是：

$$F1 = (.631)^2 + (.721)^2 + (.365)^2 + \cdots\cdots + (.819)^2 = 6.382$$

而橫列的平方和等於題目的共同性，例如，第一個題目的共同性是：

$$a1 = (.631)^2 + (.518)^2 + (.196)^2 = .705$$

第三大欄是轉軸後的負荷量平方和，由報表 26-7 計算而得：

$$F1 = (.092)^2 + (.146)^2 + (-.004)^2 + \cdots\cdots + (.269)^2 = 3.599$$

轉軸後的個別因素解釋量會改變，分別為 29.992%、24.902%，及 24.142%；總解釋量仍為 79.038%，與轉軸前相同。

報表 26-4 為 Cattell 的陡坡（碎石）考驗圖。圖中橫座標是因素號碼、縱座標是固有值。陡坡考驗圖可以幫助研究者決定因素數目。判斷的依據之一是，取陡坡上的因素不取平滑處的因素；判斷的依據之二是，取曲線某一轉折點左邊的因素。由此圖可知，有四個因素位於陡坡上；從曲線的轉折情形可以發現，此一曲線只有一個較明顯的轉折點，所以應抽取陡坡上的四個因素（即第一個轉折點左邊之因素，橢圓形虛線為筆者所加）較為適宜。不過，基於 TAM 理論及便於因素命名，本範例將採特徵值大於 1 的標準，保留 3 個因素。

不管是採取特徵值大於 1 或是陡坡圖，都是主觀的判斷方法。

報表 26-4 陡坡考驗圖

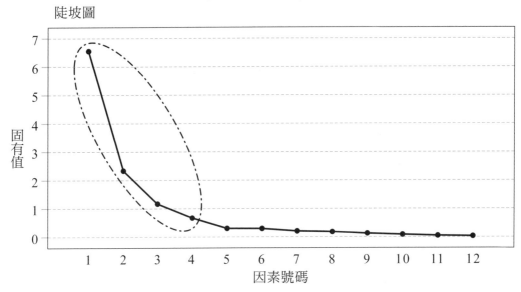

報表 26-5 平行分析

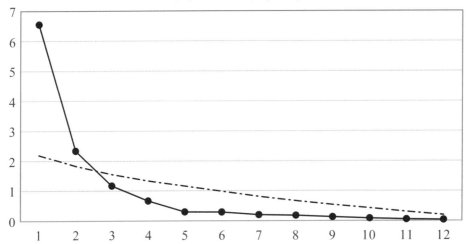

　　報表 26-5 是另外使用 O'Connor（2000）設計的 SPSS 平行分析（parallel analysis）程式進行的分析結果。圖中實線部分是使用本範例分析所得的特徵值，而虛線則是使用模擬資料進行 2000 次分析之後得到的特徵值。實線高於虛線的因素數目為 2，因此以客觀的方法進行分析，建議取 2 個因素較適當。

　　目前一些論文審查者都會建議使用平行分析法當保留因素數目的依據，有關此方法的說明，請見程炳林與陳正昌（2011b）的著作。

報表 26-6　因子矩陣 [a]

	因子		
	1	2	3
a1	**.631**	.518	.196
a2	**.721**	.539	.236
a3	.365	**.430**	.212
a4	**.710**	.460	.375
b1	**.810**	-.511	.201
b2	**.783**	-.532	.186
b3	**.739**	-.616	.199
b4	**.661**	-.391	.115
c1	**.867**	-.038	-.452
c2	**.799**	.274	-.271
c3	**.716**	.024	-.421
c4	**.819**	.175	-.318
擷取方法：主軸因子法。 a. 已擷取 3 個因子。需要 8 次反覆運算。			

報表 26-6 是 12 個題目在三個因素上未轉軸的因子矩陣（即因素負荷量矩陣）。由此一矩陣可以重新計算每一變項的共同性、特徵值、因素解釋的百分比，及再製相關矩陣（可以在 SPSS 中勾選列出）。

以 a2 這一題為例，它在三個因素的負荷量分別為 .721、.539，及 .236，三個負荷量的平方和，就是這一題的共同性（見報表 26-2）。即：

$$(.721)^2 + (.539)^2 + (.236)^2 = .866$$

由報表中每一橫列來看，除了 a3 外的 11 個題目在第 1 個因素的負荷量都是最高（橫列係數最大者，筆者以粗體字表示），也就是有 11 題都屬於第 1 個因素，1 個題目屬於第 2 個因素，並不符合研究者原始的規劃，因此再進行因素轉軸。

報表 26-7　旋轉因子矩陣 [a]

	因子		
	1	2	3
a1	.092	**.785**	.283
a2	.146	**.866**	.307
a3	-.004	**.594**	.101
a4	.244	**.874**	.181
b1	**.930**	.162	.260
b2	**.923**	.126	.253
b3	**.960**	.052	.206
b4	**.723**	.127	.254
c1	.401	.199	**.870**
c2	.203	.470	**.724**
c3	.276	.179	**.763**
c4	.269	.389	**.761**
擷取方法：主軸因子法。 轉軸方法：使用 Kaiser 正規化的最大變異法。 a. 在 5 反覆運算中收斂旋轉。			

報表 26-7 是使用最大變異法（varimax）進行直交轉軸後的結果，每一直行的平方和就是報表 26-3 第三大欄的轉軸負荷量平方和。

比較每一橫列的負荷量，將最大的值以粗體標示後，可以看出 a1－a4 屬於第 2 個因素，b1－b4 屬於第 1 個因素，而 c1－c4 屬於第 3 個因素。而未使用粗體標示的**交叉負荷量**（cross-loadings），多數都在 .35 以下，因此大致符合簡單結構原則。

參酌表 26-3 的題目內容，我們可以將因素一命名為「易用性」，因素二命名為「有用性」，因素三命名為「使用意願」，符合科技接受模式（TAM）的理論。

報表 26-8　因子變換矩陣

因子	1	2	3
1	.615	.518	.595
2	-.706	.698	.123
3	.351	.495	-.795
擷取方法：主軸因子法。			
轉軸方法：使用 Kaiser 正規化的最大變異法。			

報表 26-8 是因子變換（因素轉換）矩陣。將報表 26-6 的未轉軸因素矩陣乘以此處之因素轉換矩陣，就可以得到報表 26-7 旋轉（轉軸後）因子矩陣。

報表 26-9　解說總變異量

因子	初始固有值			擷取平方和負荷量			旋轉平方和負荷量 a
	總計	變異的%	累加%	總計	變異的%	累加%	總計
1	6.552	54.601	54.601	6.382	53.183	53.183	5.186
2	2.337	19.477	74.078	2.140	17.830	71.013	4.062
3	1.169	9.739	83.818	.963	8.025	79.038	4.784
4	.669	5.579	89.396				
5	.300	2.500	91.896				
6	.293	2.441	94.337				
7	.203	1.692	96.029				
8	.179	1.493	97.523				
9	.128	1.066	98.588				
10	.087	.721	99.309				
11	.050	.419	99.728				
12	.033	.272	100.000				
擷取方法：主軸因子法。							
a. 當因子產生關聯時，無法新增平方和負荷量來取得變異數總計。							

報表 26-9 是斜交轉軸之後的負荷量平方和，前兩大欄與報表 26-3 相同。第三大

欄則因為斜交轉軸後因素之間有相關，所以無法計算個別因素的解釋量。

報表 26-10　型樣矩陣 [a]

	因子		
	1	2	3
a1	.126	**.774**	-.023
a2	.119	**.854**	.028
a3	-.029	**.628**	-.058
a4	-.078	**.905**	.187
b1	.011	.055	**.957**
b2	.014	.018	**.953**
b3	-.038	-.050	**1.014**
b4	.076	.025	**.724**
c1	**.956**	-.105	.122
c2	**.752**	.258	-.056
c3	**.861**	-.084	.020
c4	**.803**	.151	.008
擷取方法：主軸因子法。 轉軸方法：使用 Kaiser 正規化的斜交轉軸法。 a. 在 9 反覆運算中收斂旋轉。			

　　報表 26-10 是採 Oblimin 直接斜交法轉軸所得的因素型樣矩陣（即樣式負荷量矩陣）。斜交轉軸後因素矩陣有兩個，一是因素樣式矩陣，一是因素結構矩陣，這兩者都是因素負荷量。根據 Sharma（1996）的建議，如果研究者採用斜交轉軸，應以樣式負荷量來解釋因素分析的結果較為恰當。由於斜交轉軸後，兩個因素的夾角不再是 90°，因素樣式有可能大於 1。因素樣式在性質上類似於迴歸係數，反映每個因素對各個變項的貢獻。由報表 26-10 及報表 26-7 可看出，斜交轉軸的結果與直交轉軸類似。根據歸類結果及原始題意，因素一可命名為「易用性」，因素二命名為「有用性」，因素三則是「使用意願」。

報表 26-11　結構矩陣

	因子		
	1	2	3
a1	.520	**.834**	.244
a2	.583	**.923**	.312
a3	.269	**.598**	.086
a4	.500	**.912**	.375
b1	.569	.306	**.977**
b2	.550	.269	**.965**
b3	.496	.190	**.980**
b4	.489	.250	**.772**
c1	**.968**	.428	.623
c2	**.857**	.639	.426
c3	**.828**	.373	.474
c4	**.887**	.575	.490
擷取方法：主軸因子法。 轉軸方法：使用 Kaiser 正規化的斜交轉軸法。			

　　斜交轉軸後的因素結構，是題目與因素間的簡單相關，它的平方代表題目被某個因素以及此因素和其他因素的交互作用共同解釋之變異（Sharma, 1996）。在此，結構係數分類的結果與樣式矩陣相同。

報表 26-12　因子相關性矩陣

因子	1	2	3
1	1.000	.525	.553
2	.525	1.000	.256
3	.553	.256	1.000
擷取方法：主軸因子法。 轉軸方法：使用 Kaiser 正規化的斜交轉軸法。			

　　報表 26-12 是因素的相關矩陣。斜交轉軸後因素與因素的相關不再是 0，從此處可知三個因素的交互相關為 .525、.553、.256，有兩個相關係數高於 ±.30，表示因素

間應有相關，顯示本範例應採斜交轉軸較為恰當。

然而，由於直交轉軸所得的分類結果與斜交轉軸相同，基於直交轉軸可以計算因素解釋量，且容易解釋，筆者建議採用直交轉軸的結果。

26.5　撰寫結果

研究者自編 12 題 Likert 六點量表，以測量使用者對智慧型手機的看法。經使用主軸法進行因素分析，並採特徵值大於 1 的標準，得到三個共同因素。採用最大變異法進行轉軸，三個因素分別命名為易用性、有用性、及使用意願，解釋量分別為 30.0%、24.9%、24.1%，總解釋量為 79.0%。三個因素的負荷分別介於 0.723 - 0.960、0.594 - 0.874、0.761 - 0.870 之間，所有題目均保留，未被刪除。摘要如表 26-3，粗體字部分表示該題目所屬的因素。

表 26-3　因素分析摘要表

題　　目	因素			共同性
	1	2	3	
A1 使用智慧型手機上網，可以隨時獲得想要的資訊	.092	**.785**	.283	.705
A2 使用智慧型手機，能讓生活更便利	.146	**.866**	.307	.866
A3 使用智慧型手機，能提升工作績效	-.004	**.594**	.101	.363
A4 使用智慧型手機中的應用程式，可以解決許多問題	.244	**.874**	.181	.856
B1 智慧型手機的作業系統很容易上手	**.930**	.162	.260	.958
B2 智慧型手機的操作方法簡單易學	**.923**	.126	.253	.932
B3 要熟練智慧型手機的操作，是容易的事	**.960**	.052	.206	.966
B4 我不需要別人協助，就可以學會使用智慧型手機	**.723**	.127	.254	.602
C1 智慧型手機是值得使用的	.401	.199	**.870**	.956
C2 使用智慧型手機是個好主意	.203	.470	**.724**	.786
C3 我對使用智慧型手機的態度是正面的	.276	.179	**.763**	.691
C4 使用智慧型手機有許多好處	.269	.389	**.761**	.803
解釋量	30.0%	24.9%	24.1%	79.0%

27 驗證性因素分析

驗證性因素分析（confirmatory factor analysis, CFA）常被用來分析測驗或量表的構念效度。要進行驗證性因素分析，容易上手且常被使用的軟體為 IBM SPSS Amos。本章簡要說明驗證性因素分析的概念及 Amos 報表，詳細的統計方法，請見陳正昌、林曉芳（2020）與程炳林、陳正昌、陳新豐（2011）的著作。

27.1 基本統計概念

驗證性因素分析主要用在模型（模式）之驗證，如果研究者在編製量表時，已有明確之理論依據或是預設立場，或已經有許多相關研究，則使用驗證取向的因素分析會較恰當。

驗證性因素分析，比較常用的步驟有五項：

一、發展理論模型（formulation）

圖 27-1 是試探性因素分析的示意圖，在圖中共有 6 個觀察變數（V_1–V_6），分析時設定為 2 個潛在因素（F_1 及 F_2）的測量指標，因此共有 12 條（2×6）單向箭頭。

圖 27-1　試探性因素分析-1

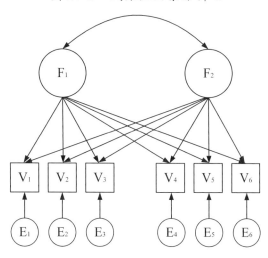

經過因素分析後，可能 V_1–V_3 在 F_1 的因素負荷量較高，而 V_4–V_6 在 F_2 的因素負荷量較高，此時會將 V_1–V_3 歸為第一個因素（F_1），而 V_4–V_6 歸為第二個因素（F_2）。然而，F_1 對 V_4–V_6，F_2 對 V_1–V_3 的因素負荷量（圖 27-2 中淺色虛線）並不等於 0。

圖 27-2　試探性因素分析-2

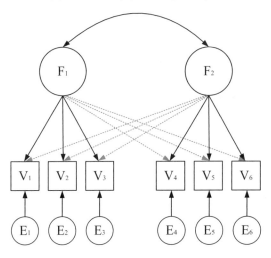

圖 27-3 是驗證性因素分析的示意圖，此時，研究者依據理論設定 V_1–V_3 是 F_1 的測量指標，而 V_4–V_6 是 F_2 的測量指標，所以只有 6 條單向箭頭。此時，V_4–V_6 不是 F_1 的測量指標，V_1–V_3 也不是 F_2 的測量指標，所以並沒有單向箭頭連接它們。

圖 27-3　驗證性因素分析

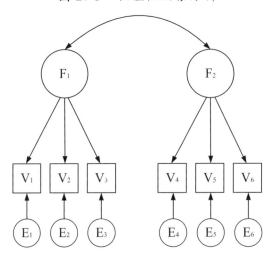

圖 27-4 是根據圖 27-3 所繪的理論模型。在繪製理論模型時，有幾點需要特別留意：

1. 圓形或橢圓形代表潛在變數（latent variable），是不可觀測的變數（unobserved variable）；方形或矩形代表可觀察的變數（observed variable），是因素的指標（index）。

2. 因素與指標間使用單向箭頭連接，方向是由因素指向指標（一般稱為**反映性指標**）。因素的名稱（在此為 F_1 及 F_2）自行設定，但是不可以與要分析的資料檔中變數名稱相同，而指標的名稱（V_1–V_6）則一定要在資料檔中。也就是，觀察變數名稱須包含在資料檔中（通常為 SPSS 系統檔，也可以是 csv 或 txt 檔），潛在變數名稱則不可以與資料檔的變數名稱相同。

3. 每個因素（潛在變數）須設定一個參照指標，加權係數設定為 1，以提供潛在變數的測量單位。圖 27-4 中，F_1 及 F_2 是潛在變數，它們的參照指標分別為 V_1 及 V_4。如果未特別設定，通常以第 1 個觀察變數當參照指標。

4. 因素間一定要有雙向箭頭連接，如果是直交，則可以再設定參數值為 0。

5. 每個觀察變數須有一個測量誤差（分別為 E_1–E_6），使用單向箭頭連接，加權係數設定為 1。測量誤差同樣是潛在變數，名稱自行設定。

6. 在模型中，凡是被單向箭頭所指的變數稱為**內因變數**（endogenous variables），未被單向箭頭指到的變數稱為**外因變數**（exogenous variables）。

圖 27-4　理論模型

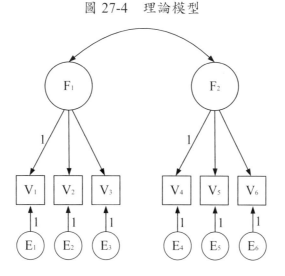

二、評估模型的辨認（identification）

此步驟是使用不同方法辨認參數是否有解，在此，僅說明自由度的計算方法，因為自由度應大於或等於 0，才可以得到參數解。圖 27-4 中，有 6 個觀察變數，因此提供的訊息量為：

$$6 \times (6 + 1) / 2 = 21$$

圖 27-4 中要估計的參數有 13 個，其中因素負荷量（又稱迴歸加權）有 4 個（2 個參照指標不需要估計參數），所有潛在變數的變異數有 8 個，F_1 及 F_2 的共變數（標準化之後為相關係數）有 1 個，因此：

$$4 + 8 + 1 = 13$$

以訊息量減去要估計的參數就是自由度，因此在圖 27-4 中自由度為：

$$21 - 13 = 8$$

三、進行參數估計（estimation）

如果資料符合假定（樣本數量夠大、測量指標為連續尺度、多變量常態分配），則使用最大概似法（maximum likelihood method）會得到較佳的解。Amos 有五種參數估計的方法，內定為最大概似法，圖 27-5 為估計所得之標準化係數。

圖 27-5　估計的標準化係數

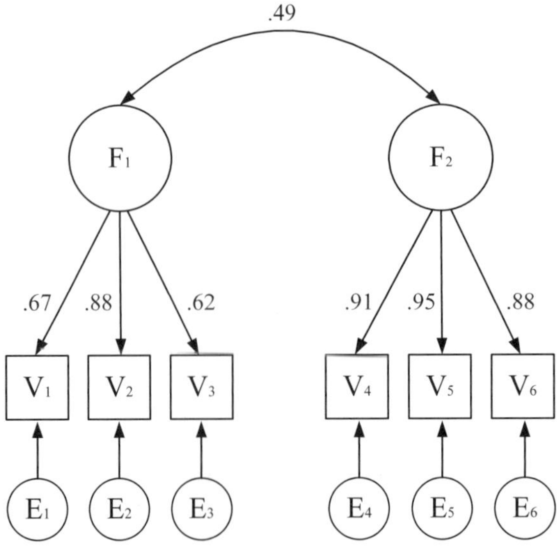

　　如果可能，最好使用原始資料進行參數估計。假如是彙整後的資料，則使用觀察變數的變異數—共變數矩陣會較理想。假使只有相關矩陣，則最好也能找到觀察變數的平均數及標準差。只使用相關矩陣進行分析，是最後的選擇。使用結構方程模型的論文，目前建議最好能附上變數間的變異數—共變數矩陣或相關係數矩陣，以利後續研究者重新檢證。

四、評鑑模型的適配度（evaluation）

　　結構方程模型分析的過程，在縮小 $\mathbf{S}$ 與 $\hat{\Sigma}$ 的差異，使得 $\mathbf{S} = \hat{\Sigma}$。其中 $\mathbf{S}$ 是樣本的變異數—共變數矩陣，也就是觀察到的資料，$\hat{\Sigma}$ 是由理論模型估計所得的隱含變異數—共變數矩陣（implied variance-covariance matrix），也就是由理論模型所複製的資料，兩者的差異稱為殘差的變異數—共變數矩陣。結構方程模型的統計假設為：

$$\begin{cases} H_0 : \mathbf{S} = \hat{\Sigma} \\ H_1 : \mathbf{S} \neq \hat{\Sigma} \end{cases}$$

　　參數估計完成後，可以得到各種參數估計值及模型適配度。由於結構方程模型（包含驗證性因素分析）並沒有唯一的指標，因此需要參考各種適配度指標來判斷理論模型是否適配觀察到的資料。這些適配度指標可以分為四類：

(一)絕對適配指標（absolute fit indices）

　　絕對適配指標是直接比較 $\mathbf{S}$ 與 $\hat{\Sigma}$ 的差異，也是將理論模型與飽和模型（saturated model，是適配度最佳的模型）加以比較，常用的指標有：

1. 模型的 χ^2 值：χ^2 值愈大，表示 $\mathbf{S}$ 與 $\hat{\Sigma}$ 的差異愈大，因此為缺適度指標（badness of fit index）。我們會期望 χ^2 檢定的 p 值大於 0.05，也就是不能拒絕虛無假設，此時才表示 $\mathbf{S} = \hat{\Sigma}$。

2. χ^2 與自由度的比值：由於 χ^2 值會受到樣本數的影響，經常會拒絕虛無假設，因此可以將 χ^2 除以自由度，如果比值小於 3，表示理論模型的適配度良好。

3. 適配度指標（goodness of fit index, GFI）：代表理論模型所能解釋的變異量，介於 0-1 之間，大於 0.9 表示理論模型的適配度良好。

4. 調整適配度指標（adjusted goodness of fit index, AGFI）：將自由度納入考量之後的 GFI，介於 0-1 之間，大於 0.9 表示理論模型的適配度良好。

5. 殘差均方根（root mean square residual, RMR）：殘差矩陣是由樣本變異數—共變數矩陣減去再製後的變異數—共變數矩陣而得，將殘差的絕對值相加再求平均並取平方根，就是 RMR 值。RMR 值最小為 0，最大則沒有上限。

6. 標準化殘差均方根（standardized root mean square residual, SRMR）：RMR 標準化之後即是 SRMR，由殘差相關矩陣計算而得，小於 0.08 則模型為可接受的適配度，小於 0.05 則是適配良好。

7. 近似誤差均方根（root mean square error approximation, RMSEA）：RMSEA 也是缺適度指標，如果小於 0.05 代表有良好的適配度，0.05–0.08 之間代表有不錯的適配度。

8. Hoelter 的臨界 N 值：如果大於 200，表示樣本適當。

(二)相對適配指標（relative fit indices）

相對適配指標是比較理論模型與基準線模型（baseline model，也稱為獨立模型，就是適配度最差的模型），計算理論模型比基準線模型改善的比例，數值最好能大於 0.9，常用的指標有：

1. 標準適配度指標（normed fit index, NFI）：介於 0–1 之間，大於 0.9 表示理論模型比基準線模型有更佳的適配度。

2. 非標準適配度指標（nonnormed fit index, NNFI），或 Tucker-Lewis 指標（Tucker-Lewis index, TLI）：不是介於 0–1 之間，最好大於 0.9。

3. 相對適配度指標（relative fit index, RFI）。

4. 增值適配度指標（incremental fit index, IFI）。

5. 比較適配度指標（comparative fit index, CFI）。

(三)精簡適配指標（parsimony fit indices）

如果兩個模型都可以適配觀察資料，則愈精簡的模型愈好。精簡適配指標主要用來代表模型精簡的程度，數值最好能大於 0.5，常用的指標有：

1. 精簡調整 GFI（parsimony-adjusted GFI, PGFI）。

2. 精簡調整 NFI（parsimony-adjusted NFI, PNFI）。

3. 精簡調整 CFI（parsimony-adjusted CFI, PCFI）。

(四)訊息標準指標（information criterion indices）

此類指標適用於不同模型之間的比較，數值愈小，表示模型的適配度愈好，常用

的指標有：

1. Akaike 訊息標準（Akaike information criterion, AIC）。

2. 一致 Akaike 訊息標準（consistent Akaike information criterion, CAIC）。

3. Bayesian 訊息標準（Bayesian information criterion, BIC）。

4. Browne-Cudeck 標準（Browne-Cudeck criterion, BCC）。

5. 期望交互效化指標（expected cross-validation index, ECVI）。

雖然可供選擇的指標非常多，一般建議可列出 χ^2 值（含自由度及 p 值）、SRMR、NNFI（TLI）、RMSEA、CFI（Hooper, Coughlan, & Mullen, 2008）。Hu 及 Bentler（1999）則建議以 SRMR 分別搭配 TLI、CFI（或 RNI）、RMSEA，同時列出雙指標，其中 SRMR 應在 0.09 以下，TLI 或 CFI 在 0.96 以上，RMSEA 在 0.06 以下（Hooper, Coughlan, & Mullen, 2008, p.59）。

除了以上四類的適配指標外，還需要對**聚斂效度**（convergent validity）及**區別效度**（discriminant validity）加以分析。依據 Hair Jr.、Black、Babin、及 Anderson（2009）的建議，如果符合以下四項標準，則量表就具有聚斂效度：

1. 標準化的負荷量（迴歸加權）至少要在 0.5 以上，最好在 0.7 以上。

2. 個別題目被因素解釋的變異量要在 0.5 以上。

3. 每個因素的平均抽取變異量（average variance extracted, AVE），也就是因素對題目的平均解釋量，要在 0.5 以上。

4. 每個因素的組成信度（或稱構念信度，construct reliability）要在 0.7 以上。

此外，如果兩因素間的相關係數平方，小於個別因素的 AVE，則具有區別效度。

五、進行模型修正（modification）

如果理論模型與觀察資料的適配度不佳，有些研究者會重新設定或修正模型，不過，從嚴格驗證取向的觀點，此步驟仍有爭議。假使可能，最好先提出幾個競爭模型，參考適配指標選出一個適配度較好的模型，此稱為競爭取向的分析。

27.2　範例

研究者依據科技接受模式（technology acceptance model, TAM）編製了一份 Likert

六點形式的智慧型手機使用量表（題目見第 26 章的表 26-3），其中 a_1-a_4 在測量第一個因素，b_1-b_4 在測量第二個因素，c_1-c_4 在測量第三個因素，理論模型如圖 27-6，請以此進行驗證性因素分析。

27.3　使用 SPSS 進行分析

1.　完整的 SPSS 資料檔如圖 27-6。

圖 27-6　驗證性因素分析資料檔（部分）

	a1	a2	a3	a4	b1	b2	b3	b4	c1	c2	c3	c4
1	6	5	4	5	5	5	4	6	6	6	6	5
2	6	6	3	6	6	6	6	6	6	6	6	6
3	5	5	4	5	5	5	5	4	4	4	4	4
4	5	6	5	5	5	5	5	6	5	5	5	6
5	5	5	4	4	4	4	5	5	4	4	5	5
6	6	6	6	6	6	6	6	6	6	6	6	6
7	5	5	4	5	6	6	6	6	5	5	5	5
8	5	5	1	6	5	5	5	6	5	5	6	5
9	6	6	4	4	6	6	6	6	6	6	3	6
10	6	2	2	2	3	3	3	3	1	1	3	3
11	5	5	4	4	3	3	3	5	4	4	4	6
12	5	5	4	5	5	5	5	5	5	5	5	5
13	5	5	4	5	4	4	5	4	5	5	5	5
14	5	5	4	4	4	5	5	5	5	5	5	5
15	6	5	4	5	5	5	5	4	5	5	5	5

2.　在 Amos 28 版中畫好理論模型，指定資料檔，並存檔。此部分請詳見第 1 章有關 Amos 28 版的操作說明（圖 27-7）。

圖 27-7　理論模型

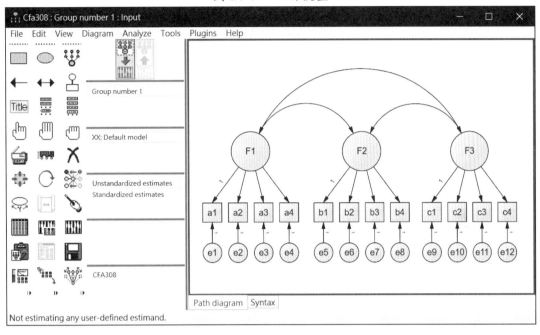

3. 在【Analyze】中選擇【Calculate Estimates】，進行參數估計（圖 27-8）。

圖 27-8　進行參數估計

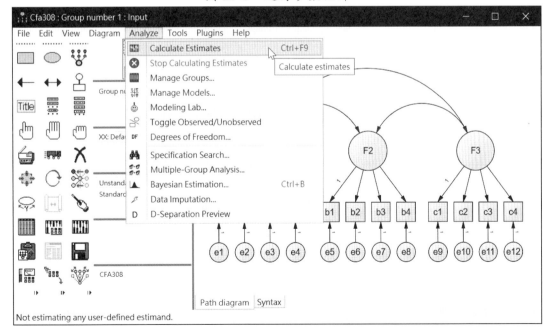

4. 點選【View the output path diagram】按鈕，檢視原始估計值（圖 27-9）。

圖 27-9　檢視原始估計值

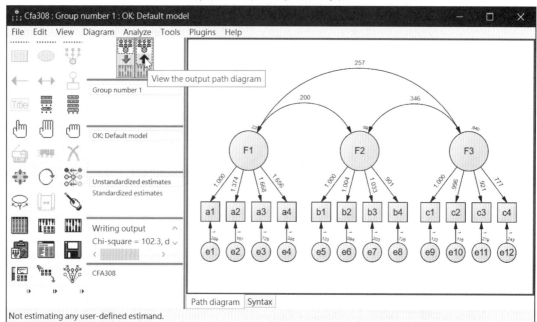

5. 點擊【Standardized estimates】按鈕，檢視標準化估計值（圖 27-10）。

圖 27-10　檢視標準化估計值

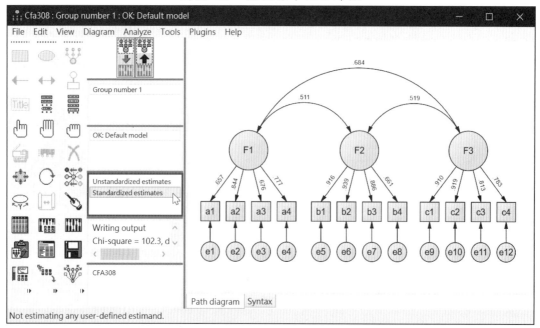

6.　在【View】中選擇【Text output】，檢視文字輸出（圖 27-11）。

圖 27-11　檢視文字輸出

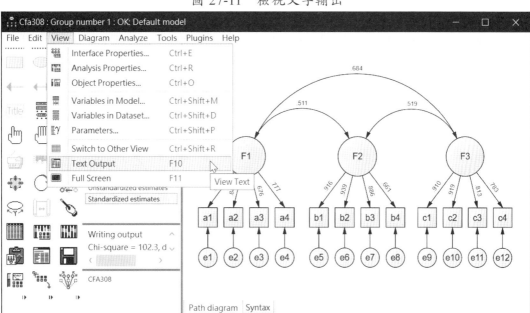

7.　在【Amos Output】的視窗中可以點選左側的大綱以檢視報表（圖 27-12）。

圖 27-12　Amos 文字輸出

			Estimate
a1	<---	F1	.657
a2	<---	F1	.844
a3	<---	F1	.676
a4	<---	F1	.777
b1	<---	F2	.916
b2	<---	F2	.939
b3	<---	F2	.886
b4	<---	F2	.661
c1	<---	F3	.910
c2	<---	F3	.919
c3	<---	F3	.813
c4	<---	F3	.783

Standardized Regression Weights: (Group number 1 - Default model)

Covariances: (Group number 1 - Default model)

8. 圖 27-13 為另外存檔的理論模型。

圖 27-13　理論模型

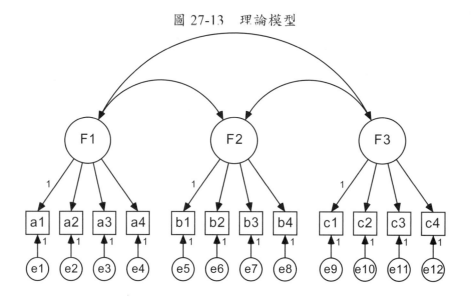

9. 圖 27-14 是未標準化估計值，此時參照指標之係數為 1.000。因素間為共變數。潛在變數右上方的數值為變異數。

圖 27-14　未標準化估計值

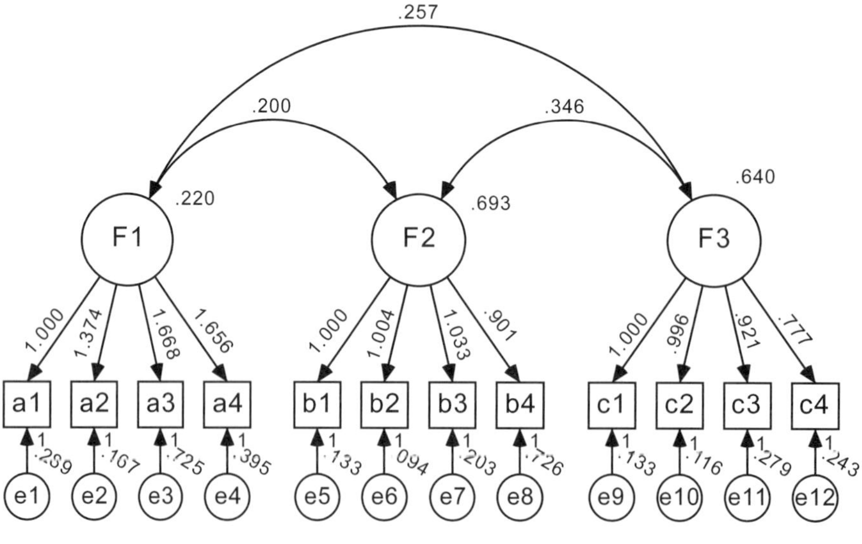

10. 圖 27-15 是標準化估計值，因素間為相關係數。

圖 27-15　標準化估計值

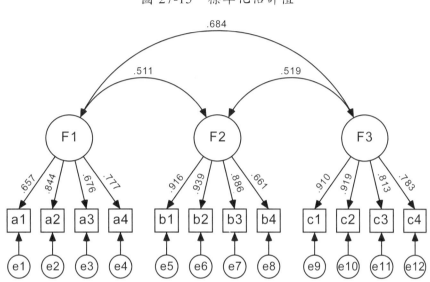

27.4　報表解讀

報表 27-1　Notes for Group (Group number 1)

> The model is recursive.
> Sample size = 308

報表 27-1 說明模型是遞迴的（recursive，即單向因果），樣本數為 308。

報表 27-2　Your model contains the following variables (Group number 1)

> Observed, endogenous variables
> a1　a2　a3　a4　b1　b2　b3　b4　c1　c2　c3　c4
> Unobserved, exogenous variables
> F1　e1　e2　e3　e4　F2　e5　e6　e7　e8　F3　e9　e10　e11　e12

報表 27-2 說明在此模型中，觀察的內因變數有 a_1–a_4、b_1–b_4、c_1–c_4 等 12 個變數；潛在的外因變數有 F_1–F_3 及 e_1–e_{12} 等 15 個。（注：原報表較長，已改為橫排。）

報表 27-3　Variable counts (Group number 1)

Number of variables in your model:	27
Number of observed variables:	12
Number of unobserved variables:	15
Number of exogenous variables:	15
Number of endogenous variables:	12

報表 27-3 說明在模型中，總共有 27 個變數，其中 12 個觀察變數，都是內因變數，15 個潛在變數，都是外因變數。

報表 27-4　Parameter Summary (Group number 1)

	Weights	Covariances	Variances	Means	Intercepts	Total
Fixed	15	0	0	0	0	15
Labeled	0	0	0	0	0	0
Unlabeled	9	3	15	0	0	27
Total	24	3	15	0	0	42

報表 27-4 是參數摘要表。第一列中有 15 個固定的加權係數，包含 12 個測量誤差對觀察變數的加權值 1 及 3 個參照指標。第三列為未命名的自由參數，含 9 個加權係數（因素對觀察變數的加權係數）、3 個共變數（因素間的關聯）、15 個潛在變數的變異數。總計有 24 個加權係數、3 個共變數，及 15 個變異數。

報表 27-5　Computation of degrees of freedom (Default model)

Number of distinct sample moments:	78
Number of distinct parameters to be estimated:	27
Degrees of freedom (78 - 27):	51

報表 27-5 計算本範例的自由度。資料中共有 12 個觀察變數，因此提供的訊息量為：

$$12 \times (12 + 1) / 2 = 12 \times 13 / 2 = 78$$

而要估計的參數有 27 個（見報表 27-4 中的未命名自由參數），因此自由度為：

78 － 27 = 51

報表 27-6　　Result (Default model)

> Minimum was achieved
> Chi-square = 102.259
> Degrees of freedom = 51
> Probability level = .000

報表 27-6 是整體分析結果，$\chi^2(51) = 62.671$，$p < .001$，因此應拒絕虛無假設，所以研究者提出的理論模型並不適當。然而，χ^2 會受到樣本數的影響，因此應再參酌其他的適配指標。

報表 27-7　　Regression Weights: (Group number 1 - Default model)

			Estimate	S.E.	C.R.	P	Label
a1	<---	F1	1.000				
a2	<---	F1	1.374	.116	11.851	***	
a3	<---	F1	1.668	.165	10.099	***	
a4	<---	F1	1.656	.147	11.263	***	
b1	<---	F2	1.000				
b2	<---	F2	1.004	.036	27.964	***	
b3	<---	F2	1.033	.042	24.329	***	
b4	<---	F2	.901	.065	13.912	***	
c1	<---	F3	1.000				
c2	<---	F3	.996	.039	25.281	***	
c3	<---	F3	.921	.047	19.504	***	
c4	<---	F3	.777	.043	18.164	***	

報表 27-7 是原始迴歸加權係數之估計值。其中 F_1 對 a_1、F_2 對 b_1、F_3 對 c_1 設定為參照指標，因此都是 1，由於缺少標準誤，無法進行檢定。而 CR 值的公式為：

$$CR = \frac{原始估計值}{標準誤}$$

如果 CR 的絕對值大於 1.96 就達到 .05 顯著水準。Amos 會顯示精確的 p 值，當顯示 3 個 * 號時，則表示 $p < .001$。由報表 27-7 可看出：所有的迴歸加權係數（因素負荷量）都顯著。

報表 27-8　Standardized Regression Weights: (Group number 1 - Default model)

			Estimate
a1	<---	F1	.657
a2	<---	F1	.844
a3	<---	F1	.676
a4	<---	F1	.777
b1	<---	F2	.916
b2	<---	F2	.939
b3	<---	F2	.886
b4	<---	F2	.661
c1	<---	F3	.910
c2	<---	F3	.919
c3	<---	F3	.813
c4	<---	F3	.783

報表 27-8 是標準化加權係數（也就是因素負荷量），有 3 個係數未大於 .70（不過，都大於 .60），填入理論模型圖中如圖 27-16。

圖 27-16　標準化負荷量

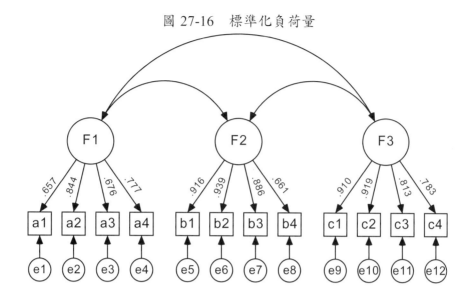

使用筆者設計的 Excel 程式計算三個因素的平均抽取變異量（AVE）分別是 .5512、.7357，及 .7367，都大於 .50；構念信度分別是 .8320、.9163，及 .9176，均大於 .70。整體而言，本量表具有聚斂效度。

圖 27-17　因素一之 AVE 及構念信度

	A	B	C	D	E	F
1	變項	標準化係數(-1~1間)	項目信度	測量誤差變異	變項數	4
2	1	0.6570	0.4316	0.5684	平均抽取變異量(AVE)	0.5512
3	2	0.8440	0.7123	0.2877	構念信度(組合信度)	0.8294
4	3	0.6760	0.4570	0.5430		
5	4	0.7770	0.6037	0.3963		

圖 27-18　因素二之 AVE 及構念信度

	A	B	C	D	E	F
1	變項	標準化係數(-1~1間)	項目信度	測量誤差變異	變項數	4
2	1	0.9160	0.8391	0.1609	平均抽取變異量(AVE)	0.7357
3	2	0.9390	0.8817	0.1183	構念信度(組合信度)	0.9163
4	3	0.8860	0.7850	0.2150		
5	4	0.6610	0.4369	0.5631		

圖 27-19　因素三之 AVE 及構念信度

	A	B	C	D	E	F
1	變項	標準化係數(-1~1間)	項目信度	測量誤差變異	變項數	4
2	1	0.9100	0.8281	0.1719	平均抽取變異量(AVE)	0.7367
3	2	0.9190	0.8446	0.1554	構念信度(組合信度)	0.9176
4	3	0.8130	0.6610	0.3390		
5	4	0.7830	0.6131	0.3869		

報表 27-9　Covariances: (Group number 1 - Default model)

			Estimate	S.E.	C.R.	P	Label
F1	<-->	F2	.200	.031	6.478	***	
F2	<-->	F3	.346	.046	7.445	***	
F1	<-->	F3	.257	.034	7.645	***	

報表 27-9 是因素間的共變數估計值，由 p 值來看，都達 .05 顯著水準。

報表 27-10　Correlations: (Group number 1 - Default model)

			Estimate
F1	<-->	F2	.511
F2	<-->	F3	.519
F1	<-->	F3	.684

　　將共變數標準化之後即是報表 27-10 因素間的相關係數（等於共變數除以 $\sqrt{\text{兩變數之變異數乘積}}$），填入模型圖中如圖 27-20。將 3 個相關係數取平方之後分別是 .2611、.2694，及 .4679，代表兩因素的互相解釋量，它們都小於 3 個因素 AVE 的最小值 .5112，因此本量表具有良好的區別效度。

圖 27-20　因素間相關係數

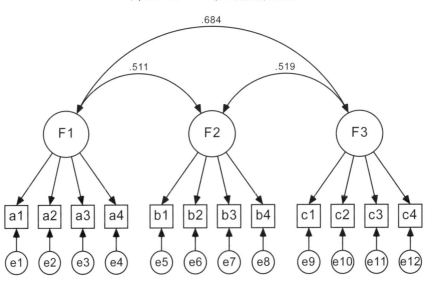

報表 27-11　Variances: (Group number 1 - Default model)

	Estimate	S.E.	C.R.	P	Label
F1	.220	.036	6.094	***	
F2	.693	.067	10.365	***	
F3	.640	.063	10.190	***	
e1	.289	.026	10.902	***	
e2	.167	.022	7.470	***	
e3	.725	.067	10.736	***	
e4	.395	.042	9.308	***	
e5	.133	.016	8.237	***	
e6	.094	.014	6.667	***	
e7	.203	.021	9.604	***	
e8	.726	.061	11.833	***	
e9	.133	.017	7.950	***	
e10	.116	.016	7.395	***	
e11	.279	.026	10.680	***	
e12	.243	.022	11.007	***	

報表 27-11 是 15 個潛在因素的變異數，p 值均小於.05，因此變異數顯著不為 0。

報表 27-12　CMIN

Model	NPAR	CMIN	DF	P	CMIN/DF
Default model	27	102.259	51	.000	2.005
Saturated model	78	.000	0		
Independence model	12	2678.348	66	.000	40.581

報表 27-12 在顯示 χ^2 值及相關的統計量。其中內定模型（Default model，即理論模型）的 CMIN 即為 χ^2 值，等於 102.259。估計參數有 27 個，自由度為 51，$p < .001$，小於 .05。不過，$\chi^2 / df = 2.005$，小於 3，表示理論模型適配度良好。

報表 27-13　RMR, GFI

Model	RMR	GFI	AGFI	PGFI
Default model	.030	.947	.919	.619
Saturated model	.000	1.000		
Independence model	.373	.276	.144	.233

如果使用相關係數矩陣進行分析，則 RMR 最好應小於 .05（至少要小於 .08），但是如果使用共變數矩陣進行分析，由於會受到測量單位的影響，因此應取標準化 RMR 值（SRMR）。在 Amos 的【Plugins】中選擇【Standardized RMR】（圖 27-21），並重新進行估計，即可得到 SRMR 值。由圖 27-22 可看出 SRMR 值為 .0373，已經小於 .05。

GFI 及 AGFI 是絕對適配指標，應大於 .90（最好大於 .95）；PGFI 是精簡適配指標，應大於 .50。由報表 27-13 來看，本範例的適配性尚稱理想。

圖 27-21　選擇 Standardized RMR

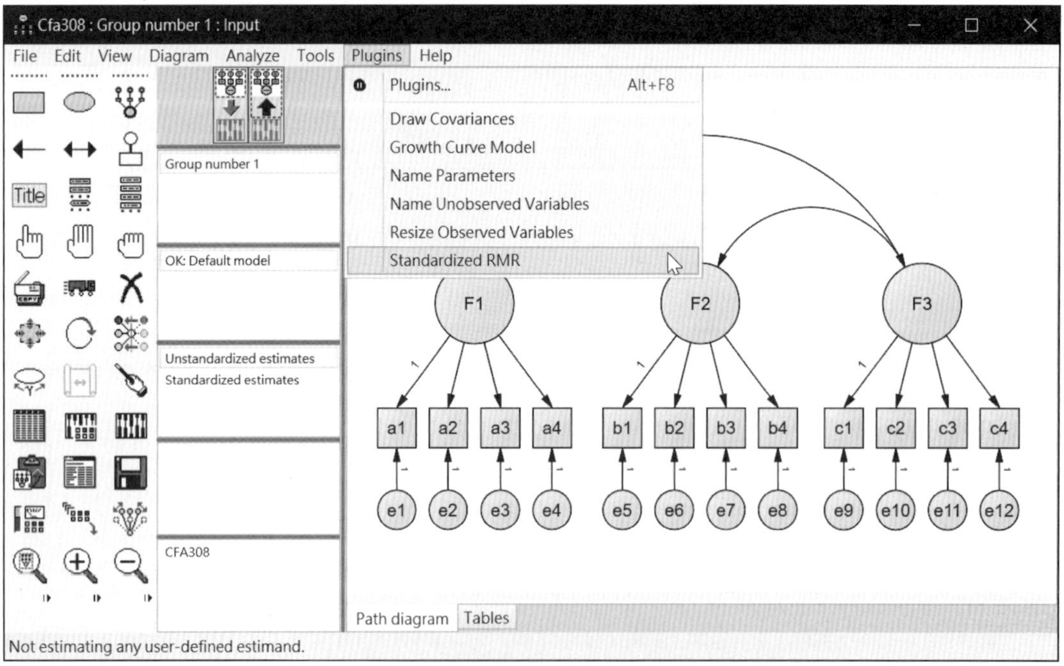

圖 27-22　標準化 RMR 值

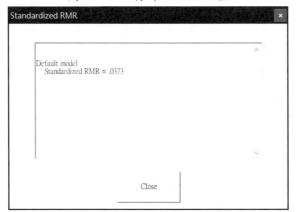

報表 27-14　Baseline Comparisons

Model	NFI Delta1	RFI rho1	IFI Delta2	TLI rho2	CFI
Default model	.962	.951	.980	.975	.980
Saturated model	1.000		1.000		1.000
Independence model	.000	.000	.000	.000	.000

報表 27-14 為相對適配指標，是將理論模型與基準線模型比較之後得到的指標，依標準應大於 .90（最好大於 .95）。由此觀之，本範例的相對適配指標都符合此項標準。

報表 27-15　Parsimony-Adjusted Measures

Model	PRATIO	PNFI	PCFI
Default model	.773	.743	.758
Saturated model	.000	.000	.000
Independence model	1.000	.000	.000

報表 27-15 為精簡適配指標，PRATIO 的公式是：

　　理論模型自由度 ／ 獨立模型自由度

代入報表 27-12 的自由度，得到

51 / 66 = .773

用 .773 分別乘上 NFI、CFI（在報表 27-14，分別為 .962 及 .980），及 GFI（在報表 27-13），就得到 PNFI、PCFI，及 PGFI（在報表 27-13）。

精簡適配指標依標準應大於 .50。由此觀之，本範例的精簡適配指標都符合此項標準。

報表 27-16　NCP

Model	NCP	LO 90	HI 90
Default model	51.259	26.250	84.047
Saturated model	.000	.000	.000
Independence model	2612.348	2446.755	2785.270

報表 27-16 的 NCP 值是由報表 27-17 中的 F0 乘上 $N-1$（樣本數減 1）而得，愈接近 0 表示模型適配度愈佳。本範例的 NCP = 51.259，90%信賴區間為 (26.250, 84.047)，未包含 0。

報表 27-17　FMIN

Model	FMIN	F0	LO 90	HI 90
Default model	.333	.167	.086	.274
Saturated model	.000	.000	.000	.000
Independence model	8.724	8.509	7.970	9.073

報表 27-17 為疊代之後的結果，其中，

$$\chi^2 = FMIN * (N - 1)$$

代入數值可得到：

$$\chi^2 = 0.333 * (308 - 1) = 102.259$$

報表 27-16 中的 NCP 則由以下公式計算：

$$NCP = F0 * (N - 1) = 0.167 * (308 - 1) = 51.259$$

報表 27-18　RMSEA

Model	RMSEA	LO 90	HI 90	PCLOSE
Default model	.057	.041	.073	.218
Independence model	.359	.347	.371	.000

報表 27-18 的 RMSEA 為非集中性的指標，為重要的適配指標，應小於 .05，RMSEA 的 90%信賴區間為 (.041, .073)。PCLOSE 用來檢定 H_0: RMSEA ≤ .05，因為 $p = .218$，所以不能拒絕虛無假設，表示模型適配度良好。

報表 27-19　AIC

Model	AIC	BCC	BIC	CAIC
Default model	156.259	158.646	256.971	283.971
Saturated model	156.000	162.898	446.948	524.948
Independence model	2702.348	2703.410	2747.110	2759.110

報表 27-19 中各項指標主要提供不同模型間的比較用，數值愈小表示模型適配度愈好。由於本範例不進行模型間比較，因此可忽略此項報表。

報表 27-20　ECVI

Model	ECVI	LO 90	HI 90	MECVI
Default model	.509	.428	.616	.517
Saturated model	.508	.508	.508	.531
Independence model	8.802	8.263	9.366	8.806

報表 27-20 的指標同樣在提供不同模型間的比較用，數值愈小表示模型適配度愈好。由於本範例不進行模型間比較，因此可忽略此項報表。

報表 27-21　HOELTER

Model	HOELTER .05	HOELTER .01
Default model	207	233
Independence model	10	11

　　報表 27-21 是 Hoelter 的臨界 N 值，最好大於 200，本範例符合此項標準。

27.5　撰寫結果

　　研究者自編 12 題 Likert 六點量表，以測量使用者對智慧型手機的看法。本量表共有 3 個分量表，各有 4 題，分別在測量有用性、易用性，及使用意願。經使用 Amos 28 版進行驗證性因素分析，得到 $\chi^2(51, N = 308) = 102.592$，$p < .001$。$\chi^2$ 與自由度比值為 2.005，RMSEA = .057，SRMR = .037，CFI = .980，TLI = .975，表示理論模型適配度良好。三個因素的 AVE 分別為 .551、.736，及 .737，都大於 .50；構念信度分別是 .830、.916，及 .918，均大於 .70。整體而言，本量表具有聚斂效度。三個因素間的相關係數分別為 .511、.519，及 .684，都小於 AVE 最小值 .551 的平方根，因此本量表具有良好的區別效度。標準化估計值如下圖，因素負荷量都在 .60 以上。（留意：Amos 25 版前，係數如圖 27-23 水平呈現，26 版後則如圖 27-15 配合路徑方向呈現。）

圖 27-23　驗證性因素分析之標準化估計值

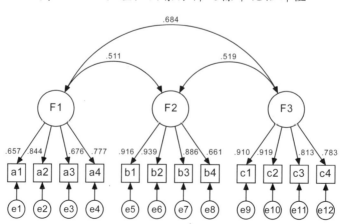

28 信度分析

信度係數的定義是平行測驗的相關（$\rho_{XX'}$），或觀察分數與真分數的相關平方（ρ_{XT}^2），或真分數變異數與觀察分數變異數之比值（σ_T^2/σ_X^2）（蔡佩圜、凃柏原、吳裕益，2018）。

信度類型中之重測信度及複本信度，甚至折半信度，都可以使用 Pearson 積差相關係數 r 代表，此部分請見本書第 17 章的說明。本章旨在說明如何利用 SPSS 進行內部一致性信度之分析。

28.1 基本統計概念

內部一致性可以定義為題目間的相關性，如果同一向度內部的題目間相關高，則內部一致性高。同質性可以定義為所有題目都測量了相同的特質。如果測驗是單維（向度）的，則同質性與內部一致性相同。如果是多維的情形，同質性高的測驗，內部一致性也高，反之則不一定成立（溫忠麟、葉寶娟，2011）。

例如：研究者編製了一份 Likert 六點形式的智慧型手機「有用性」量表，題目如下：

1. 使用智慧型手機上網，可以隨時獲得想要的資訊。
2. 使用智慧型手機，能讓生活更便利。
3. 使用智慧型手機，能提升工作績效。
4. 使用智慧型手機中的應用程式，可以解決許多問題。
5. 使用智慧型手機讓我更方便與朋友聯繫。
6. 我認為智慧型手機並不實用（反向題）。

量表中每個題目都與智慧型手機的有用性有關。如果有個題目是「智慧型手機的使用影響了我的生活作息」，則此題目與「有用性」無關，量表的同質性較低，此時，內部一致性也可能較低。

28.1.1　Cronbach α 係數

目前最常被用來估計內部一致性信度的統計量數是 Cronbach 的 α 係數，介於 0 － 1 之間，數值愈大代表內部一致性信度愈高。它的公式是：

$$\alpha = \frac{K}{K-1}\left(1 - \frac{\sum_{i=1}^{K} s_i^2}{s^2}\right)$$

(28-1)

其中 K 是題目數，s^2 是整個量表的變異數，s_i^2 是每個題目的變異數。

在計算 Cronbach 的 α 係數應留意：

1. 量表應是單一向度，也就是所有的題目是在測量同一個潛在構念，不同構念的題目不要合併計算 α 係數。

2. 反向題（如上述的第 6 題）應先反向計分。此部分，請參考本書第 3 章 3.2 節之說明。

3. 如果要刪除不佳的題目，應一次刪除一題，不要刪除多個題目。

4. Cronbach 的 α 係數適用於多選的題目（如：三選一或六選一等），如果是二選一的題目，則應採 Kuder-Richardson 的 20 號公式（簡稱 KR 20）。在 SPSS 中並不需要區分 Cronbach α 或是 KR 20，因為 KR 20 可視為 Cronbach α 的特例，所以得到的係數是相同的。

Cronbach α 係數的適切性標準，如表 28-1。

表 28-1　Cronbach α 係數的適切性標準

Alpha	適切性
0.90 以上	優良（excellent）
0.80 – 0.89	好（good）
0.70 – 0.79	尚可（acceptable）
0.60 – 0.69	不佳（questionable）
0.50 – 0.59	差（poor）
0.49 以下	不能接受（unacceptable）

Cronbach α 係數要符合 τ 等值假定，而此假定經常無法滿足，因此許多學者建議改用其他指標。

28.1.2　McDonald ω 係數

Hayes 與 Coutts（2020）主張應以 ω 而非 α 來估計信度。凃柏原（2020）建議，一般的實徵研究在 α 以外再加上 ω 及 λ_4 應是較好的做法。蔡佩圜、凃柏原、吳裕益（2018）也建議，當測驗資料之因素結構明確時，最適合以 ω 估計整體之信度。其中，ω 是共同性因素對觀察變項的解釋變異量（蔡佩圜、吳裕益、凃柏原，2020），它的計算步驟如下：

1. 將試題以最大概似法進行因素分析（設定因素數為 1），或以驗證性因素分析，得到原始因素負荷量。原始因素負荷量的平方即共同性。

2. 將各題的原始因素負荷量乘以題目的標準差，得到因素負荷量，並計算**因素負荷量和之平方**。

3. 以 1 減共同性，再乘以各題的變異數，得到各題之唯一性變異數，加總後即為**唯一性變異數總和**。

4. 以下列公式計算 ω 係數：

   $\omega =$ 因素負荷量和之平方／（因素負荷量和之平方＋唯一性變異數總和）

5. SPSS 是以 Hancock 及 An（2020）的替代公式計算 ω 係數，因此和 Hayes 與 Coutts（2020）的方法有些微差異。

28.1.3　Guttman λ 係數

根據蔡佩圜、吳裕益、凃柏原（2020）的研究，建議使用 λ_2 及 λ_6 作為單、多向度測驗之信度。Guttman 的 6 種 λ 係數分別說明如下：

1. λ_1 係數由 1 減各題變異數總和除以量表變異數而得，是信度的下限。公式如下：

$$\lambda_1 = 1 - \frac{\sum_{i=1}^{K} s_i^2}{s_p^2} \tag{28-2}$$

2. λ_2 係數再根據試題間所有共變數之平方和（C）加以修正，會比 λ_1 及 λ_3 好（IBM）。公式如下：

$$\lambda_2 = \lambda_1 + \frac{\sqrt{\frac{K}{K-1}C}}{s_p^2} \tag{28-3}$$

3. λ_3 即為 Cronbach α。公式也可寫為：

$$\lambda_3 = \frac{K}{K-1}\lambda_1 \tag{28-4}$$

4. λ_4 是將測驗（量表）以所有可能方式拆為兩個分測驗（如，前一半及後一半、奇數題及偶數題等。如果有 6 題，就有 10 種不同組合），分別計算折半信度，其中的最大折半信度即為 λ_4。所有 Guttman 折半信度的平均數即為 λ_3。在 SPSS 中，λ_4 是前一半測驗與後一半測驗的折半信度，而非折半信度最大值。公式為：

$$\lambda_4 = 2\left(1 - \frac{s_{h1}^2 + s_{h2}^2}{s_p^2}\right) \tag{28-5}$$

5. λ_5 使用試題間共變數矩陣（不含試題本身之變異數）平方後，總和最大的一列為計算基礎。當某個試題與其他試題有很高的共變數（相關）時，λ_5 會比 λ_2 適合。公式為：

$$\lambda_5 = \lambda_1 + \frac{2\sqrt{\max_i \sum_{j \neq i}^{K} v_{ij}^2}}{s_p^2} \tag{28-6}$$

6. λ_6 以測驗中各試題被其他試題預測的多元迴歸分析之多元相關平方（squared multiple correlation, SMC）為基礎，計算試題的誤差變異數。當題目間的相關較低，或為多向度時，λ_6 會比 λ_2 適合。公式為：

$$s_{e_i}^2 = (1 - smc_i)s_i^2 \tag{28-7}$$

$$\lambda_6 = 1 - \frac{\sum_{i=1}^{K} s_{e_i}^2}{s_p^2}$$

(28-8)

28.2　範例

　　研究者依據科技接受模式中的「有用性」，編製了一份 Likert 六點形式的智慧型手機使用量表（題目如表 28-3），請以此計算信度。（注：第 6 題已完成反向轉碼。）

表 28-2　30 名受訪者的填答情形

受訪者	V1	V2	V3	V4	V5	V6
1	5	5	4	5	6	6
2	5	5	4	4	4	3
3	5	5	4	4	6	5
4	6	6	6	6	6	5
5	6	6	6	5	6	4
6	5	5	4	4	6	4
7	6	6	5	4	5	4
8	6	6	5	5	6	3
9	5	5	5	4	5	4
10	6	5	5	4	5	5
11	5	5	4	4	5	3
12	5	3	5	3	4	5
13	6	6	4	5	5	4
14	6	6	6	6	6	6
15	5	5	4	4	6	4
16	6	6	6	6	6	4
17	6	6	6	6	6	5
18	5	5	5	5	5	5

（續下頁）

表 28-2　30 名受訪者的填答情形（續）

受訪者	V1	V2	V3	V4	V5	V6
19	6	5	4	4	4	4
20	6	5	5	5	6	6
21	6	4	3	4	5	6
22	5	6	5	5	6	4
23	6	6	6	6	6	5
24	5	4	3	4	4	4
25	6	5	4	6	3	4
26	6	6	4	6	6	3
27	6	6	6	6	5	6
28	4	4	3	3	3	2
29	5	5	3	6	4	3
30	5	4	3	4	4	3

28.3　使用 SPSS 進行分析

1.　完整的 SPSS 資料檔，如圖 28-1。

圖 28-1　信度分析資料檔

	v1	v2	v3	v4	v5	v6	變數	變數	變數
1	5	5	4	5	6	6			
2	5	5	4	4	4	3			
3	5	5	4	4	6	5			
4	6	6	6	6	6	5			
5	6	6	6	5	6	4			
6	5	5	4	4	6	4			
7	6	6	5	4	5	4			
8	6	6	5	5	6	3			
9	5	5	5	4	5	4			
10	6	5	5	4	5	5			
11	5	5	4	4	5	3			
12	5	3	5	3	4	5			
13	6	6	4	5	5	4			
14	6	6	6	6	6	6			
15	5	5	4	4	6	4			
16	6	6	6	6	6	4			
17	6	6	6	6	6	5			
18	5	5	5	5	5	5			
19	6	5	4	4	4	4			
20	6	5	5	5	6	6			
21	6	4	3	4	5	6			
22	5	6	5	5	6	4			
23	6	6	6	6	6	5			
24	5	4	3	4	4	4			
25	6	5	4	6	3	4			
26	6	6	4	6	6	3			
27	6	6	6	6	5	6			
28	4	4	3	3	3	2			
29	5	5	3	6	4	3			
30	5	4	3	4	4	3			

資料視圖　變數視圖

2. 在【分析】選單的【比例】(譯為尺度或量表較正確)中選擇【信度分析】(圖 28-2)。

圖 28-2 信度分析選單

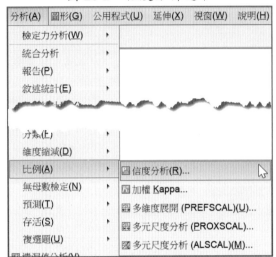

3. 把想要分析的項目點選到右邊的【項目】對話框中。此時，預設分析的【模型】為 α，可依需要改為 ω 或 Guttman (圖 28-3)。

圖 28-3 信度分析對話框

4. 在【統計量】下的【此項目的敘述統計】及【項目之間】中勾選五個選項
（圖28-4），再依序點擊【繼續】、【確定】按鈕，進行分析。

圖 28-4　信度分析：統計量對話框

28.4　報表解讀

以下報表分別為 α、ω、Guttman 三次分析的結果，合併說明之。

報表 28-1　觀察值處理摘要

		個數	%
觀察值	有效	30	100.0
	已排除 a	0	.0
	總計	30	100.0
a. 根據程序中的所有變數成批刪除。			

報表 28-1 顯示共有 30 個有效的觀察值（受訪者），沒有人因為未填答而被排除。留意：在信度分析中，只要有一題未答，就會被列為遺漏值而排除。

報表 28-2　項目統計量

	平均值	標準差	個數
v1	5.50	.572	30
v2	5.20	.805	30
v3	4.57	1.040	30
v4	4.77	.971	30
v5	5.13	.973	30
v6	4.30	1.088	30

報表 28-2 是各個項目（題目）的描述統計量，含平均數、標準差，及個數（受訪者人數）。另行計算後，各試題標準差的平方（變異數）和為 5.130。

報表 28-3　項目之間的相關性矩陣

	v1	v2	v3	v4	v5	v6
v1	1.000	.599	.550	.589	.371	.415
v2	.599	1.000	.642	.723	.625	.087
v3	.550	.642	1.000	.511	.570	.454
v4	.589	.723	.511	1.000	.399	.264
v5	.371	.625	.570	.399	1.000	.417
v6	.415	.087	.454	.264	.417	1.000

報表 28-3 是項目間的相關係數矩陣，如果相關較高，代表量表或測驗的一致性也高。v6 與其他五題的相關較低，與 v2 的相關最低，為 .087。

報表 28-4　項目之間的共變數矩陣

	v1	v2	v3	v4	v5	v6
v1	.328	.276	.328	.328	.207	.259
v2	.276	.648	.538	.566	.490	.076
v3	.328	.538	1.082	.516	.577	.514
v4	.328	.566	.516	.944	.377	.279
v5	.207	.490	.577	.377	.947	.441
v6	.259	.076	.514	.279	.441	1.183

報表 28-4 是項目間的共變數矩陣，對角線上為題目的變異數。將所有共變數平方後加總（不含變異數），得到 5.067。v3 與其他題目之共變數平方和最大，為 1.260（計算過程不列出）。

報表 28-5　項目整體統計量

	尺度平均值（如果項目已刪除）	尺度變異（如果項目已刪除）	更正後項目總計相關性	平方複相關	Cronbach's Alpha（如果項目已刪除）	McDonald's Omega（如果項目已刪除）
v1	23.97	13.551	.663	.538	.807	.800
v2	24.27	12.133	.693	.812	.788	.794
v3	24.90	10.645	.729	.578	.774	.757
v4	24.70	11.597	.624	.604	.799	.799
v5	24.33	11.540	.633	.586	.797	.793
v6	25.17	12.351	.411	.557	.850	.857

報表 28-5 是個別題目與其他題目間的統計量，可當成刪題的參考。

報表中第二欄是刪除某個項目之後的量表（尺度）平均數。以第 1 題為例，報表 28-2 中的平均數為 5.50，而報表 28-6 的量表平均數為 29.47，因此，29.47 − 5.50 =

23.97。

　　第三欄為刪除某個項目之後的量表變異數。報表 28-6 中的量表變異數為 16.671，如果刪除第 1 題（變異數為 $0.572^2 = 0.327$），則其他 5 題加總之後的變異數變為 13.551。

　　第四欄是某一題與其他五題加總之後總分的 Pearson 積差相關（早期版譯為修正後項目－總分的相關），相關係數最好在 0.50 以上。以第 1 題為例，將 30 個受訪者在第 2－6 題的得分相加（假設命名為 sum26），再計算 v1 與 sum26 的相關係數（報表中為 .663）。如果修正後項目－總分的相關較低，表示受訪者在該題的反應與其他 5 題較不一致，因此可能會使得整個量表的內部一致性信度降低。報表中，第 6 題與其他 5 題總分的相關係數為 .411，是第四欄中最低者，因此將第 6 題加入，有可能反而降低了量表的 α 值。

　　第五欄是以某一題當效標變數，其他 5 題當預測變數，進行多元迴歸分析所得的 R^2（也就是 SMC）。以第 1 題為例，v2－v6 對 v1 的預測力為 .538，如果 R^2 太低，表示受試者在其他題目填答情形無法預測第 1 題的反應，此時可考慮刪除這個題目。以 1 減此欄各題的 SMC 再乘以報表 28-2 中標準差的平方（變異數）再加總，得到 $\sum_{i=1}^{K}(1-smc_i)s_i^2 = 2.019$。

　　第六欄是刪除某一題後，量表的 α 值。報表 28-7 中量表未標準化 α 值為 .831，如果刪除第 6 題後，其他 5 題的 α 值增加為 .850，如果第 6 題的內容不是非常獨特或重要，可以考慮刪除此題，以提高量表的 α 值。

　　第七欄與第六欄相似，是刪除某一題後，量表的 ω 值。報表 28-8 中量表的 ω 值為 .827，如果刪除第 6 題後，其他 5 題的 ω 值增加為 .857，因此，可以考慮刪除此題，以提高量表的 ω 值。

報表 28-6　尺度統計量

	平均值	變異數	標準差	項目數
第 1 部分	15.27	4.340	2.083	3[a]
第 2 部分	14.20	5.269	2.295	3[b]
兩個部分	29.47	16.671	4.083	6
a. 項目為：v1, v2, v3.				
b. 項目為：v4, v5, v6.				

報表 28-6 是總量表及兩個分量表（前 3 題與後 3 題各半）的統計量，含平均數、變異數、標準差，及項目數（題目的個數）。

報表 28-7　可靠性統計量

Cronbach's Alpha	以標準化項目為準的 Cronbach's Alpha 值	項目數
.831	.848	6

報表 28-7 是 Cronbach's α 係數值。將報表 28-2 及報表 28-6 的數值代入公式 26-1，得到：

$$\alpha = \frac{6}{6-1}\left(1 - \frac{0.572^2 + 0.805^2 + 1.040^2 + 0.971^2 + 0.973^2 + 1.088^2}{4.083^2}\right)$$
$$= 0.831$$

六個題目之 Cronbach's α 係數為 .831，介於 0.80 − 0.89 之間，內部一致性信度相當高。

報表 28-8　可靠性統計量

McDonald's Omega	項目數
.827	6

報表 28-8 是量表的 McDonald's ω 係數，為 .827。SPSS 使用 Hancock 及 An（2020）的替代公式計算 ω 係數，因此和 Hayes 與 Coutts（2020）的方法有些微差異。

報表 28-9　可靠性統計量

Lambda	1	.692
	2	.840
	3	.831
	4	.847
	5	.827
	6	.879
項目數		6

報表 28-9 是 Guttman 的 6 種 λ 值，計算過程如下：

$$\lambda_1 = 1 - \frac{5.130}{16.671} = 0.692$$

$$\lambda_2 = 0.692 + \frac{\sqrt{\frac{6}{6-1} \times 5.067}}{16.671} = 0.840$$

$$\lambda_3 = \frac{6}{6-1} \times 0.692 = 0.831$$

$$\lambda_4 = 2\left(1 - \frac{4.340 + 5.269}{16.671}\right) = 0.847$$

$$\lambda_5 = 0.692 + \frac{2\sqrt{1.260}}{16.671} = 0.827$$

$$\lambda_6 = 1 - \frac{2.019}{16.671} = 0.879$$

報表 28-10　Item means, standard deviations, and estimated loadings

	Mean	SD	Loading	ErrorVar
v1	5.500	.572	.403	.165
v2	5.200	.805	.707	.149
v3	4.567	1.040	.781	.471
v4	4.767	.971	.747	.386
v5	5.133	.973	.648	.527
v6	4.300	1.088	.372	1.045

報表 28-10 是以 Hayes 與 Coutts（2020）設計的 SPSS 巨集分析所得結果。第四欄 Loading（負荷量）是由報表 28-12 的因素負荷量乘上報表 28-2 的試題標準差而得，總和為 3.658，平方後為 13.381。第五欄 ErrorVar 為各題的誤差變異，總和為 2.743。

報表 28-11　Reliability

Omega
.830

代入報表 28-10 的計算結果，得到 McDonald ω 信度值等於：

13.381 / (13.381 + 2.743) = 0.830

計算結果與 SPSS 27 版後的 ω 係數 0.827 有些微差距。

報表 28-12　因子矩陣[a]

	因子
	1
v1	.705
v2	.878
v3	.751
v4	.769
v5	.666
v6	.342
擷取方法：主軸因子法。	
a.已擷取 1 個因子。需要 6 次反覆運算。	

報表 28-12 是使用主軸因子法進行因素分析所得的負荷量。操作方法請見第 26 章。

28.5　撰寫結果

研究者自編六題「智慧型手機有用性量表」（第 6 題為反向題，已反向計分），量表的 λ_2、ω、α 係數分別為 .840、.827、.831，表示題目為單一向度，有很高的一致性。個別題目的平均數介於 4.30－5.50，總量表的平均數為 29.467，標準差為 4.083。

表 28-3　量表題目

題號	題　目
V1	使用智慧型手機上網，可以隨時獲得想要的資訊
V2	使用智慧型手機，能讓生活更便利
V3	使用智慧型手機，能提升工作績效
V4	使用智慧型手機中的應用程式，可以解決許多問題
V5	使用智慧型手機讓我更方便與朋友聯繫
V6	我認為智慧型手機並不實用

參考書目

林清山（1992）。**心理與教育統計學**。東華書局。

涂柏原（2020）。Alpha 係數及相關的信度估計方法探討。**教育研究學報，54**(1)，1-26。

范德鑫（1992）。共變數分析功能、限制及使用之限制。**師大學報，37**，133-163。

教育部（2019）。**未來 16 年(108～123 學年)各級教育學生數預測**。
http://stats.moe.gov.tw/files/brief/未來 16 年(108～123 學年)各級教育學生數預測.pdf

陳正昌（2004）。**行為及社會科學統計學**（三版）。復文。

陳正昌（2011a）。多元迴歸分析。輯於陳正昌、程炳林、陳新豐、劉子鍵（合著），**多變量分析方法**（六版）（頁 27-92）。五南。

陳正昌（2011b）。區別分析。輯於陳正昌、程炳林、陳新豐、劉子鍵（合著），**多變量分析方法**（六版）（頁 195-256）。五南。

陳正昌（2017）。**SPSS 與統計分析**（二版）。五南。

陳正昌、張慶勳（2007）。**量化研究與統計分析**。新學林。

程炳林、陳正昌（2011a）。多變量變異數分析。輯於陳正昌、程炳林、陳新豐、劉子鍵（合著），**多變量分析方法**（六版）（頁 317-368）。五南。

程炳林、陳正昌（2011b）。因素分析。輯於陳正昌、程炳林、陳新豐、劉子鍵（合著），**多變量分析方法**（六版）（頁 393-448）。五南。

程炳林、陳正昌、陳新豐（2011）。結構方程模式。輯於陳正昌、程炳林、陳新豐、劉子鍵（合著），**多變量分析方法**（六版）（頁 539-704）。五南。

溫忠麟、葉寶娟（2011）。從 α 係數到內部一致性信度。**心理學報，43**(7)，821-829。

蔡佩圜、吳裕益、涂柏原（2020）。向度數、題數及樣本數分別與六種信度估計法估計誤差交互作用效果之探討。**教育學誌，43**，67-104。

蔡佩圜、凃柏原、吳裕益（2018）。九種古典測驗理論信度指標精確性之研究。**測驗學刊**，**65**(2)，217-240。

Andrew F. Hayes & Jacob J. Coutts (2020) Use Omega Rather than Cronbach's Alpha for Estimating Reliability. But…, *Communication Methods and Measures*, 14(1), 1–24.

Aron, A., Coups, E. J., & Aron, E. (2013). *Statistics for Psychology* (6th ed.). Pearson Education.

Bachmann, K. et al. (1995). Controlled study of the putative interaction between famotidine and theophylline in patients with chronic obstructive pulmonary disease. *Journal of clinical pharmacology*, 35(5), 529–535.

Cangür, Ş., Sungur, M. A., & Ankarali, H. (2018). The methods used in nonparametric covariance analysis. *Duzce Medical Journal*, 20(1), 1-6.

Cohen, B. H. (2007). *Explaining Psychological Statistics* (3rd ed.). John Wiley & Sons.

Cohen, J. (1988). *Statistical Power Analysis for the Behavioral Sciences* (2nd ed.). Lawrence Erlbaum Associates.

Garner, W. (2007). Constructing confidence intervals for the differences of binomial proportions in SAS. https://www.lexjansen.com/wuss/2016/127_Final_Paper_PDF.pdf

Girden, E. R. (1992). *ANOVA: repeated measures*. Sage.

Green, S. B., & Salkind, N. J. (2014). Using SPSS for Windows and Macintosh: Analyzing and understanding data (7th ed.). Pearson Education.

Hair, Jr. J. F., Black, W. C., Babin, B. J., & Anderson, R. E. (2009). *Multivariate Data Analysis* (7th ed.). Prentice Hall.

IBM (2021). I*BM SPSS Statistics Algorithms*. Author.

Kaiser, H. F., & Rice, J. (1974), Little Jiffy, Mark IV. *Educational and Psychological Measurement*, *34*, 111–117.

Keppel, G. (1991). Design and analysis: A researcher's handbook (3rd ed.). Prentice Hall.

Kim, Soyoung (2010). Alternatives to analysis of covariance for heterogeneous regression slopes in educational research. *Korean Journal of Teacher Education*, 26, 73–91.

Kirk, R. E. (1995). *Experimental design: Procedures for the behavioral sciences* (3rd ed.). Brooks/Cole.

Kirk, R. E. (1996). Practical significance: A concept whose time has come. *Educational and Psychological Measurement, 56*(5), 746-759.

Kirk, R. E. (2013). *Experimental design: Procedures for the behavioral sciences* (4th ed.). Sage.

Levine, T. R. & Hullett, C. R. (2002). Eta squared, partial eta squared and the misreporting of effect size in communication research. *Human Communication Research, 28,* 612–625.

Newcombe, R. G. (1998a). Interval estimation for the difference between independent proportions: comparison of eleven methods. *Statistics in Medicine,* 17, 873-890.

Newcombe, R. G. (1998b). Two-sided confidence intervals for the single proportion: Comparison of seven methods. *Statistics in Medicine,* 17, 857-872.

O'Connor, B. P. (2000). SPSS and SAS programs for determining the number of components using parallel analysis and Velicer's MAP test. *Behavior Research Methods, Instrumentation, and Computers, 32,* 396–402.

Owen, S. V., & Froman, R. D. (1998). Uses and abuses of the analysis of covariance. *Research in Nursing & Health,* 21, 557–562.

Page, M. C., Braver, S. L., & MacKinnon, D. P. (2003). *Levine's guide to SPSS for analysis of variance* (2nd ed.). Lawrence Erlbaum Associates.

Pierce, C. A., Block, R. A., & Aguinis, H. (2004). Cautionary note on reporting eta–squared values from multifactor ANOVA designs. *Educational and Psychological Measurement, 64,* 916–924.

Tabachnick, B. G., & Fidell, L. S. (2007). *Using multivariate statistics* (5th ed.). Pearson.

Tamhane, A. C. (1979). A comparison of procedures for multiple comparisons of means with unequal variances. *Journal of the American Statistical Association,* 74, 471–480.

國家圖書館出版品預行編目資料

SPSS與統計分析/陳正昌著. -- 三版. -- 臺北市：
五南圖書出版股份有限公司, 2022.02
　　面；　公分
　ISBN 978-626-317-507-5(平裝)

1.統計套裝軟體 2.統計分析
512.4　　　　　　　　　　　110021993

1H84

SPSS與統計分析

作　　者 ― 陳正昌
發 行 人 ― 楊榮川
總 經 理 ― 楊士清
總 編 輯 ― 楊秀麗
主　　編 ― 侯家嵐
責任編輯 ― 吳瑀芳
文字校對 ― 鐘秀雲
封面設計 ― 姚孝慈
出 版 者 ― 五南圖書出版股份有限公司
地　　址：106台北市大安區和平東路二段339號4樓
電　　話：(02)2705-5066　　傳　真：(02)2706-6100
網　　址：https://www.wunan.com.tw
電子郵件：wunan@wunan.com.tw
劃撥帳號：01068953
戶　　名：五南圖書出版股份有限公司
法律顧問：林勝安律師事務所　林勝安律師
出版日期：2013年11月初版一刷
　　　　　2017年 9 月二版一刷
　　　　　2022年 2 月三版一刷
定　　價：新臺幣850元

經典永恆・名著常在

五十週年的獻禮 —— 經典名著文庫

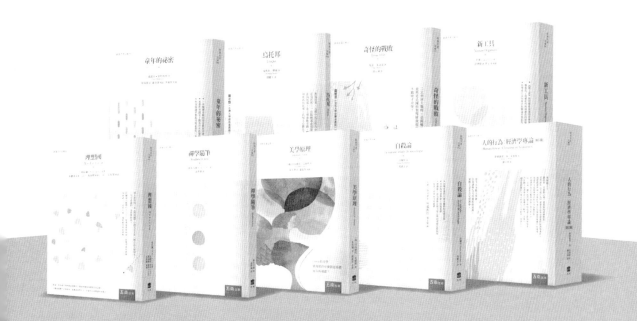

五南，五十年了，半個世紀，人生旅程的一大半，走過來了。

思索著，邁向百年的未來歷程，能為知識界、文化學術界作些什麼？

在速食文化的生態下，有什麼值得讓人雋永品味的？

歷代經典・當今名著，經過時間的洗禮，千錘百鍊，流傳至今，光芒耀人；

不僅使我們能領悟前人的智慧，同時也增深加廣我們思考的深度與視野。

我們決心投入巨資，有計畫的系統梳選，成立「經典名著文庫」，

希望收入古今中外思想性的、充滿睿智與獨見的經典、名著。

這是一項理想性的、永續性的巨大出版工程。

不在意讀者的眾寡，只考慮它的學術價值，力求完整展現先哲思想的軌跡；

為知識界開啟一片智慧之窗，營造一座百花綻放的世界文明公園，

任君遨遊、取菁吸蜜、嘉惠學子！